Martin Treberspurg

Neues Bauen
mit der Sonne

Ansätze zu einer
klimagerechten Architektur

Zweite, aktualisierte und
erweiterte Auflage

SpringerWienNewYork

Dipl.-Ing. Dr. Martin Treberspurg
Architekt
Wien, Österreich

Das Werk ist urheberrechtlich geschützt.
Die dadurch begründeten Rechte, insbesondere die der Übersetzung,
des Nachdruckes, der Entnahme von Abbildungen, der Funksendung,
der Wiedergabe auf photomechanischem oder ähnlichem Wege und der
Speicherung in Datenverarbeitungsanlagen, bleiben, auch bei nur
auszugsweiser Verwertung, vorbehalten.

© 1994 und 1999 Springer-Verlag/Wien
Printed in Austria

Die Wiedergabe von Gebrauchsnamen, Handelsnamen, Warenbezeichnungen
usw. in diesem Buch berechtigt auch ohne besondere Kennzeichnung
nicht zu der Annahme, daß solche Namen im Sinne der Warenzeichen-
und Markenschutz-Gesetzgebung als frei zu betrachten wären und daher
von jedermann benutzt werden dürften.

Satz: Thomson Press (India) Ltd., New Delhi 110 001
Druck: Adolf Holzhausens Nfg. GesmbH, A-1070 Wien
Umschlagentwurf: Bernhard Kollmann, A-1130 Wien

Gedruckt auf säurefreiem, chlorfrei gebleichtem Papier–TCF
SPIN: 10559996

Mit 330 Abbildungen

ISBN 3-211-82940-7 Springer-Verlag Wien New York
ISBN 3-211-82511-8 1. Aufl. Springer-Verlag Wien New York

*Für
Christoph
Clara
Wolfgang
Johanna*

Ein neues Jahrhundert bauen

So wie sich die Zivilisationsgeschichte in der Baugeschichte widerspiegelt, wird die weitere Zivilisationsentwicklung von der Bauentwicklung repräsentiert werden. Ob die künftige Zivilisation den menschlichen Grundbedürfnissen eines freien, gesunden, behaglichen und mitmenschlichen Lebens entsprechen kann, hängt entscheidend davon ab, ob dem 20. Jahrhundert – dem der Desintegration der Menschen von bioklimatischen Lebensbedingungen, deren Ignorierung und infolgedessen ihrer schleichenden Ruinierung – ein Jahrhundert der Re-Integration folgen kann, mit Hilfe der Naturgesetze und der Möglichkeiten moderner Technologie. Dafür wird es allerdings nötig sein, diese Erkenntnisse und Potentiale sehr viel problem- und zielbewußter nutzbar zu machen. Weil es an der Integration des Menschen in die natürlichen Kreisläufe fehlte, haben wir uns über diese so erhoben, daß die Rückbetrachtungen auf das ausgehende Jahrhundert mehr Fluch als Segen für die Menschheit zeigen – trotz atemberaubender Wissens- und Produktivitätsfortschritte, trotz des Durchsetzungserfolgs des Gedankens der pluralistischen Demokratie, trotz der Internationalisierung unserer Informationen und leichteren und schnelleren Zugängen zu diesen. Trotz diesem ist die Welt nur äußerlich multikultureller geworden. Der Megatrend ist der einer globalen kulturellen Gleichschaltung mit zukunftslosen Zivilisationsmustern einer Wegwerfwirtschaft, die auch entsprechende Wegwerfmentalitäten produziert.

Mit dem fossilen und der atomaren Energieregime kam die globale Erwärmung und die soziale und kulturelle Kälte. Sie zog in die Städte ein und machte diese zugleich zur Funktion und zum Opfer eines klima- und umweltunabhängigen Energiesystems, so daß wir nun die Klima- und Umweltkatastrophe vor Augen haben. Das monopolisierte und zentralisierte Energiesystem bot sich als Rahmen für die Bauweisen vor allem der zweiten Hälfte des 20. Jahrhunderts an. Alles schien einfacher, funktionaler, rationeller und effektiver zu werden, aber es wurde dabei unflexibler, gleichförmiger, unauthentisch, identitätslos, unansehnlich, abstoßend und das mit uferlosen Folgekosten.

Selbst Gebäude wurden zu Wegwerfprodukten. Viel spricht dafür, daß die zurückliegende zweite Jahrhunderthälfte als Tiefpunkt in die Architekturgeschichte eingehen wird, obwohl es sich in den Zentren der Weltentwicklung nicht um Mangelzeiten handelte, sondern um solche verschwenderischen Wohlstands. „Obwohl" oder etwa „weil"? Noch nie gab es so viele Bauten, die man nach kurzer Zeit wieder abreißen mußte oder wollte. Die Abrißbirne wird mehr an Neu- als an Altbaubeständen betätigt. Der Bauschutt wurde wegen der Neu- statt der Altbauten zum Entsorgungsproblem. Noch nie wurde so viel gebaut, aber gleichzeitig entstanden noch nie so wenig Gebäude, die einen dauernden Eigenwert haben und von denen man sich vorstellen könnte, daß sie einmal unter Denkmalschutz gestellt werden. Noch nie waren so viele Gebäude so eindimensional, so schnell verschlissen und renovierungsbedürftig. Nie waren sie so austauschbar und entkoppelt von ihrer Geographie und Topographie, von Kapstadt bis Moskau, von Wien bis Sidney, von Dallas bis Paris.

20 Jahre nach seiner Eröffnung muß das Centre Pompidou in Paris für mehr als zwei Jahre geschlossen werden, um es zu Kosten zu sanieren, die die ursprünglichen Baukosten übersteigen. Für den Louvre war gleiches noch nie notwendig. Mit dem Strom aus der Steckdose, dem Gas aus der Leitung und dem Öl aus dem Tank kamen die Kühlanlagen selbst für den Winter und die Heizanlagen selbst für den Sommer – und davon immer mehr, einhergehend mit dem Gestank und dem Staub der Energieemissionen in der Luft. Noch nie war das Arbeiten und Wohnen in Gebäuden ungesünder, noch nie das Leben in

den Stadtfluchten und ihren Wohnwaben lauter und deprimierender. Und noch nie wurde unökonomischer gebaut, weil die Manie der aktuellen Quadratmeter- und Materialkalkulation die Gedanken an die Folgekosten des Nutzens verdrängte.

Da sind wir nun, im Hochmut der modernen Bauwelt vor ihrem Fall. „Solares Bauen" ist die einzige Perspektive, die elementare Chance zur Rekonstruktion der Architektur, zur Wiedergewinnung ihres langfristigen Gestaltungswunsches, zur Kommunikation des Gebäudes und der bebauten Umwelt mit ihren Bewohnern und Nutzern, mit ihren Gästen und Besuchern, mit der natürlichen Umwelt und dem lokalen Klima; zur Müllvermeidung und Entstaubung, zu gesünderem Wohnen und gesünderem Straßenleben. Bauen mit der Sonne heißt, mit den Häusern die Energie zu sammeln und zu speichern, statt solche dort nur zu verbrauchen; die Materialien aus der Photosynthese einzusetzen, statt aus der Chemosynthese; sich selbst oder den Nachnutzern nicht Kostenexplosionen aufzubürden, sondern Kostenfreiheit zu hinterlassen; die Komplexität des Hauses zu reduzieren, indem der Mehrfachnutzen von Bauelementen (Fassaden auch als Speicher, Lufttauscher, Energiesammler und Energiewandler) erkannt wird, statt für jede Funktion additive Elemente und Installationen einzusetzen; die Lebens- und Nutzerqualität zu steigern; die Autonomie der Menschen und dennoch gleichzeitig die Mitfreundlichkeit zu den Nachbarn und Fremden zu gewinnen.

„Neues Bauen mit der Sonne" von Martin Treberspurg ist dieses Programm. Als Solararchitekt ist er – noch – ein seltenes Exemplar in der Architektenwelt. Aber alles wirklich Neue und Weiterführende kam nie aus dem „mainstream". Tatsächlich ist er ein Vorarbeiter für die Architektur der Zukunft, einer der noch wenigen Baumeister für das 21. Jahrhundert, das wir neu gestalten müssen – und für das wir viel abreißen müssen. Solares Bauen heißt nicht, einen temporären Baustil zu kreieren. Es verlangt und erlaubt zahlreiche neue Bauelemente und Stilformen. Solares Bauen ist mehr: Grundlage allen Bauens für die gesamte Zukunft – und die Wiedergewinnung einer globalen Vielfalt des Bauens, orientiert an und kommunizierend mit den unterschiedlichsten vorgegebenen äußeren Standortbedingungen des Bauens, in den Städten und Regionen, in den Kontinenten des Nordens und Südens. Martin Treberspurg, 1997 Träger des Europäischen Solarpeises für die Siedlung „Naturnahes Wohnen" in Wien-Aspern, gibt mit seinem Buch „Neues Bauen mit der Sonne" Anleitungen für diese Zukunft.

Hermann Scheer
Präsident von EUROSOLAR

Vorwort zur 1. Auflage

Energiebewußtes Bauen mit passiver Nutzung der Sonnenenergie gewinnt wegen der zunehmend kritischer werdenden Umweltsituation stark an Bedeutung für die Entwicklung einer zeitgemäßen Architektur und damit unseres Lebensraumes.

„Neues Bauen mit der Sonne" gibt eine Übersicht über die Grundlagen, die neuesten Methoden und Erkenntnisse der Solararchitektur. Das Buch soll als Handbuch für Architekten und Planer und als umfassender Überblick für alle am Bauen und an Umweltfragen Interessierte dienen.

Es wird auf die historische Entwicklung dieser Bauweise eingegangen, auf die Bedeutung der Sonne für die menschliche Behausung vor der industriellen Revolution, die den Beginn der extensiven Ausbeutung der Ressourcen markiert. Dieser Überblick soll als Anregung für ein umweltschonendes Bauen in einer Zeit nachhaltiger Entwicklungen dienen.

Um energiesparende Gebäude wirtschaftlich errichten zu können, bedarf es einer fundamental veränderten, integralen Planungshaltung, die sich bemüht, die vielfältigen und komplexen Einflußgrößen auf die Architektur ganzheitlich zu erfassen. Dabei geht es nicht allein um die Effizienz des Energiekonzeptes, sondern primär um die Steigerung der Nutzungsqualität auch im Hinblick auf Besonnung und Baubiologie. Architektonische Gebäudekomponenten werden neben ihrer raumbildenden Funktion zu integralen Bestandteilen der Energiekonzeption, die z.B. Solarwärme gewinnen oder Wärme speichern. Das herkömmliche Prinzip der Addition von Architektur und Gebäudetechnik wird ersetzt durch das Prinzip der Doppelbelegung und der Mehrfachnutzung von Gebäudekomponenten als Teil des Energiekonzeptes.

Das solare, klimagerechte Bauen ist auf einer Reihe hierarchisch geordneter Maßnahmen aufgebaut. Primäre, übergeordnete Maßnahmen betreffen die Raumplanung, den Städtebau und die Objektplanung und führen ohne die geringsten Mehrkosten zu großen Energieeinsparungen. Sekundäre, nachgeordnete Bereiche betreffen die Bautechnik und die Haustechnik und verursachen zur Erreichung von Energieeinsparung bauliche Mehrkosten.

Die primären, übergeordneten Entscheidungen legen langfristig die Stadtstruktur und die Baukörperform fest und können nur durch den großflächigen Abbruch der Häuser und Wegenetze (Straßen) revidiert werden. Die sekundären, nachgeordneten Entscheidungen, die die Gebäudeaußenflächen und Haustechnik betreffen, können noch nachträglich verbessert werden.

Es wird die richtige Gewichtung der einzelnen Maßnahmen, ausgehend von der Auswahl des Baugrundes, über die Festlegung des Bebauungsplanes und der Baukörperform (entsprechend einer gewinnmaximierenden oder verlustminimierenden Solarstrategie), der Entwurf des passiven Solarsystems, die Dimensionierung von Wärmeschutz und Speichermasse der Gebäudekonstruktion, bis zur geeigneten Haustechnik und der aktiven Solarnutzung mit Sonnenkollektoren, gezeigt.

Ein Überblick über die neuesten Entwicklungen und Komponenten des solaren Bauens, wie z.B. hochwärmedämmende Gläser und Fenstersysteme, transparente Wärmedämmung und steuerbare Verglasungen sowie intelligente Steuerungen für die Haustechnik, wird gegeben.

In einem reich illustrierten Bildteil wird eine internationale Auswahl von ästhetisch anspruchsvollen, gebauten Beispielen der Solararchitektur dokumentiert. Dieser Teil des Buches soll es Architekten ermöglichen, auch über das visuelle Studium der Beispiele einen Zugang zur Solararchitektur zu finden.

Das Buch soll einen Beitrag zur Verbreitung des energiesparenden solaren Bauens liefern; einer Bauweise, die dem heutigen Stand der Technik entspricht, den Anforderungen der heutigen Zeit gerecht wird und ein großes Potential von Entwicklungsmöglichkeiten für eine nachhaltige Entwicklung beinhaltet. Bei Bauherren und Nutzern soll das Buch

Verständnis und Aufgeschlossenheit für die Möglichkeit des solaren Bauens wecken. Architekten und Planern soll es viele Anregungen für eine Weiterentwicklung dieser Bauweise bieten.

Das Buch ist neben meiner freiberuflichen praktischen Tätigkeit als Architekt entstanden und geht auf meine nun schon 20jährige Beschäftigung mit diesem Themenkreis zurück. Ich habe dieses Buch meinen Kindern gewidmet, stellvertretend für die nächste Generation, die den Übergang von einer Gesellschaft des exponentiellen Wachstums zu einer Gesellschaft der nachhaltigen Entwicklungen bewältigen muß. Für das Zustandekommen des Buches danke ich meiner Frau, die mich bei dieser Arbeit unterstützt hat. Frau Dipl.-Ing. Barbara Wolfert danke ich für die redaktionelle Mitarbeit, für die Materialsammlung und Verwaltung der Unterlagen sowie für die Beschreibungen der gebauten Beispiele. Für Anregungen beim Aufbau des Buches und für die Kontrolle der bauphysikalischen Teile danke ich Herrn Dipl.-Ing. Wilhelm Hofbauer.

Wien, im Oktober 1994
Dipl.-Ing. Dr. Martin Treberspurg

Vorwort zur 2. Auflage

Die Zukunft des solaren Bauens hat bereits begonnen. Solares, umweltgerechtes und energiesparendes Bauen wird immer mehr zur allgemein anerkannten Bauweise unserer Zeit. Selbst die prominentesten Hightech-Architekten, die es gegenwärtig gibt, Foster, Rogers, Piano, haben sich mit Thomas Herzog in der READ-Gruppe zusammengeschlossen und „Solares Bauen" zur Grundidee in ihrer Arbeit gemacht. Das höchste Haus Europas, der Konzernsitz der Commerzbank in Frankfurt, wurde 1996 von Sir Norman Foster fertiggestellt. Das Gebäude in solarer Hightech-Bauweise mit seinen versetzt angeordneten Wintergärten soll 1/3 weniger Energie als ein konventionelles Hochhaus benötigen. Im März 1996 wurde in Berlin die Charta für Solarenergie in Architektur und Stadtplanung auf Initiative der Read-Gruppe von 30 führenden Architekten aus allen Ländern Europas unterzeichnet.

Die konsequente Anwendung der Niedrigenergiebauweise im Neubau und bei der Sanierung ermöglicht in absehbarer Zeit einen weitgehenden Verzicht auf Primärenergie. Für Österreich und die Schweiz ist aufgrund des hohen Anteils von Wasserkraft und Biomasse dieser Umstieg in 2–3 Jahrzehnten möglich, in Deutschland bei verstärkten Anstrengungen in Solarenergie und Windkraft ebenso.

Solare Architektur ist schon heute wirtschaftlich. Trotz der niedrigen Energiepreise und dem Fehlen einer ökologischen Steuerreform rechnen sich Niedrigenergiehäuser, Energiesparhäuser und Passivhäuser bei genauer Analyse schneller als Häuser nach Wärmeschutzverordnung, da diese wesentlich höhere Heizkosten aufweisen. Gezielte Förderungen helfen hier, das Problem der höheren Anfangsinvestitionen zu überwinden. In der Neuauflage dieses Buches werden in einem eigenen Abschnitt alle Förderungen für solares Bauen in Deutschland, Österreich und der Schweiz zusammengefaßt.

Wurde die schnell vergriffene 1. Auflage von vielen Rezensoren als Einmaleins und Handbuch des Solaren Bauens bezeichnet, so soll die 2. Auflage diesem Anspruch noch mehr gerecht werden. Das Buch wurde vollständig überarbeitet bzw. ergänzt, und viele Projektdokumentationen wurden durch neue aktuelle Beispiele ersetzt. Der neue Begriff des „Passivhauses", der die Lücke zwischen Niedrigenergiehaus und Nullenergiehaus füllt und sich in den letzten Jahren immer mehr durchsetzt, wird beschrieben.

Weiters wurde dem Wunsch vieler Architektenkollegen entsprochen, in einem eigenen Abschnitt einen Überblick über neue, erprobte Bauteilkomponenten des solaren Bauens samt Bezugsnachweis zu geben und damit Planern einen schnellen Zugang zu einer gezielten effektiven Beratung zu ermöglichen.

Trotz dieser Mehrinformation wurde durch Streichung überholter Teile versucht, den Umfang des Buches nicht wesentlich zu vergrößern. Die Grundhaltung der 1. Auflage, eine möglichst kurze, kompakte, praxisgerechte und umfassende Information zu geben, die auch für den Laien leicht und angenehm lesbar ist, wurde beibehalten.

Neben diesen vielen Neuerungen hat sich an der grundsätzlichen Zielrichtung des Buches „Neues Bauen mit der Sonne", maximale Wohn- und Nutzungsqualität bei minimaler Umweltbelastung oder wie das Buch „Faktor Vier" formuliert: „ ... doppelter Wohlstand bei halbiertem Naturverbrauch", nichts geändert.

Für die Bearbeitung des Schweizer Förderungsteiles danke ich Frau Dipl.-Arch. ETH Annuscha Gassler-Schmidt und für den deutschen Beitrag über die Förderung Herrn Matthias Ruchser. Für die Korrektur und Ergänzung des Teiles „Intelligente Steuerungen für die Haustechnik" danke ich Herrn Univ.-Prof. Dr. Dietmar Dietrich.

Abschließend danke ich meinem Mitarbeiter, Herrn Dipl.-Ing. FH. Manuel Schweizer, für seine Mithilfe bei der Neubearbeitung dieser Auflage beim Beispielteil sowie auch den in der 1. Auflage erwähnten Mitarbeitern.

Wien, im Dezember 1998   Dipl.-Ing. Dr. Martin Treberspurg

Inhaltsverzeichnis

1. **Einleitung: Die Klimakatastrophe, die Notwendigkeit des Energiesparens und der Solararchitektur** 1
2. **Sonnenstrahlen als Grundlage des Lebens und der Wohnqualität** 7
   2.1. Sonnenstrahlung – Spektrum und Intensität 7
   2.2. Die Auswirkung der Sonnenstrahlung aus der Sicht der Physiologie und der Medizin 8
   2.3. Die Auswirkung der Sonnenstrahlung aus der Sicht der Psychologie und der Psychiatrie 8
   2.4. Die Auswirkung der Sonnenstrahlung aus der Sicht der Wohnphysiologie ... 9
3. **Die geschichtliche Entwicklung der passiven Nutzung der Sonnenenergie** 11
   3.1. Der Einfluß der Sonne auf die Gestaltung der Wohnhäuser in der Antike ... 11
   3.2. Sonne und Klima als Grundlage für anonyme bäuerliche Hausformen .. 15
   3.3. Die geschichtliche Entwicklung des Wintergartens 16
      3.3.1. Der Adel als Bauherr 17
      3.3.2. Zwei historische Bautypen 17
      3.3.3. Der Bürger als Bauherr 18
         3.3.3.1. Veranden und Wintergärten der Jahrhundertwende im österreichischen Raum 18
         3.3.3.2. Glasvorbauten in Nordwestspanien 19
      3.3.4. Der Wintergarten und die passive Nutzung der Sonnenenergie in der modernen Architektur des 20. Jahrhunderts 24
         3.3.4.1. Solararchitektur in Deutschland 24
         3.3.4.2. Solararchitektur in Österreich und in Tschechien 26
         3.3.4.3. Solararchitektur in den USA 27
      3.3.5. Die jüngste Entwicklung der Solararchitektur seit 1973 28
         3.3.5.1. Die Folgen der Energiekrise 1973 29
         3.3.5.2. Die (Wieder-)Entdeckung der Umweltenergie 33
         3.3.5.3. Die aktive Nutzung der Sonnenenergie seit 1973 34
         3.3.5.4. Die Entwicklung der passiven Nutzung von Sonnenenergie seit 1973 in den USA 36
         3.3.5.5. Die Entwicklung der passiven Nutzung der Sonnenenergie seit 1973 in Europa 38
4. **Energiekonzepte in der Regional- und Stadtplanung** 41
   4.1. Die Auswirkungen der herkömmlichen zentralisierten Energiewirtschaft auf Raum- und Regionalplanung 41
   4.2. Die Möglichkeiten einer neuen dezentralisierten Energiewirtschaft in Regional- und Stadtplanung 42
      4.2.1. Reduktion des Energieverbrauches durch Energiesparmaßnahmen und Niedrigenergiehäuser 42
      4.2.2. Kraft-Wärme-Kopplungen und Fernwärmenetze 43
      4.2.3. Regionale und städtische Energiesparkonzepte 43
      4.2.4. Die Energiebilanz von Siedlungen 44

5. Solararchitektur in Stadt- und Siedlungsplanung 47
5.1. Die Orientierung zur Sonne als wesentliches Entwurfskriterium im historischen Städtebau 47
5.2. Stadt- und Siedlungsplanung nach solartechnischen Gesichtspunkten ... 50
5.2.1. Die Auswirkungen des Klimas auf die Lage von Siedlungen, auf Gebäude und Freiräume 50
5.2.2. Stadt-, Siedlungs- und Bebauungsplanung nach solartechnischen Gesichtspunkten 54

6. Gebäudeentwurf nach Kriterien der Energieeinsparung und der passiven Sonnenenergienutzung 59
6.1. Allgemeine Akzeptanz von energiesparendem Bauen mit passiver Sonnenenergienutzung – Motivation möglicher Bauherren 59
6.2. Zielsetzungen der Solararchitektur in der Objektplanung 61
6.2.1. Leben mit der Sonne 61
6.2.2. Höhere Wohnqualität durch mehr Tageslicht und intensiveres Erleben von Wetter, Jahreszeiten und Natur 61
6.2.3. Mit reduziertem Heizenergiebedarf umweltbewußt bauen 62
6.3. Strategien zur Reduzierung des Heizenergiebedarfes 62
6.3.1. Das Gebäude als Energiesystem 63
6.3.2. Strategien zur Reduzierung des Heizenergiebedarfes 63
6.3.3. Die Hierarchie solarer Entwurfs- und Planungsmaßnahmen 64
6.4. Orientierung und Besonnung des Bauplatzes 66
6.5. Verlustminimierende Strategie für dichte, innerstädtische Bebauung ohne ausreichende Besonnung 66
6.6. Gewinnmaximierende Strategie für städtische Bebauung mittlerer und geringerer Dichte mit ausreichender Besonnung 67
6.7. Gegenüberstellung von verlustminimierten und gewinnmaximierten Bauten 68

7. Passive Nutzung der Sonnenenergie 73
7.1. Klassifikation und Übersicht passiver Solarbauteile 73
7.2. Die Wirkungsweise passiver sonnentechnischer Systeme 76
7.2.1. Allgemeine Wirkungsweise 76
7.2.2. Der Einfluß von Größe und Orientierung der Sonnenenergiesammelflächen 76
7.2.3. Der Einfluß des Wärmeschutzes der Gebäudehülle 77
7.2.4. Der Einfluß der Speicherwirkung 77
7.2.5. Die problemgerechte Vorgangsweise beim Entwurf passiver solartechnischer Bauteile 78
7.3. Sonnenfenster und Fensterkollektoren 78
7.3.1. Sonnenfenster 78
7.3.1.1. Beweglicher Wärme- und Sonnenschutz für Sonnenfenster 81
7.3.1.2. Hochwärmedämmende Isolierverglasungen 82
7.3.1.3. Hochleistungsfenster 85
7.3.1.4. Neue Produkte für Sonnenfenster 86
7.3.2. Fensterkollektoren 88
7.4. Wintergärten, verglaste Pufferräume und glasüberdachte Innenbereiche . 89
7.4.1. Wintergärten und verglaste Pufferräume 91
7.4.2. Glasüberdeckte Bereiche 95
7.5. Sonnenwände und sonnenenergiegewinnende Wandsysteme 97
7.5.1. Die Sonnenwand 97
7.5.2. Die Luftkollektorwand 98

7.5.3. Sonnenwand mit transparenter Wärmedämmung 98
7.5.4. Die „gewinnende" Wärmedämmung aus Kartonwaben 105
7.5.5. Die doppelte Fassadenhaut 106
7.6. Thermohüllenhäuser 107

8. Möglichkeiten der Energieeinsparung bei Gebäuden 109
8.1. Reduktion der Transmissionswärmeverluste durch Bauteile mit entsprechender Wärmedämmung 109
8.2. Reduktion der Lüftungswärmeverluste 109
8.2.1. Zentrale Be- und Entlüftungsanlagen mit Wärmerückgewinnung 111
8.2.2. Fensterlüftungssysteme mit Wärmerückgewinnung 112
8.2.3. Wandflächengebäudelüftungen mit Wärmerückgewinnung und Sonnenenergienutzung 113
8.3. Wärmerückgewinnung aus Abwässern 114

9. Haustechnische Installationen zur umweltfreundlichen Energiegewinnung – aktive Nutzung der Sonnenenergie, Wärmepumpen und Blockheizkraftwerke 117
9.1. Aktive Nutzung der Sonnenenergie 117
9.2. Photovoltaikanlagen 119
9.3. Wärmepumpen 121
9.4. Blockheizkraftwerke mit Abwärmenutzung und Fernwärme 123
9.5. Intelligente Steuerungen für Haustechnik 124

10. Förderungen für solares und energiesparendes Bauen in Österreich, Deutschland und der Schweiz 127
10.1. Förderungsmaßnahmen in Österreich 127
10.2. Öffentliche Finanzmittel für solares und energiesparendes Bauen in Deutschland 132
von *Matthias Ruchser*
10.2.1. Bund 132
10.2.2. Bundesländer 133
10.3. Fördermaßnahmen der Schweiz 1997 139
von *Annuscha Gassler-Schmidt*
10.3.1. Pilot- und Demonstrationsanlagen 139
10.3.2. Förderbeiträge des Bundes an Solaranlagen 140
10.3.3. Förderbeiträge des Bundes für energetische Sanierungen . . . 140
10.3.4. Förderung durch die Kantone 141
10.3.5. Förderung durch Städte 142
10.3.6. Förderung durch Banken, insbesondere Kantonalbanken 144
10.3.7. Zusätzliche finanzielle Vorteile durch Steuerersparnisse 146
10.3.8. Sieben gute Gründe, um sofort zu handeln 147
10.3.9. Steuerersparnis 147

11. Ausgeführte Beispiele der Solararchitektur 149
11.1. Niedrigenergiehäuser und Passivhäuser 149
11.1.1. Niedrigenergiehäuser 150
11.1.2. Passivhäuser 151
11.1.2.1. Das Passivhaus, der Weg zu mehr Behaglichkeit 152
11.2. Nullenergiehäuser 153
11.3. Beispiele der Solararchitektur in der Objektplanung 156
11.4. Die Sanierung von Altbauten nach solararchitektonischen Gesichtspunkten 158
11.5. Beispieldokumentation 161

Beispielhafte Produkte und Systeme 247

Produkte und Systeme 257

Literatur 261

Bildnachweis 267

1. Einleitung: Die Klimakatastrophe, die Notwendigkeit des Energiesparens und der Solararchitektur

In den letzten Jahren sind Veränderungen des Klimas auf der Erde feststellbar, die von niemandem mehr geleugnet werden können. Wie bei der Energiekrise 1973 sind es immer erst die von jedermann wahrnehmbaren Folgen, die den Prozeß eines gesellschaftlichen und politischen Umdenkens in Gang bringen. Damals war es die durch eine politische Krise hervorgerufene Ölverknappung und -verteuerung, die die Öffentlichkeit erst auf die ständigen Hinweise der Experten über die Begrenztheit der Primärenergie aufmerksam machte [1.1]. Die darauf folgende Entwicklung des Energiesparens und der Nutzung regenerativer Energiequellen wurde in den letzten Jahren durch die immer billiger werdenden Energiekosten stark gebremst. Schon vor der Energiekrise wurde auf die Gefährlichkeit der weltweit zunehmenden Kohlendioxydkonzentration und des Treibhauseffektes, verbunden mit globaler Temperaturerhöhung und Klimaveränderung, hingewiesen [1.2]. Dies konnte jedoch bisher nichts an der stark steigenden Zunahme des Kohlendioxydgehalts der Erdatmosphäre verändern (Abb. 1.1).

Die Auswirkungen der vom Menschen eingeleiteten Klimaveränderung und die daraus resultierende weltweite Erwärmung sind im Wetter der letzten Jahre bereits deutlich erkennbar. Die in der Menschheitsgeschichte wärmsten Jahre auf dem Planeten Erde waren – in dieser Reihenfolge – 1997, 1994, 1990, 1995 [1.3].

In den vergangenen hundert Jahren kam es zu einer globalen Temperaturerhöhung von 0,7 °C. Betrugen die durchschnittlichen jährlichen Temperaturschwankungen zwischen 1750 und 1850 maximal drei Zehntelgrad Celsius, so sind es heute neun Zehntelgrad. Der Winter 88/89 war in Österreich der wärmste seit über 100 Jahren. Seit 40 Jahren hat es in Jordanien und Israel keine so starken Schneefälle gegeben wie im Winter 1991/92. Durch die oft vorkommenden Wetterextrema nehmen weltweit Naturkatastrophen zu. Zerstörungen durch Hochwasser und Vermurungen sind auch in Österreich in letzter Zeit immer häufiger geworden. Wirbelstürme treten vermehrt auf. Seit Beginn dieses Jahrhunderts ist der Meeresspiegel (durch Abschmelzen von Eismassen und Ausdehnung des erwärmten Meereswassers) weltweit durchschnittlich um 15 cm gestiegen [1.4]. Wo Landmassen tektonisch allmählich absinken, verstärken sich die Wirkungen: So ist der Wasserstand an den Küsten des indischen Subkontinents in dieser Zeit um bis zu 50 cm gestiegen. Sturmfluten und Überschwemmungen mit katastrophalen Folgen treten in letzter Zeit in Bangladesch, einem der dichtest besiedelten Länder der Welt, in erschreckender Regelmäßigkeit auf. Große internationale Versicherungskonzerne wie Lloyds und die Bayerische Rückversicherung können diese Zunahme an Naturkatastrophen schon deutlich in ihren Statistiken feststellen. Versicherungskonzerne sind auch die ersten wirtschaftlich etablierten Großunternehmen, die Maßnahmen setzen, um eine Umorientierung unseres Wirtschaftssystems in Richtung Ressourcenschonung und Kreislaufwirtschaft zu bewirken. So hat der Gerling Versicherungskonzern auf Initiative des Aufsichtsratvorsitzenden Rolf Gerling die Gerling Akademie für Risikoforschung Zürich gegründet, die in ihrem Verlag auch Bücher über eine Neuorientierung unseres Wirtschaftssystems verlegt [1.13]. In ihrem Bericht zu Beginn 1992 schlagen auch die hundert Wissenschaftler des „Club of Rome" Alarm und fordern ein globales Umdenken und eine radikale Änderung der Energiepolitik, um die bevorstehende Klimakatastrophe abzuschwächen.

Die Außenlufttemperatur an der Erdoberfläche hat sich in vergangenen Zeiten in den verschiedenen geographischen Gebieten oftmals verändert. Erstmals in der Erdgeschichte sind jetzt aber menschliche Eingriffe in die Natur so gravierend geworden, daß

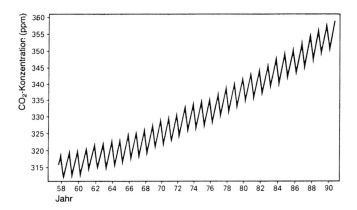

Abb. 1.1: Zunahme des Kohlendioxydgehaltes in der Erdatmosphäre zwischen 1958 und 1985

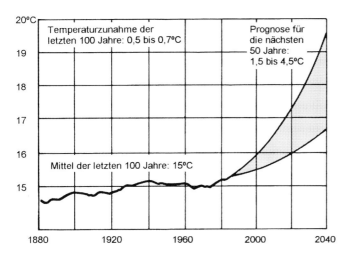

Abb. 1.2: Temperaturzunahme zwischen 1880–2040

der Energiehaushalt der Atmosphäre bedroht, und das Leben auf der Erde gefährdet ist.

Aufgrund ständiger Zunahme von Luftverunreinigungen, welche die strahlungsphysikalischen Eigenschaften und die Luftchemie der Stratosphäre und Ionosphäre verändern, ist mit einer merkbaren Temperaturzunahme der Erdatmosphäre infolge des Treibhauseffekts zu rechnen. Die meisten Klimatologen rechnen bis zum Jahr 2030 mit einem Anstieg von 1,5 °C bis 4,5 °C. Die Enquete-Kommission „Vorsorge zum Schutz der Erdatmosphäre" des Deutschen Bundestages vermutet sogar, „daß der Temperaturanstieg eher an der oberen Grenze bei 4,5 °C liegen wird, wenn nicht sogar darüber" (Abb. 1.2).

Durch das schnelle Anwachsen der Temperatur wird es zu katastrophalen Auswirkungen für die Umwelt kommen. Nach neuesten Schätzungen [1.5] tragen die einzelnen Spurengase in der Atmosphäre in recht unterschiedlicher Weise zum zusätzlichen Treibhauseffekt bei. Den stärksten Einfluß übt mit 50% das Kohlendioxyd aus; deshalb muß dessen Anstieg mit allen verfügbaren Mitteln gebremst werden. Methan und Fluorchlorkohlenwasserstoffe tragen mit 19% bzw. 17% zur Erwärmung bei. Alle übrigen Gase sind mit Anteilen von jeweils unter 10% beteiligt.

Der für den Treibhauseffekt so wesentliche Anstieg der CO_2-Konzentration in der Atmosphäre wird zum überwiegenden Teil vom Menschen durch die Verbrennung fossiler Energieträger und durch Brandrodungen (ohne Wiederaufforstungen) verursacht. Durch diese zusätzlichen Stoffumsätze wird der natürliche Kohlenstoffkreislauf zunehmend aus dem Gleichgewicht gebracht. Pro GJ (Giga-Joule) durch Verbrennung erzeugter Wärme werden zusätzlich zu den natürlichen Massenströmen folgende Mengen CO_2 erzeugt: Brennstoff kg CO_2 pro GJ erzeugter Wärme: Steinkohle ca. 90 kg, Öl ca. 75 kg, Gas ca. 60 kg, Biomasse ca. 0 kg*).

Als Konsequenz ergibt sich die Forderung nach einer Reduzierung der CO_2-Emissionen, d.h. nach einer Reduzierung der Verbrennung fossiler Energieträger. Dringend erforderliche, globale Gegenmaßnahmen neben der Beendigung der Abholzungen und der Umkehr in Richtung weltweiter Aufforstung sind die drastische Reduktion der Emissionen von Kohlendioxyd, das bei der Verbrennung fossiler Brennstoffe entsteht, und aller anderen klimaschädigenden Gase. Die Industrieländer, die nur 25% der Weltbevölkerung darstellen, sind zu 81% am Weltenergieverbrauch beteiligt und daher hauptverantwortlich für Schadstoffbelastung und Klimaveränderung. Zur Stabilisierung des Klimas und zur Sicherung der Entwicklungschancen der Dritten Welt sollten wir in den Industrieländern die Kohlendioxyd-Emissionen bis zum Jahre 2050 um 80% reduziert haben. Die Österreichische Bundesregierung hat sich verpflichtet, dafür zu sorgen, daß bis zum Jahr 2005 der CO_2-Ausstoß um 20% unter das Niveau von 1988 reduziert wird. Einzelne Bundesländer wie Wien verpflichten sich zusätzlich zu einer Reduktion von 50% bis zum Jahre 2010.

Daß diese Ziele erreichbar sind, zeigt das Beispiel Dänemarks, wo durch eine konsequente Energiepolitik und verbindliche nationale Aktionspläne zur CO_2-Verminderung der CO_2-Ausstoß reduziert werden konnte, während er in Österreich, Deutschland und der Schweiz in der gleichen Zeit gestiegen ist. Eine Wende in der Energienutzung und Energiepolitik ist dringend erforderlich.

Auf die Gefahren des wachsenden Verbrauchs von fossiler Energie wurde von Wissenschaftern schon zu Beginn des 20. Jh. hingewiesen. So formulierte Wilhelm Ostwald bereits 1912 den „energetischen Imperativ" mit den Worten „Vergeude keine Energie, verwerte sie" [1.14].

Dieser „energetische Imperativ" gründet auf dem zweiten thermodynamischen Hauptsatz, der besagt, daß bei jeder Umwandlung von einer Energieform in eine andere Umwandlungsverluste entstehen. Hierbei werden Wärme und andere Emissionen freigesetzt, die – wie Hermann Scheer es formuliert – „... die Ordnung der Ökosphäre in Unordnung bringen und schließlich deren Wärmetod hervorrufen".

---

*) Wenn den Wäldern nur etwa soviel Holz entnommen wird, wie durch Photosynthese nachwächst. (Würden neue große Wälder aufgebaut, hätte dies eine Senkung des Kohlenstoffgehaltes der Atmosphäre zur Folge; Rodung ohne Aufforstung hingegen führt zu einer Erhöhung des Kohlenstoffgehaltes der Luft).

Wilhelm Ostwald gab dem „energetischen Imperativ" einen grundsätzlicheren Stellenwert als dem kategorischen Imperativ Immanuel Kants.

Hermann Scheer, der politische Vorkämpfer einer europäischen Sonnenenergiewirtschaft, ergänzt den „energetischen Imperativ" für die heutige Zeit: „Der von der Sonnenstrahlung ausgelöste Energiefluß reduziert die Entropie also wieder durch den Aufbau einer neuen Ordnung. Die Sonnenenergie ist integrales Element des ungefähren Gleichgewichtszustandes der Natur der Erde. Durch die Nutzung dieser Sonnenenergien schalten wir uns in die gegebenen Umwandlungsabläufe als zusätzlicher Nutzer ein und gefährden dadurch die von der Sonnenenergie belebte Ökosphäre nicht. Wir verzögern lediglich ihre Zerstreuung in nicht mehr nutzbare Energie. Dabei anfallende Umwandlungsverluste setzen im globalen Maßstab keine zusätzliche Wärme frei. In jedem Fall kann allein eine vollständige globale Sonnenenergiewirtschaft die Ökosphäre erhalten. Der – durch unsere heutigen technischen Kenntnisse und Möglichkeiten der Nutzung von Sonnenenergie – aktualisierte energetische Imperativ muß daher lauten: ‚Nutze nur die Energiequellen, die keine zusätzliche Wärme, Emissionen und sonstige Rückstände erzeugen. Kurz: Nutze nur die solaren Energiequellen!' " [1.15].

„Das alles ist insgesamt eine ungeheure und brennend wichtige Aufgabe, ist die denkbar größte Herausforderung, der wir uns – ohne Verzögerung! – gewachsen zeigen müssen, wenn diese Gesellschaft überleben soll". [Roland Rainer, 1.6].

„Unsere Jahrzehnte werden gekennzeichnet sein durch den Übergang vom Zeitalter der konventionellen Brennstoffe ins Solarzeitalter, das seine Energie aus der erneuerbaren Sonnenenergie gewinnt. Es handelt sich um einen Wandel, der radikale Veränderungen unseres wirtschaftlichen und politischen Systems bewirken wird." [F. Capra – Wendezeit, 1.7].

Fossile Energieträger, die den CO_2-Ausstoß verursachen, sollten durch erneuerbare Energieträger ersetzt werden. Zum Beispiel sollte ein Erdöllager nicht rascher ausgebeutet werden, als man Sonnenkollektoren mit derselben Kapazität installiert und aus Erträgen des gewonnenen Erdöls finanziert. Wenn man so vorgeht, wird aus dem Ölfeld im Endeffekt eine sich regenerierende Energiequelle: ist die Ölquelle erschöpft, so liefert dafür die nicht erschöpfbare Energiequelle die gleichen Energiemengen [1.8]. Gebäude, die wir heute bauen, haben eine Lebensdauer von 50 bis 80 Jahren und sollten auch den Ansprüchen um 2020 entsprechen. Doch wie wird die Welt um 2020 ausschauen? Donella und Denis Meadows, die im Buch „Die Grenzen des Wachstums" schon die Veränderungen durch die

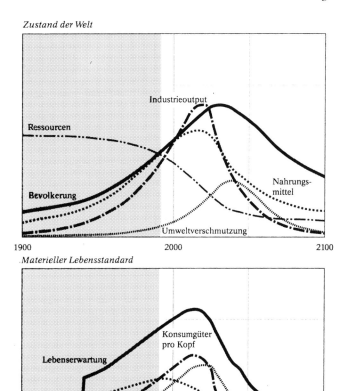

Abb. 1.3: Szenario 1 – „Standardlauf" der „Grenzen des Wachstums"

Energiekrise 1973 vorhergesagt haben, haben jetzt in ihrem Buch „Die neuen Grenzen des Wachstums" weltweite Entwicklungs-Szenarien für das nächste Jahrtausend erarbeitet. Den Simulationsrechnungen wurde die Entwicklung der Kenndaten von 1900 bis 1990 zugrunde gelegt. Bei Szenario 1 (Abb. 1.3) verhält sich die Menschheit auch weiterhin wie gewohnt, solange das möglich ist. Es kommt nicht zu entscheidenden Veränderungen. Bevölkerung und Industrie wachsen weiter, bis schließlich Umweltlasten und Mangel an natürlichen Ressourcen nicht mehr zulassen, daß der Kapitalsektor die erforderlichen Investitionen vornimmt. Das Industriekapital zerfällt rascher, als es durch Investitionen erneuert werden kann. Damit geraten auch die Nahrungsmittelversorgung und die Gesundheitsdienste in den Zustand des Zerfalls. Die Lebenserwartung nimmt ab, die Zahl der Sterbefälle steigt. Es kommt also ab dem Jahr 2020 zu einer Trendumkehr und zu krisenhaften Zuständen.

Im Szenario 10 (Abb. 1.4) wird vorausgesetzt, daß alle Bemühungen zum Übergang in eine nachhaltige

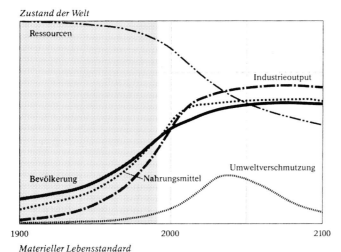

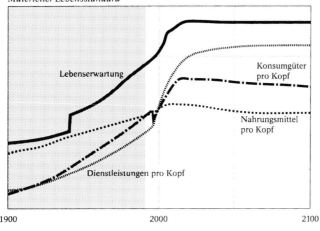

Abb. 1.4: Szenario 10 – Geburtenbeschränkung, Produktionsbeschränkung und Technologien zur Emissionsbekämpfung und Ressourcenschonung ab 1995

Entwicklung, die heute diskutiert werden, schon ab dem Jahr 1995 wirksam eingesetzt wurden. So wird die Geburtenbeschränkung mit weltweit durchschnittlich zwei Kindern pro Familie wirksam. Der Industrieoutput würde global auf 350 Dollar pro Kopf und Jahr beschränkt werden, was bei einer stabilisierten Wirtschaft ohne Wachstumsinvestitionen und mit niedrigen Militärausgaben denselben materiellen Komfort bieten würde, den Europa 1990 im Durchschnitt aufzuweisen hatte. Zusätzlich werden ab 1995 auch Technologien zur Schonung der Ressourcen, zum Schutz der kultivierten Landflächen, zur Hebung der landwirtschaftlichen Erträge und zur Bekämpfung der Umweltverschmutzung weltweit eingesetzt. Die Bevölkerung steigt langsam auf 7,7 Milliarden bei sehr hohem Lebensstandard und hoher Lebenserwartung, während gleichzeitig die Umweltverschmutzung zurückgeht. Der Zustand ist mindestens bis 2100 aufrechterhaltbar [1.8].

Es würde somit der Zusammenbruch des Systems vermieden und der Gleichgewichtszustand einer nachhaltigen Entwicklung erreicht. Nach der Erfindung des Ackerbaues und nach der industriellen Revolution ist dies die dritte große Umwälzung in der Geschichte der Menschheit: der Übergang von einer Wachstumsgesellschaft zu einer Gesellschaft der nachhaltigen Entwicklung (sustainable development). Um diesen Übergang zur „nachhaltigen Gesellschaft" in der erforderlichen Effektivität und Schnelligkeit verwirklichen zu können, wird von Al Gore, dem Vize-Präsidenten der USA, in seinem Buch „Wege zum Gleichgewicht" ein Marshallplan für die Erde vorgeschlagen [1.9]. Dieser globale Marshallplan (in Anlehnung an das 1947 von General George Marshall initiierte European Recovery Programme [ERP] zum Wiederaufbau Westeuropas), sieht 5 strategische Ziele vor:

1. Die Stabilisierung der Weltbevölkerung.
2. Die schnelle Schaffung und Entwicklung ökologisch angepaßter Technologien.
3. Die umfassende, allgemein gültige Veränderung der wirtschaftlichen Spielregeln, mit der wir die Auswirkungen unserer Entscheidungen auf die Umwelt messen.
4. Die Aushandlung und Verabschiedung einer neuen Generation internationaler Abkommen zur Durchsetzung dieses globalen Marshallplanes.
5. Der Aufbau eines kooperativen Bildungsplanes für die Aufklärung der Weltbevölkerung über die globale Umwelt.

Die Erreichung des 2. Zieles – die Entwicklung ökologisch angepaßter Technologien – betrifft neben der Landwirtschaft wesentlich den Energiesektor und das Bauwesen. Zur Durchsetzung wird für diesen technologischen Bereich eine weltweite „Strategische Umweltinitiative" (Strategic Environment Initiative – SEI) – in Anlehnung an das SDI-Programm (Strategic Defense Initiative) der Reagan-Administration – vorgeschlagen. Als Minimalforderung sollte die Initiative folgendes beinhalten:

1. Steuerliche Begünstigung neuer und stärkere Belastung alter Technologien.
2. Finanzierung der Erforschung und Entwicklung neuer Technologien und zukünftige Verbote der alten.
3. Staatliche Programme zum frühen Ankauf marktfähiger Produkte der neuen Technologien.
4. Aussicht auf hohe Gewinne auf einem Markt, der sich mit Sicherheit entwickeln wird, wenn die alten Technologien auslaufen.
5. Einrichtung einer strengen, hochentwickelten Technologiefolgenabschätzung mit genauer Beachtung aller – monetären und ökologischen –

Kosten und Nutzen der vorgesehenen Ersatztechnologien.
6. Einrichtungen eines weltweiten Systems von Ausbildungszentren und damit die Schaffung eines Kerns umweltbezogen ausgebildeter Planer und Techniker; gleichzeitig wäre damit gewährleistet, daß die Entwicklungsländer bereit sind, umweltfreundliche Technologien und Praktiken zu übernehmen.
7. Exportkontrollen in den Industrieländern, welche die ökologischen Auswirkungen einer Technologie berücksichtigen.
8. Deutliche Verbesserung der derzeitigen Gesetze, besonders in Ländern, wo heute die Rechte an der Erfindung und Entwicklung neuer Technologien nicht wirksam geschützt sind.
9. Besserer Schutz für Patente und Urheberrechte, verbesserte Lizenzabkommen, Joint Ventures, Franchise-Projekte, Vertriebssysteme und gesetzliche Regelungen.

Die Punkte 8 und 9 sind entscheidend, um den Erfindungsgeist, auf den wir angewiesen sind, anzuregen und die Lebensfähigkeit eines größeren Technologietransfers zu gewährleisten. Im Energiebereich wird auf die Bedeutung der aktiven Sonnenenergie, vor allem der Photovoltaik, hingewiesen. Der Bereich Bauwesen des SEI-Programmes sieht vor allem die massive Forcierung energiesparender Bauweisen mit passiver Solartechnik vor. Dies soll durch entsprechende Bauvorschriften erreicht werden.

In dem Buch „Unsere Verantwortung für die Erde – Strategie für ein Leben im Einklang mit der Natur und Umwelt" wurde gemeinsam von der Umweltorganisation der Vereinten Nationen (UNEP), dem WWF und der IUCN (International Union for the Conservation of Nature) ein Maßnahmenkatalog für die globale Einführung einer nachhaltigen Entwicklung veröffentlicht [1.10]. Es wurden neun Grundsätze erarbeitet:

1. Achtung und Schutz der Gemeinschaft des Lebens.
2. Verbesserung der menschlichen Lebensqualität.
3. Erhaltung der Lebenskraft und Vielfalt der Erde.
4. Weitestgehende Beseitigung des Raubbaues an nicht erneuerbaren Ressourcen.
5. Berücksichtigung der Belastungsfähigkeit unserer Erde.
6. Veränderung persönlicher Einstellungen und Verhaltensweisen.
7. Motivation und Befähigung der Gemeinschaft zum Schutz ihrer eigenen Umwelt.
8. Schaffung einer nationalen Rahmenstruktur zur Integration von Entwicklung und Naturschutz.
9. Bildung eines globalen Bündnisses.

Bei den zusätzlichen Maßnahmen werden u.a. die Bereiche Energie und Wohnsiedlungen genauer behandelt. Die Nutzung erneuerbarer Energiequellen, wie der Sonnenenergie, und energiesparende Bauweisen werden gefordert und ein Zeithorizont für die nationale Durchsetzung der Maßnahmen festgelegt. So sollen Länder mit hohem und mittlerem Energieverbrauch ihre CO_2-Emissionen im Jahr 2005 auf 20% (der Werte von 1990) und im Jahr 2030 auf 70% gesenkt haben.

Doppelter Wohlstand bei halbiertem Naturverbrauch ist die Zielrichtung für die Entwicklung neuer Produkte und Technologien. Daß dies schon heute möglich ist, zeigen von Weizsäcker, Amory und Hunter Lovins in ihrem Buch „Faktor vier" [1.16].

Bei den Toblacher Gesprächen im September 1991 zum Thema „Energie – Kernfrage der Zukunft" wurden im Abschlußpapier 12 Thesen aufgestellt [1.11]. Zwei Thesen, die Wege aus dem Energieproblem aufzeigen und mit dem Bauen zu tun haben, sind im folgenden zitiert:

These 5

„Nur die erneuerbaren Energiequellen stellen ein langfristig verfügbares und risikoarmes Nutzungspotential dar. Hierzu zählen alle direkten und indirekten Formen der Solarenergie, wie passive Nutzung durch Solararchitektur, thermische Nutzung durch Kollektoren, Strom durch Solarzellen, die Windenergie, die Biomasse, vor allem Abfallholz, Stroh und gewisse nachwachsende Rohstoffe, Biogas und schließlich die Wasserkraft. Der Durchbruch der Sonnenenergiewirtschaft wird dezentral oder gar nicht stattfinden."

These 6

„Energiesparendes Bauen ist Voraussetzung für ökologisches Bauen. Ein drastisch reduzierter Energieverbrauch der Gebäude für Heizung/Klima/Lüftung und Warmwasserbereitung ist eine entscheidende Zielgröße, die bei Planung, Bau und Betrieb eines Gebäudes berücksichtigt werden muß. Niedrigenergiehäuser mit einem Viertel des üblichen Energieverbrauches sind durch kompakte Bauweise, Wärmeschutz der Außenbauteile und Vermeidung von Wärmebrücken heute technisch möglich und ökonomisch rentabel. In Skandinavien sind sie bereits Baustandard. Vorrang muß die Reduzierung des Energieverbrauchs der bestehenden Bauten haben. Energiesparendes Bauen läßt sich durchaus mit regionaler Bautradition in Einklang bringen." [1.11].

Die Dringlichkeit des ökologisch orientierten Bauens ist den Architekten weltweit bewußt. So traten beim Architektenweltkongreß der UIA (Union of International Architects) vom 18.–21. Juni 1993 in Chicago 1400 Architekten aus 86 Staaten der Erde vorbehaltlos für den Vorrang der Erhaltung unserer Lebensgrundlage und für ökologische Grundsätze im Bauen ein. Dies wurde in einer Deklaration über die Interdependenz für eine gemeinsame Zukunft festgehalten.

In dieser Deklaration wurden unter anderem folgende Tatsachen allgemein anerkannt, daß

- Gestalten für eine umweltbewußte Zukunft gleichzusetzen ist mit behutsamem Einsatz von Ressourcen, sparsamem Energieverbrauch, Bau und Nutzung von gesunden Gebäuden bzw. Baustoffen, ökologie- und sozialgerechter Bodennutzung und der Entwick-lung eines ästhetischen Bewußtseins, das Anstoß gibt für Inspiration, Bestätigung und Verbesserung;
- zukunftsorientiertes Gestalten ganz wesentlich den negativen Einfluß des Menschen auf seine natürliche Umwelt eindämmen und gleichzeitig die Lebensqualität und den wirtschaftlichen Wohlstand verbessern kann [1.12].

Die Bestrebungen der READ-Gruppe (Renewable Energies in Architecture and Design: Norman Foster, Thomas Herzog, Renzo Piano, Richard Rogers) haben die Solararchitektur auf die Titelseiten internationaler Architekturjournale gebracht. Die von der READ-Gruppe formulierte „Europäische Charta für Solarenergie in Architektur und Stadtplanung" wurde 1996 von vielen führenden europäischen Architekten unterzeichnet. Entsprechend dieser Charta ist die Architektenschaft als unabhängige und verantwortliche Profession gegenüber Mitmenschen und künftigen Generationen verpflichtet, durch ein rasches und grundlegendes Umdenken die Entwicklung von ressourcenschonender, Sonnen- und Umweltenergie nutzender Planung voranzutreiben [1.17].

In letzter Zeit werden wir von einer Globalisierungswelle überrollt, in der international operierende Konzerne unter Ausnutzung der niedrigen Lohn- und Umweltkosten der 2. und 3. Welt und des globalen Computerverbundes beinharte Rationalisierungs- und Sparprogramme durchziehen. Dies führt in den hoch entwickelten Industrieländern zu hoher Arbeitslosigkeit, fallenden Energiekosten und der teilweisen Rücknahme von Umweltauflagen. Gegenkonzepte bauen auf „die Überwindung der Wegwerf-Ökonomie durch eine Dienstleistungs- und Solarwirtschaft und die Zurückdrängung der Verkehrslawine mittels eines menschen- statt autogerechten Städtebaus" auf. „Unverzichtbar müßte dies mit einer ökologischen Steuerreform verknüpft werden, die den Ressourcenverbrauch rigoros verteuert und die Arbeitskraft durch die Senkung der Sozialabgaben aufwertet. Nur so läßt sich verhindern, daß der Raubbau an der ökologischen Basis allen Wirtschaftens fortgesetzt wird und die kommenden Generationen ihrer Chancen beraubt werden." [1.18].

Erneuerbare Energienutzung und Umwelttechnik sind neue Aufgaben und schaffen neue Arbeitsplätze. Die Mittel der Globalisierung könnten helfen, diese Technik schnell in der 3. Welt zu verbreiten und auch dort sinnvolle und effektive Arbeit zu schaffen.

Das größte Potential zur Energieeinsparung liegt im energiesparenden Bauen, und hier primär bei der energetischen Sanierung der Altbauten und sekundär bei Neubauten, die als Niedrig- oder Minimalenergiehäuser ausgebildet sind. Derzeit ist allerdings eine rein energietechnische Sanierung von Altbauten wegen der niedrigen Energiepreise nur in extremen Fällen wirtschaftlich. Die Erfahrungen und der Durchbruch einer neuen energiesparenden Bauweise müssen aber zuerst im Bereich des Neubaues gemacht werden, wo mehr Möglichkeiten offen stehen und die wirtschaftlichen Voraussetzungen günstiger sind.

Gebäude, die nach solararchitektonischen Gesichtspunkten errichtet wurden, benötigen lediglich ein Fünftel der Heizenergie anderer Neubauten und ein Zehntel der Heizenergie von Bauten aus der Zeit um 1970 und davor. Dies wäre bei entsprechender Planung auch ohne große Mehrkosten im Rahmen des sozialen Wohnbaus erreichbar, wie Erfahrungen in der eigenen Planungspraxis zeigen. Bauen mit der Sonne ist durchdachtes Bauen, unter Verwendung aller technischen und wissenschaftlichen Erkenntnisse und Entwicklungen der heutigen Zeit. Zugleich ist es aber gesundes Bauen, das mit einem großen Angebot an Sonnenstrahlung und natürlicher Wärme wesentlich zum Wohlbefinden und zur Gesundheit der Bewohner beiträgt.

2. Sonnenstrahlen als Grundlage des Lebens und der Wohnqualität

2.1. Sonnenstrahlung – Spektrum und Intensität

Die Atmosphäre durchdringen Strahlen der verschiedensten Art: Langwellen, Mittelwellen, Kurzwellen, Ultrakurzwellen, wie wir sie vom Radio kennen; Dezimeterwellen, wie sie beim Radar benutzt werden; Wärmestrahlen, Lichtstrahlen, ultraviolette und weiterhin Strahlen von natürlichen und neuerdings auch künstlichen radioaktiven Nukliden sowie Ultragammastrahlen als sekundäre Strahlenkomponenten der Höhenstrahlen (auch „kosmische Strahlung" genannt). Für den Menschen am wichtigsten ist dabei die Sonnenstrahlung; ihr Intensitätsmaximum liegt im Bereich des Lichtes. Der rhythmische Wechsel der Sonneneinstrahlung nach Richtung und Stärke bedingt die Tages- und Jahreszeiten.

Beim Durchgang der Sonnenstrahlen durch die Erdatmosphäre (Abb. 2.1) wird schon in der Stratosphäre, und zwar in der Ozonschicht, der größte Teil der UV-Strahlung, vor allem UV-C mit Wellenlängen unter 280 nm, absorbiert. Dies ist für das Leben auf der Erde entscheidend; denn, wie schon die Anwendung von UV zur Luftdesinfektion und zur Wassersterilisierung zeigt, könnte in der starken UV-Strahlung kein irdisches Leben gedeihen. Die verbleibenden geringen Mengen an UV-A und UV-B mit Wellenlängen von 280 bis 400 nm wirken dagegen vorwiegend biologisch günstig. In den untersten atmosphärischen Schichten entsteht dann durch Beugung und Reflexion die diffuse Himmelsstrahlung. Durch Wasserdampf und Kohlensäure werden besonders Wärmestrahlen absorbiert (Abb. 2.2). Deshalb trifft uns vor allem der kurzwelligere (blaue) Anteil des sichtbaren Lichtes, und der Himmel erscheint uns blau. Ein Teil der Sonnenstrahlung wird von Wolken zurückgeworfen, sodaß die Sonnenscheindauer bei uns im Mittel 50%, im Winter nur etwa 20% der maximal möglichen beträgt. Von der gesamten Sonnenstrahlung gelangt durch Absorption, Reflexion und Streuung nur etwa die Hälfte bis auf die Erdoberfläche. Von der Erde werden die Strahlen ebenfalls teils absorbiert, teils reflektiert.

Die von der Erde absorbierte und als langwellige infrarote Strahlung wieder ausgesandte Strahlungsenergie wird von der Atmosphäre teilweise absorbiert und teilweise als Gegenstrahlung nochmals zur Erde reflektiert, sodaß eine Glashauswirkung entsteht. Die durch

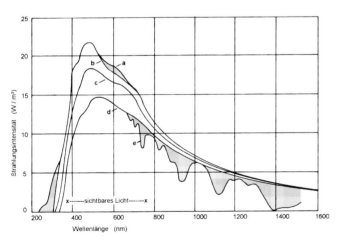

Abb. 2.1: Änderung des Sonnenspektrums beim Weg durch die Atmosphäre
a) Extraterristrisches Sonnenspektrum
b) Spektrum unter der Ozonschicht
c) Berücksichtigung der Streuung durch Luftmoleküle
d) Schwächung durch Ozon, Luft und Dunst
e) zusätzliche Absorption von Wasserdampf

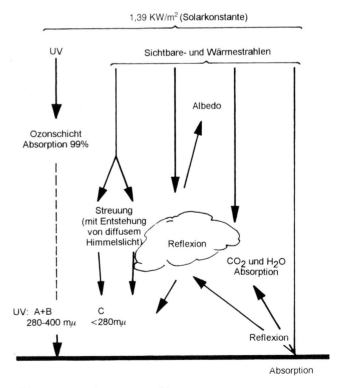

Abb. 2.2: Weg der Sonnenstrahlung

die Sonneneinstrahlung bewirkte ungleichmäßige Erwärmung der Erde löst die Witterungserscheinungen aus.

Wichtige Wellenlängenbereiche der Sonnenstrahlung:

ultraviolette Strahlen 10–400 nm
sichtbares Licht 400–800 nm
infrarote Strahlung („Wärmestrahlung") 800–3000 nm

2.2. Die Auswirkung der Sonnenstrahlung aus der Sicht der Physiologie und der Medizin

Für das Wohlbefinden des Menschen ist die ausreichende Bestrahlung mit Sonnenlicht von großer Bedeutung. Schon ein Sprichwort sagt: „Wo die Sonne nicht hinkommt, da kommt der Arzt hin." Vor allem für Säuglinge und Kinder in der Wachstumsphase ist viel natürliches Licht lebenswichtig. Der Mangel an Sonnenlicht, bedingt durch schattige Wohnungen, durch Rauch und Dunst über Großstädten, kann bei Säuglingen zu Rachitis und beim jugendlichen Organismus zu anderen Wachstumsstörungen führen [2.1].

Über die Bedeutung der Himmelsstrahlung für den menschlichen Organismus wissen wir insgesamt immer noch wenig. Gut informiert sind wir über die Wirkung des ultravioletten Strahlenanteils des Lichtspektrums. Bekannt ist, daß das UV-Licht die Bräunung der Haut hervorruft. Weiters wissen wir, daß unter dem Einfluß der ultravioletten Strahlung auf die Hautzellen Vorstufen des Vitamin D in eigentliches Vitamin D umgewandelt werden, und damit erklärt sich die Rachitis verhütende Wirkung des Sonnenlichtes. Die UV-Strahlung bewirkt die Stabilisierung von Vitamin C, also die Verhinderung des zu raschen Abbaues dieses wichtigen Vitamines im Organismus [2.1].

Der infrarote Teil des Lichtspektrums ist eine langwellige wärmespendende Strahlung von erheblicher Tiefenwirkung. Bei Bestrahlung tritt in der Tiefe der Haut eine kräftige Durchwärmung auf, der eine Erweiterung der Blutgefäße und damit eine Durchblutungssteigerung folgt, die für längere Zeit anhält und Heilungsvorgänge unterstützt. Aber ohne Zweifel sind diese Wege nicht die einzigen, auf denen das „Himmelslicht" seine Wirkung entfaltet. Noch viele unerforschte Faktoren dürften dabei außerdem von Bedeutung sein. Nach neuen Forschungen scheint das menschliche Auge bei der Übermittlung von Lichtreizen auf den Organismus und auf die Psyche des Menschen eine wichtige Rolle zu spielen.

In der Medizin gibt es auch physikalische Therapien, die die Wirkung von Sonnenlicht künstlich simulieren. Die Höhensonne (UV-Bestrahlung) wird gegen Rachitis, zur Festigung der Krankheitsabwehr und zur Erhöhung von Spannkraft und Wohlbefinden in den sonnenarmen Wintermonaten eingesetzt. Aufgrund der steigenden Hautkrebsraten wird UV-Bestrahlung in letzter Zeit allerdings nur eingeschränkt angewendet. Die Rotlicht-Behandlung (Infrarotbestrahlung) hilft z.B. bei schmerzhaften Entzündungen verschiedener Stadien, bei Gelenk- und Schleimbeutelentzündungen, Entzündungen im inneren und äußeren Ohr, Nebenhöhlenkatarrhen, Augenentzündungen usw. [2.1].

Durch Wintergärten und Sonnenfenster kann vor allem im Winterhalbjahr, wenn die Sonne tief steht, viel Sonnenlicht in die Wohnräume gebracht werden. Dabei wird durch die Verglasung das UV-Licht herausgefiltert. Nur bei Verwendung von speziellem, UV-durchlässigem Glas (z.B. Sanalux-Glas) gelangt das UV-Licht in den Innenraum – man kann sich dann auch im Wintergarten bräunen lassen. Neben der natürlichen Sonnenwärme während des Winters im Glashaus, die auch angesichts einer schneebedeckten Umgebung als sehr angenehm empfunden wird, kann man sich der zuvor erwähnten heilenden Wirkung des – das übliche Glas ungehindert durchdringenden, aus der Sonnenstrahlung stammenden – Infrarotanteils des Sonnenspektrums in leichter Kleidung aussetzen. Aufgrund der steigenden Hautkrebsraten, bedingt durch UV-Strahlen, wirkt sich UV-Schutz durch die Verglasung des Wintergartens positiv aus. Auch die große Helligkeit wird im Winterhalbjahr, in vernünftigen Grenzen genossen, als angenehm und aufheiternd empfunden.

2.3. Die Auswirkung der Sonnenstrahlung aus der Sicht der Psychologie und der Psychiatrie

Die Sonnenstrahlen und das Tageslicht beeinflussen durch ihren täglich wiederkehrenden Licht-Dunkel-Rhythmus wesentlich das Wohlbefinden, die Gemütslage und Aktivität des Menschen. Der Tag-Nacht-Rhythmus und seine Änderung im Wechsel der Jahreszeiten bewirken zusammen mit z.B. dem Mondzyklus und elektromagnetischen Feldern einen vielfältigen Rhythmus im menschlichen Organismus, dessen Regelmäßigkeit als Zeichen für Gesundheit gilt.

Die Wirkung des Sonnenlichtes wird durch die Augen und neueren Forschungen zufolge auch durch die Zirbeldrüse, eine Hirnanhangdrüse, an den Organismus weitergegeben. Lichtreize, die durch die Retina aufgefangen werden, können mittels einer Nervenstimulation aus der Zirbeldrüse, die früher für ein mystisches „drittes Auge" oder „Scheitelauge" gehalten wurde, das Hormon Melatonin freisetzen, dem als biochemischer Informationsträgersubstanz besondere Bedeutung zukommt [2.2].

Wenn im Herbst und Winter die Tage kürzer werden und sich die Sonnenscheindauer verkürzt, verändert sich bei vielen Menschen die Stimmungslage und zeigt Tendenz zur Melancholie. In unseren Breiten zeigen etwa 25% der Bevölkerung Anzeichen dieser auch als „Winterdepression" bezeichneten saisonalen Depression; bei ca. 2,5% ist diese Symptomatik behandlungsbedürftig. Eine in den USA durchgeführte Untersuchung hat ergeben, daß die Häufigkeit des Auftretens der saisonalen Depression mit der Länge der lichtarmen Jahreszeit zusammenhängt. Im Gebiet um den 25. Breitengrad leiden ca. 9% der Bevölkerung an saisonalen Depressionen (bzw. subsyndronalen Symptomen), im Gebiet um den 45. Breitengrad bereits ca. 30% [2.3]. Damit in Zusammenhang steht wahrscheinlich auch der erhöhte Alkoholverbrauch im Winterhalbjahr in den skandinavischen Ländern.

Aufgrund dieser Erkenntnisse wurde in der Psychiatrie zur Heilung der saisonalen Depression die Lichttherapie entwickelt. Die Patienten blicken mindestens 1 Stunde pro Tag mindestens 1 Woche lang in ein „künstliches Tageslicht", erzeugt durch Tageslichtleuchtstoffröhren, die ein dem Tageslicht in der spektralen Zusammensetzung ähnliches Licht ausstrahlen, wobei Beleuchtungsstärken von mehr als 2500 Lux angewendet werden. Die Wirkung der Lichttherapie kommt ausschließlich durch Augen und Kopf zustande, sodaß der Patient seine Kleidung nicht abzulegen braucht. Entsprechend den Forschungen der Chronobiologie hat das Licht, zu einem bestimmten Zeitpunkt verabreicht, auf den menschlichen Organismus einen phasenverschiebenden Effekt. So wird die Lichtbehandlung bei Einschlafstörungen am Morgen und bei Durchschlafstörungen am Abend angewandt. Wenn kein Phaseneffekt erzielt werden soll, wird Licht am Morgen und am Abend gegeben und verstärkt damit gleichmäßig sowohl den Wach- als auch den Schlafzustand. Die Lichttherapie birgt − verglichen mit einer medikamentösen Behandlung − kein Risiko unerwünschter Nebenwirkungen. Ein Vergleich mit der auch bei saisonalen Depressionen angewendeten Therapie des Schlafentzuges zeigte, daß bei kürzerer Behandlung mit Licht die Wirkung länger anhält. Die Patienten fühlten sich im Vergleich zum Schlafentzug weniger belastet und wiederholten bei einem Rückfall die Lichttherapie bei weitem lieber als den Schlafentzug [2.4]. Lichttherapie wird auch erfolgreich bei Folgeerscheinungen von Schichtarbeit, psychischen Wechseljahrbeschwerden, Altersverwirrtheit und bei Alkoholentzugssyndromen angewandt. Das Wohlbefinden des Einzelnen in einer technologischen Gesellschaft könnte schließlich mit davon abhängen, wie weit der Mensch dem natürlichen Bedürfnis nach Licht in gewissen, vielleicht entscheidenden Perioden nachgeben kann, um, wie die Pflanzen, die je nach Licht und Periodik blühen und verblühen, mit dem Rhythmus des Lichtes im Einklang zu leben [2.4]. Die Annahme liegt nahe, daß durch helle, sonnendurchflutete Wohn- und Arbeitsräume, in denen sich der Mensch die meiste Zeit aufhält, das psychische Wohlbefinden und eine angemessene Aktivität begünstigt werden. Vor allem ein richtig orientierter Wintergarten ermöglicht im Winterhalbjahr einen längeren Aufenthalt im direkten Sonnenlicht (bei ca. 50.000 Lux und mehr) bei behaglichen Lufttemperaturen, während ein längerer Aufenthalt im Freien ohne entsprechende körperliche Bewegung aufgrund der Kälte nur beschränkt möglich ist.

2.4. Die Auswirkung der Sonnenstrahlung aus der Sicht der Wohnphysiologie

Die Wohnphysiologie als Wissenschaft, die das Verhalten und die Reaktionen des Menschen im Wohnbereich erforscht, und die sich mit den Anforderungen an eine gesunde Wohnung beschäftigt, setzt sich auch mit der richtigen Besonnung einer Wohnung auseinander [2.5]. Aus der Sicht der Wohnphysiologie kommen der Sonnenstrahlung folgende Wirkungen zu:

Austrocknung der Gebäude, vor allem der Außenwände
Entkeimung der Wohnräume
Erwärmung der Gebäude
Psychologische Wirkungen

Die laufende Austrocknung der Baustoffe, vor allem in der kalten Jahreszeit, dürfte die wichtigste wohnphysiologische Wirkung sein. Bekanntlich kann bei mehrschichtigen Außenwandbauteilen (Wände, Dächer) bei gewissen Klimasituationen zumeist im Winter Wasserdampf in den Bauteilen kondensieren. Dieser trocknet bei Sonnenbestrahlung und Erwärmung wieder aus. Indirekt gewährleistet eine ausreichende Besonnung den notwendigen Wärmeschutz der Außenwände und behagliche Innenflächentemperaturen.

Die Sonnenstrahlung hat eine außerordentlich starke bakterientötende Wirkung. In verhältnismäßig kurzer Zeit (5−10 Minuten) nach direkter Sonnenbestrahlung werden Bakterien und andere Mikroorganismen restlos abgetötet. Die wärmewirtschaftliche Bedeutung der Sonnenstrahlung ist in unseren Breitengraden in den Wintermonaten recht erheblich. Heizkosteneinsparungen von 50% bis 80% sind an sonnigen Tagen keine Seltenheit [2.6]. Die wärmewirtschaftliche Bedeutung ist umso größer, je größer die Fensterflächen sind. Auf diese passive Nutzung der Sonnenenergie wird später noch genauer eingegangen.

Die psychologische Wirkung der Besonnung kann kaum überschätzt werden. Lichtarme und sonnenlose Behausungen sind trostlos, traurig und fördern den Trübsinn im wahrsten Sinne des Wortes. Sonnige Wohnungen stimmen glücklich und fröhlich. Der Licht- und Sonnenhunger des Menschen wächst mit der Nähe des Wohnortes zu den Polen. Der Wunsch nach Sonnenschein ist in unseren gemäßigten Breitengraden stark verbreitet und dürfte bei nahezu allen Menschen ein sehr reales Bedürfnis sein. Es ist anzunehmen, daß der „gefühlsmäßige" Wunsch nach Sonne zu einem erheblichen Teil durch die unbewußte, aktivierende – vor allem die austrocknende, die wärmende und die bakterizide – Wirkung der Sonne bedingt ist. Da die psychologischen Wirkungen der Sonne sehr wichtig sind und teilweise als die Summe aller Wirkungen betrachtet werden müssen, kommt den bekannten Untersuchungen über die tatsächliche Besonnung von Wohnungen und das subjektive Erlebnis der Besonnung durch die Bewohner eine besondere Bedeutung zu. Studien mit Befragungen und Vergleichsmessungen an einer größeren Anzahl von Wohnungen haben ergeben, daß der Wunsch „nach genügend Sonne" zusammen mit „Platz in der Wohnung" von der Mehrheit der Befragten in den ersten Rängen eingestuft wurde. „Sonne und Licht" zählen somit zu den wichtigsten Maßstäben für eine gute Wohnung [2.5]. Der Wunsch nach Sonne ist so ausgeprägt, daß die befragten Bewohner, auch wenn sie im großen und ganzen mit der Besonnung ihrer Wohnung zufrieden waren, trotzdem noch mehr Sonne wünschten, als sie hatten [2.5].

Zur Festsetzung des anzustrebenden Mindestausmaßes der Sonnenstrahlung in Wohnräumen wurde normativ der sogenannte mittlere Wintertag – der 8. Februar – als Stichtag zur Messung der notwendigen Sonnenscheindauer – vereinbart. In unseren Breitengraden entspricht der 8. Februar dem Mittel an Besonnung für den sonnenarmen Jahresteil. Als wünschenswerte Besonnung von Wohnungen am 8. Februar wird eine Sonnenscheindauer von mehr als zwei Stunden in Zimmermitte, 1 m über dem Fußboden gefordert [2.5]. Im Vergleich dazu würde bei einem südorientierten Sonnenfenster die Besonnung am 8. Februar fünf Stunden dauern, bei einem Wintergarten, je nach Bauform, bis zu acht Stunden.

3. Die geschichtliche Entwicklung der passiven Nutzung der Sonnenenergie

3.1. Der Einfluß der Sonne auf die Gestaltung der Wohnhäuser in der Antike

Fels- und Erdhöhlen entwickelten sich neben Laubhütten als früheste Formen menschlicher Behausung. Höhlenwohnungen waren aufgrund ihrer klimatischen Vorteile sehr beliebt und werden deswegen in Regionen, wo diese Vorteile besonders zum Tragen kommen (Lokalklima, günstiges Höhlengestein usw.) auch heute noch bewohnt. Die Klimavorteile ergeben sich durch die thermische Trägheit des Speichermediums Erde. Geringe Temperaturschwankungen und hohe relative Luftfeuchtigkeit (durch mangelnde Sonneneinstrahlung) sind Merkmale des Höhlenklimas. Die Temperatur im Höhleninneren entspricht etwa der mittleren Jahrestemperatur der Umgebung und ist über das ganze Jahr annähernd konstant. Man war bestrebt, die Kraft der Sonne zu nutzen, indem die Fronten der Höhlen nach Süden gerichtet wurden. Somit konnte die tiefstehende Wintersonne den Eingangsbereich erwärmen, während die steil stehende Sommersonne durch auskragende Felsplatten abgeschirmt wurde. Eindrucksvolle Höhlendörfer gibt es im Südwestteil des französischen Zentralplateaus in den Tälern der Dordogne und der Vézère. Andere noch bewohnte Beispiele gibt es in Ürüp und Göröme (Türkei), Matmata (Tunesien), Loyang (China), Montezuma Castle (Arizona), Mesa Verde (Colorado), Matera (Apulien) u.v.a.m. (Abb. 3.1), [3.1]. In neuerer Zeit sind Erdhäuser wieder modern geworden. Sie bilden eine eigene Gruppe von Energiesparhäusern und sind ausführlich in der Literatur dokumentiert [3.2, 3.3].

Aus den Erdhäusern entwickelten sich dann die Steinhäuser, wie der griechische Dichter Aischylos (475 v. Chr.) den Prometheus erklären läßt [3.4]. „Es war die Zeit, da wußten die Menschen nichts vom nach der Sonne ausgerichteten Steinhaus noch von des Holzbaus Kunst. Und hausten eingegraben gleich leicht wimmelnden Ameisen in Erdhöhlen ohne Sonnenstrahl." In diesem Zitat wird deutlich, daß die Ausrichtung nach Süden als vorteilhaft angesehen wurde und zum allgemeinen Wissensstand gehörte. Es entwickelte sich der Typ des griechischen Megaronhauses. Durch eine entsprechende Orientierung und Ausbildung dieses Haustyps, wie es von Sokrates um 400 v. Chr. gefordert wird, entsteht ein Urtyp eines passiven Sonnenhauses.

Abb. 3.1: Höhlenwohnungen in Matmata, Tunesien

Der griechische Schriftsteller Xenophon läßt in seinem Buch Memorabilia Sokrates ausführliche Ratschläge für ein Sonnenhaus erteilen [3.5]. „Er (Sokrates) meine auch, dieselben Häuser seien schön und nützlich, und es schien mir, als wolle er damit lehren, wie man sie bauen müsse. Er überlegte aber folgendermaßen: Wenn jemand ein Haus haben will, wie es sein muß, soll er es dann so einrichten, daß das Leben darin angenehm und nützlich sein wird? Als man dies zugab, fuhr er fort: Ist es nun nicht angenehm, wenn es im Sommer kühl, im Winter warm ist? Als man auch dies zugestand, meinte er weiter: Scheint nicht in den nach Süden gelegenen Häusern die Sonne im Winter unter die Vorhalle, im Sommer aber wandert sie über uns und die Dächer hinweg, daß wir Schatten haben? Wenn es nun angenehm ist, daß es so geschieht, muß man dann nicht die südlichen Zimmer höher bauen, damit die Wintersonne nicht abgeschlossen wird, die der Nordseite aber niedriger, damit die kalten Winde nicht einfallen können? Um es kurz zu sagen: Das dürfte mit Recht die schönste und angenehmste Behausung sein, in der man sich in jeder Jahreszeit wohl fühlt und seinen Besitz am sichersten verwahrt." Damit wird das Grundschema eines trichterförmig nach Süden geöffneten Solarhauses beschrieben, dessen schwere wärmespeichernden Steinwände durch die flach einfallende Wintersonne erwärmt werden, während die hochstehende Sommersonne durch das Vordach wirkungsvoll abgeschattet wird (Abb. 3.2). Es soll dadurch ein unverändert auch heute noch bestehender Wunsch der Menschen nach einem festen Haus, das ohne zusätzlichen Energieaufwand im Winter warm und im Sommer kühl ist, erfüllt werden. Auch von Aristoteles werden diese Ratschläge für ein Sonnenhaus ausführlich wiederholt. Ausgrabungen von griechischen Häusern aus dieser Zeit beweisen, daß diese Vorschläge auch in den damaligen Bauten umgesetzt wurden. Beispiele aus Olynthos, Priene (Abb. 3.3), Piräus und Abdera zeigen verdichtete Hausformen mit zweigeschossigen, nach Süden orientierten Hauptgebäuden, denen ein Innenhof mit eingeschossigen Gebäudeteilen vorgelagert ist. Alle wesentlichen Fenster- bzw. Türflächen der Gebäude weisen nach Süden. Die Anordnung der Innenhöfe ermöglicht eine verschattungsfreie Solarnutzung der Hauptgebäude (Abb. 3.4), [3.6]. Während beim griechischen Haus die Innenhöfe nicht überdacht waren, hat das ursprüngliche römische Haus einen mit einem Regentrichter teilweise überdachten Innenhof, das Atrium. Durch griechischen Einfluß entwickelte sich das Peristylhaus, das den alten römischen Atriumsteil mit einem griechischen, nicht überdeckten Säulenhof kombiniert. Diese Häuser nützten soweit wie möglich die Sonnenwärme aus, wie das Haus der Vettier in Pompeji zeigt. Hier erwärmt die tiefliegende Wintersonne durch die Säulenhalle eine Vielzahl von Wohnräumen.

Nebenräume liegen als Pufferzonen im nördlichen Teil des Hauses. In der römischen Literatur gibt es bei Vitruv, Plinius dem Jüngeren und bei Ulpian u.a. ausführliche Beschreibungen über klimagerechtes Bauen. Vor allem die zehn Bücher des Vitruv, die die spätere Baukunst stark beeinflußt haben, enthalten genaue Hinweise zur passiven Nutzung der Sonnen-

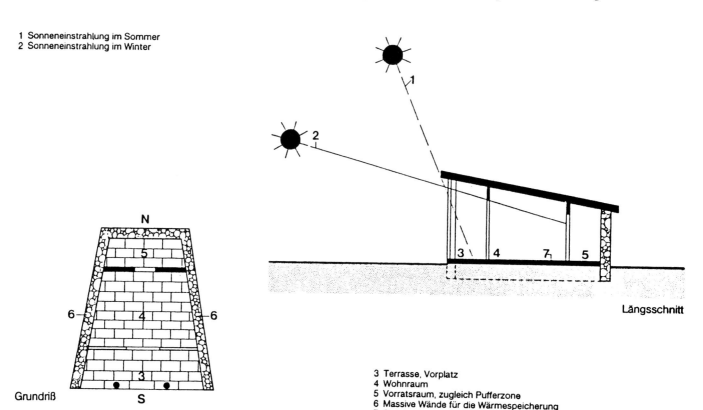

Abb. 3.2: Sonnenhaus der Sokrates (469–397 v. Christus)

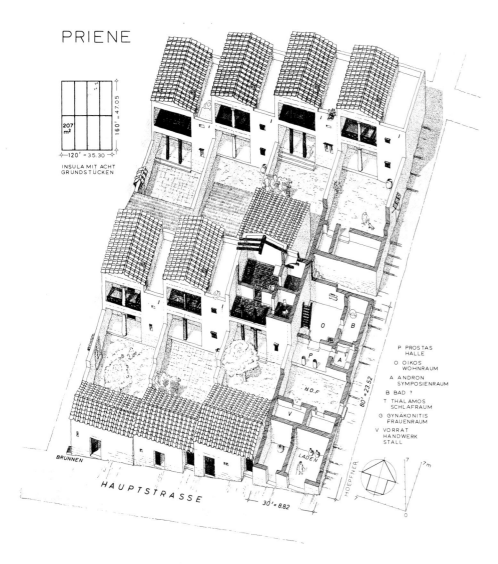

Abb. 3.3: Axonometrie Atriumhäuser in Priene

energie. Sechstes Buch, Kapitel I „Über die Berücksichtigung der klimatischen Verhältnisse bei der Anlage von Privatgebäuden." In diesem Kapitel nennt Vitruv die wesentlichen Punkte des klimagerechten Bauens, die – wie wir wissen – heute erst langsam wieder zum Allgemeinwissen der Architekten werden. „Die Häuser werden dann richtig angelegt, wenn zuerst einmal beachtet wird, in welchen Gegenden oder Breitengraden sie errichtet werden. Denn es scheint, daß die Bauart der Häuser in Ägypten, anders in Spanien, nicht in der gleichen Weise im Pontus, wieder anders in Rom und ebenso in den übrigen Ländern und Landstrichen mit ihren besonderen klimatischen Verhältnissen bestimmt werden muß, weil in der einen Gegend die Erde der Sonnenbahn sehr nahe, in einer anderen sehr weit, in einer anderen mittelmäßig von ihr entfernt ist. Wie also der Zustand der Welt hinsichtlich des Erdraums durch die Neigung des Tierkreises und die Sonnenbahn von Natur aus mit ungleichen Eigenschaften ausgerichtet ist, so scheint in gleicher Weise auch die Anlage der Gebäude nach der Beschaffenheit der Gegenden und den verschiedenen klimatischen Verhältnissen ausgerichtet werden zu müssen. Im Norden scheint es, müssen die Gebäude mit einer flachgewölbten Decke versehen, möglichst geschlossen und nicht offen, sondern nach den warmen Himmelsgegenden hingerichtet angelegt werden. Dagegen müssen sie in südlichen Gegenden unter dem Aufprall der Sonne, weil die Hitze sie drückt, offen und nach Norden und Nordosten gerichtet angelegt werden. So wird man künstlich berichtigen müssen, was die Natur zufällig an ungünstigen Verhältnissen bringt. Ebenso muß in den

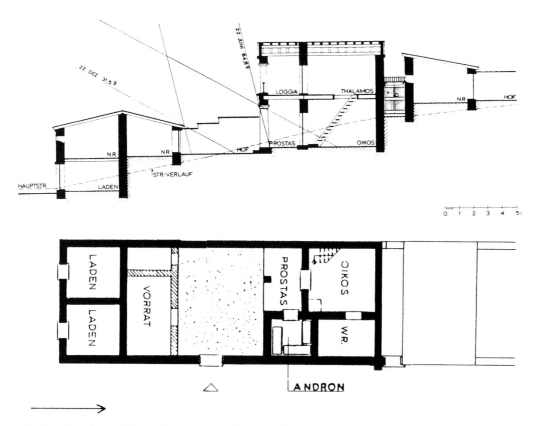

Abb. 3.4: Schnitt und Grundriß eines Atriumhauses in Priene

übrigen Gegenden in der gleichen Weise ein Ausgleich geschaffen werden, wie das Klima nach der Neigung (eines jeden Teils) der Erde (zur Sonnenbahn) eingerichtet ist." (Vitruv in De Architectura, Sechstes Buch [3.7]). Vitruv gibt auch genaue Hinweise, nach welchen Himmelsrichtungen die einzelnen Räume entsprechend ihrer Nutzung zu orientieren sind. Für nördliche Klimazonen empfiehlt Vitruv primär die Südausrichtung der Häuser, hingegen sei für südliche Klimazonen die Beachtung der Windrichtung wichtiger. Während viele Hinweise von Vitruv die spätere Architektur im Mittelalter beeinflußten, blieben seine Forderungen hinsichtlich der passiven Nutzung der Solarenergie jedoch weitgehend unbeachtet. Plinius der Jüngere beschreibt in seinen Briefen zwei Landhäuser, in denen wesentliche Punkte der passiven Sonnenenergienutzung erwähnt werden: „Die Fenster sind verglast, besitzen hölzerne Fensterläden, sind außergewöhnlich groß und dem Lauf der Sonne folgend angeordnet. Die Sonnenwärme wird gezielt zur Beheizung der Häuser eingesetzt: Durch das Zurückwerfen der Sonnenstrahlen vermehrt die geschlossene Halle die Wärme, welche sie empfängt, und wie sie auf der einen Seite die Sonne aufnimmt, so wehrt sie auf der anderen Seite dem Nordwind und hält ihn ab." (2. Buch, 17. Brief an Gallus, Beschreibung der Laurentinischen Villa). Interessant ist auch die bewußte Erwähnung, daß das Wasser eines Freibades von der Sonne erwärmt wird: „Auf das kalte Bad folgt ein anderes, das die Sonne aufs angenehmste erwärmt, doch nicht so sehr, als das warme Bad, das weiter hinausgebaut ist." (5. Buch, 6. Brief an Apollonaris, Beschreibung des Tuscischen Landhauses [3.8]). Vor allem auch beim Bau von römischen Thermen wurde die passive Nutzung der Solarenergie konsequent beachtet. Die Thermen hatten große verglaste Fenster, die nach Süden oder Südosten ausgerichtet waren. Auch werden wärmedämmende Wände verwendet: In den Dampfbädern, den Caldarien, wo Temperaturen von 55 °C erreicht wurden, waren die Wände mit viereckigen Tonröhren, den „tubuli", verkleidet. Alle Stränge dieser „tubuli" öffneten sich auf einer Seite zum Hypokaustum, während die andere Seite geschlossen war, sodaß sich eine stehende Luftsäule bildete, die eine gute Wärmedämmung und hohe Wandtemperatur garantierte. Diese Art der Wärmedämmung wurde auch bei Wohnhäusern in nördlichen Regionen angewendet. All dies zeigt, daß die Römer viele Kenntnisse über die passive Nutzung der Sonnenenergie hatten und diese auch weitgehend, vor allem in beheizten Gebäuden, realisierten.

3.2. Sonne und Klima als Grundlage für anonyme bäuerliche Hausformen

In der Entwicklung der anonymen Architektur stellte das Eingehen auf klimatische Randbedingungen und der sparsame Umgang mit Energie ein wesentliches, formwirksames Kriterium dar. Im Kaukasus, in Persien und Afghanistan sind in der traditionellen Bauweise erdüberdeckte Häuser üblich, die nur über ein mittleres Oberlicht belichtet werden und durch die dicke Erdüberdeckung fast keine Wärmeverlustflächen aufweisen (Abb. 3.5), [3.9]. Dieses System der Belichtung durch Oberlichten wird auch bei den traditionellen Lehmhäusern in Nordostafghanistan beibehalten [3.10]. Sonnenloggien und Windtürme sind die bekanntesten Beispiele, die bei vielen Kulturkreisen auftreten, wie B. Rudofsky anschaulich nachweist [3.11]. Beispielhaft sei hier die anonyme persische Baukultur angeführt, wo spezielle bauliche Vorkehrungen zur natürlichen Klimatisierung entwickelt wurden: zwei- oder dreiseitige Windtürme, Windkappen und die gezielte Anordnung von Baukörpern, Grünflächen und Wasserbecken (Abb. 3.6, 3.7), [3.12, 3.13, 3.14]. Nördlich der Alpen entwickelte sich in der Bronzezeit das Vorhallenhaus, das dem griechischen Megaronhaus sehr ähnlich ist. Es war wie dieses zumeist nach Süden ausgerichtet. Aus dem Einraum mit Herdstelle werden im 12. bis 14. Jahrhundert die Stube und die Küche, wobei die Stube durch einen von der Küche zu heizenden Ofen erwärmt wurde. Vermutlich hängt die Einführung der Stube mit der weiteren Verbreitung der Glasfenster und der damit verbundenen Möglichkeit der passiven Nutzung der

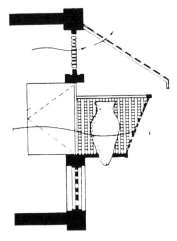

Abb. 3.6: Traditionelle persische Fensterkonstruktion mit Wasserbehälter zur Kühlung der Luft durch den Verdunstungseffekt

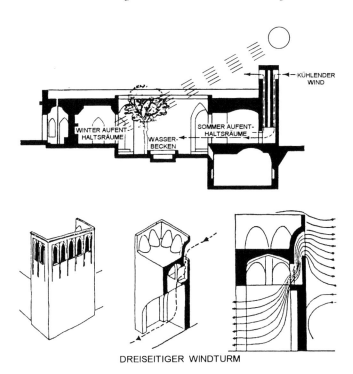

Abb. 3.7: Natürliche Klimatisierung in der anonymen persischen Baukultur

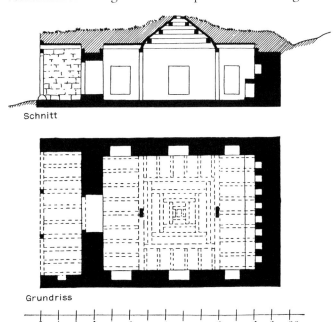

Abb. 3.5: Haus in Digomi, Ost-Grusien

Sonnenenergie zusammen. Obwohl schon in der Antike verwendet, begann Fensterglas erst durch die Entwicklung der Butzenscheiben nach 1300 billiger zu werden und sich weiter zu verbreiten. Erst im 16. Jahrhundert wurden klare, verzerrungsfreie Glastafeln in großen Mengen für Fenster erzeugt. Die Stube, in Neustadt bei Wien (Wr. Neustadt) um 1147 erstmals schriftlich nachgewiesen [3.15], war zumeist an der Südostseite angeordnet und immer nach Süden orientiert. Auch bei dichteren, dörflichen Strukturen wurde diese Orientierung der Häuser zur Sonne beibehalten;

erst bei jüngeren Siedlungen gewann die Ausrichtung der Stube zur Straße hin mehr an Bedeutung.

Bei allen anonymen Bauernhausformen wurden die Hauptfassaden der Gebäude nach Süden orientiert. Je nach Gebäudetyp war dies die Giebelseite oder die Längsseite. Die Stube befand sich immer an dieser Hauptfassade. Gegen Norden wurden Pufferzonen vorgelagert (Stall usw.) und zur Verbesserung der Wärmedämmung Holzstöße an das Haus angeschlichtet. Die Anordnung von Pufferräumen und beheizten Räumen war bei vielen Bauformen so durchdacht, daß man dieses Konzept als „Hüllenprinzip" bezeichnen kann [3.1]. Bei diesen Häusern bildet der Dachraum, der als Trockenspeicher für Heu und Getreide dient, einen ausgezeichneten Wärmepuffer. Da Mensch und Tier unter einem Dach leben, nutzt man die Körperwärme des Viehs, indem man die Ställe als thermische Puffer an der Außenfassade anordnet. Im Kern befinden sich die beheizten Räume des Wohnbereiches. Der Schlafbereich liegt im innersten Teil des Hauses und stellt, umhüllt von mehreren Räumen, die letzte Rückzugsmöglichkeit bei sehr strenger Kälte dar.

Ähnliche Grundrißzonierungen weisen die Rundkaten des osteuropäischen Raumes auf, bei denen ebenfalls der Schlafbereich die innerste und wärmste Zone bildet. Als Alkoven ausgebildet und mit einem schweren Vorhang versehen, bietet das Bett selbst schon guten Schutz gegen Wärmeverluste. Wie im Grundriß werden auch im Aufriß alter Hausformen die thermischen Eigenschaften der Raumluft ausgenutzt. So befindet sich die Küche, der Raum, in dem die meiste Wärme erzeugt wird, im Zentrum des Erdgeschosses und heizt die darüberliegenden Räume mit (Abb. 3.8). Sehr deutlich wird dieses Prinzip auch bei den turmartigen Tessiner Bauernhäusern.

Es gab zum Teil schon Vorläufer von Wintergärten, die auf die Tradition des „Heliocaminus", des römischen Sonnenraumes, aufbauten. So hatten die Häuser im Schwarzwald einen Vorbau, in dessen Wand herausnehmbare Fenster eingesetzt wurden, die den offenen Laubengang zum geschlossenen Wintergarten machten [3.16]. Die traditionellen Bauernhäuser besaßen immer nur eine Feuerstelle (in Stube und Küche), deren Wärme durch Öffnen von Luftklappen am Abend in die unbeheizten Schlafräume geleitet wurde. Exemplarisch wurde der Wärmeverbrauch eines einfachen oberösterreichischen Bauernhauses berechnet [3.17]. Der Wärmebedarf, nach ÖNORM B8110 und B8135 berechnet, beträgt, bezogen auf die tatsächlich genutzte Fläche (72,24 m² incl. nicht direkt beheiztem Schlafraum und Werkstatt), ca. 170 kWh/m² Jahr, während der Wärmebedarf für die direkt beheizten Räume (41,66 m²) mit ca. 290 kWh/m² Jahr eher hoch liegt. Dieser, verglichen mit heutigen Bauten, hohe

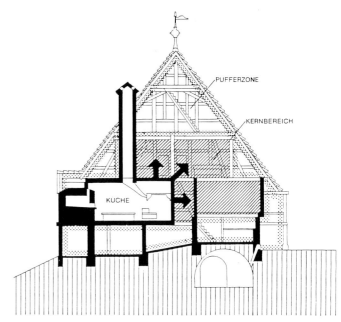

Abb. 3.8: Süddeutsches Bauernhaus, Schemaschnitt

Wärmeverbrauch ergibt sich vor allem aufgrund der schlechten Wärmedämmung der Außenwände (46 cm Sandstein – k = 1,92 W/m² K), ist aber durch die Mitnutzung der indirekt beheizten Räume und der geringen Wohnfläche vertretbar (ca. 4,5 fm oder 2.500 kg Holz pro Heizsaison).

Der Einfluß von Sonne und Klima auf die Entwicklung von anonymen ländlichen Hausformen war sicher zu verschiedenen Zeiten unterschiedlich stark, hat aber erst im letzten Jahrhundert aufgrund der Verfügbarkeit billiger Energiequellen sehr abgenommen. Dieser Fragenkreis wäre sicher ein dankbares Thema für eingehende Untersuchungen, da es in dieser Richtung wenige Arbeiten gibt, aber interessante, regional unterscheidbare Ergebnisse zu erwarten sind.

Die regionalen Ausprägungen sind neben dem bestimmenden Einfluß der Kultur und Bautradition der jeweiligen Volksgruppen natürlich abhängig vom regionalen Klima, aber auch von den lokal vorhandenen Baustoffen, von diversen wirtschaftlichen Faktoren und anderem mehr. Beispielhaft wird im Abschnitt 3.3.3.2 genauer auf die passive Nutzung der Sonnenenergie durch Glasvorbauten in der regionalen Bautradition Nordwestspaniens eingegangen.

3.3. Die geschichtliche Entwicklung des Wintergartens

Wintergärten und Glashäuser sind nicht eine Schöpfung der neuesten „ÖKO-WELLE", sondern haben eine mehr als 400 Jahre alte Geschichte und ihren festen Platz in der Kultur- und Architekturtradition. Im Zeitalter der Entdeckungen wurden viele exotische Früchte und Pflanzen nach Europa eingeführt. Der Genuß dieser Früchte galt in der Neuzeit als höchster Luxus. Ebenso berauschten sich die Europäer an dem Duft und der Farbenpracht exotischer Pflanzen und Blüten. Der Botaniker, oft zugleich auch Gärtner, war der angesehenste Wissenschafter dieser Zeit, wie heute der Informatiker oder bis vor kurzem der Atomphysiker. Fast täglich wurden neue Pflanzen entdeckt und katalogisiert. Natürlich versuchte man, die eingeführten Pflanzen auch in Europa zu züchten, und so wurde der Gärtner oft auch zum Glashauskonstrukteur. Die ersten funktionell richtigen Gewächshäuser entstanden in Holland. Später ist dieser Bautyp des barocken Gewächshauses des öfteren in österreichischen Klostergärten zu finden.

3.3.1. Der Adel als Bauherr

Neben den botanischen Gärten der Universitäten (Padua 1525, Leipzig 1580 [3.18]) befanden sich die ersten Pomeranzenhäuser und Orangerien in den Schloßgärten der Fürsten und Könige. Sie bildeten einen festen Bestandteil des französischen Barockgartens und dienten dem Luxus, der Wissenschaft und der Repräsentation. Prinz Eugen von Savoyen war der Bauherr des ersten demontablen Pomeranzenhauses im unteren Belvedere in Wien (Lukas v. Hildebrandt, 1714 bis 1716 [3.19]). Es handelt sich hier um eine demontable Holz-Glas-Konstruktion, die im Winterhalbjahr über den Orangenhainen aufgebaut wurde. Ansonsten waren feste Orangerien, gewölbte Mauerwerksbauten mit großen Südverglasungen üblich (Stift Melk, 1717 bis 1721; Schloß Schönbrunn, 1755 (Abb. 3.9) [3.20]). Mit dem Aufkommen des englischen Landschaftsparks wurde die aus der Mode gekommene Orange durch die Palme ersetzt, es entstand das

Abb. 3.9: Orangerie Schloß Schönbrunn, Wien

Palmenhaus. Die neu entwickelten Dampf- und Heißwasserheizungen ließen die Notwendigkeit einer genauen Orientierung nach Süden (Längsrichtung der Orangerie O-W) und einer wärmedämmenden Nordwand entfallen. An Stelle der gemauerten Stützen der Orangerien trat eine schlanke Holzkonstruktion (später Stahl). Durch das um 1700 entwickelte Gieß- und Walzverfahren war auch Glas in großen Abmessungen und Mengen günstig erhältlich. So entstand in England eine regelrechte Glashausindustrie. Joseph Paxton, ein Gärtner, baute erstmals 1828 in Chatsworth das von Loudon entwickelte „Ridge-and-furrow-Dach", eine Faltkonstruktion aus Holz mit tragenden Rinnenprofilen. Er war auch der Architekt des Kristallpalastes in London, einer der kühnsten Schöpfungen in der Architekturgeschichte. Das riesige Ausstellungsgebäude für die Weltausstellung 1851 (ca. 100.000 m² überdachte Fläche) wurde mit Hilfe einer vorgefertigten, standardisierten Holz-Gußeisen-Glaskonstruktion in nur sieben Monaten errichtet. Die Erfahrungen in der Vorfertigung ermöglichten den Export ganzer Glashaus-Bausätze aus Holz nach Übersee (Golden-Gate-Park-Palmenhaus, San Francisco 1876–1889).

3.3.2. Zwei historische Bautypen

In der Baugeschichte der Glashäuser entwickelten sich zwei ideale Bautypen, deren Form logisch aus einer der Funktion entsprechenden Orientierung zur Sonne und einer Berücksichtigung der physikalischen Voraussetzungen herleitbar ist.

Das barocke (holländische) Gewächshaus
Die ersten funktionell richtigen Gewächshäuser entstanden in Holland. Es sind in O-W-Richtung langgestreckte Bauten, deren große, genau nach Süden ausgerichtete, leicht schräge Glasfront in Holzkonstruktion durch ein Vordach gegen die hohe Sommersonne und gegen Witterung geschützt wird. Das mit Stroh gedämmte Pultdach fällt zur niedrigen Nordfassade ab. Zusätzlich sind an die Nordfassade oft Nebenräume angebaut. Die Beheizung erfolgte, wenn überhaupt, durch Einzelöfen. Dieses sogenannte barocke Gewächshaus kann als Vorläufer des energieoptimierten passiven Sonnenhauses angesehen werden (Abb. 3.10, 3.11).

Das sphärische Glashaus
Von John Claudius Loudon und George Mackenzie wurden im 19. Jh. theoretische Überlegungen zur optimalen Glashausform angestellt – Vortragstitel 1815: „Über die Form, die das Glas eines Treibhauses haben sollte, um die größtmögliche Menge von Sonnenstrahlen zu erhalten". Das Ergebnis dieser Untersuchungen war das sphärische Gewächshaus, dessen Glasoberfläche

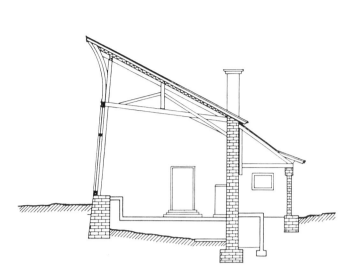

Abb. 3.10: Barockes Gewächshaus (Schnitt)

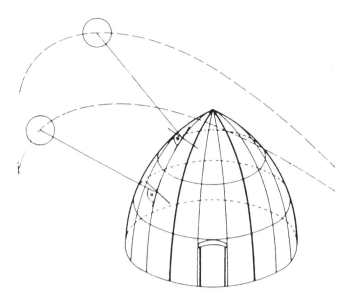

Abb. 3.12: Schemaskizze sphärisches Glashaus

Abb. 3.11: Gewächshaus Schloß Telc' in Tschechien

Abb. 3.13: Palmenhaus, Schloß Schönbrunn, Wien

so geformt war, daß die Sonne zu jedem Zeitpunkt während des Jahres normal zu einem Ausschnitt der Glasoberfläche steht. Dieser Idealtyp wurde ca. 1818 im Palmenhaus von Bicton Gardens in East Budleigh, Devon, U.K. verwirklicht und war Vorbild für die gekrümmten Glasdächer der Gewächshäuser (Abb. 3.12, 3.13).

3.3.3. Der Bürger als Bauherr

3.3.3.1. Veranden und Wintergärten der Jahrhundertwende im österreichischen Raum

Neben den Palmenhäusern in den Schloßgärten des Adels entstanden ab 1830 in allen Großstädten Europas große, öffentlich zugängliche Wintergärten, die, von Spekulanten errichtet, ein beliebter Treffpunkt des wohlhabenden Bürgertums wurden. Es fanden dort Konzerte und Vorträge statt, man spielte Billard und traf einander beim Kaffee. In dieser Zeit entstanden auch zahlreiche Passagen und überdachte Innenhöfe. Auch bei den Villen und Stadtpalais des Großbürgertums im Historismus und in der Gründerzeit wurde der beheizte Wintergarten oder das Gewächshaus zum fixen Bestandteil des Raumprogrammes (Abb. 3.14, 3.15). Bei den einfacheren Bürgerhäusern in den Vorstädten war die Holzveranda sehr gebräuchlich. Sie diente nicht nur der Repräsentation, sondern war im Sommer und in der Übergangszeit auch Wohnraum. Die Veranda stellte die Verbindung zum Garten her, diente aber auch als Depot und z.B. zum Aufhängen der Wäsche. Die Veranden waren durchwegs aus Holz mit einfach verglasten Fenstern und unbeheizt, aber nicht immer nach Süden orientiert, sondern primär der Aussicht und dem Garten

Abb. 3.14: Veranda, Wien

Abb. 3.15: Veranda, Wien

zugewandt. In dieser Zeit entwickelte sich auch der Typ des Hotelwintergartens, der in den jungen Fremdenverkehrsorten (Bad Ischl, Payerbach usw.) helfen sollte, die Saison etwas in den Frühsommer und Herbst zu verlängern. Die Holzveranden der Jahrhundertwende weisen eine große Formenvielfalt auf und sind teilweise Vorbild für den heutigen Wintergarten. Es bildeten sich Typen (angebauter Wintergarten, Eckwintergarten), die heute noch ihre Gültigkeit haben.

3.3.3.2. Glasvorbauten in Nordwestspanien

Wintergärten und Veranden waren im 19. Jahrhundert in vielen Ländern verbreitet. Aber in keinem Land treten diese verglasten Vorbauten in derartiger Fülle und so bestimmend für das Stadtbild auf, wie in den Städten und Ortschaften Nordwestspaniens. Diese Vorbauten bestehen einheitlich aus einer mit Glas ausgefachten Holzkonstruktion, wurden zumeist über vertikale Schiebefenster belüftet und auf steinernen Konsolen ca. 1 m vor der tragenden Wand angeordnet, die sich mit verglasten Flügeltüren in den Glasvorbau öffnete. In La Coruña, der Provinzhauptstadt von Galizien, erreicht die Dichte und städtebauliche Ausprägung der Glasvorbauten ihren Höhepunkt.

La Coruña – die Pescaderia
Die heute 225 000 Einwohner zählende Stadt La Coruña ist durch ihren wichtigen Handelshafen eines der wirtschaftlichen Zentren Nordwestspaniens. Die auf einer Halbinsel gelegene Stadt gliedert sich in drei Teile: die Altstadt im Südosten, die im 16. Jahrhundert gegründete „Pescaderia" auf dem Isthmus, ehemaliges Fischerviertel und heutiges Stadtzentrum, und die aus diesem Jahrhundert stammenden Quartiere von La Coruña. In der zwischen 1840 und 1890 neu ausgebauten „Pescaderia" sind fast alle Häuser mit glasverkleideten Vorbauten ausgestattet. Die meisten der Häuser sind 4–5 Geschosse hoch und 3–5 Fensterachsen breit. Im Erdgeschoß befinden sich Läden, im ersten Obergeschoß Wirtschafts- und Lagerräume, Restaurants oder Büros. In den oberen Geschossen liegen die Wohnräume mit den Glasgalerien. Bei vielen Häusern verläuft die Galerie im ersten Galeriegeschoß nicht durchgehend über die ganze Fassadenbreite: in der Horizontalgliederung der Fassade ist erst eine Übergangszone ausgebildet, in der nur vor den äußeren oder mittleren Wandöffnungen verglaste Vorbauten liegen. Es gibt allerdings auch Typen, die vor jeder Wandöffnung einen einzelnen verglasten Balkon haben. Oft wird dieser noch durch ein eigenes kleines Dach und andere formale Elemente von der darüberliegenden durchgehenden Galerie abgesetzt. Solche Vorbauten werden dann als „miradores" (wörtlich übersetzt: Ausgucke) bezeichnet.

Während sich die Glasvorbauten in der engen Straße der Pescaderia vorwiegend in den besonnten Obergeschossen befinden, weist die breite Uferstraße, die Avenida de La Marina, prachtvolle vom 1. bis zum 4. oder 5. Obergeschoß durchgehende Glasfassaden auf. Diese 1869–1884 entstandene, nicht beschattete Straßenfront bildet den Abschluß der Pescaderia gegen das Meer und ist genau nach Süden orientiert (Abb. 3.16, 3.17). Die Durchgängigkeit und Einheitlichkeit der Glasvorbauten der langgestreckten Straßenfront bilden ein einzigartiges städtebauliches Ensemble, das durch die Vielgestaltigkeit und phantasiereiche Detailausbildung der einzelnen Glasvorbauten keineswegs

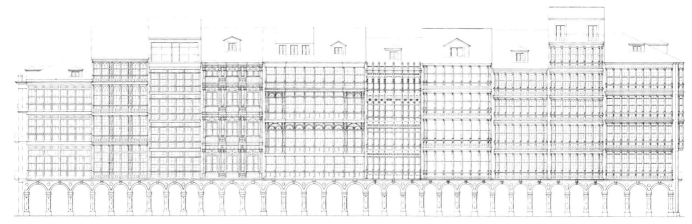

Abb. 3.16: Straßenansicht Avenida de la Marina in La Coruña

Abb. 3.17: Wie Abb. 3.16

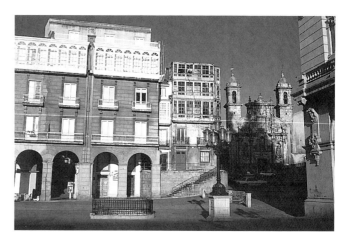

Abb. 3.18: Plaza Maria Pita in La Coruña

eintönig wirkt. Die einzelnen Häuser mit ihren Glasvorbauten wurden von verschiedenen Architekten geplant [3.21], wobei genaue Bauvorschriften, auf die später eingegangen wird, eingehalten werden mußten. Innerhalb eines fest umrissenen, ordnenden Rahmens entstand ein ausgewogenes Maß an spielerischen Elementen, das keine Monotonie, aber auch kein visuelles Chaos aufkommen läßt [3.22].

Bei der Plaza Maria Pita werden die Veranden in sehr raffinierter Weise als architektonisches Gestaltungselement eingesetzt. Der quadratische Platz gegenüber dem Rathaus wurde 1875 an Stelle der ehemaligen Stadtbefestigungen angelegt und verbindet die Altstadt mit der Pescaderia. In der U-Form des Platzes stehen dem Rathaus gegenüber 25 gleiche Häuser, die nur im obersten Geschoß eine Galerie besitzen (Abb. 3.18). Der einzelne Haustyp ist vertikal durch drei Arkaden-Achsen und horizontal in drei Zonen gegliedert: Arkadengang, Fenster, Galerie. Diese durchlaufenden Horizontalen tragen zur Geschlossenheit des Platzes bei. Die feingliedrige Struktur der Galerie setzt einen starken Kontrast zu der großflächigen Arkaden-Architektur der Erdgeschoßzone. Da der einzelne Haustyp in sich einen so raffinierten Aufbau besitzt, läßt er sich addieren, ohne Monotonie zu erzeugen. Die Häuser sind – teilweise nur einen Raum tief – an vorhandene Häuser des alten Stadtgefüges angesetzt. Die Planung des Platzes wie auch einiger Häuser an der Avenida wird den Architekten Faustino Dominguez und Juan de Ciorraga zugeschrieben. Abb. 3.16 zeigt eine Abwicklung der Häuserzeile an der Avenida.

El Barrio de la Magdalena del Ferrol

In Ferrol, einer alten Seefestungsstadt mit Militärhafen und Arsenal, wurde in der Mitte des 18. Jh. eine großzügige Stadterweiterung durchgeführt. Ausgehend von Vorbildern geplanter Stadterweiterungen des europäischen Städtebaus, wie dem Place des Vosgues in Paris

(1604) und der Neustadt von Edinburgh (1767), wurde 1769–1774 das Barrio de la Magdalena del Ferrol, ein Rasterviertel mit zwei großen Plätzen nordöstlich von Hafen und Altstadt, gebaut. Bei den damals entstandenen Neubauten wurden an der Straßenseite der Obergeschosse konsequent fast vollflächig Glasvorbauten ausgeführt. In einer ausführlichen und genauen Dokumentation des Colegio de Arquitectos de Galicia-El Barrio de la Magdalena von Salvador T. Cid [3.23] wird das noch erhaltene städtebauliche Ensemble und dessen Entstehungsgeschichte beschrieben. Weiters sind die einzelnen Häuser und deren Glasvorbauten in typologischen Plänen genau dokumentiert.

Glasvorbauten in Santiago de Compostela
Santiago de Compostela ist das kulturelle Zentrum Nordwestspaniens und war früher das Wallfahrtszentrum des christlichen Abendlandes, das im Mittelalter den ursprünglichen Wallfahrtszentren Rom und Jerusalem vollkommen gleichgestellt war [3.24]. Schon seit 840 zogen Pilger aus ganz Europa aus, um das Grab des Hl. Apostels Jakobus zu besuchen. Die Jakobus-Pilger, die auf den bekannten Pilgerstraßen (an denen sich in Abständen von Tagesmärschen Klöster und Heiligtümer befanden) aus allen Richtungen Europas Santiago de Compostela zustrebten, lieferten auch einen wichtigen Beitrag zur Rückeroberung der iberischen Halbinsel aus den Händen der Mauren. Entsprechend seiner historischen Entwicklung präsentiert sich die Altstadt von Santiago de Compostela auch heute noch als prachtvolle hochmittelalterliche Stadt mit der Kathedrale und der Plaza del Obradoiro als Zentrum. Die Bürgerhäuser sind als mehrgeschossige Steinbauten (aus Granit) in engen, geschwungenen Gassen angeordnet und stammen großteils aus dem Mittelalter. Wenn man an einem sonnigen Tag durch die Gassen der Stadt geht, fallen einem die Glasvorbauten in den obersten Geschossen der Bürgerhäuser auf, die das Sonnenlicht bis tief in die engen Gassen reflektieren. Man stellt fest, daß sich die Glasvorbauten an den Stellen der Häuser befinden, wo einmal im Laufe des Tages die direkte Sonnenstrahlung hingelangt (Abb. 3.19). Die Glasvorbauten, die ähnlich wie in La Coruna aus ca. 60 bis 100 cm tiefen, stark gegliederten, mit Glas ausgefachten Holzkonstruktionen bestehen, sind offensichtlich nachträglich im 19. Jahrhundert wie eine zweite Haut vor die bestehenden Steinfassaden der Häuser gesetzt worden. In manchen Gassen kann man diese Entwicklung noch genau verfolgen: die mittelalterlichen Häuser weisen in den Obergeschossen vorspringende, auf Konsolen aufgelagerte Steinbalkone auf. Es gibt auch Häuser mit Arkaden im Erdgeschoß, die in den oberen Geschoßen rückspringende tiefe Balkone aufweisen. Während im 1. Stock die Außenmauer dieser Häuser

Abb. 3.19: Mittelalterliche Gasse in Santiago de Compostela

auf den Säulen der Arkaden steht, bildet die zweite tragende Steinwand, die über der Innenwand der Arkaden ausgebildet ist, in den oberen Geschossen die Außenwand. Die Balkone sind dann in der vollen Arkadentiefe angeordnet. Es sind öfters Häuser gleichen Typs nebeneinander zu beobachten, wobei einige sich in ihrem ursprünglichen Zustand mit offenen Balkonen befinden, während bei den meisten Häusern die Balkone bereits im 19. Jh. verglast wurden. Manche der großen Plätze der Stadt werden durchgehend von Häusern mit solchen Glasvorbauten gesäumt. Die Glasvorbauten in Santiago de Compostela beleben in einer sehr zarten, unaufdringlichen Art das Stadtbild und bilden eine einheitliche verbindende architektonische Struktur, die die Ensemblewirkung der aus verschiedenen Zeiten stammenden Gebäude positiv verstärkt.

Glasvorbauten in anderen Städten und Dörfern Galiziens
Neben La Coruña und Santiago de Compostela, den beiden großen Städten Galiziens, sind die Glasvorbauten auch in allen anderen Städten der Region verbreitet. Schöne Beispiele gibt es in Vigo [3.25], Pontevedra, Corcubion, Muros, Noya, Orense und Bande. In den kleinen Dörfern des Landes sind alle Häuser aus massivem Granit gebaut, die Einfriedungsmauern sind aus massiven Granitpalisaden gebildet und sogar Zaunpfähle und Weinstöcke bestehen aus dünnen Granitstangen. Die galizische Baukultur wird vom Granit geprägt, der in leicht spaltbarer Form offen zu

Tage tritt und den billigsten Baustoff darstellt. Die Häuser haben südseitig auf auskragenden Steinkonsolen oder Pfeilern lastende überdachte Balkone oder Loggien. Vielfach sind diese Balkone später verglast worden und bilden flache, großflächige Glasvorbauten. Die Typologie der verfeinerten städtischen Wohnhäuser mit ihren Glasveranden läßt sich teilweise auf ländliche Beispiele zurückführen. In keiner Region der Erde treten die Glasvorbauten sowohl in den Städten als auch auf dem Land in einer derartigen Dichte und Vielfalt auf wie in Galizien.

Die einheitliche Kultur der Glasvorbauten Nordwestspaniens
Sicherlich kann die große Verbreitung von Glasveranden in Nordwestspanien Vorbildwirkung für die Renaissance der Wintergärten seit 1980 haben. Sind doch dort Vorzüge verbreitet, die im heutigen Wintergartentrend noch spärlich zu finden sind: die hohe architektonische und handwerkliche Qualität der Glasvorbauten vom Gesamtkonzept bis ins Detail, die große Zahl und Dichte der Glasveranden, die als Bereicherung und nicht als Störung von Orts- und Stadtbild empfunden werden, und vor allem die konsequente und weite Verbreitung im dichten städtischen Raum. Voraussetzungen für die Entwicklung einer derartigen Baukultur waren das Klima und die traditionelle Bauweise Nordwestspaniens. Ein weiterer Faktor war die durch den hochentwickelten Schiffsbau vorhandene hohe handwerkliche Tradition. Dies führte offensichtlich zu den ersten Glasvorbauten, die anscheinend bauphysikalisch richtig funktionierten und bei der Bevölkerung sehr beliebt waren. Die Eröffnung von großen Glasfabriken und geeignete rechtliche Vorschriften verhalfen den Glasvorbauten Galiziens in der 2. Hälfte des 19. Jahrhunderts zu einer ungeahnten Verbreitung. Das Klima Nordwestspaniens ist charakterisiert durch kalte Winde und mehr Feuchtigkeit als das Kontinentalklima Zentralspaniens. Es ist dem Klima Südenglands und Westfrankreichs ähnlich, jedoch gibt es mehr Sonnenstunden und eine größere Wind- und Sturmhäufigkeit. Aufgrund des geringen Holzreichtums, der schon frühzeitig für den Schiffsbau aufgebraucht wurde, ist der Massivbau vorherrschend. Wie schon zuvor erwähnt, ist der verbreitetste Baustoff bis in die heutige Zeit massiver Granit. Dieser tritt in einer leicht spaltbaren Form schichtenweise offen zutage und kann unter geringem Aufwand zu regelmäßigen Blöcken bearbeitet werden.

Handwerkskultur der Schiffbautechnik
Vor allem La Coruña war ein Zentrum des Schiffsbaus. So wurde im 16. Jahrhundert u.a. auch die spanische „unbesiegbare Armada", die dann von den Engländern zerstört wurde, in La Coruña gebaut. Es standen also sehr gute Schreiner und Zimmerleute für die Ausführung von Holzkonstruktionen zur Verfügung. Die barocken Segelschiffe weisen am Heckteil verglaste Vorbauten, ähnlich den Veranden, auf, die zumeist sehr kunstvoll ausgeführt wurden. Einige Details der Glasvorbauten sind deutlich aus den Aufbauten der alten Segelschiffe ableitbar. Diese Schiffsaufbauten mußten dauerhaft gegen die Einwirkung von Wind und Feuchtigkeit ausgeführt werden und stellten an die Regendichtheit hohe Ansprüche. Weiters war die Schiffsarchitektur durch einen hohen Grad der Zweckbestimmtheit charakterisiert, wodurch sich eine strenge formale Ästhetik ergab. Der hohe Standard der handwerklichen Ausführung und die strenge Zweckgebundenheit der formalen Lösungen ergaben gute Voraussetzungen für die Entwicklung und Ausführung der Glasvorbauten. Es scheint durchaus denkbar, daß die ersten Glasvorbauten entstanden, indem die verglasten Schiffserker von Handwerkern aus spielerischen oder modischen Gründen vor die Fenstertüren der Granitfassaden gesetzt wurden.

Die bauphysikalische Wirkung und der hohe Nutzwert der Glasvorbauten
Im Winterhalbjahr wird durch die Glasvorbauten die Behaglichkeit in den Innenräumen wesentlich gesteigert. Das Zusammenwirken der schweren Außenwände aus massivem Granit und der großflächigen, nur ca. 80 cm tiefen Glasvorbauten ergibt einen sehr effektiven Wintergarten, der schon Ähnlichkeit mit dem System der Trombè-Wand aufweist. Durch die Strahlung der tieferstehenden Sonne werden die Granitwände stark erwärmt. Aufgrund der hohen Speichermasse der innen liegenden Granitwände kommt es untertags zu behaglichen, nicht zu hohen Temperaturen im Glasvorbau. In der Nacht geben die Granitwände die gespeicherte Wärme wieder ab, während der Glasvorbau durch seine Pufferwirkung als zusätzliche Wärmedämmung wirkt. Dadurch kommt es bei Häusern mit Glasvorbauten zu wesentlich angenehmeren Temperaturen in den Innenräumen als bei Häusern, die keine Glasvorbauten aufweisen. Es handelt sich hier um ein hochwirksames, sehr gut abgestimmtes System der passiven Sonnenenergienutzung, wie es im 19. Jahrhundert anderswo noch nicht bekannt war. Neben der zuvor beschriebenen bauphysikalischen Verbesserung der Innenräume waren auch andere Faktoren für die Beliebtheit der Glasvorbauten verantwortlich. Es wurde durch die vorgelagerte Zone eine Bereicherung der Wohnräume geschaffen. Die Veranden dienten als Erlebnisraum für spielende Kinder und als Aufenthaltsraum für ältere Menschen, die bequem in angenehmer Atmosphäre das Straßenleben beobachten konnten. In den Veranden standen Blumentöpfe, und es konnte

Wäsche getrocknet werden. Ebenso dienten die Glasvorbauten als zusätzliche Abschirmung gegen den Straßenlärm. All dies mag zur Beliebtheit und schnellen Verbreitung der Glasvorbauten beigetragen haben.

Industrielle und handwerkliche Voraussetzungen für die schnelle Verbreitung von Glasvorbauten

Die große Nachfrage nach den Glasvorbauten und das Vorhandensein geeigneter Handwerker, die zum Teil nicht mehr im stagnierenden Schiffsbau beschäftigt werden konnten – die großen Zeiten der spanischen Armada waren ja längst vorbei –, führten zu einem hohen Glasbedarf. Die Glasfabrik „La Corunesa" wurde als neuer Industriezweig gegründet. 1830 begann zunächst die Produktion von Glasflaschen. 1834 wurde dann aufgrund einer Absprache zwischen dem damaligen Stadtarchitekten José Maria Toya und der Direktion der Glasfabrik mit der Herstellung von Fensterglas begonnen. Seit dieser Zeit werden in den Annalen der Stadt immer häufiger Häuser mit verglasten Galerien erwähnt. Es waren nun vom Material und von der Arbeitskraft her alle Voraussetzungen für eine schnelle Verbreitung der Glasvorbauten in ganz Galizien vorhanden, und tatsächlich wurde in dieser Zeit eine große Zahl von Glasvorbauten an Alt- und Neubauten hergestellt, von denen die heute verbliebenen Reste noch Zeugnis ablegen.

Sinnvolle rechtliche Vorschriften für Glasvorbauten

Es gab, wie zuvor beschrieben, den großen Boom der Glasvorbauten in Galizien. Die Behörde half, bei der Verbreitung der Glasveranden sinnvolle Formen zu entwickeln. Als Beispiel dürfen im folgenden die Bebauungsbestimmungen der Stadtgemeinde La Coruña für Glashäuser aus dem Jahr 1854 dienen. Die Bestimmungen, die die Gebäude, die sich innerhalb der Gemeindegrenzen der Stadt La Coruña erhoben, erfüllen mußten, waren in der im Jahr 1854 ausgegebenen „Dienstordnung für die Polizei der Stadt und Umgebung" enthalten.

Dieses Schriftstück, von unzweifelhaftem historischem Wert und von großer Bedeutung für die Gestaltung der Stadtlandschaft, war 44 Jahre bis 1898 gültig und war für diese Region der erste Text, in dem die Stadtgewalt planend in das Stadtgebiet eingriff und versuchte, den ganzen Komplex der Bauflächen und Bauaktivitäten in Übereinstimmung mit dem Gemeindegesetz unter der Zuständigkeit des Stadtrates von La Coruña zu regulieren. Es befinden sich darin zwei grundlegende Abschnitte bezüglich „Bau und Ausrichtung", die mit ihren dreißig Paragraphen diesen Text zum wichtigsten der ganzen „Dienstordnung" werden lassen. Hier erscheint schon die Bautypologie der Glashäuser perfekt herausgebildet: Glashäuser werden in vier Paragraphen erwähnt, in Abschnitten, die von konstruktiven Aspekten (§ 75: Verbot, Glashäuser auf Holzstützen zu stellen), über die Benutzung (§ 76: Der Einbau von Toiletten in Glashäusern, die sich in Fassaden mit Blick auf öffentliche Straßen befinden, ist nicht erlaubt) bis zum Verbot von Glashäusern im Erdgeschoß und im ersten Stock (§ 73) reichen. Folglich war 1854 dieser Bautyp von Fassaden mit Glashäusern ab dem zweiten Stockwerk in der Stadt schon weitgehend selbstverständlich, weswegen man seine Einbeziehung in die „Dienstordnung für die Polizei der Stadt und Umgebung" als ein Anzeichen oder eine Widerspiegelung des Beliebtheitsgrades dieses Elements interpretieren muß.

Als man den Bau des Gebäudeverbandes der Avenida de la Marina begann, hatte der § 73 Rechtskraft. Der Stadtarchitekt rät der zuständigen Körperschaft aber, zur Reform dieses Paragraphen zu schreiten, und erreicht nach mehreren Abstimmungen, daß für die Avenida de la Marina, der unbeschatteten Häuserzeile direkt am Meer, erlaubt wird, das Glashaus bereits ab dem 1. Stock anzuordnen (Abb. 3.20). Die Bedeutung dieses Abkommens, verbunden mit der Tatsache der Reglementierung der Stützen in den unteren Stockwerken, lag darin, daß dieses im Gebäudeensemble der Marina ein einzigartiges Stadtbild und eine einmalige Stadtlandschaft entstehen ließ.

Abb. 3.20: Verglaste Fassade in La Coruña

3.3.4. Der Wintergarten und die passive Nutzung der Sonnenenergie in der modernen Architektur des 20. Jahrhunderts

Die durch die passive Nutzung der Sonnenenergie und insbesondere durch Wintergärten geprägte Architektur wird häufig als amerikanischer Import und als Erbe der Hippiekultur gesehen. Während sich „die offizielle Architektur" von der Postmodernen zum Dekonstruktivismus entwickelt hat, wird die zuvor erwähnte Architektur häufig als alternativer Weg (= Nebengeleis) der heutigen Baukunst verstanden. Allzuoft wird übersehen, daß es sich hier um die Ausprägung von Bauformen handelt, deren Ursprung so alt ist wie die Architektur selbst. Diese begegnen uns häufig in anonymen historischen Bauten und waren auch sehr wohl ein Anliegen der Architekten der klassischen Moderne.

In der Entwicklung der modernen Architektur und des internationalen Stils der Zwischenkriegszeit war, wie zu wenig bekannt ist, auch die passive Nutzung der Sonnenenergie und der Wintergarten von Bedeutung. Ausgehend von der visionären Glasarchitektur von Bruno Taut und der Gläsernen Kette (1918) beginnt in den 20er und 30er Jahren die moderne Architektur, diesen „Erlebnisraum" auch unter dem Gesichtspunkt der Sonnennutzung und Energieeinsparung zu betrachten.

3.3.4.1. Solararchitektur in Deutschland

Die utopischen Entwürfe von Taut und den anderen Mitgliedern der Gläsernen Kette waren stark von philosophischen und idealistischen Vorstellungen durchdrungen. In dem Buch „Die Auflösung der Städte" (1920) hat Taut versucht, neue Formen für Städte zu finden und dabei auch schon an die Ausnutzung der Sonnenenergie gedacht. Unter dem Titel „Die große Blume" zeigt er einen utopischen Entwurf für ein „Heiligtum zur Aufsaugung von Sonnenenergie", ähnlich einem Sonnenkraftwerk mit konzentrierenden Spiegeln. Der Wintergarten oder die Veranda wurden als wichtiges Element der Landhäuser und Villen des 19. Jahrhunderts natürlich auch von den Theoretikern der Architektur der Jahrhundertwende entsprechend berücksichtigt. So empfiehlt Ostendorf, den Wintergarten in den Hauskörper zu integrieren. Hermann Muthesius, der „Vater der Moderne", sieht darin ein wichtiges Formelement der kommenden Architektur. Der Wunsch nach einem wirklich brauchbaren, großen bedeckten Sitzplatz im Freien ist beim deutschen Bauherrn ganz allgemein. „Es ist richtig, daß die Veranda, wenn sie als besonderer Bauteil aus dem Baukörper herausgestreckt wird, ein architektonisch unbequemes Anhängsel, wenn sie ins Innere des Hauses gerückt wird, ein unangenehmes Loch in der Wand ergibt, mit dem derjenige nichts anzufangen weiß, der auf das Haus des 18. Jahrhunderts eingeschworen ist." (Hermann Muthesius, 1917) [3.26].

Otto Rudolf Salvisberg hat von 1908 bis 1929 (bevor er, ein gebürtiger Schweizer, an die ETH Zürich berufen wurde) in Berlin als Vertreter der Moderne über 30 Villen und Landhäuser für das Großbürgertum gebaut. Hier ist der Wintergarten eine Raumeinheit, die Salvisberg seit 1914 dutzendfach in seine Villen „montiert" hat. Im Inneren des Wintergartens herrscht die Atmosphäre eines gepflegten Gartenvorplatzes. Oft ist der Boden mit Steinplatten belegt, den Fenstern entlang sind Keramik-Blumenrinnen eingebaut, Stühle und Tische lassen an Gartenmöbel denken. In dem Wintergarten erkannte er ein Thema, mit dem sich die Moderne weitgehend identifizierte: ein Raum, der gleichermaßen dem Innen wie dem Außen zugehörte, der „ohne Dach" war, bzw. der ein flaches, als Terrasse ausgebildetes Dach hatte, der schließlich großflächig verglast, mehr noch, mit einer stützenlos um die Ecke laufenden Reihe von Eisen-Schiebefenstern ausgestattet war. Einmal als Formelement erkannt, konnte der frühere Wintergarten auch zum Eßzimmer werden, zum Frühstückszimmer, zum Gartenzimmer oder zur Sitzecke im großen Wohnraum [3.27]. War der Wintergarten in den luxuriösen Villen ein selbstverständliches Element des Wohnkomforts, das überdies ihren Besitzern Modernität und Aufgeschlossenheit bezeugte, so wurde der Wintergarten in den einfachen modernen Siedlungshäusern neben seinem Wohnwert (Licht, Luft und Sonne) auch unter dem Gesichtspunkt der Energieeinsparung und der Anzucht von Nutzpflanzen für den Gemüsegarten gesehen. Sehr eindrucksvoll wird dies in dem von Martin Wagner organisierten Wettbewerb der Arbeitsgemeinschaft für ein wachsendes Haus in Berlin 1931, an dem mehr als 1000 Architekten teilnahmen, dargestellt. 24 preisgekrönte Entwürfe wurden als Musterhäuser ausgeführt, wovon 13 Häuser Wintergärten aufwiesen. Wintergärten hatten u.a. die Häuser von Martin Wagner, Max und Bruno Taut, Leberecht Migge, Hugo Häring und Walter Gropius, während andere Häuser die Nutzung der Sonne durch große südorientierte Verglasungsflächen (Sonnenfenster) berücksichtigten. Beispielhaft seien die Häuser von Martin Wagner und Leberecht Migge genauer dargestellt. Martin Wagner entwickelte ein Haus mit drei Wärmezonen, wobei er die äußerste Zone mit „Glasschutzwänden" in Form von Wintergärten als „Sonnenfang" umschließt (Abb. 3.21, 3.22). Die Beschreibung des Entwurfsgedankens sei hier zitiert: „Die Wärmehaltung des Hauses kann aber auch durch die zweckmäßige Gestaltung des Grundrisses außerordentlich gesteigert werden. Alle antiken Häuser

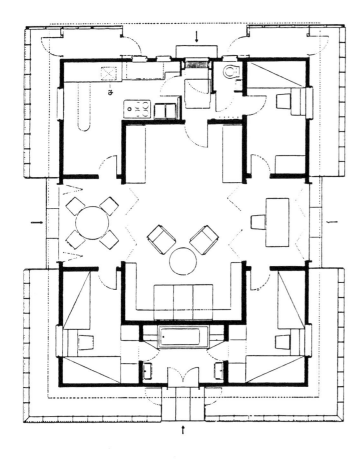

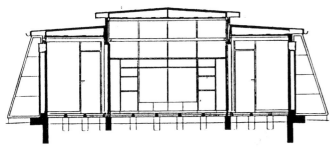

Abb. 3.21: „Das wachsende Haus", Wettbewerbsprojekt, Martin Wagner

Abb. 3.22: „Das wachsende Haus", Wettbewerbsprojekt, Martin Wagner

sind in bezug auf die Wärmehaltung der Räume der Winterbekleidung des Menschen nachgebildet. Sehen wir uns ihre Grundrisse näher an, dann finden wir, daß sich um einen Zentralraum ringförmig andere Räume legen, die den Zentralraum von der Außenkälte (oder Außenwärme) abschließen und damit die wärmetechnische Wirkung übereinandergezogener Schutzmäntel erstreben. Der Grundriß des Verfassers lehnt sich an diese wärmetechnische Gestaltung alter Planumhäuser an. Er schafft einen zentralen Wohnraum, der bei ganz strenger Kälte von jeder Außenwand abgeschlossen werden kann. Um diesen zentralen Wohnraum, der die höchste Wärmezone umschließt, legt sich eine zweite Wärmezone, die aus den Schlafräumen, der Küche und den Nebenräumen besteht. Diese zweite Wärmezone wird dann wieder in der Gestalt einer dritten Zone umschlossen, die das Haus – wie ein Überzieher – vor dem Windanfall schützt und die natürliche Wärmeabgabe der Wände nach außen etwas mildert. Diese Glasschutzwände sollen keineswegs ein Gewächshaus oder Treibhaus umschließen, wie ein flüchtiges Urteil vermuten könnte. Die schmalen Pflanzenräume, die sie einschließen, werden auch nicht künstlich erwärmt und von der Außenluft luftdicht abgeschlossen. Kittlose Fensterrahmen geben der Entlüftung dieser Räume und damit auch der Entlüftung der dahinterliegenden Räume jeden gewünschten Spielraum. Für den Pflanzenwuchs haben diese Glasschutzwände die Bedeutung des Windschutzes, des Sonnenfangs und des Abfangens der natürlichen Abwärme des Hauses, die besonders im Frühling und im Herbst die Wachstumsperiode der Pflanzen verlängern." [3.28].

Der Architekt für Gartenbau, Leberecht Migge, entwickelte das wachsende Haus für die Stadt-Land-Siedlung, das dem Siedler erlaubt, das Gewächshaus nicht nur für Wohnbedürfnisse, sondern auch zur Deckung des täglichen Obst- und Gemüsebedarfes zu verwenden. In vielen Häusern der Siedlerbewegung der 30er Jahre wird der Wintergarten als Bestandteil der Selbstversorgungsstrategie integriert.

Zur selben Zeit, 1932, wird in Wien unter Leitung von Josef Frank die Werkbundsiedlung gebaut. Hugo Häring hat hier seine Musterhäuser konsequent als passive Sonnenhäuser für die Direktnutzung der Sonnenenergie durch Südfenster ausgebildet (Abb. 3.23, 3.24). Die Südseite, die höher als die Nordseite ist, ist zu zwei Drittel der Fassadenfläche verglast und weist einen wirksamen Sonnenschutz in Form von Ausstellmarkisen auf. Der Grundriß des Hauses, ein langes, sich in O-W-Richtung erstreckendes Rechteck mit Nebenräumen im Norden und der Orientierung aller Wohnräume nach Süden, entspricht dem Idealtyp des Sonnenhauses [3.29].

Abb. 3.23: Haus in der Werkbundsiedlung Wien, Hugo Häring

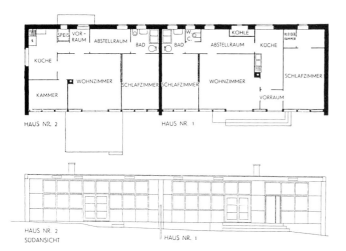

Abb. 3.24: Haus in der Werkbundsiedlung Wien, Hugo Häring

Hugo Häring hat sich auch in theoretischen Arbeiten mit der Funktion des Fensters befaßt und wie beim Haus Fritz Ziegler in Berlin-Steglitz (1936) Wintergärten in das Hauskonzept mit einbezogen [3.30].

Eine analytische, auf den jeweiligen Ort eingehende Vorgangsweise führte Alexander Klein in den 30er Jahren dazu, eine Forderung der klassischen Moderne nach „Licht, Luft, Sonne" zu Ansätzen einer klimagerechten Architektur weiterzuentwickeln, die von vereinfachenden Standardlösungen Abstand nimmt. In seinem 1934 erschienenen Buch „Der Südtyp: Das Einfamilienhaus mit Südorientierung" formuliert er wesentliche Prinzipien des solaren Bauens [3.75].

3.3.4.2. Solararchitektur in Österreich und in Tschechien

Das Element des Wintergartens ist auch der „österreichischen Moderne" keineswegs fremd. Ausgehend von den stark verbreiteten Veranden der Landhäuser und Stadtvillen der Jahrhundertwende in Wien und Umgebung, in Baden, in Payerbach-Reichenau und im Salzkammergut, war der Wintergarten auch bei den Villen Otto Wagners (z.B. Villa Löwenstein in Baden) und Josef Hoffmanns (z.B. Haus Primavesi in Hietzing) zu finden. Auch für den bekannten Wagner-Schüler Josef Plecnik stellt der Wintergarten in seinem eigenen Wohnhaus in Laibach (1924) ein wichtiges Element dar. Die Architekten Jaksch und Theiss haben bei einigen 1929–1931 geplanten Einfamilienhäusern, die in ihren bescheidenen Ausmaßen dem 1929 neu geschaffenen Wohnbauförderungsgesetz entsprachen, als formal bestimmendes Element Wintergärten eingeplant. Die Veranden bei den Häusern Weniger und Koffmann in Wien 13 (Abb. 3.25, 3.26) sind in zarter Stahlkonstruktion den Baukörpern vorgelagert und entsprechen in ihrer Gestaltung dem internationalen Stil. Der Wintergarten des Hauses Koffmann weist einen wirksamen Sonnenschutz in Form einer Ausstellmarkise auf [3.31]. Auch nach dem Internationalen Stil waren teilweise Wintergärten üblich, Blumenfenster waren noch bis in die 50er Jahre aktuell. Entstanden in Österreich in der Zwischenkriegszeit aufgrund der bescheidenen wirtschaftlichen Lage eher Siedlungshäuser und kommunale Wohnbauten, so wurden in Tschechien, das reich an Schwerindustrie und Bodenschätzen war, die richtungsweisenden Luxusvillen der Moderne gebaut, wie

Abb. 3.25: Haus Koffmann, Wien, Theiss und Jaksch

Abb. 3.26: Haus Weniger, Wien, Theiss und Jaksch

Abb. 3.27: Haus Tugendhat, Brünn, Mies van der Rohe

Abb. 3.28: Haus in Tschechien, L. Slapeta

z.B. das Haus Tugendhat in Brünn (1928–1930) von Mies van der Rohe (Abb. 3.27). Der große Wohnraum des Hauses Tugendhat ist auf einer Seite mit einer durchgehenden Glaswand mit versenkbaren Scheiben und Ausstellmarkisen als Sonnenschutz und auf der anderen Seite durch einen langgestreckten Wintergarten begrenzt. Auf die Anfrage einer kritischen Architekturzeitung: „Kann man im Haus Tugendhat wohnen?" führt der Bewohner Fritz Tugendhat neben dem neuartigen offenen Wohngefühl als wesentliche Verbesserung zu den herkömmlichen Häusern an, daß „das Haus im Winter leichter zu heizen ist als ein Haus mit dicken Mauern und doppelten Kleinfenstern", da die Sonne infolge der vom Fußboden bis zur Decke reichenden Glaswand bis tief in den Raum hineinscheint [3.32]. Auch bei anderen Häusern in Tschechien, wie der Villa Münz (1926) vom Ohmann-Schüler Arnost Wiesner [3.33] und der Villa Kremer von Lubomir Slapeta, ist der Wintergarten gestaltwirksam ins Hauskonzept integriert. Beim Haus von Slapeta umschließt der Wintergartenflügel mit ausschwingender, massiver Nordwand einen südorientierten Gartenvorplatz. Der Wintergarten gliedert sich in einen direkt an den Wohnraum grenzenden Sitzbereich und einen vorgelagerten Gewächshausteil (Abb. 3.28).

3.3.4.3. Solararchitektur in den USA

In den USA entstand Ende der 30er Jahre, teilweise angeregt durch die Hauskonzepte von Frank Lloyd Wright, eine besonders durch den Architekten Keck geförderte Solarhausbewegung. Keck begann 1935, Häuser mit passiver Solarnutzung zu planen und zu bauen [3.34]. In der Nähe von Chicago entstand 1940/41 eine Siedlung von 30 nach Süden gerichteten Häusern, genannt „Solar-Park". Wissenschaftliche Messungen an Solarhäusern ergaben damals gegenüber Normalhäusern eine Heizkostenersparnis bis zu 38% [3.16]. Frank Lloyd Wright plante 1944 für das Journalistenehepaar Jacobs deren 2. Haus unter dem bezeichnenden Namen „Solar Hemicycle" in Middleton, Wisconsin. Das Haus, das unter Mitarbeit der Bauher-

Abb. 3.29: Haus Jacobs, Middleton, Wisconsin, Frank Lloyd Wright

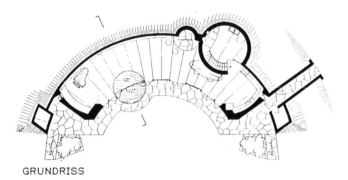

Abb. 3.30: Haus Jacobs, Middleton, Wisconsin, Frank Lloyd Wright

ren errichtet wurde [3.35], ist ein hervorragendes Beispiel, wie der Architekt das Gebäude und seine Einpassung in das Gelände als Einheit sieht (Abb. 3.29, 3.30). Der ringförmige Grundriß ist mit seiner nördlichen Außenschale bis zur Unterkante der kleinen Nordfenster des Obergeschosses ins Erdreich eingegraben. Die innere Fassade öffnet sich zum abgesenkten Garten im Süden mit einer zweigeschossigen Verglasung. Ein Tunnel durch den nördlichen Erdwall erschließt das Haus. Es hat einen offenen, nach Süden ausgerichteten Grundriß, die Schlafräume befinden sich auf einer Galerie im Obergeschoß, die den gesamten Wohnbereich überspannt. Der Dachüberstand schützt vor der steil einfallenden Sommersonne, die willkommene, tiefer stehende Wintersonne kann den Steinfußboden und die massive Nordwand erwärmen. Ein kreisförmiges Wasserbecken, durch die Glasfassade geteilt, sowie die massiven Ost- und Westwände wirken als zusätzliche Wärmespeicher. Eine Fußbodenheizung und ein offener Kamin decken den restlichen Wärmebedarf ab. Der abgesenkte kreisförmige Gartenbereich wird durch einen Erdwall und die ringförmige Bepflanzung in dieser dem Wetter stark ausgesetzten Gegend vor Wind geschützt. Das Versprechen, das Frank Lloyd Wright dem Bauherrn während der Planung gab, „you can light your pipe in front of the house, even when there's a high wind" wurde tatsächlich erfüllt, da die Winde über das Haus hinwegblasen. Wie H. Jacobs schreibt, konnte er im Winter fast täglich die Wirkung der Solarheizung erleben, wenn bei Minusgraden an sonnigen Tagen die Heizung sich am Morgen abschaltete und erst am späten Nachmittag wieder ansprang [3.35].

Durch die angeführten Beispiele, die sich sicher noch ergänzen ließen, wird gezeigt, wie sich die moderne Architektur der 20er und 30er Jahre im Geist des Funktionalismus alle zur Verfügung stehenden Erkenntnisse und technischen Möglichkeiten ihrer Zeit zunutze machte, um neue Antworten zu finden. So zeigt Mies van der Rohe im Haus Tugendhat, wie das neue Lebensgefühl (Licht, Luft und Sonne) perfekt in einem einmaligen, neuartigen Bauwerk verwirklicht werden kann. Das wachsende Haus von Martin Wagner stellt, unter Beachtung der Erkenntnisse der Baukultur seit der Antike, einen neuen Bautyp für möglichst sparsamen Energieverbrauch dar und ist im Zusammenhang mit der Weltwirtschaftskrise in Deutschland zu sehen. Die heutige Zeit ist gekennzeichnet durch entsprechende Probleme, wie begrenzte Ressourcen und Umweltbelastung durch zu hohen Energieverbrauch (Überhitzung etc.) einerseits, weist aber andererseits neue technische Erkenntnisse und Materalien auf, wie günstige Wärmedämmstoffe, Wärmeschutzgläser, bauphysikalische Erfahrungen und komplexe Berechnungsmethoden (Computer-Simulationen usw.). Es ist zu hoffen, daß sich die neue Architektur unserer Zeit nicht von einem im rein Formalen begründeten „Ismus" zum nächsten „Ismus" entwickelt, sondern daß sie im Geiste der Moderne unter Verwendung aller technischen Erkenntnisse eine neue Antwort auf die Fragen unserer Zeit findet.

3.3.5. Die jüngste Entwicklung der Solararchitektur seit 1973

Das Ende der 60er Jahre war gekennzeichnet durch einen übertriebenen Glauben an das technisch Machbare. Die Landung des ersten Menschen auf dem Mond 1969 hatte den Technik-Optimismus geprägt. Die Architekturmode dieser Zeit war die utopische Architektur mit „Mega-Städten" und „Walking Cities" mit industriell gefertigten „Clip on"- und „Plug in"-Systemen. Energie spielte sowohl bei den Architekturutopien als auch bei den Neubauten dieser Zeit keine Rolle – Energie war ausreichend vorhanden und spottbillig. Auf Wärmedämmung wurde aus Kostengründen weitgehend verzichtet. Man glaubte, daß Energie durch billiges Erdöl und später durch Kernkraft unbegrenzt vorhanden sei. Mit schädlichen Folgen für die Umwelt, hervorgerufen durch hohen Energieverbrauch, wurde im allgemeinen nicht gerechnet. Gegen diese Wachstums- und Zukunftseuphorie mit der damit verbundenen Energieverschwendung gab es bald kritische Stimmen, wie den „Club of Rome" und andere, die auf die Begrenztheit der Primärenergievorräte hinwiesen und die Nutzung regenerativer Energiequellen forderten [3.36]. Es gab damals (1971) auch die ersten Hinweise auf die Gefahr der durch die Verbrennung fossiler Brennstoffe zunehmenden Kohlendioxyd-Konzentration in der Erdatmosphäre und den damit verbundenen Treibhauseffekt [3.37]. Mit der Energiekrise 1973 kam dann der Umschwung. Als Reaktion auf die Unterstützung der westlichen Welt für Israel im Jom Kippur-Krieg setzten die arabischen Staaten, die damals einen Großteil des Welterdölbedarfs deckten, ihre Ölfördermengen drastisch herab. Energie wurde über Nacht zum kostbaren, nicht ausreichend vorhandenen Gut. Die Folge war eine Wirtschaftskrise mit Energierationierung und Energiepreissteigerungen. Energiesparen, hohe Wärmedämmung und dichte Fenster, sowie die Wiederentdeckung regenerativer Energiequellen, wie Sonne, Wind und Gezeiten, wurden aktuell.

3.3.5.1. Die Folgen der Energiekrise 1973

Infolge der mit der Energiekrise 1973 verbundenen Wirtschafts- und Versorgungskrise fiel auch in Österreich im Jahre 1974 der Gesamtenergieverbrauch (889 PJ) hinter den Vorjahresverbrauch (914 PJ) zurück, dieser wurde erst 1978 (954 PJ) übertroffen. Dadurch wurde die Gesetzmäßigkeit der jährlich steigenden Zuwachsraten des Energieverbrauches durchbrochen. Dieser Rückgang wurde 1974 durch Verkehr ($-5{,}9\%$) und Kleinabnehmer (Heizwärmeverbrauch der Haushalte u.a.m.) ($-8{,}5\%$) getragen, während die Industrie noch eine Energieverbrauchssteigerung von $+6{,}5\%$ aufwies. Erst 1975 kam es zu einem drastischen Rückgang des Energieverbrauchs der Industrie ($-9{,}0\%$), während im Bereich Verkehr ($+2{,}3\%$) und Kleinabnehmer ($+0{,}9\%$) schon eine geringfügige Steigerung gegenüber dem Vorjahresverbrauch auftrat [3.38].

Die Entwicklung des Energieverbrauches in Österreich seit 1973

In der Industrie war man bestrebt, Wirtschaftswachstum und Produktionssteigerung vom Energieverbrauch abzukoppeln. Die Sanierung von Industriebetrieben war eine neue Wachstumsbranche geworden: Energieintensive Produktionszweige, deren Energieverbrauch sich schwer senken ließ, wurden abgebaut oder in Länder der Dritten Welt bzw. in den damaligen Ostblock verlagert. Produktionszweige mit geringem Energieverbrauch wurden forciert. Es gab Ansätze zur Nutzung von Sonnenenergie und Umweltwärme als Energiequelle für industrielle Prozesse. Gleichzeitig war man bestrebt, die Abwärme industrieller Prozesse zu nutzen oder als Fernwärme zu verkaufen. Ebenso wurden brennbare Abfallstoffe weitgehend genutzt. So ist in den letzten Jahren die Papier- und Zellstoffindustrie zunehmend dazu übergegangen, die anfallenden Sulfat- und Sulfitablaugen zu nutzen [3.38]. Die daraus gewonnene Wärmemenge betrug 1988 immerhin 1,7% des österreichischen Gesamtenergieverbrauchs. Die Bemühungen um eine effektivere Energienutzung im Bereich der Industrie seit 1973 führte zu durchaus positiven Ergebnissen, wie die Statistik in Österreich zeigt: In langfristiger Betrachtung zeigt sich, daß der Energieverbrauch der Industrie von 1973 bis 1994 um 8% zurückging, während die Industrieproduktion im gleichen Zeitraum um 69% stieg. Der Energieverbrauch der Industrie je Einheit der industriellen Produktion sank somit um 42,7%. Der Anteil des industriellen Energieverbrauches am gesamten energetischen Endverbrauch betrug 1994 25,9%, während der Anteil der Industrie 1960 46% und 1974 vor den Auswirkungen der Energiekrise noch 38% betrug [3.38].

Ganz anders entwickelte sich der Energieverbrauch des Verkehrs. Infolge der übertriebenen Entwicklung des Individualverkehrs stieg der Anteil des Verkehrs am gesamten energetischen Endverbrauch in Österreich von 17% (1955) auf 24% (1973) und zuletzt auf 28,5% (1994) an. Da der Energiebedarf des Verkehrs zu 94% durch Verbrennung von Mineralölprodukten gedeckt wird, ist hier auch eine Hauptursache für die Umweltbelastung und den CO_2-Ausstoß zu sehen.

Der Energieverbrauch für Raumheizung und Haushalte hatte in Österreich schon vor dem Energiepreisschock im Jahr 1973 mit 41,3% den größten Anteil (Industrie 34,6%, Verkehr 24,1%) am gesamten energetischen Endverbrauch. Durch die Rezession, die Wiederentdeckung des Energiesparens und kurzfristige Verbesserungen verminderte sich in den ersten zwei Jahren nach der Energiekrise der Energieverbrauch der Kleinabnehmer (im wesentlichen Raumheizung und Haushalte) um 8%. Seitdem ist dieser Energieverbrauch wieder langsam steigend, bedingt durch Verbesserung des Lebensstandards, größere Wohnungen und Konjunktur. Die durchschnittliche jährliche Steigerungsrate mit 1,8% (von 1976 bis 1988) ist jedoch wesentlich geringer als vor der Energiekrise, wo in manchen Jahren zweistellige Steigerungsraten zu verzeichnen waren

[3.38]. Der Anteil umweltfreundlicher Energiequellen (erneuerbare Energie inkl. Wasserkraft, Abwärmenutzung etc.) betrug 1991 in Österreich 35,8%, da Strom zu 48% aus Wasserkraft kommt, und ist gegenüber 1973 (18,6%) fast auf das Doppelte gestiegen. 1994 betrug der Anteil für Raumheizung und Haushalte am energetischen Endverbrauch in Österreich 45,6%. Der Anteil der für die CO_2-Belastung verantwortlichen fossilen Brennstoffe im Bereich Raumheizung und Haushalte betrug bei Kohle 7,48% (1973 17,8%), bei Erdöl 26,35% (1973 47,4%) und bei Gas 19,7% (1973 8,6%). Der Anteil elektrischer Energie betrug 9,78% (1973 14,6%); bei Fernwärme waren es 8,88% (1973 2,5%) und bei den erneuerbaren Energieträgern war der Anteil 27,72% (1973 9,1%).

Bautechnische Maßnahmen infolge höherer Energiepreise
Im folgenden werden die einzelnen Maßnahmen und Entwicklungen in der allgemeinen Bautechnik, die in Normen und Vorschriften festgehalten wurden, angeführt und die Entwicklung vorwiegend anhand von österreichischen Daten und Vorschriften dargestellt. In Deutschland und in der Schweiz führten ähnliche Vorschriften zu ähnlichen Ergebnissen. Der erste Schritt war die drastische Erhöhung der Wärmedämmung aller raumumschließenden Außenbauteile und die Verbesserung der Fenster bezüglich Qualität der Verglasung und Fugendichtheit. Abb. 3.31 zeigt die plötzlichen Verbesserungen der Wärmedämmungen von Außenwandkonstruktionen und die Reaktion des Marktes – es wird der Verlauf von in Österreich in den Jahren 1972 bis 1977 geprüften Wärmedurchlaßwiderständen dargestellt. Die Energiekrise hat unmittelbar einen kräftigen Marketinganstoß gegeben. Es kamen – sozusagen „aus dem Stand heraus" – bereits 1974 Produkte auf den Markt, bei denen die Mittelwerte des Wärmedurchlaßwiderstandes in der Größenordnung der Streubereichsobergrenze von 1973 lagen. Ferner traten Spitzenprodukte auf, die sich mit mehr als dem Doppelten des früheren Dämmwertes offensichtlich Marktvorteile verschaffen wollten. Diese Spitzenwerte zeigten aber auch, daß in der Baustoffindustrie ein erhebliches Innovationspotential verborgen lag, das nur der „Initialzündung" der Energiekrise bedurfte. Interessant ist nunmehr der weitere Verlauf der Kurve. Während sich die Produkte in den Jahren 1974 bis 1976 im Mittel durch gezielte Innovation stetig verbesserten, verhielten sich die Spitzenwerte dramatisch rückläufig.

Der Rückgang der Spitzenwerte dürfte vielmehr auf einem Marketingmechanismus beruhen, der zum Ausdruck bringt, daß die Verkaufsanstrengungen bei dem bereits wieder abgestumpften Energiebewußtsein potentieller Kunden versanden. Im Zeitraum von 1976 bis 1977, in dem dann auch die Mittelwerte signifikant zurückgingen, haben sich zusätzlich die im Bauproduktmarkt mit Verzögerung greifenden Folgen der Rezession bemerkbar gemacht, mit dem Ergebnis, daß die für 1978 prognostizierten Werte fast wieder dem Status quo von 1972/73 entsprachen. Der durch die Energiekrise ausgelöste Innovationsschub ist ausgeebbt. Die bauphysikalisch sinnvolle Weiterentwicklung in Richtung höher dämmender Bauteile blieb im Konflikt zwischen den bautechnologischen Möglichkeiten und den marktwirtschaftlichen Zwängen auf der Strecke [3.39]. Durch neue Verordnungen und Gesetze wurde dann doch ein langfristiger Erfolg erzielt. Die Erhöhung der Wärmedämmung im Hochbau wurde 1978 in der neuen ÖNORM B 8110 „Wärmeschutz im Hochbau – Anforderungen an die Wärmedämmung", 1980 in den Richtlinien für den staatlichen Hochbau „Erhöhter Wärmeschutz", sowie in den Neuausgaben der Bauordnungen der einzelnen Bundesländer festgelegt. Da diese Vorschriften durch die Wohnbauförderung (Bund-Länder-Vereinbarung), das Konsumentenschutzgesetz und andere Gesetze vorgeschrieben wurden, war eine rasche Verbreitung bei allen Neu- und Umbauten gegeben.

Erhöhte Schadstoffbelastung in Wohnräumen durch unzureichende Lüftung
Die durchaus sinnvollen Maßnahmen der Erhöhung der Wärmedämmung haben teilweise zu unangenehmen

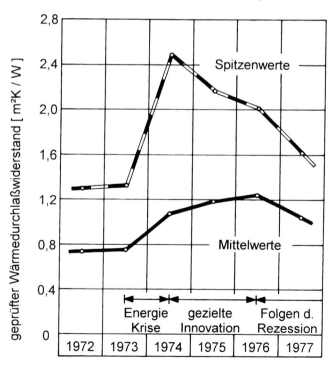

Abb. 3.31: Verlauf geprüfter Wärmedurchlaßwiderstände von Außenwänden in Österreich 1972–1977

Nebenwirkungen geführt. Die schwerwiegendsten sind Belastungen durch unzureichende Wohnungslüftung infolge dichter Fenster, Schimmelbildung durch mangelnde Lüftung und Wärmebrücken und in den Anfangsjahren die Verhinderung solarer Einstrahlungsgewinne durch Beschränkung der Fensterflächen. So kam es infolge des drastischen Anhebens der Fugendichtheit von Fenstern (max. zulässiger Luftdurchlaßkoeffizient $a_{max} = 0{,}2 \text{ m}^3/\text{h m Pa}^{2/3}$ – Richtlinien für den erhöhten Wärmeschutz im staatlichen Hochbau) zu einer spürbaren Verschlechterung der Wohnungslüftung, da der gleichzeitig vorgeschriebene 0,5-fache Mindest-Außen-Luftwechsel oft nicht eingehalten wurde. Im Zusammenhang mit dem durch staatliche Förderungen forcierten Austausch von Fenstern im Altbau („Kunststoffensterboom") kam es in besonders drastischen Fällen zu schweren Unfällen mit defekten Gasgeräten. In Neubauten, wo die Auswahl ungiftiger Baustoffe zu wenig beachtet wurde und durch kurze Bauzeit der Austrocknungsgrad noch nicht genügend weit fortgeschritten war, kam es infolge der dichten Fenster und fehlender Lüftungen in den ersten Jahren zu toxischen Belastungen, die höher waren als die an besonders gefährdeten Arbeitsplätzen kurzfristig zugelassenen Maximalwerte und höher als die Abgasbelastung durch Autos an Hauptverkehrsrouten zur Stoßzeit [3.40]. Auch heute ist, trotz des Verbotes einiger besonders giftiger Baustoffe, diese Gefahr immer noch gegeben. Durch umfangreiche meßtechnische und wissenschaftliche Untersuchungen wurde die Wohnungslüftung analysiert und die toxische Belastung, wie z.B. die Formaldehydbelastung durch Spanplatten und Gasherde, festgestellt [3.41]. Die Auswirkungen dieser Belastungen auf den Menschen konnten Ärzte durch das starke Ansteigen von Allergien feststellen [3.42].

Schimmelbildung durch Wärmebrücken
Der Umgang mit gut wärmedämmenden Außenwandkonstruktionen erfordert in der Bauplanung und -ausführung viel hochbautechnische Erfahrung und Detailwissen, die in den ersten Jahren nach der Energiekrise oft fehlten. Es kam zu vielen Wärmebrücken in den Außenbauteilen und auch – bedingt durch die schlechte Lüftung – sehr häufig neben den Wärmeverlusten zu Schimmelbildungen an der Innenoberfläche dieser Bauteile im Bereich der Wärmebrücken [3.43]. Durch eine stärkere Berücksichtigung von Wärmebrücken in Forschung [3.44], Lehre und Anwendung ist zu hoffen, daß das Schimmelproblem bald bewältigt wird. Viel dazu beitragen kann auch die Sicherstellung einer guten Wohnungslüftung. Da die Lüftungswärmeverluste infolge der guten Wärmedämmung der Außenbauteile in heutigen Neubauten schon fast so hoch wie die gesamten Transmissionswärmeverluste sind, ist der Einbau von Be- und Entlüftungsanlagen mit Wärmerückgewinnung zu einer wirtschaftlichen Möglichkeit des Energiesparens geworden. Diese Be- und Entlüftungsanlagen mit Wärmerückgewinnung sind nicht zu verwechseln mit Klimaanlagen – es können jederzeit die Fenster zur Stoßlüftung geöffnet werden. Untersuchungen haben gezeigt, daß Bewohner, die über die laufende Be- und Entlüftungsanlage in ihrer neuen Wohnung mit Absicht nicht informiert wurden, unbewußt nach ca. 3 Monaten ihr von früher gewohntes Lüftungsverhalten änderten und die Fenster nur mehr sehr selten öffneten. Be- und Entlüftungsanlagen mit Wärmerückgewinnung werden von den Bewohnern durchaus positiv aufgenommen und helfen, das Schimmelproblem zu lösen. In Skandinavien werden schon seit Jahren Erfahrungen beim Betrieb von Be- und Entlüftungsanlagen mit Wärmerückgewinnung gesammelt. Dort sind diese Anlagen auch im normalen Mehrgeschoß-Wohnhausbau häufig. Die Wirtschaftlichkeit dieser Anlagen ist auch in unserer Klimazone gegeben. So zeigt eine Schweizer Studie an einem Projekt für ein Mehrfamilienhaus, daß die Amortisationszeit einer Be- und Entlüftungsanlage mit Wärmerückgewinnung, die mit einem Wintergarten und einer Wärmepumpe kombiniert ist, 10,5 Jahre beträgt, wobei sich bei diesem Projekt die hohe Wärmedämmung in 3,5 Jahren und die Maßnahmen zur passiven Sonnenenergiegewinnung (Wintergarten) in 14 Jahren amortisieren würden [3.45].

Beschränkung des Fensterflächenanteils
Im übertriebenen Eifer, die Wärmedämmung möglichst über die gesamte Außenwand sehr hoch zu halten, wurde in scheinbar logischer Weise der Fensterflächenanteil beschränkt und dabei die Energiegewinnung durch die passive Nutzung der Sonnenenergie kaum beachtet. So schreiben die Richtlinien für den erhöhten Wärmeschutz im staatlichen Hochbau vor: „Die Anteile der Fenster und Türflächen gegen Außenluft sind unter Beachtung der baugesetzlichen Bestimmungen auf jenes Ausmaß zu beschränken, welches unter Einbeziehung der Tageslichtergänzungsbeleuchtung durch Kunstlicht die für die Nutzung der Räume erforderliche Beleuchtungsstärke während der ungünstigen Zeiten gewährleistet." [3.46].

Bei Wohngebäuden wurde dieser Anteil der Fensterfläche auf maximal 20% der Fassadenfläche beschränkt. In keiner Weise wurde auf die Orientierung von Fassaden und Fensterflächen nach den Himmelsrichtungen eingegangen. In Unkenntnis der Architekturtradition von Ovid bis zum „Internationalen Stil" des 20. Jahrhunderts (siehe auch 3.3.1–3.3.4) wurden hier kurzsichtige Maßnahmen gesetzt. Schon der bekannte

Architekt S. J. P. Oud schrieb 1926 in einer Attacke auf van Doesburg: „Wir bauen aus der Funktion, nicht wahr? Jawohl, sagt Herr v. D., aber plastisch, d.h. rundum Gleichgewicht, Plastik, Raum!! Und die Funktion? Ein Kind weiß es, z.B. Grundriß − Westen (Regen) − Osten (Sonne) − Süden (Sonne). Also sagt die Funktion: Westen geschlossen, Süden und Osten offen. Nun sagt Herr Maler van Doesburg, Plastik von allen Seiten, offener Grundriß (was heißt dieser Unsinn?), usw. . . ." [3.47]. Mit der zunehmenden Bedeutung der passiven Solararchitektur wurde zum Glück diese Fehlentwicklung bald korrigiert. Da in letzter Zeit Verglasungssysteme mit hoher Wärmedämmung erhältlich sind, kann dieses Problem durch die Festlegung eines mittleren k-Wertes für Fenster und Außenwand gelöst werden.

Neue Energiequellen − Fallende Energiepreise ab 1985
Neben den Bemühungen des Energiesparens war man seit 1973 international bestrebt, neue Energiequellen wie Atomenergie und neue Lager fossiler Brennstoffe zu erschließen. Einige Länder, allen voran Frankreich, verstärkten energisch den Ausbau der Atomenergie. Allgemein wuchs jedoch der Widerstand der Bevölkerung gegenüber den unheimlichen und unkalkulierbaren Gefahren der friedlichen Nutzung der Atomenergie und machte Ausbauprogramme und Neubauten immer schwieriger und teurer. Österreich war das erste Land, in dem die Nutzung der Atomenergie nach einer Volksabstimmung (1978) verboten wurde, und spielt hier eine wichtige Vorreiterrolle. Dieses für die Initiatoren der Volksbefragung unerwartete Ergebnis kam trotz aufwendiger Atomwerbung der Bundesregierung und aller offiziellen Stellen bis hin zur Gewerkschaft zustande. Die Katastrophe von Tschernobyl 1986 zeigte dann, wie richtig die Entscheidung des österreichischen Volkes 8 Jahre zuvor gewesen war. Bei der Suche nach neuen Lagerstätten fossiler Brennstoffe war man bald erfolgreich. Bedingt durch den höheren Ölpreis (dieser war von 1973 bis 1981 auf mehr als das Doppelte (207%) gestiegen), konnten schwierig zu erschließende Öllagerstätten in der Nordsee und in Sibirien genutzt werden. Dadurch war die politische Abhängigkeit der Weltwirtschaft von Krisen in den Ölförderländern des Nahen Ostens abgeschwächt. Die Krisen dieser Region in den letzten Jahren, wie der Iran-Irak-Krieg und die Kuwaitkrise 1991, hatten nun einen gegenteiligen Effekt: Öl wurde immer billiger. Um aufwendige Waffensysteme und Kriegsschäden zu bezahlen, mußten die Ölförderländer des Nahen Ostens ihre Ölpreise stark reduzieren, damit sie zu Devisen gelangen konnten. Dies stürzte wiederum die Länder, die an der Förderung der teuren Ölquellen beteiligt waren, wie Norwegen, England und vor allem die

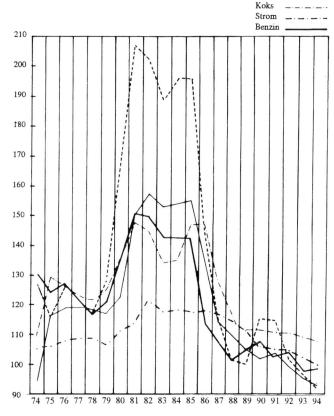

Abb. 3.32: Entwicklung der realen Energiepreise für Haushalte 1974−1994, indexiert 1973 = 100

Sowjetunion, in schwere Wirtschaftskrisen. Der Umstand, daß die Sowjetunion ihr teures Sibirienöl nicht mehr verkaufen konnte, hat neben den immensen Kostenanstrengungen für das Wettrüsten zum Zusammenbruch der Sowjetunion 1991 beigetragen.

Die Entwicklung der Energiepreise in Österreich bezogen auf 1973 (indexiert 1973 = 100%) und deflationiert mit dem Verbraucherpreisindex (Abb. 3.32) zeigt, daß nach 1981, als das Öl mit 207% den höchsten Preis erzielte, die Ölpreise schnell wieder fielen. Die Nutzung alternativer Energiequellen allein aus dem Motiv der Energiekosteneinsparung war nach 1981 kaum mehr möglich. Zur Zeit ist der reale Ölpreis niedriger als 1973.

Energiesparen zur Entlastung der Umwelt
Andererseits machen sich die schon zu Beginn erwähnten Gefahren des globalen Temperaturanstiegs durch den Treibhauseffekt in der Atmosphäre, bedingt durch zunehmende Kohlendioxidkonzentration, hauptsächlich hervorgerufen durch Verbrennung fossiler Brennstoffe, immer stärker bemerkbar. Weltweit nehmen die Klimakatastrophen zu, wie die Statistiken von Lloyds zeigen. Diese Auswirkungen sind vermindert

auch in Österreich spürbar. Das Wetter hält sich nicht mehr an Werte, die den langjährigen Statistiken entsprechen. Diese Effekte werden in der Bevölkerung genau gespürt – es ist in Österreich eine große Bereitschaft für umweltfreundliche, energiesparende Maßnahmen vorhanden. Alternative Energie wird, obwohl rein wirtschaftlich zu teuer, hauptsächlich durch Privatinitiative wie durch Selbstbau-Sonnenkollektorgruppen und Einfamilienhausbauherren genutzt. Von Industrie und größeren privaten Bauträgern sind wegen der Unwirtschaftlichkeit dieser Maßnahmen keine wesentlichen Beiträge zur Nutzung alternativer Energiequellen vorhanden und zu erwarten – entspricht es doch der Ethik eines verantwortungsvollen Kaufmanns, vor allem anderen die Wirtschaftlichkeit als Entscheidungsgrundlage zu berücksichtigen. Andererseits wären wir doch unseren Kindern gegenüber moralisch verpflichtet, mit allen uns zur Verfügung stehenden Mitteln die von uns selbst verursachte, sich ankündigende Klimakatastrophe zu bekämpfen und die noch vorhandene kurze Zeit sinnvoll zu nutzen, um deren Auswirkungen abzuschwächen. Durch die widersinnig tiefen Energiepreise kommt es zu einer starken Behinderung umweltfreundlicher Energienutzung, ihrer Unwirtschaftlichkeit wegen. Daß unser globales marktwirtschaftliches Kosten-Preismodell von falschen Voraussetzungen ausgeht – es werden unbegrenzt vorhandene Ressourcen vorausgesetzt und Kosten für Umweltschäden vernachlässigt –, ist inzwischen weitgehend bekannt. So ist im Energiebericht 1993 der Österreichischen Bundesregierung zu lesen: „Es muß insbesondere aus umweltpolitischen Überlegungen das langfristige Ziel sein, die externen Kosten der Beeinträchtigung der Umwelt durch die Verwendung von Energie in den Kostenrechnungen der Verbraucher zu berücksichtigen (zu internalisieren)." In dieser Situation wären staatliche Lenkungsinstrumente, die auch volkswirtschaftlich dringend erforderlich sind, sinnvoll: entsprechende Wohnbauförderungsgesetze, kombinierte CO_2-Energieabgaben und steuerliche Anreize zum Energiesparen und zur Nutzung regenerativer Energiequellen. Obwohl diese Maßnahmen durchaus von der Mehrheit der Bevölkerung gewünscht und akzeptiert würden, fehlt unseren Politikern offensichtlich die Initiative dazu. Es ist zu wünschen, daß bald staatliche Steuerungsmaßnahmen gesetzt werden. Die Energieberichte 1990 und 1993 der Österreichischen Bundesregierung stellen einen Hoffnungsschimmer dar, doch gehen die Entscheidungen viel zu langsam voran.

3.3.5.2. Die (Wieder-)Entdeckung der Umweltenergie

Umweltenergie, die im wesentlichen aus der Kraft der Sonne stammt, war schon in der Antike und im Mittelalter bekannt. So wurde von den Römern die Sonnenstrahlung mittels Hochbehältern aus Kupfer und mittels zur Sonne offenen Kanälen aus gerifteltem schwarzem Schiefer zur Erwärmung von Badewasser für die Thermen genutzt. In der Barockzeit waren Sonnenkraftmaschinen zum Antrieb für Wasserpumpen bekannt. Seit dem Ende des 19. Jahrhunderts kennt man die aktive Nutzung der Sonnenenergie durch Sonnenspiegel und Sonnen-Flachkollektoren [3.16]. Vor der Erfindung der Dampfmaschine waren Windkraft und Wasserkraft neben tierischer und menschlicher Arbeit die am weitest verbreiteten Antriebsquellen zum Betrieb von Wasserpumpen, Mühlen und vorindustriellen Betrieben. (1850 betrug dieser Anteil noch 94% am globalen Energieverbrauch.) Noch bis 1940 waren in den USA eine Vielzahl industriell hergestellter Anlagen zur häuslichen Wassererwärmung installiert. In den letzten Kriegsjahren des 2. Weltkriegs wurden in Deutschland aufgrund der kriegsbedingten Energieverknappung intensive Anstrengungen zur Nutzung der Windenergie unternommen. Billiges Erdöl und billige Kohle haben diese Verfahren nach dem 2. Weltkrieg unattraktiv werden lassen, nur die Nutzung der Wasserkraft zur Erzeugung von elektrischem Strom blieb weiter wirtschaftlich.

Aus dem Bewußtsein heraus, daß die Nutzung der Umweltenergie eine der wenigen Möglichkeiten darstellt, von den Schwankungen der Ölpreise unabhängig zu werden, und sie zugleich sicherlich die umweltfreundlichste Energieform ist, setzte nach der Energiekrise 1973 auf diesem Gebiet ein wichtiger „Innovationsboom" ein.

Auf allen Gebieten der Umweltenergie wurde mit staatlicher Unterstützung und durch Privatinitiative intensiv geforscht, und erste Prototypen wurden entwickelt. Auf der ganzen Welt wurden Windkraftanlagen gebaut. Die Nutzung von pflanzlichen Rohstoffen zur Energiegewinnung wurde forciert. Neben der herkömmlichen Brennholznutzung konnten Holzreste und Rinden in automatischen Holzschnitzelanlagen verbrannt werden. Stroh wurde thermisch genutzt, Biogas- und Biospritanlagen entstanden. Viele Anstrengungen wurden auf dem Gebiet der direkten Nutzung der Sonnenenergie und der Nutzung der Umweltwärme über Wärmepumpen unternommen. Langfristig durchgesetzt haben sich international seit Mitte der 80er Jahre trotz der fallenden Energiepreise nur die Nutzung der Windenergie, der Ausbau von Klein-Wasserkraftwerken, die thermische Nutzung von Holz- und Strohabfällen und Biogasanlagen. In Dänemark, Holland und Kalifornien wird die Nutzung von Windenergie zur Stromerzeugung wirtschaftlich betrieben. Windparks sind in Kalifornien zu einem privaten Spekulationsobjekt geworden und dänische Windkraftwerke zu einem gewinnbringenden Exportartikel [3.48].

In Österreich deckte der Anteil erneuerbarer Energieträger 1988 bereits 24,7% (inkl. 15,1% Wasserkraft) des Gesamtenergieverbrauchs und ist mehr als doppelt so hoch wie 1973 (Anteil erneuerbarer Energie 12,2%). Dieser Anteil ist 1991 infolge der Energiepreisentwicklung auf 22,2% zurückgegangen. Die durchschnittliche jährliche Steigerungsrate des Anteils erneuerbarer Energieträger (sonstige Energieträger ohne Wasserkraft und Fernwärme) der Jahre 1976 bis 1988 betrug 9%, die durchschnittliche jährliche Steigerungsrate der Fernwärme in diesem Zeitraum 8,5%. Diese Ansätze einer erfreulichen Entwicklung, die derzeit durch die niedrigen Ölpreise gefährdet erscheint, kamen vorwiegend im Bereich Kleinabnehmer (Haushalte und Raumheizung) zustande. Der Anteil der erneuerbaren Energie und der Abwärmenutzung beträgt 43% des Energieverbrauchs der Kleinabnehmer. In der österreichischen Statistik von 1991 der Struktur des Endenergieverbrauches nach Verwendungszweck beträgt der Anteil von Raumheizung und Warmwasser 43,4%, wovon 35,8% wiederum durch erneuerbare Energie und Abwärmenutzung gedeckt werden. Abb. 3.33 zeigt die Zusammensetzung der erneuerbaren Energieträger (ohne Fernwärme und Wasserkraft) 1988 in Österreich. Der Großteil dieser Energie besteht aus der Nutzung von Holz als Brennholz, Rinde und Holzschnitzel, der Nutzung von Ablaugen (Papierindustrie), Abfällen und Stroh. Der Anteil sonstiger Energieträger oder alternativer Energieträger (wie Wärmepumpen, Biogas, aktive Sonnenenergie und Geothermik) ist mit 2,7% sehr bescheiden (1991 – 3,6%). Der Anteil der Nutzung der Sonnenenergie betrug 1988 nur 0,4%, bezogen auf den gesamten österreichischen Endenergieverbrauch nur 0,042%. Dabei wird nur der Anteil der aktiven Nutzung der Sonnenenergie mittels Sonnenkollektoren berücksichtigt. Nicht enthalten ist die passive Nutzung der Sonnenenergie, die unter Energiesparmaßnahmen fällt.

3.3.5.3. Die aktive Nutzung der Sonnenenergie seit 1973

Die Integration aktiver sonnentechnischer Systeme ist oft ein wichtiger Bestandteil von Gebäuden mit passiver Nutzung der Sonnenenergie. Es scheint daher für das Verständnis der geschichtlichen Entwicklung der passiven Nutzung der Sonnenenergie notwendig, näher auf die letzte Entwicklung der aktiven Nutzung der Sonnenenergie einzugehen, auch wenn der Energiebeitrag dieser Systeme in Mitteleuropa sehr gering ist. Aktive sonnentechnische Anlagen sind nach ÖNORM M 7700 sonnenenergienutzende Anlagen, in denen der Energietransport zwischen Energiewandler (z.B. Sonnenkollektor), Energiespeicher und Energieverbraucher im wesentlichen mit zusätzlicher (elektro)mechanischer Hilfe erfolgt. Diese Anlagen werden zumeist industriell gefertigt und dienen im Gegensatz zu passiven sonnentechnischen Anlagen, die viele zusätzliche Vorteile bieten, nur dem einen Nutzen, Energie zu erzeugen. Aus diesem Grund ist der Einsatz und die Verbreitung aktiver Solarsysteme von der Entwicklung der Energiepreise, insbesondere des Ölpreises, abhängig. Man unterscheidet aktive sonnentechnische Anlagen, die die Energie der Sonnenstrahlung direkt in elektrische Energie, in chemische Energie oder am gebräuchlichsten in thermische Energie umwandeln. Es gibt wiederum mehrere Möglichkeiten der direkten Umwandlung von Sonnenstrahlung in elektrischen Strom: den thermoionischen, den thermoelektrischen, den photoemissiven und den photovoltaischen Generator. In den letzten Jahren sind photovoltaische Systeme immer günstiger geworden und können sich dort behaupten, wo elektrischer Strom außerhalb von Versorgungsnetzen in kleinerem Umfang benötigt wird, sodaß der Einsatz von Dieselaggregaten nicht wirtschaftlich ist. Zur Umwandlung der Energie aus Sonnenstrahlung in chemische Energie sind zwei Prozesse bekannt, der photochemische und der photobiologische Prozeß. Die bedeutenderen photobiologischen Prozesse werden am günstigsten durch Algenkulturen umgesetzt, die sehr wirtschaftlich Protein erzeugen können bzw.

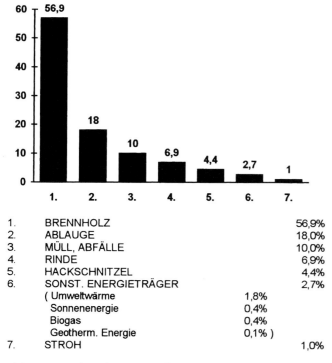

Abb. 3.33: Verbrauch an erneuerbaren Energieträgern 1988

1.	BRENNHOLZ	56,9%
2.	ABLAUGE	18,0%
3.	MÜLL, ABFÄLLE	10,0%
4.	RINDE	6,9%
5.	HACKSCHNITZEL	4,4%
6.	SONST. ENERGIETRÄGER	2,7%
	(Umweltwärme	1,8%
	Sonnenenergie	0,4%
	Biogas	0,4%
	Geotherm. Energie	0,1%)
7.	STROH	1,0%

unter der Zufuhr von Sonnenlicht, CO_2, Luft und Wasser zur Biogasgewinnung mittels Gärung unter Luftabschluß dienen können.

Am gebräuchlichsten ist jedoch die solarthermische Energieumwandlung durch Sonnen-Flachkollektoren und durch Sonnenspiegelsysteme, die Sonnenlicht konzentrieren. Unmittelbar nach der Energiekrise setzte man sich in Forschung und Entwicklung weltweit vor allem mit der thermischen Nutzung der Sonnenenergie durch Kollektoren und Konzentratoren auseinander. Hatten diese Systeme doch den Vorteil, daß man damit erneuerbare Energie gewinnen konnte, ohne weiter den CO_2-Gehalt der Luft zu erhöhen und zur Überwärmung der Erde beizutragen, eine Gefahr, die auch zu Beginn der 70er Jahre schon beachtet wurde [3.49]. In einer ersten Stufe versuchte man, Sonnenkraftwerke mit Spiegelsystemen zu entwickeln, die die kalorischen Kraftwerke zur Stromerzeugung ersetzen sollten. Es wurden Turmkonzepte mit Heliostaten und linien- oder punktfokussierenden Spiegelfeldern gebaut [3.50]. Man dachte hier vor allem an die Anwendung dieser Konzepte in den ariden Zonen. Aber auch für die Schweiz und Österreich wurden Projekte von Alpensonnenkraftwerken entwickelt und Fallstudien für den zukünftigen Ersatz von kalorischen Kraftwerken durch Sonnenkraftwerke erarbeitet [3.51]. Wirtschaftlich günstiger als die solarthermischen Kraftwerke ist die aktive Nutzung von Sonnenenergie mit Spiegelsystemen und hocheffizienten Flachkollektoren zur Erzeugung von Prozeßwärme für Industrie und Gewerbe [3.52]. Neben der Nutzung von Niedertemperaturwärme bis 100 °C gibt es auch viele industrielle Prozesse, die Mitteltemperaturwärme (100 °C − 374 °C = kritische Temperatur für Wasserdampf) benötigen. Eine Vielzahl von Spiegelsystemen kann auch in unseren Breiten diese Temperaturen durch Umwandlung von direkter Sonnenstrahlung liefern [3.53].

Aufgrund der geringen Energiedichte der Sonnenstrahlung sind relativ große Sonnensammelflächen erforderlich. Es ist daher naheliegend, diese Flächen in Gebäudestrukturen zu integrieren, wie z.B. ungenutzte Dachflächen zur Gewinnung von Sonnenenergie zu verwenden. Neben dem Vorteil der Einsparung von Grundstücksflächen kommt es zu einer positiven Beeinflussung des Kleinklimas, da die für die Sonnenenergiesammlung genutzten Flächen eine geringere sommerliche Wärmeabstrahlung aufweisen. Dies ist vor allem für das Stadtklima wichtig. Schwierig ist, konzentrierende Spiegelsysteme, die immer bewegliche, dem Sonnenstand nachführbare Teile besitzen müssen, in unbewegliche Baukörper zu integrieren. Es eignen sich hier hohlkugelförmige Spiegel als Teil einer Dachfläche und kreiszylindrische Facettenspiegel, bei denen der großflächige Spiegel unbeweglich gelagert wird und nur der kleine Absorber oder Brennstab der Sonne nachgeführt wird. Kreiszylindrische Facettenspiegel lassen sich wirtschaftlich in Fertigteil-Dachschalen integrieren [3.54]. Durch Sonnenspiegel erzeugte Mitteltemperaturwärme läßt sich auch in großen, zentralen, unterirdischen Heißwasserbehältern speichern und kann zur Raumheizung und Warmwasserbereitung von Siedlungen genutzt werden [3.55]. Anlagen dieser Art wurden in Schweden und Holland ausgeführt [3.56, 3.57]. Einfacher gebaut sind die aktiven sonnentechnischen Anlagen zur Nutzung von Niedertemperaturwärme (bis 100 °C): die Flachkollektoren. Diese lassen sich vor allem zur Gewinnung von Warmwasser, zur Schwimmbadbeheizung und auch zum Teil zur Raumheizung nutzen [3.58]. Flachkollektoren lassen sich auch einfach als Dach- und Fassadenkollektoren integrieren. Wenn ein möglichst hoher Anteil der Raumheizung durch Sonnenwärme abgedeckt werden soll, sind große Sonnenkollektorflächen erforderlich. Die ersten Erfahrungen bei der konsequenten Anwendung von Flachkollektoren zur Raumheizung wurden bereits in den 40er und 50er Jahren in den USA bei den M.I.T.-Häusern 1, 2 und 3 des Massachussetts Institute of Technology gesammelt [3.59]. Es lassen sich Baukörperformen entwickeln, die eine maximale Fläche von richtig orientierten Sonnenkollektoren ermöglichen, doch kommt es hier zum Konflikt, wie weit die für die Besonnung der Innenräume so wertvollen Südflächen für die Sonnenkollektoren und nicht für Fenster genützt werden sollen. Es gibt in Mitteleuropa wenige ausgeführte Beispiele, wo die aktive Nutzung der Sonnenenergie zur Raumheizung verwendet wurde. So setzte sich auf diesem Gebiet bald die passive Sonnenenergienutzung durch.

In Österreich beschäftigten sich bald einige Firmen mit der Produktion von Sonnenkollektoren, um den zwischen 1975 und 1979 exponentiell wachsenden Kollektormarkt abzudecken. Große Firmen, wie Stiebel Eltron und die Vereinigten Metallwerke Ranshofen-Berndorf, bauten industrielle Kollektorfertigungen. Durch den unerwartet sinkenden Ölpreis stagnierte 1979 der Sonnenkollektormarkt und brach 1981 zusammen (1982 wurden nur mehr 69% und 1984 nur mehr 38% der Kollektorfläche von 1981 verkauft, Abb. 3.34). Das war das Ende der industriellen Kollektorfertigung der großen Firmen. Der verbleibende Bedarf an Sonnenkollektoren zur Brauchwassererwärmung und Schwimmbadbeheizung wurde durch wenige Mittelbetriebe gedeckt. Sonnenkollektoren waren nur mehr bei entsprechend großem Brauchwasserbedarf in Heimen und Hotels und für die Erwärmung von Schwimmbadwasser wirtschaftlich.

Aus Gründen des Umweltschutzes gab es aber weiterhin in der Bevölkerung ein großes Interesse an

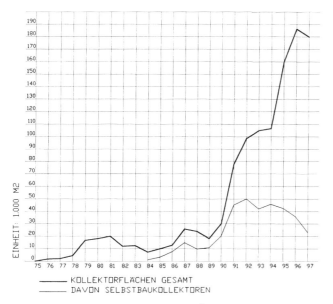

Abb. 3.34: Sonnenkollektormarkt in Österreich, installierte Kollektorflächen/Jahr in m²

der aktiven Nutzung der Sonnenenergie, wie die seit 1984 schnell wachsende Zahl von Selbstbaukollektoren zeigt (Abb. 3.34). Es entstanden in Österreich, besonders in der Steiermark, Kollektorselbstbaugruppen, die von der ARGE Erneuerbare Energie koordiniert wurden. Durch eine ausgereifte Technik des Selbstbaus, den gemeinsamen Ankauf der Herstellungsmaterialien und der Weitergabe der Werkzeuge ist es möglich, hochwertige Sonnenkollektoren billig im Selbstbau herzustellen [3.60]. Bis Ende 1995 wurden in Österreich insgesamt 1 240 500 m² Sonnenkollektoren installiert. Österreich zählt somit, gemessen an der Kollektorenfläche pro Einwohner, zu den weltweit bestausgestattetsten Ländern. Trotzdem ist der Anteil der Wärmeerzeugung durch Sonnenkollektoren am gesamtösterreichischen Endenergieverbrauch sehr gering. Es ist zu hoffen, daß die auf diesem Gebiet gesammelten Erfahrungen bei höheren Primärenergiepreisen auch wirtschaftlich genutzt werden können bzw. dieser Anteil durch staatliche Förderungen entsprechend vergrößert werden kann.

Nachdem der Sonnenkollektormarkt zu Beginn der 80er Jahre zusammengebrochen war, stieg seit 1980 die Zahl der installierten Wärmepumpenanlagen. Diese werden zu fast 90% zur Brauchwassererwärmung in kleinen Geräten eingesetzt. Der andere Teil sind größere Anlagen, zumeist zur Raumheizung. Bei größeren Wärmepumpenanlagen sind oft eigene Absorberflächen notwendig, um genügend Sonnen- und Umgebungswärme zu gewinnen. Diese Absorberflächen sind vorwiegend als Absorberdach oder Massivabsorberwand in den Außenoberflächen von Gebäuden integriert. Bei Großanlagen ist der Einsatz von Gasmotorwärmepumpen sehr energiesparend, da durch Nutzung der Abwärme des Motors Wirkungsgrade oder Heizzahlen (Quotient aus gewonnener Heizwärme und Primärenergieeinsatz) von über 180% erreicht werden. Wärmepumpenanlagen lassen sich auch günstig bei größeren Gebäuden in Wärmerückgewinnungsanlagen oder passive Solarsysteme integrieren.

3.3.5.4. Die Entwicklung der passiven Nutzung von Sonnenenergie seit 1973 in den USA

Gegen Ende der 60er Jahre entwickelte sich in den USA die Hippiekultur als Gegenbewegung zum übersteigerten Konsumdenken der damaligen Zeit und zum Vietnamkrieg. Die durch Konsumverweigerung, Aussteigertum und Pazifismus gekennzeichnete Subkultur schuf sich ihre eigene Umgebung abseits der Städte in selbstgebauten alternativen Häusern. Es entwickelte sich eine neue alternative Architektur, die ihre Ausprägung in geodätischen Kuppeln, Shelters, Hausbooten und anderen eigenwilligen Bauformen fand [3.61]. Diese Häuser, die abseits von den Energieversorgungsnetzen der Großstädte entstanden, wurden häufig durch die passive Nutzung der Sonnenenergie beheizt. Es wurde die in den USA noch lebendige Tradition der Sonnenenergienutzung aufgegriffen und weiterentwickelt. Wie im Abschnitt „Solararchitektur in den USA" beschrieben, gab es neben der aktiven Nutzung der Sonnenenergie die passiven Solarhäuser von Keck-Sloan (Illinois 1938) und die wissenschaftlich untersuchten Solarhäuser des Solarparks in Chicago 1940. So entstanden bereits 1970 vor der Energiekrise die richtungsweisenden passiven Sonnenhäuser von Steve Baer mit ausklappbaren Reflektoren und Wärmespeicherwänden aus wassergefüllten, schwarzgestrichenen Ölfässern [3.62] (Abb. 3.35).

Abb. 3.35: Steve Baer Haus, Corrales–New Mexico, 1972

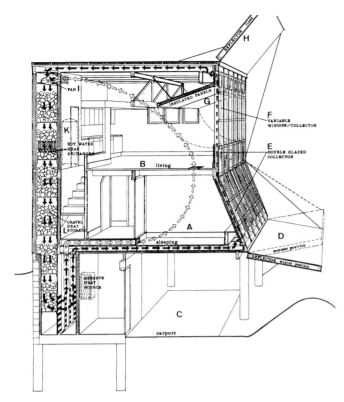

Abb. 3.36: Skihütte mit beweglichen Reflektoren in Windham, People Space

Auch in den USA wurde nach der Energiekrise 1973 in großen nationalen Forschungsprogrammen die aktive Nutzung der Sonnenenergie forciert und im Bauwesen, wie auch in Europa, das Energiesparen primär durch eine drastische Erhöhung der Wärmedämmung aktiviert. Neue Energiegesetze wurden in der Mitte der 70er Jahre kurzfristig eingeführt. So folgten auch die kalifornischen Energiegesetze im Bauen dem weitverbreiteten Mißverständnis, daß Energieverluste im Wohnungsbau in direkter Relation zur Verwendung von Glas stehen. Die Verordnungen schrieben vor, daß die Fensterflächen nur 20% und später 16% der Nutzfläche eines Hauses betragen dürfen. Sie verlangten, daß Wände mit der Dämmzahl R-11 und Dächer sowie Dachausbauten mit R-19 gedämmt werden müssen. Die Gesetze aber schrieben keine Gesamtraten für den erlaubten Energieverbrauch pro Haus vor.

Jede beliebige Haus- und Grundrißform wurde ohne Berücksichtigung der Orientierung akzeptiert, ganz gleich, in welchem Verhältnis die Außenflächen zur nutzbaren Grundfläche standen. Als einziges Kriterium galt die Einhaltung der Anforderungen der Wärmedämmung für Bauteile. Die vorgeschriebenen Prozentsätze für Glasflächen konnten nur dann erhöht werden, wenn die Leistungsanforderungen für Bauteile entsprechend erhöht wurden, d.h. besondere Dämmung der Außenwände, Isolierscheiben, unterirdische Anordnung von Räumen oder die Einführung alternativer Energiequellen, wie Sonnenenergie zur Heizung und Kühlung von Räumen. Die Möglichkeit der Energieeinsparung durch kompaktere Baukörper oder durch Baukörper, die nach Gesichtspunkten optimaler Sonnenorientierung entworfen sind, wurde von den Gesetzen vernachlässigt, obwohl dies die billigste Methode zur Energieeinsparung ist [3.63].

Während in Europa, wo es ähnliche, teilweise widersinnige Vorschriften gab [3.46], die neuen energiesparenden Häuser durch auffallend kleine Fensterflächen gekennzeichnet waren, war in den USA die Tradition der passiven Sonnenhäuser, wiederbelebt durch die Hippiekultur, so stark, daß trotz dieser Einschränkungen unmittelbar nach der Energiekrise eine erste Generation von passiven Sonnenhäusern entstand. Diese Häuser waren einerseits sehr aufwendig, da die o.a. Energiegesetze eingehalten werden mußten, und man daher die großzügigen Glasflächen durch aufwendige zusätzliche Maßnahmen, wie überdimensionierte Wärmedämmung und aktive Nutzung der Sonnenenergie, ausgleichen mußte. Andererseits entstanden diese Solarhäuser als Gegenströmung zur übertechnisierten herkömmlichen Architektur und waren gekennzeichnet durch eine antitechnische Haltung und die bewußte Zurschaustellung einer händisch betriebenen „Primitiv-Technik".

Die passiven Solarhäuser der ersten Generation in den USA waren daher ähnlich „Wohn- und Energienutzungsmaschinen", für deren richtige Handhabung eine umfangreiche Betriebsanleitung erforderlich war. Für die amerikanische Gesellschaft, die die funkgesteuerte Garagentüre und die thermostatgesteuerte Klimaanlage gewohnt war, wirkten diese „Wohnmaschinen mit manueller Bedienung" eher als Kuriosum. Diese von der Allgemeinheit eher belächelten, alternativen Solarhäuser wurden aber in aufwendigen, von der Carter-Administration gestützten Forschungsprogrammen an amerikanischen Universitäten und privaten Instituten ausführlich studiert und analysiert. Es erschienen zahlreiche Zeitschriften und eine Vielzahl von Büchern über die passive Nutzung der Sonnenenergie. In Symposien und großen nationalen Konferenzen wurde eine große Anzahl von wissenschaftlichen Untersuchungen auf dem Gebiet der passiven Sonnenenergienutzung vorgetragen und publiziert. Nach der „1st National Passive Solar Conference 1976" und der „2nd National Passive Solar Conference 1979" fanden bis zur „5th National Passive Solar Conference 1980" im Jahr 1979 drei große „National Passive Solar Conferences" statt. Allein die Tagungsbände der „5th National Passive Solar Conference 1980" umfassen 321 Beiträge und 1407 Seiten. Aus der Flut dieser Innovationen und

Experimente wurden die verläßlichen Ergebnisse herausgefiltert, und es entstanden Handbücher für die passive Nutzung der Sonnenenergie, wie 1980 das „Passive Solar Handbook" der California Energy Commission [3.64] und 1982 das „Passive Solar Design Handbook" der American Solar Energy Society [3.65]. In dem grundlegenden Architekturstandard- und Nachschlagewerk, den „Architectural Graphic Standards" des American Institute of Architects, eine Art amerikanischer „Neufert-Bauentwurfslehre", werden schon 1980 auf 23 Seiten ausführlich die Möglichkeiten der passiven Nutzung der Sonnenenergie beschrieben [3.66].

Zu Beginn der Reagan-Ära wurden 1981 die Bemühungen der amerikanischen Regierung auf dem Gebiet der Solarenergieforschung drastisch reduziert und das „Department for Energy" mit seinen Programmen für Energieeinsparung und Solarenergienutzung abgeschafft. Aufbauend auf den umfangreichen Erkenntnissen und Analysen zur passiven Nutzung der Sonnenenergie wurden jedoch u.a. in Kalifornien 1981 neue, bessere Energiegesetze herausgegeben, die auf einem vorgeschriebenen maximal zulässigen Energieverbrauch basierten. Nach diesen Vorschriften sollte ein Gebäude so entworfen werden, daß es nicht mehr als eine bestimmte Menge an Energie (BTU pro Jahr) verbraucht [3.67]. Diese Menge richtet sich erstens nach dem Bautyp (sie ist z.B. unterschiedlich für Einfamilien- und Reihenhäuser) und zweitens nach der Klimazone, in der das Gebäude steht. Für diesen Zweck ist Kalifornien in 16 Klimazonen eingeteilt, von denen jede einen anderen Energieverbrauch zuläßt. Diese Regelung führt hoffentlich zu einer unterschiedlichen Architektur in den verschiedenen Klimazonen. Die zulässige Energiemenge richtet sich jedoch nicht nach Wohneinheiten, sondern nach Wohnflächen, so daß denjenigen, die sich ein $400\,m^2$ großes Haus leisten können, die zweifache Energiemenge zusteht wie denjenigen, die sich nur ein $200\,m^2$ großes Haus bauen können [3.63]. Dies hatte die zweite Generation von passiven Sonnenhäusern beeinflußt, wo genau auf die regionalen klimatischen Vorgaben eingegangen wurde und alle solartechnischen Maßnahmen nur das eine Ziel hatten, mit möglichst geringem wirtschaftlichem Aufwand einen möglichst geringen Energieverbrauch zu erzielen.

3.3.5.5. Die Entwicklung der passiven Nutzung der Sonnenenergie seit 1973 in Europa

In Europa hinkte die Entwicklung der passiven Solararchitektur anfänglich um einige Jahre hinter der amerikanischen nach. Im Jahr 1981, zur gleichen Zeit als die Energieverbrauchsvorschrift in Kalifornien entstand, wurde in Österreich mit den „Richtlinien für den erhöhten Wärmeschutz im staatlichen Hochbau" [3.46] eine ähnliche Wärmeschutzvorschrift herausgegeben, wie die 5 Jahre alte, in Kalifornien gerade überholte. Eine ähnliche Vorschrift, die sich anstelle von k-Werten auf den Gesamtenergieverbrauch des Hauses bezieht, gibt es in Österreich erst seit 1990 mit dem § 10 der Vorarlberger Neubauförderungsrichtlinien des Wohnbauförderungsgesetzes. Diese Vorschrift, die auf einer Schweizer Norm – SIA 380/1 von 1988 – aufbaut, dient nur als Voraussetzung für eine freiwillige, zusätzliche Förderung und ist keineswegs für alle Neubauten bindend. Auch die Schweizer Norm gibt nur Zielwerte vor und schreibt keinen Höchstwärmeverbrauch vor. Seit Mai 1992 lag der deutschen Bundesregierung ein Entwurf einer Verordnung über einen energiesparenden Wärmeschutz bei Gebäuden zur Begutachtung vor, dessen Auswirkungen auf die Bautechnik bereits in der Fachliteratur diskutiert und positiv aufgenommen wurden. Aufbauend auf diesem Entwurf wurde am 01. 01. 1995 die deutsche Wärmeschutzverordnung in Kraft gesetzt, nach der in ganz Deutschland auf Basis eines einheitlichen Berechnungsverfahrens – passive solare Wärmegewinne werden durch äquivalente k-Werte berücksichtigt – bereits bei der Baugenehmigung der Energieverbrauch von Gebäuden ermittelt wird. Eine einheitliche, bindende Energieverbrauchsvorschrift auf dem Niveau von Niedrigenergiehäusern für alle Neubauten wäre hingegen heute vor allem wegen der verstärkten Wohnbautätigkeit zu einer Zeit der niedrigen Energiepreise aus Gründen des Umweltschutzes auch in Österreich dringendst erforderlich.

Wie entwickelte sich die passive Nutzung der Sonnenenergie in Europa und Österreich? Wie so oft in der Architekturentwicklung wurden bei uns die Vorgänge in den USA genau beobachtet. Da es sich jedoch nicht um die offizielle amerikanische Architektur handelte, sondern um eine alternative Architektur einer Subkultur, dauerte es etwas länger, bis 1977 die ersten ausführlichen Dokumentationen in den europäischen Architekturzeitschriften erschienen [3.68]. Erst die Bauten des New Alchimy Institute in Cambridge (Ma.), von David Wright und Ray Kappe in Kalifornien und viele andere Beispiele fanden Beachtung bei interessierten Architekten in Europa.

Es wurden die europäischen Vorbilder der passiven Nutzung der Sonnenenergie, wie die Veranden der Jahrhundertwende, und die wenigen in den 60er Jahren entstandenen Beispiele, wie die vom französischen Solar-Physiker Trombè geplanten Häuser für die Wissenschafter des größten europäischen Sonnenofens in Odeillo, Pyrenäen [3.69], und die schon fast vergessene Wallasey-Schule in England [3.70] wieder-

Abb. 3.37: Haus Schlierbach, OÖ, 1975, R. Hagmüller

entdeckt. In Österreich entstand 1974 bis 1976 das erste passive Sonnenhaus mit Wintergarten von Roland Hagmüller (Abb. 3.37).

Auch in der Bauphysik begann man sich mit der passiven Nutzung der Sonnenenergie zu beschäftigen. Bei der Jahrestagung der ASSA (Austrian Solar and Space Agency, 1979) beschäftigten sich zwei von zehn theoretischen Artikeln [3.71] und eine von neun Projektdokumentationen mit der passiven Nutzung der Sonnenenergie. Erstmals wurde auf dieser Tagung in Österreich ein Berechnungsverfahren zur Abschätzung der passiven Energiegewinne, das von J. D. Balcomb entwickelte Solar-Load-Ratio-Verfahren, vorgestellt [3.72]. Dieses Verfahren wurde dann für „österreichische Verhältnisse" adaptiert und der ÖNORM M7703 – passive sonnentechnische Anlagen, Bemessungsverfahren – zugrunde gelegt, die nach einem aufwendigen Bearbeitungsverfahren als Vornorm im September 1985 erschien. Diese Norm war als Berechnungsverfahren für Ausnahmen von der schon erwähnten Beschränkung der maximalen Fensterfläche mit 20% der Fassadenfläche in den gültigen Richtlinien für den erhöhten Wärmeschutz [3.46] erforderlich. Im Zusammenhang mit dem Überprüfungsverfahren der ÖNORM M 7703 wurden in einer Langzeitmessung 1985 und 1986 erstmals in Österreich sämtliche Energiedaten einer 1984 fertiggestellten Wohnhausanlage mit einer ausgeprägten passiven Nutzung der Solarenergie erfaßt und ausgewertet [3.73]. Die gemessenen Anteile der passiven Solarnutzung (22%) ergaben eine gute relative Übereinstimmung mit dem nach der Önorm berechneten Richtwert (24% Solaranteil), obwohl die absolute Höhe dieser Anteile unterschiedlich war. Es wurde allerdings nachgewiesen, daß das Bewohnerverhalten von großem Einfluß auf den Energieverbrauch ist. Die passive Nutzung der Sonnenenergie, integriert in eine qualitätsvolle Solararchitektur, wirkt mehrfunktional, verbessert primär wesentlich die Wohnqualität der Innenräume durch die Besonnung und spart sekundär auch viel Energie ein. Außerdem weisen die Maßnahmen zur passiven Nutzung der Sonnenenergie, ohne laufende hohe Betriebskosten, eine lange Lebensdauer auf. So konnte sich diese Richtung in Österreich auch trotz fallender Energiepreise in den letzten Jahren immer mehr durchsetzen. Der „Sonnenkollektorboom" Mitte der 70er Jahre wurde Mitte der 80er Jahre von einem „Wintergartenboom" abgelöst, der immer noch anhält, obwohl hier viel Schindluder getrieben wird und sinnvolle Bauvorschriften oder Normen für diesen Bereich fehlen.

Erfreulicherweise werden die Bemühungen um die passive Nutzung der Sonnenenergie in letzter Zeit auch von staatlicher Seite im Energiebericht 1990 der Österreichischen Bundesregierung anerkannt [3.38]. So werden als Leitlinien für die Ausschöpfung des Energiesparpotentials für die Raumheizung gleichwertig drei Hauptpunkte für die Gebäudehülle und Gebäudekonzeption genannt:

- Erhöhter Wärmeschutz.
- Solararchitektur und entsprechende Standortwahl – hier wird eine stärkere Gewichtung solartechnischer Anlagen im Vergleich mit ästhetischen Vorstellungen gefordert.
- Pufferung von Temperaturschwankungen durch bautechnische und architektonische Maßnahmen: Der zeitlich stark schwankende Energieeintrag durch direkte Solarstrahlung (passive Sonnenenergienutzung) etc. ist bei geringer Pufferung (Speicherung von Wärme) wesentlich weniger nutzbar als bei entsprechender Baukonstruktion und architektonischer Gestaltung.

Für die Gebäudelüftung wird neben mechanischer Lüftung mit Wärmerückgewinnung eine Architektur gefordert, die keine künstliche Raumkonditionierung benötigt. Die Bundesregierung verspricht, diese Leitlinien durch Schaffung entsprechender Gesetze zu forcieren, und forderte die Länder auf, entsprechende Wohnbauförderungs- und Wohnhaussanierungsgesetze zu erlassen. Dies ist bereits in einigen Ländern geschehen. Im Energiekonzept 1993 der Österreichischen Bundesregierung ist im Maßnahmenkatalog die Ausarbeitung einheitlicher österreichischer Bau- und Wohnbauförderungsvorschriften (Bund/Ländervereinbarung) und deren Inkrafttreten ab 1995 vorgesehen (Maßnahme 8–10) [3.74].

Die meisten Bundesländer haben entsprechende Vorschriften und Förderungen für energiesparende Wohnhäuser, die auf der Ermittlung einer Energiekennzahl aufbauen, bereits erlassen. Niederösterreich z. B. führt eine entsprechende Förderung ab 01.01.1998 ein. Sämtliche Energieförderungen sind in Abschnitt 10 beschrieben. Aufgrund des österreichischen Föderalismus – Bauvorschriften und Förderungen sind Länderkompetenz – ist es politisch forciert zu einem wahren Wildwuchs von Berechnungsmethoden gekommen. In den nächsten Jahren wird es jedoch notwendig sein, ein einheitliches, allumfassendes Berechnungsmodell wie das in Deutschland auch in Österreich einzuführen. Grundlage dieses Verfahrens sollen europaweit gültige Normen wie die EN 832 sein. Ein erster Schritt wurde in Österreich mit der ÖNORM B 8110, Teil 1 „Wärmeschutz im Hochbau – Anforderungen an den Wärmeschutz und Nachweisverfahren" Vornorm 1997, gesetzt.

Der normgerechte, rechnerische Energieverbrauch sollte in Form des Energieausweises oder Energiepasses zum offiziellen Bestandteil der Produktdeklaration einer Immobilie mit ähnlich langfristiger Gültigkeit wie etwa ein Grundbuchsauszug werden [3.76]. Dieser Energieausweis würde den Marktwert des Gebäudes bestimmen und wäre eine wichtige Grundlage für Kauf- und Mietentscheidungen. Dadurch wäre ein Anreiz für Hauseigentümer gegeben, in energiesparende Neubauten und Gebäudesanierungen zu investieren, um höhere Verkaufs- oder Mietpreise zu erzielen.

Durch die Erfahrung der letzten Jahre bei der passiven Nutzung der Sonnenenergie und durch die letzten Entwicklungen auf diesem Gebiet ist es heute möglich, ohne wesentliche Mehrkosten Häuser zu bauen, die weniger als ein Drittel der Energie konventioneller Neubauten verbrauchen. Durch bauliche Mehrkosten von ca. 10% ist es möglich, „Passivhäuser" zu planen, die weniger als ein Zehntel der Energie konventioneller Neubauten verbrauchen [3.77]. In Abschnitt 7 werden neue Materialien, Komponenten und Konstruktionen der passiven Solartechnik genauer beschrieben. Die von der READ-Gruppe (Renewable Energies in Architecture and Design: Norman Foster, Thomas Herzog, Renzo Piano, Richard Rogers) formulierte „Europäische Charta für Solarenergie in Architektur und Stadtplanung" wurde 1996 von vielen führenden europäischen Architekten unterzeichnet. Entsprechend dieser Charta ist die Architektenschaft als unabhängige und verantwortliche Profession gegenüber Mitmenschen und künftigen Generationen verpflichtet, durch ein rasches und grundlegendes Umdenken die Entwicklung von ressourcenschonender Sonnen- und Umweltenergie nutzender Planung voranzutreiben [1.17].

Diese neuen Planungen sollen nicht nur technisch funktionieren und beim Einsatz der erforderlichen Baustoffe und -komponenten die Zielsetzungen einer ökologischen Kreislaufwirtschaft berücksichtigen, sondern auch ästhetisch erlebbar sein: „Neue Gestaltungskonzepte sind zu entwickeln, welche die Sonne als Licht und Wärmequelle bewußt machen, weil allgemein öffentliche Akzeptanz nur mit bildhaften Vorstellungen vom solaren Bauen zu erreichen ist."

Diese Bemühungen der letzten Zeit bestärken die Hoffnung, daß ressourcenschonendes solares Bauen zur allgemein anerkannten Bauweise der Zukunft werden wird.

4. Energiekonzepte in der Regional- und Stadtplanung

Die entscheidenden Voraussetzungen für die Solararchitektur und den sparsamen Einsatz von Energie müssen bereits auf der Ebene der Regional- und Stadtplanung geschaffen werden. Leider sind die Kriterien für diese komplexen Entscheidungen heute oft noch zu wenig bekannt. Einerseits unter den Fachleuten, die die richtigen Grundlagen hiefür aufbereiten sollen, und andererseits unter den Politikern, die sich der Tragweite ihrer Entscheidungen oft nicht bewußt sind. Es haben sich die Schwerpunkte der Forschungen und die Konzepte des Energiesparens und der Umweltenergienutzung seit der Energiekrise (oder nach Roland Rainer „Energieverschwendungskrise") deutlich vom Einfachen, Kurzfristigen ins Komplexe, Langfristige verändert. Von Sonnenkollektoren und Wärmepumpen als fertige Komponenten, von dichten Fenstern und hoher Wärmedämmung über die passive Nutzung der Sonnenenergie in freistehenden Häusern und später dann in Siedlungen und Stadthäusern bis hin zum Modell umweltverträglicher Niedrigenergie-Siedlungen und Stadtviertel wurden Konzepte entwickelt.

In den letzten Jahren hat sich jedoch herausgestellt, daß die Effektivität aufwendiger, energiesparender Hochbau- und Haustechnikkonzeptionen entscheidend von der Vorbereitung durch städtebauliche und versorgungstechnische Rahmenbedingungen abhängt; denn über die Chancen vieler Energieeinsparungsmöglichkeiten wird bereits – oft unbewußt – bei der städtebaulichen Planung entschieden, z.B. bei der Auswahl von Bauland, bei der Parzellierung der Grundstücke, bei der vorgesehenen Bauweise, bei der Stellung der Gebäude zur Himmelsrichtung und anderem mehr.

Die Komplexität der Thematik, angefangen von den klimatischen Voraussetzungen über die Verkehrserschließung und das Energieversorgungsnetz bis hin zur städtebaulichen Gestaltung und die Schwierigkeit des politischen Entscheidungsprozesses mit einer Vielzahl an Beteiligten von den Politikern, Planungsämtern, Bauträgergesellschaften, Energieversorgungsunternehmen bis hin zu den betroffenen Bürgern als Mieter und Hauseigentümer machen es verständlich, warum auf diesem Gebiet bisher so wenig unternommen wurde und noch so viel zu tun ist.

Sicher muß der Problemkreis der Solararchitektur in Regional- und Stadtplanung in naher Zukunft viel genauer untersucht werden und zum Schwerpunkt wissenschaftlicher Arbeiten werden, wenn wir im Hinblick auf die bedrohliche Umweltproblematik rasch effektive und wirtschaftliche Lösungen erarbeiten und durchsetzen wollen.

Die Energie, ihre Gewinnung, ihre Verteilung und ihr Verbrauch ziehen sich wie ein roter Faden durch Raum- und Regionalplanung. Die Ursache, warum sich heute die Raumplanung noch wenig an Energiefragen orientiert, liegt einerseits in der Komplexität der Zusammenhänge und am beschränkten Wissen über Energie und andererseits darin, daß die Energiefrage mit vielen anderen Kriterien konkurrieren muß. Aufgrund der weltweit angespannten ökologischen Situation und der damit zunehmenden Sensibilisierung der Bevölkerung auf Umweltfragen hat die Energie in mehreren Bereichen der Raumplanung zunehmend an Bedeutung gewonnen. So sind Maßnahmen der Raum- und Regionalplanung wesentlich am Entstehen des Personen- und Güterverkehrs beteiligt, der in Österreich ca. 29% des nationalen Energieverbrauchs (1994) ausmacht. Durch Verdichtung von Siedlungen entlang von Schnellbahnlinien und durch eine durchdachte Verkehrsplanung mit Schaffung neuer Massenverkehrsmittel können wesentliche Energieeinsparungen und somit Umweltentlastungen erreicht werden. Weiters können der Güterverkehr und der Energieverbrauch der Industrie, der in Österreich auch ca. 26% des nationalen Energieverbrauchs (1994) ausmacht, durch günstige Situierung und den Ausbau von Industriegebieten reduziert werden. Nachteilig sind jedoch die Auswirkungen der traditionellen zentralisierten Energiewirtschaft auf Raum- und Regionalplanung.

4.1. Die Auswirkungen der herkömmlichen zentralisierten Energiewirtschaft auf Raum- und Regionalplanung

Im Bereich der Energiegewinnung, besonders in der großtechnischen Erzeugung von elektrischem Strom, sind die Auswirkungen auf die Raumplanung am stärksten sichtbar. Schon die „umweltfreundliche" Gewinnung von Elektrizität durch Wasserkraft wird immer mehr zum Umweltproblem, da für die erforderlichen Wasserkraftwerke riesige Naturräume verändert und zerstört werden müssen. Aufgrund der bereits weitgehend ausgebeuteten Wasserkraftreserven in Österreich müßten zur Gewinnung einer vergleichsweise geringen elektrischen Leistung die noch verbliebenen Naturräume, wie Aulandschaften und Alpentäler, zerstört werden, deren Wert deutlich über dem erzielbaren Nutzen für die Energiewirtschaft liegt. Dies ist, wie die Erfahrungen der letzten Jahre gezeigt haben, politisch nicht durchsetzbar – die Elektrizitätswirtschaft ist an eine Grenze gestoßen.

Die Zukunft liegt im Energiesparen und hier vor allem im Bereich des Bauens, wie dies von Fachleuten oft gefordert wird:

„Der Glaspalast der Pensionsversicherungsanstalt verbraucht etwa dreimal soviel Strom wie durch Verrohrung dreier Flüsse im Waldviertel gewonnen werden soll!" (R. Rainer [4.1]).
„Jeder Versuch, Raumwärme direkt aus Sonne zu gewinnen, bildet hier einen Beitrag zum Landschaftsschutz!" (H. Steiger [4.2]).

Die Erzeugung von Elektrizität in kalorischen Großkraftwerken ohne Kraft-Wärme-Kopplung ist mit all ihren Auswirkungen noch umweltbelastender als die Gewinnung aus der Wasserkraft. Abgesehen vom Verbrauch beschränkter Rohstoffe wirken sich der schlechte Wirkungsgrad der Herstellung (30%–40%) und die damit verbundenen Verluste und Emissionen (CO_2 usw.) nachteilig auf die unmittelbare und weitere Umgebung aus. Abwärme aus Großkraftwerken kann zumeist aufgrund der isolierten Lage des Kraftwerkes nicht als Fernwärme genutzt werden und trägt zur Überwärmung des Lokalklimas bei, während der CO_2-Ausstoß der Kraftwerke zur globalen Überwärmung durch den Treibhauseffekt führt. Trotz modernster Filtertechnik kommt es zu Schadstoffemissionen, die Waldsterben und Ozonbildung begünstigen. Auch im Bereich des weiteren Ausbaus der Stromerzeugung durch kalorische Großkraftwerke scheinen die sinnvollen Grenzen erreicht bzw. überschritten zu sein. Daß das Problem der großtechnischen Erzeugung elektrischer Energie auch durch Kernkraftwerke nicht gelöst werden kann, zeigen die Erfahrungen der letzten Jahre. So stellt die Endlagerung und Aufbereitung der Kernbrennstoffe ein Problem dar, dessen Auswirkungen über die nationale Raumplanung hinausgehen. Noch mehr können sich die Beeinträchtigungen durch Störfälle und Unfälle in Kernkraftwerken international ausweiten, wie Tschernobyl drastisch gezeigt hat.

Die wichtigste Voraussetzung für eine nationale oder globale Verbesserung der Energie- und Emissionsbilanz ist das Energiesparen, denn für jede beim Verbraucher eingesparte Kilowattstunde kann auf der Seite der energiebereitstellenden Systeme etwa die dreifache Menge an Energieverbrauch und Emissionen vermieden werden.

Vor allem bei der elektrischen Beleuchtung aus kalorisch erzeugtem Strom mit Umwandlungsverlusten bis zu 97,5%, bezogen auf die Leuchtenergie, zeigen effektive Sparmaßnahmen eine große Wirkung. Tagesbelichtung und die allgemeine Verbreitung von Energiesparlampen sind daher wichtige Maßnahmen in nationalen Energiekonzepten (z.B. Maßnahme 38 des Österreichischen Energiekonzepts 1993). Eine einzige Energiesparlampe erspart im Laufe ihrer Nutzung im Vergleich zu herkömmlichen Glühbirnen ca. 300 kg Kohle.

Auch der Bereich des Energietransportes wirkt sich deutlich auf die Raumplanung aus. So werden große Landflächen für den Transport von Elektrizität benötigt. Die Möglichkeit der dezentralen Solarstromerzeugung würde einen weiteren Ausbau des Versorgungsnetzes in entlegenen Gebieten vermeiden. Die hohen Kosten für den Verteilungsaufwand (50% der Verbraucherkosten [4.3]) können durch dezentrale Energieerzeugung aus Umweltenergie vor allem in ländlichen Gebieten ebenso reduziert werden. Die Fernwärmeversorgung ist vor allem bei größeren Entfernungen und geringer Versorgungsdichte sehr unwirtschaftlich. Eine Weiterführung der Entwicklung in Richtung einer zentralisierten Energiewirtschaft scheint nicht sinnvoll. Die Zukunft liegt in einer dezentralisierten „Energiesparwirtschaft", wobei im Bauen mit der Sonne das größte Energiesparpotential vorhanden ist.

4.2. Die Möglichkeiten einer neuen dezentralisierten Energiewirtschaft in Regional- und Stadtplanung

Grundlage einer neuen dezentralen Energiewirtschaft ist die Priorität aller Energiesparmaßnahmen und die weitgehende Nutzung der Umweltenergie. Durch eine konsequente „Energiesparwirtschaft" kann der Primärenergieeinsatz weitgehend gesenkt werden. Der noch erforderliche Primärenergieanteil kann dann in dezentralen, kleineren Einheiten, möglichst in der Nähe des Verbrauchers, erzeugt werden. Durch weitgehend vollständige Nutzung des Energieinhalts mittels Abwärmenutzung soll eine verlustfreie Energieerzeugung angestrebt werden. Die Vorteile dezentraler Systeme sind hohe Versorgungssicherheit und geringe Störanfälligkeit.

4.2.1. Reduktion des Energieverbrauches durch Energiesparmaßnahmen und Niedrigenergiehäuser

Die Wirtschaftsentwicklung der letzten Jahre hat, entgegen vielen Prognosen, ein Wirtschaftswachstum bei sinkendem Energieverbrauch gezeigt. Sinnvolle Energiesparmaßnahmen haben nicht zur Stagnation beigetragen, sondern sich als durchaus konjunkturbelebend herausgestellt. Je früher es den einzelnen Staaten gelingt, ihre Wirtschaft auf eine Energiesparwirtschaft mit Nutzung erneuerbarer Energiequellen umzustellen, desto größer sind ihre Zukunftschancen in einer globalen Entwicklung. Die Sanierung der Energiewirtschaft und die Reduzierung des Industrieenergieverbrauches des ehemaligen Ostblocks werden als riesiges Einsparungspotential eingeschätzt.

Neue Haushaltsgeräte verbrauchen etwa nur ein Drittel so viel an elektrischer Energie wie herkömmliche Geräte, eine Verbesserung auf 15% ist denkbar. Trotz einer größeren Anzahl von Elektrogeräten hat der Elektrizitätsverbrauch privater Haushalte seit 1980 kaum zugenommen. Durch eine gezielte Förderung von Energiesparlampen und sparsamer Elektrogeräte und durch die Ausnutzung der Sonnenenergie für Brauchwassererwärmung kann der Strombedarf im Privathaushalt wesentlich gesenkt werden.

Das größte Einsparungspotential steckt jedoch in der Raumheizung, deren Energiebedarf mehr als 40% des nationalen Gesamt-Energieverbrauches beträgt. Durch Sanierung bestehender Bauten und durch die konsequente Verwirklichung der Solararchitektur von der Stadtplanung bis zur Objektplanung in Niedrigenergiehäusern ist langfristig eine Reduzierung des Energieverbrauches durch Raumheizung auf 10%–20% des derzeitigen Bedarfs erzielbar.

4.2.2. Kraft-Wärme-Kopplungen und Fernwärmenetze

Der bleibende, reduzierte Elektrizitätsbedarf sollte – wenn er nicht aus erneuerbarer Energie gedeckt werden kann – in kleineren, dezentralen Kraftwerken innerhalb städtischer Ballungsräume erzeugt werden, deren Abwärme als Fernwärme genutzt wird. Diese Kraft-Wärme-Kopplungsanlagen ermöglichen eine bessere Nutzung der Primärenergie mit einem Energienutzungsgrad bis zu 90%. Heizkraftwerke mit einer entsprechend ausgereiften Schadstoff-Filterung könnten nach und nach ältere kalorische Kraftwerke ersetzen. An das städtische Fernwärmenetz müßten dann auch alle Betriebe angeschlossen werden, die Abwärme im größeren Umfang erzeugen, wie Industrie und Müllverbrennungsanlagen. Heizkraftwerke sind jedoch nur in dem Maß sinnvoll, wie Fernwärme lokal benötigt wird. Unter der Voraussetzung der Realisierung intensiver Energiesparmaßnahmen ist das Areal, das elektrisch versorgt werden kann, wesentlich größer als das Areal, das thermisch versorgt werden kann. Eine planerische Abstimmung der Lage von Heizkraftwerken zur thermischen und elektrischen Versorgung in stärker verdichteten Stadtgebieten mit angrenzenden, weniger dichten Randgebieten ist notwendig. In den Randgebieten bestehen bessere Möglichkeiten zur Gewinnung von Sonnenwärme. Daher ist es erforderlich, diese Gebiete nur mit elektrischem Strom aus Heizkraftwerken zu versorgen und Wärme für Raumheizung und Brauchwasser aus Sonnenenergie zu gewinnen. In den Stadtgebieten kann Sonnenwärme aufgrund gegenseitiger Beschattung der Gebäude nur in geringerem Ausmaß gewonnen werden, andererseits ist der Anschluß an das Fernwärmenetz des Heizkraftwerkes wirtschaftlicher. Dieser Zielkonflikt zwischen der energetisch sinnvollen, zentral erzeugten Fernwärme und der dezentral, in Gasthermen erzeugten Wärme ist nur im komplexen Rahmen von Siedlungen lösbar.

4.2.3. Regionale und städtische Energiesparkonzepte

Die Vorteile einer dezentralen Energiewirtschaft können am besten an langfristigen regionalen und städtischen Energiekonzepten dargestellt werden. Eine konsequente regionalisierte Energieplanung auf nationaler Ebene kann auch heute schon Früchte tragen, wie das Beispiel Dänemarks zeigt [4.4]. Dänemark weist einen um 30% geringeren Pro-Kopf-Ausstoß von CO_2 auf als Deutschland. Dies ist die Folge einer konsequenten Energiepolitik der letzten 15 Jahre mit verbesserter Wärmedämmung, einem weitgehend flächendeckenden Fernwärmenetz, verbesserten Nutzungsgraden der Heizungsanlagen und Heizkraftwerken bis zur Erzeugung von Elektrizität mit Windgeneratoren.

Zur Zeit werden in Österreich nur wenige konsequente regionale oder bundesweite Maßnahmen zur Verminderung von Energieverbrauch und CO_2-Ausstoß durchgeführt. Seit 1990 werden in Vorarlberg, dem kleinsten österreichischen Bundesland, nach § 10 der Neubauförderungsrichtlinien 1990 Energiesparhäuser gefördert.

Seit 1997 werden sowohl Neubauten als auch Althaussanierungen gefördert. Für den Erhalt der Förderung darf der errechnete Heizwärmebedarf des Gebäudes pro m^2 und Jahr nicht mehr als 55 kWh betragen. Je nach berechnetem Heizwärmebedarf erhalten Besitzer von Einfamilienhäusern ATS 600,– bis 975,–/m^2 Wohnnutzfläche als zusätzliches Darlehen der Wohnbauförderung. Mehrfamilienhäuser werden mit ATS 400,– bis 775,–/m^2 gefördert. Für eine begrenzte Anzahl von besonders innovativen Bauten gibt es eine Zusatzförderung von ATS 300,–/m^2.

Seit 1989 wurden im Rahmen der Energiesparhaus-Förderung ca. 3500 Projekte, das entspricht etwa 780.000 m^2 Wohnnutzfläche, mit rund ATS 390 Mio. gefördert. Die Energieeinsparung durch die zwischen 1989 und 1997 geförderten Häuser (gegenüber einer Ausführung nach Vorarlberger Bautechnikverordnung) liegt bei ca. 5 Mio. Liter Heizöl pro Jahr, das entspricht ca. 1,5 Mio. kg CO_2.

Das statistisch errechnete Einsparpotential (ohne Energiepreissteigerung etc.), auf die durchschnittliche Lebensdauer (von Bauteilen) von 30 Jahren gerechnet, beträgt für alle bisher geförderten Bauten ca. 900 Mio. ATS und übersteigt die investierte Summe wesentlich (der Heizölpreis wurde mit ca. ATS 0,60/kWh angenommen).

Bei einer entsprechenden österreichweiten Förderung nach Vorarlberger Vorbild wären volkswirtschaftlich interessante Energiemengen einzusparen und eine spürbare Verringerung des CO_2-Ausstoßes und der Umweltbelastung erreichbar. In letzter Zeit werden auch in anderen österreichischen Bundesländern verstärkt ähnliche Bemühungen unternommen.

Städtische Energiekonzepte können eine große Wirksamkeit zeigen. So wurde für die Stadt Tübingen vor 15 Jahren ein langfristiges Energiekonzept erstellt [4.5]. Die Möglichkeiten, Energie einzusparen, werden an dem Energieflußprogramm von Tübingen für das Jahr 2030 gezeigt:

Ein Zeitraum von 50 Jahren wurde gewählt, weil in seinem Verlauf abnutzungsbedingt die technischen Geräte durch bessere ersetzt werden und an den Gebäuden, zusammen mit der fälligen Außenrenovierung, inzwischen Wärmeschutzmaßnahmen durchgeführt werden. Ausgegangen wird von einer Verringerung der Bevölkerung um 25%, was dem statistischen Mittel des allgemein angenommenen Bevölkerungsrückgangs entspricht. Für die Energiedienstleistungen pro Person wird eine Steigerung um 30% angenommen. Trotzdem kann durch die Verringerung der bisher auftretenden Energieverluste der Verbrauch an Primärenergie auf 35% des heutigen Wertes zurückgehen! Die regenerativen Energiequellen Sonne, Biomasse, Wind- und Wasserkraft stellen davon 40%. Insgesamt wird der Nutzungsgrad des Energieinhalts der Rohstoffe von 7% im Jahr 1987 dann im Jahre 2030 auf 26% angestiegen sein (Verhältnis Primärenergie zu technischer Dienstleistungsenergie). Der Energiebedarf für Raumheizung verringert sich um etwa 70%, wobei als Annahmen gelten:

- Zunahme der durchschnittlichen Wohnfläche pro Kopf um 20%
- Vergößerung der durchschnittlichen Arbeitsfläche pro Kopf um 20%
- 2030 werden 27% der Häuser nach der Wärmeschutzverordnung '77
  50% mit kostenoptimalem Wärmeschutz
  23% als Nullenergiehäuser gedämmt sein
- 2030 werden 28% der Häuser durch Fernwärme aus einem Heizkraftwerk beheizt, davon

  16% mit Blockheizkraftwerken
  12% mit Kohle und Holz
  27% mit Gaswärmepumpe bzw. Gaswärmepumpe und Sonnenkollektor
  5% mit elektrischer Wärmepumpe und Sonnenkollektor.

Das Zusammenwirken der einzelnen Maßnahmen ist auch schon auf Siedlungsebene wirkungsvoll, wie im folgenden Abschnitt gezeigt wird.

4.2.4. Die Energiebilanz von Siedlungen

Der Energiebedarf von Siedlungen wird üblicherweise ausgehend vom Primärenergieeinsatz betrachtet, wobei die Verluste bei der Energieerzeugung und -verteilung sowie die dabei freigesetzten Emissionen mitberücksichtigt werden. Der Energieverbrauch von Siedlungen in unserem Klima besteht wesentlich aus dem Wärmeverbrauch im Winterhalbjahr, dem Verbrauch der benutzten Verkehrssysteme und dem anteiligen Verbrauch der Energieversorgungsinfrastruktur. Der Wärmeverbrauch von Siedlungen, der ca. 40% des nationalen Energieverbrauchs ausmacht, ist neben den Faktoren Standort und Außenklima, Siedlungstyp und Gebäudetyp, technischer Wärmeschutz, passive und aktive Energiegewinnung vor allem abhängig vom Bewohnerverhalten. Der Einfluß der Bewohner auf den Heizwärmeverbrauch und den Wärmegewinn durch passive Solarsysteme ist erfahrungsgemäß sehr groß. In der Studie „Bewohnereinfluß auf passive Solarsysteme" wurde der Zusammenhang zwischen Heizenergieverbrauch, passivem Solarwärmegewinn und dem Bewohnerverhalten an der Wohnhausanlage Wintergasse 53 in Purkersdorf mit einer umfangreichen mehrjährigen Langzeitmessung untersucht [4.6]. Die Studie befaßte sich auch wesentlich mit Nutzung und Energiegewinnung von Glashäusern. Vor allem passive Solarsysteme sind in hohem Ausmaß von einer effizienten Handhabung und Steuerung (Beschattung, Belüftung, etc.) durch die Bewohner abhängig. In dem gleichen Maße, wie Bewohner die Effizenz des passiven Solarsystems beeinflussen können, beeinflußt auch das Glashaus die Wohn- und Lebensweise der Bewohner. Das Leben mit der Natur, mit dem Tagesablauf und den Jahreszeiten ist wohl der stärkste Eindruck, der den Alltag im bewohnbaren Sonnenkollektor prägt.

Hohe Zufriedenheit der Bewohner, die Verringerung des Energieverbrauches – auch in Zusammenhang mit einem geänderten Heizverhalten, die Erhöhung der Wohnqualität und schlicht und einfach die volkswirtschaftlich sinnvolle und umweltfreundliche Verwendung einer erneuerbaren Energiequelle ist das Ergebnis eines nach den Grundsätzen des solaren Bauens richtig konzipierten Gebäudes.

Tabelle 4.1. Durchschnittlicher Energieverbrauch verschiedener Gebäudetypen im Gebäudebestand der Schweiz 1979

	E_{tot} (MJ/m²a)	=	KWh/m²a
Schulen	840		233
Verwaltungsbauten	970		269
Mehrfamilienhäuser	980		272
Einfamilienhäuser	950		263

Daß der tatsächlich gemessene Energieverbrauch nicht unmittelbar mit der Größe von Gebäuden und dem Oberflächen-Volumsverhältnis zusammenhängt, zeigt das erstaunliche Ergebnis einer Großuntersuchung, die der Schweizer Bruno Wick an 2000 Einfamilienhäusern und einigen Vergleichsobjekten, wie Schulen, Verwaltungsbauten und Wohnblöcken, 1979 durchgeführt hat [4.7]. Er ermittelte eine Vergleichsgröße für den Heizenergieverbrauch, die er „Energiekennzahl = E" nannte, die bei steigender Größe einen wachsenden spezifischen Energieverbrauch signalisiert.

$$E = \frac{\text{totaler Jahresenergieverbrauch}}{\text{beheizte Bruttogeschoßfläche}}$$

Der Vergleich der durchschnittlichen Energiekennzahlen verschiedener Gebäudetypen erbrachte überraschende Ergebnisse (Tabelle 4.1).

Gerade bei Einfamilienhäusern hätte der spezifische Energieverbrauch theoretisch wesentlich höher sein müssen. Als Gründe für dieses überraschende Ergebnis werden angeführt:

– der Beitrag der solaren Wärme und der solaren Einstrahlung bei Einfamilienhäusern,
– der schlechte Wirkungsgrad von Sammelheizungen durch Wärmeverluste am Kessel und im Wärmeleitungssystem bei den anderen Häusern,
– der hohe Anteil von mechanischen Entlüftungen am Jahresverbrauch bei großvolumigen Bauten,
– Wärmeverluste durch Fugenundichtheiten bei Fenstern in hohen Bauten mit großer Windlast

und als wesentlicher Grund

– das sparsamere Heizverhalten der Bewohner von Einfamilienhäusern, die – im Gegensatz zu Bewohnern in größeren Wohngebäuden – die Heizkosten unmittelbar nachvollziehen können.

Der günstigste Energieverbrauch wurde daher auch in Reihenhäusern mit dezentraler Wärmeversorgungsanlage gemessen. Diesem überraschenden Ergebnis, das am vorhandenen Gebäudebestand ermittelt wurde, steht die Tatsache gegenüber, daß aufgrund des Oberflächenvolumsverhältnisses bei großvolumigen, nach den

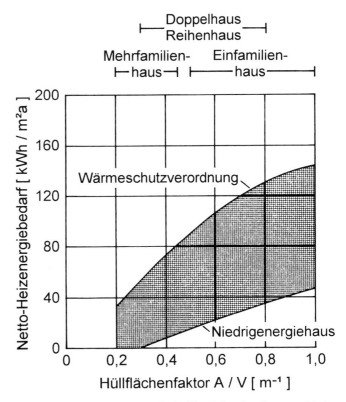

Abb. 4.1: Netto-Heizenergiebedarf für Gebäude mit unterschiedlichem Wärmeschutzniveau in Abhängigkeit vom Hüllflächenfaktor A/V bei durchschnittlichem Nutzerverhalten und mittlerem deutschem Klima. Die Schraffur gibt den baupraktischen Bereich heutiger Neubauten wieder

Kriterien der Energieeinsparung konzipierten Neubauten im Vergleich zum Einfamilienhaus ein Vielfaches an Energie gespart werden könnte. So beträgt das Oberflächenvolumsverhältnis (A/V), das als ein Faktor die Transmissionswärmeverluste beeinflußt, bei Einfamilienhäusern 0,62 bis 0,8, bei Reihenmittelhäusern 0,40 bis 0,45, bei Mehrfamilienhäusern 0,25 bis 0,35, und bei Verwaltungsbauten und anderen großvolumigen Bauten 0,15 bis 0,30.

In Abb. 4.1 ist das Spektrum der möglichen Heizenergieeinsparung für die untersuchten Gebäudetypen in Abhängigkeit von deren Hüllflächenfaktor aufgetragen, wobei die obere Kurve den Nettowärmeverbrauch vom Gebäude, gebaut nach der derzeit gültigen deutschen Wärmeschutzverordnung, und die untere Kurve entsprechende Werte nach dem Niedrigenergiehausstandard darstellt [4.8]. Aus dem Bild ist ersichtlich, daß sich das maximale Einsparpotential mit den heute verfügbaren Bau- und Anlagentechniken zwischen 40 bis 60 kWh/m²a bei Mehrfamilienhäusern und 80 bis 100 kWh/m²a bei Einfamilienhäusern bewegt. Niedrigenergiehäuser (untere Kurve), wie sie künftig nötig werden, erbringen wesentlich niedrigeren

Heizenergieverbrauch. Die ermittelten Heizenergiebedarfszahlen gelten für durchschnittliches Nutzerverhalten. Verändertes Nutzerverhalten bewirkt auch einen veränderten Heizenergiebedarf.

Das Zusammenwirken der einzelnen, in den folgenden Abschnitten beschriebenen Maßnahmen des Energiesparens und der Alternativenergienutzung ist erst auf Siedlungsebene wirkungsvoll. Dies kann an Modellen für umweltverträgliche Niedrigenergiesiedlungen (mit 100 Wohneinheiten) gezeigt werden. Der Wärmebedarf für die Raumheizung kann durch optimale Dämmung, günstige Bauform und passive Solarnutzung auf 25 W/m^2 Wohnfläche reduziert werden. Der Energiebedarf für Warmwasser von 95 W/Person könnte durch neue Geräte und 25% Rückgewinnung der Wärme aus dem Abwasser auf 60 W/Person vermindert werden. Die Nutzung neuer Elektrogeräte ermöglicht die Senkung des Stromverbrauches eines 3-Personen-Haushalts auf 1000 kWh/a, das ist ein Viertel des heute üblichen Verbrauches. Somit könnte der gesamte Energiebedarf der Siedlung auf ca. 25% des heute üblichen Bedarfs reduziert werden.

Durch Einsatz eines Blockheizkraftwerkes läßt sich der Energieverbrauch auf ca. 21% weiter reduzieren. Eine 3. Reduktionsstufe (12% des ursprünglichen Wärmeverbrauchs) würde durch Einsatz von lokal verfügbarer Sonnen- und Windenergie erreicht. 60%–70% des Warmwasserbedarfs sollen durch hocheffiziente Sonnenkollektoren gedeckt werden. Elektrischer Strom könnte aus Solarzellen und Windgeneratoren gewonnen werden. Die Emissionsraten dieser 3. Reduktionsstufe liegen für CO_2 bei 11% und bei Kohlenmonoxyd, Kohlenwasserstoffen, Schwefeldioxyden und Stickoxyden deutlich unter 10% der heute üblichen Werte.

Der Energieverbrauch von Verkehrs- und Transportdienstleistungen, vor allem der Verbrauch der Privatautos, darf bei einer umfassenden Behandlung des Energieverbrauchs von Siedlungen nicht vergessen werden. Bei einem Bestand von 1,1 Kfz/Haushalt werden im Schnitt 13.000 km pro Jahr gefahren, wobei der Nutzungsgrad der Primärenergie beim Verbrennungsmotor unter 10% liegt. 95% aller Fahrten werden im Nahbereich der Wohnung durchgeführt [4.3]. Der jährliche Mobilitätsenergieverbrauch eines Pendlerehepaares mit zwei Pkw ist ca. 3 mal so hoch wie der jährliche Heizenergieverbrauch eines Niedrigenergiehauses. Um das Nahverkehrsaufkommen möglichst gering zu halten, ist das erste Ziel eine Siedlungsplanung, bei der durch eine ausreichende städtebauliche Dichte und Mischung von Wohn-, Arbeits-, Bildungs-, Versorgungs- und Freizeitfunktionen für so kurze Wege gesorgt wird, daß diese zu Fuß oder mit dem Fahrrad erschlossen werden können. Weiters sollte ein entsprechend attraktives Netz von öffentlichen Verkehrsmitteln zur Verfügung stehen. Ebenso ist die Entwicklung energiesparender Pkws anzustreben. Die Bedeutung des Elektrizitätsverbrauchs von Siedlungen ist aufgrund des geringeren Nutzungsgrades der Primärenergie bei Erzeugung und Transport (30%–40%) größer als allgemein angenommen. Der Strom wird vorwiegend für Haushaltsgeräte und Licht verbraucht. Obwohl die Zahl der elektrischen Geräte im Steigen ist, konnte durch ständige Verbesserung der Wirkungsgrade der Haushaltsgeräte der Stromverbrauch in den letzten Jahren fast konstant gehalten werden. Für das Waschen von 5 kg Kochwäsche brauchte man 1960 5 kWh, heute benötigt man nur 1,8 kWh und bei Maschinen mit Warmwassereinspülung nur noch 0,6 kWh. Da der Erneuerungszyklus für Haushaltsgeräte 10 bis 20 Jahre beträgt, werden diese Einsparungen nur langsam zum Tragen kommen. Es ist aber eine potentielle Reduktion von 68% auf 32% des derzeitigen Verbrauchs heute möglich und bei einem Energiesparhaushalt auf 85% in Zukunft denkbar.

5. Solararchitektur in Stadt- und Siedlungsplanung

Bei entsprechenden Voraussetzungen aus Raum- und Regionalplanung können richtige Entscheidungen auf der Ebene der Stadt- und Siedlungsplanung allein durch intelligente Planung nach solararchitektonischen Gesichtspunkten und ohne größeren Investitionsaufwand ökologische und energiesparende Lösungen ermöglichen, deren Effektivität die Wirkung späterer Anstrengungen auf bau- und heizungstechnischem Gebiet übertrifft. Wie bei der passiven Nutzung der Sonnenenergie in der Gebäudeplanung gestalterische Kriterien und Kriterien der Wohnqualität vor den reinen energietechnischen Kriterien Priorität genießen, so sind in der Stadt- und Siedlungsplanung nach solararchitektonischen Gesichtspunkten Kriterien der Stadtgestaltung und der Nutzungsqualität der Freiräume den reinen energietechnischen Kriterien übergeordnet. Wie sich an vielen gebauten Beispielen eindrucksvoll zeigen läßt, stehen diese Kriterien trotzdem nicht im Widerspruch, sondern lassen sich bei einer guten Planung vereinen und gegenseitig verstärken. Diese Symbiose von Stadtgestaltung, Nutzungsqualität und Orientierung zur Sonne war seit Jahrtausenden einer der Leitgrundsätze des Städtebaus.

5.1 Die Orientierung zur Sonne als wesentliches Entwurfskriterium im historischen Städtebau

Da die Bereitstellung von Energie vor der industriellen Revolution wesentlich schwieriger war als heute, mußte mit diesem wertvollen Gut viel sparsamer umgegangen werden. Seit Beginn der menschlichen Ansiedlungen stand die Nutzung von Klimagunst und Besonnung schon bei der Standortwahl und der Gestaltung der Siedlungen im Vordergrund. Diese Faktoren waren der Menschheit schon bekannt, als man noch in Höhlen wohnte. Die Vorteile von Höhlenarchitektur und eingegrabenen Häusern waren so groß, daß diese in bestimmten Regionen noch lange beibehalten wurde, wie Beispiele in Ürüp und Göröme (Türkei), Matmata (Tunesien), Loyang (China), Montezuma Castle (Arizona), Mesa Verde (Colorado) u.v.a.m. zeigen [3.62]. Ausgrabungen und überlieferte Texte von den ersten historisch dokumentierten Städten in der Antike beweisen, daß bei der Stadtplanung dem Sonnenstand große Bedeutung geschenkt wurde [5.1]. Antike griechische Städte, wie Olynthos (Makedonien) und Priene (Kleinasien), zeigen die konsequente Ausrichtung der Wohnhäuser nach Süden, daher auch die Ausrichtung der Hauptstraßen von Osten nach Westen. Die südlich vorgelagerten, ebenerdigen Gebäude beschatten die nördlichen 2-geschossigen Gebäude kaum und bilden windgeschützte Innenhöfe (Abb. 5.1).

In der römischen Stadtbaukunst werden die Erfahrungen der griechischen Städte übernommen und weiterentwickelt, wie z.B. an den gut erhaltenen Resten von Pompeji ablesbar ist. Die Hauptstraßen von Pompeji sind der Nord-Süd-Neigung des Geländes angepaßt und von Südwesten nach Nordosten orientiert. Durch die Säulenhallen im Inneren der Häuser ist trotzdem eine gute passive Solarnutzung möglich. Als Beispiel sei das „Haus der Vettier" genannt. Trotz der vorgegebenen Zwänge durch die Straßenführung erwärmt die tiefliegende Wintersonne durch die Säulenhalle nicht nur das Atrium, sondern auch eine Vielzahl von Wohnräumen. Nebenräume liegen als Pufferzonen im nördlichen Teil des Hauses. Die große Bedeutung, die die Besonnung in der Stadt- und Bauplanung der Antike hatte, zeigen auch die Texte aus der uns bekannten wissenschaftlichen Literatur dieser Zeit. Bei den Griechen sind es die Werke von Äschylos, Sokrates und Aristoteles, in der römischen Literatur gibt es von Vitruv, Plinius dem Jüngeren und Ulpian ausführliche Beschreibungen. Vitruvs Werk „De architectura" ist das wesentlichste aus dem Altertum erhaltene Werk über Architektur. Das Buch hatte einen wichtigen Einfluß auf das Denken der Architekten und Gelehrten während des späten Mittelalters und der Renaissance, sowie auf den großen italienischen Architekten Palladio und damit auch auf die Architektur des 18. Jahrhunderts [5.2]. Vitruv beschreibt an vielen Stellen seiner zehn Bücher die wesentlichsten Maßnahmen der passiven Nutzung der Solarenergie [3.7].

Die Besonnung eines Grundstückes und „das Recht auf Sonne" waren in der Antike ein wichtiges Kriterium für dessen Wert und Bebaubarkeit: „Wenn ein Objekt so angeordnet wird, daß es die Sonne von einem ‚heliocaminus' (= Sonnenraum) abhält, so muß geklärt werden, ob dieses Objekt eine Verschattung an einem Ort verursacht, wo der Sonnenschein absolute Notwendigkeit ist. Dies wäre ein Vergehen gegen das Recht auf Sonne, das dem ‚heliocaminus' zusteht." (Ulpian 2. Jh. nach Chr. in: DIGESTIA, aufgenommen in das

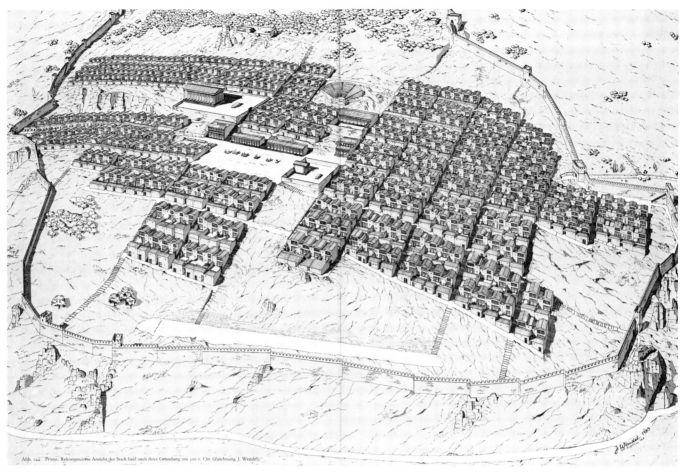

Abb. 5.1: Rekonstruierte Ansicht der Stadt Priene (rd. 300 v. Christus)

Justinianische Gesetzbuch im 6. Jahrhundert n. Chr.) Bei den römischen Stadtgründungen war die Hauptachse Ost-West-orientiert (decumanus mit parallelen Straßenzügen), während die Nebenachse normal darauf in Nord-Süd-Richtung verlief (Cardo). Dies ermöglichte, ähnlich wie bei den griechischen Städten, günstige Voraussetzungen für die passive Nutzung der Sonnenenergie.

Mittelalterliche Stadtgründungen, wie Gleiwitz, Krakau, Warschau u.a.m., zeigen ebenso eine Ausrichtung der Hauptstraßen in Ost-West-Richtung. Der Plan von Neukirch bei Schaffhausen zeigt uns eine Siedlung mit streng rechteckiger Grundform (Abb. 5.2). Die Stadt hat sich bis heute kaum über die mittelalterlichen Grenzen hinaus erweitert. Die Straßen sind exakt von Ost nach West und die Hauptfronten aller Häuser nach Süden ausgerichtet, sodaß eine passive Nutzung der Solarenergie gut möglich wird. Besonders auffallend bei Neukirch ist die geringe Blocktiefe, sodaß jedes Haus eine Südfront erhalten konnte [5.3], was die passive Sonnenenergienutzung begünstigt. Ähnlich günstige Voraussetzungen durch eine gleichartige Orientierung

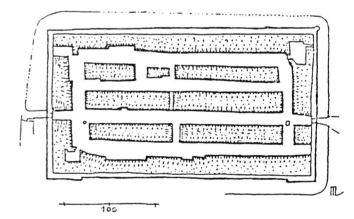

Abb. 5.2: Stadtplan von Neukirch bei Schaffhausen, 14. Jahrhundert

ergeben sich z.B. bei Breslau, Dresden, Rottweil, Neubrandenburg, Hamm oder Bern.

Diese Prinzipien sind auch bei den Idealstadtmodellen von Thomas Morus (1478–1535, Utopos), Tommaso Campanella (1568–1639, Sonnenstadt), Francis

Bacon (1561–1626, Nova Atlantis) oder Sir Ebenezer Howard (1850–1928, Gartenstadt) zu finden. Andere Idealstädte und Stadtgründungen des Mittelalters waren primär nach militärischen und festungstechnischen Grundsätzen ausgerichtet. Das Fehlen von Luft und Sonne in der Enge vieler festungsartiger mittelalterlicher Städte war mit Schuld an den katastrophalen hygienischen Zuständen und den häufig auftretenden Pest- und Choleraepidemien. Als im 18. Jahrhundert durch die Entwicklung der Artillerie die Befestigung der Städte überflüssig wurde, gewann die Besonnung der Städte wieder mehr an Bedeutung.

Durch die Bücher Vitruvs wurden die antiken Erkenntnisse der passiven Sonnenenergienutzung nicht vergessen. An manchen Dörfern aus der Barockzeit ist die Bedeutung der Orientierung zur Sonne ablesbar. So sind in diesen Dörfern, wo die Hauptstraße von Osten nach Westen verläuft, die Häuser der Adeligen und der wohlhabenden Bürger mit der Hauptfront nach Süden zur Straße orientiert. Aufgrund der Verkehrsentwicklung der heutigen Zeit sind jedoch die Häuser der anderen Straßenseite mit ihren Südhöfen attraktiver geworden.

Francesco Milizia (1725–1798) baut in seinen Forderungen zur Nutzung der Sonne auch auf Vitruv auf: „Es ist fast unmöglich, allgemeine Regeln in Anlehnung der Lage der Häuser vorzuschreiben. Oft sucht man das an einem Ort, was man an einem andern vermeidet. Außer dem Unterschied, der vom Klima herrührt, muß der Architekt auch die lokalen Verschiedenheiten kennen, um seinem Gebäude die beste Lage zu geben, wenn der seltene Fall vorhanden ist, daß er freie Wahl hat. Die Lagen gegen Morgen und Abend sind insgemein unbequem, weil die Sonne im Sommer den halben Tag auf den Fenstern liegt und man fast verbrennt. Gegen Mitternacht ist es zu kalt und oft feucht. Die beste Lage scheint gegen Mittag zu sein, weil die Sonne, wenn sie im Winter niedrig steht, die Zimmer erwärmt, und beim hohen Stande im Sommer daran vorbeistreicht, und nicht so viel Hitze verursacht. Überdies hat jedes Land eine gewisse Gegend, daraus die meisten Stürme und Regen kommen, von dieser muß man die entgegengesetzte Lage wählen. Überhaupt ist das die gesündeste Lage, wenn ein Gebäude weder zu hoch noch zu tief liegt. . . . Oben auf den Bergen ist man den Stürmen zu sehr ausgesetzt. . . . Man muß also den Rücken eines Hügels oder eine Ebene wählen. . . .“ F. Milizia in: Grundsätze der bürgerlichen Baukunst [5.4].

Als einen Höhepunkt in der Geschichte der Theorie der passiven Nutzung der Sonnenenergie kann die Sonnenbaulehre des Dr. Bernhardt Christoph Faust, eines Arztes aus Bückeburg, angesehen werden (1824). In seiner Arbeit, in der er sich auf Sokrates, Vitruv,

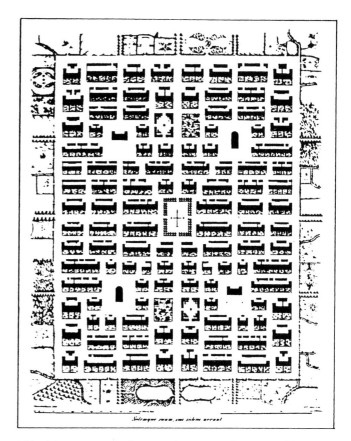

Abb. 5.3: Dr. Faust „Plan einer Sonnen- und Gartenstadt"

Milizia und De Zoch bezieht, werden erstmals die wesentlichen Grundzüge der passiven Nutzung der Solarenergie dargelegt, wobei dem Städtebau große Beachtung zukommt [5.5]. Bereits 1807 hat Dr. Faust den „Plan einer Sonnen- und Gartenstadt" gezeichnet (Abb. 5.3).

„Zur Sonne, rechtwinkelig nach Mittag, wie Plan und Ansicht es darstellen, sind alle Häuser mit ihrer vorderen Hauptseite gerichtet. Alle Häuser haben auf ihrer vorderen, mittäglichen und auf ihrer hinteren, mitternächtlichen Seite, mit denen sie frei stehen, von Natur Licht und Luft. Die Länge der Häuser von Osten nach Westen sollte größer als ihre Tiefe von Süden nach Norden sein; damit sie von ihren zwei freien Seiten das möglich größte Licht und Luft haben können . . . jeder nach Willen und Bedürfnis die schickliche Reihe wählen kann; Arme und Reiche, alle einer Sonne sich erfreuend, zu gegenseitiger Hilfe sich einander in der Nähe wohnen; und in der Sonne in Friede und Liebe arm und reich sich mit einander ausgleiche." Dr. Faust: Plan einer Stadt und Ansicht ihrer Häuser und Straßen 1824 [5.5]. Der technische Berater von Dr. Faust, der Architekt Dr. Vorherr, hat mit der Gründung einer Baugewerbeschule in München 1823, die er bis zu seinem Tode 1847 leitete, wesentlich zur Verbreitung der Faust'schen Sonnenbaulehre beigetragen. Weit über 2500 Schüler aus vielen europäischen Staaten wurden im Sinne dieser Lehre ausgebildet. Viele Dörfer, Schulen, Pfarrhäuser und wiederaufgebaute Städtchen (wie der 1834 abgebrannte Ort Palotsa in Ungarn) wurden zu Beginn des 19. Jahrhunderts nach dieser Lehre mit den Hauptfronten nach Süden errichtet. Leider blieb es bei Einzelbeispielen. Die Elendsviertel der Städte waren weiterhin gekennzeichnet durch das Fehlen von Besonnung und natürlicher Belichtung. Der Faust'sche „Plan einer Stadt" und seine „Sonnenbaulehre" entstanden an einem bedeutenden Wendepunkt des europäischen Städtebaus. Sie rücken, ihrer Zeit über ein Jahrhundert vorauseilend, Dr. Bernhard Christoph Faust in die Reihe der großen städtebaulichen Theoretiker [5.6].

5.2. Stadt- und Siedlungsplanung nach solartechnischen Gesichtspunkten

Wesentliche Beiträge zu einer globalen Überlebensstrategie können durch ökologisch funktionierende Städte geleistet werden. 1985 lebten ca. 2 Milliarden Menschen, das sind 41,2% der Weltbevölkerung, in Städten mit mehr als 2 Millionen Einwohnern. Im Jahr 2000 werden es 46,7% und im Jahr 2025 bereits 60,5% sein. Wenn sich die Städte wie bisher weiterentwickeln, dann werden zwei Drittel der Weltbevölkerung unter zunehmend schlechter werdenden Umweltbedingungen zu leben haben, die wesentlichen vitalen Bedürfnissen nicht mehr gerecht werden. Gleichzeitig wird dadurch die Ökologiekrise immer weiter verschärft. Nur ökologisch funktionierende Städte bieten die Chance, natürliche Landschaften im notwendigen Ausmaß zu erhalten, einen umweltverträglichen Energiehaushalt zu erreichen und der Umweltverschmutzung entgegenzuwirken. Deshalb besteht die dringende Forderung, die städtischen Ballungsräume selbst zu integrierten Elementen des globalen Ökosystems zu machen.

Neben den üblichen städtebaulichen Kriterien sind bei der Stadt- und Siedlungsplanung eine Fülle von einzelnen Faktoren zu berücksichtigen und abzuwägen. Die richtige Orientierung zur Sonne und die Berücksichtigung der klimatischen Bedingungen sind ebenso entscheidend wie die einzelnen Baukörperformen mit unterschiedlichen Oberflächen-Volumsverhältnissen (A/V-Faktor) und deren gegenseitige Beeinflußung. Durch entsprechende Anordnung der Baukörper können ungünstige Beschattungen vermieden und klimatisch günstige Freibereiche künstlich geschaffen werden. Solares Bauen ist nicht nur in locker verbauten, nicht beschatteten Siedlungen, sondern auch in dicht verbauten Stadtzentren möglich. Durch glasüberdachte Freibereiche und günstige Oberflächenvolumsverhältnisse kann energiesparendes Bauen auch im dicht bebauten Gebiet verwirklicht werden und wird durch die hohen Umgebungstemperaturen begünstigt.

Weitreichende Energiesparkonzepte mit Berücksichtigung von Fernwärmeversorgung (Kraft-Wärme-Kopplung) und energiesparender Mobilität (öffentliche Verkehrsmittel) sind nur im städtischen Raum möglich.

Wenn es wirtschaftlich vertretbar ist, sollte die Stadterneuerung immer der Stadterweiterung vorgezogen werden. Im Sinne der Ökologie ist es immer besser, den Bestand zu sanieren und aufzuwerten, die baulichen Ressourcen und die in sie investierten Energien weiter nutzbar zu machen, als noch so perfekte Öko-Quartiere in die grüne Wiese zu setzen. Daher müssen primär alle Möglichkeiten ausgenutzt werden, um die bestehende Stadt den heutigen Ansprüchen und damit den Ansprüchen der Stadtökologie anzupassen. Neue Stadterweiterungsprojekte sollten unbedingt dem letzten Stand des ökologisch orientierten Städtebaus entsprechen und eine Bebauungsplanung nach solartechnischen Gesichtspunkten aufweisen. In jeder Phase der Planung, Realisierung und Benützung neuer Stadtquartiere fallen Entscheidungen an, die stadtökologische Chancen eröffnen. Fehler auf der Ebene der Bauleitplanung sind auf der Ebene der Objektplanung nicht wieder gutzumachen. So können ungünstige Baukörperorientierungen und falsche Abstandsregelungen eine Solarenergienutzung für alle Zukunft verhindern.

5.2.1. Die Auswirkungen des Klimas auf die Lage von Siedlungen, auf Gebäude und Freiräume

Die Klimabereiche
Das Klima ist für eine Landschaft, einen Ort oder einen größeren Raum die Zusammenfassung der typischen erdnahen und die Erdoberfläche beeinflußenden atmosphärischen Zustände und Witterungsvorgänge während eines längeren Zeitraumes in charakteristischer Verteilung der häufigsten mittleren und extremen Werte. Man unterscheidet ein Zonenklima (z.B. Mitteleuropa), ein Regionalklima für größere topographische Einheiten (z.B. Flußregion), ein Lokalklima für topographische Untereinheiten (z.B. Tal) und Siedlungseinheiten und ein Kleinklima für Baugrundstücke, Gartenbereiche usw. Die folgende Tabelle versucht, die einzelnen Klimabereiche und ihre Aussagen zur Architektur zusammenzufassen (Tab. 5.1) [5.7].

Geländebeschaffenheit und Klima – Südhänge, Kaltluftseen
Bei der Lage von Siedlungen und Gebäuden sind die Standortfaktoren des Lokal- und Kleinklimas zu berücksichtigen. Von erhöhtem Einfluß sind hier

Tabelle 5.1. Übersicht Klima und Architektur

	Größenordnung	Klimabeeinfl. Faktoren	Aussagen zur Architekur
Zonenklima	−Mitteleuropa −Bundesrepublik Deutschland	−geographische Breite −Lage zum Meer	−Grobtypisierung d. Architektur-Formen −Hausanlage zum Freiraum
Regionalklima	−geographische Einheit, z.B. Norddeutschland −topographische Einheit, z.B. Flußregion	−geographische Breite −Kontinentalität −Lage zu sonstigen Gewässern −absolute Höhe −relative Höhe −luv- bzw. leeseitige Lage	−regionale Architektur-Hausformen Bauart
Lokalklima	−topographische Untereinheit, z.B. Tal −Siedlungseinheit −Bebauungsgebiet	−relative Höhe −Lage zu Gewässern −Vegetation −Bebauung/Dichte/Verkehr	−Haustyp (ortskl. angepaßt) Hausform, Standort Ausstattung Gruppierung Freiraumgestaltung
Kleinklima	−Baugrundstück −Hausstandort −Gartenbereiche −Detailgestaltung −Oberflächengestaltung	−Geländeform und -art −Bodenart −Vegetationsart −Bebauungsart −Gewässerart und -größe	−modifizierter Haustyp Bauelemente Detailgestaltung und Oberflächen Freiraumelemente

vorerst die Außenlufttemperaturen, die solare Einstrahlung und die Windverhältnisse, aber auch Niederschlagsverhältnisse, Luftfeuchtigkeit und Schadstoffbelastung. Diese Faktoren werden wiederum von der Topographie, der Vegetation, den Gewässern und der vorhandenen Bebauung beeinflußt. Die Umgebungstemperatur in Bodensenken und bei freien Kuppenlagen sind wesentlich niedriger als beispielsweise in geschützten Lagen oder Südhängen. Günstig sind auch Standorte innerhalb besiedelter Gebiete. In Innenstädten treten um bis zu 10 °C höhere Temperaturen auf als auf dem freien Land (Abb. 5.4).

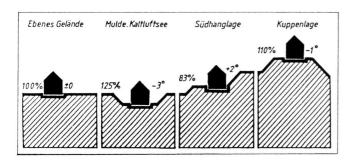

Abb. 5.4: Wärmeverlust und Temperaturen in Abhängigkeit von der Lage im Gelände

Höhere Umgebungstemperaturen sind aus energetischer Sicht für Standorte zu bevorzugen. So sind Ost-, Süd- und Westhänge wesentlich günstiger als Talkessel, wo in der Nacht die schwere Kaltluft zusammenströmt und einen Kaltluftsee bildet. Diese Kaltluftseen sind gleichzeitig Staubseen. Hier sammeln sich auch sonstige Schadstoffe und Gase der verunreinigten Luft, die aufgrund der windgeschützten Lage schlecht abströmen können.

Die Häufigkeit der direkten Sonnenstrahlung ist die wichtigste Voraussetzung für die Sonnenenergiewirkung. Diese ist regional unterschiedlich und kann aus den Tabellen der Zentralanstalt für Meteorologie und Geodynamik für Globalstrahlung und Sonnenscheindauer entnommen werden. Südhänge erhalten im Winter 10% bis 30% mehr Gesamtstrahlung als Nordhänge. Die Unterschiede der direkten Strahlung sind hier noch höher. Bei der Auswahl von Standorten ist die Beschattung durch Berge im Winter zu beachten.

Klima und Wind

Die Windverhältnisse eines Standortes, vor allem im Winterhalbjahr, wirken sich ebenso auf den Energiebedarf von Gebäuden aus. Einerseits erhöhen sich die Lüftungswärmeverluste bei großem Winddruck, andererseits steigen die Transmissionswärmeverluste durch

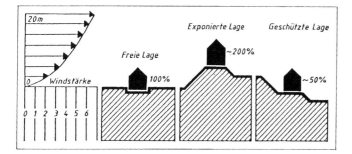

Abb. 5.5: Wärmeverlust durch Windeinfluß und Lage im Gelände

die schnellere Wärmeabfuhr an den Außenoberflächen der Gebäude. Die auftretenden Windgeschwindigkeiten sind von der Höhenlage, Gebäudeform, -höhe und -oberfläche abhängig (Abb. 5.5). Bei zunehmender Höhe steigt die Windgeschwindigkeit. In exponierten Lagen auf Geländekanten und Bergkuppen wie in bestimmten Talformen kommt es zu hoher Windbelastung (Düsenwirkung). Die Rauhheit von Gebäudeoberflächen, von Waldstücken, Bodenwellen und Bauwerken u.a.m. bremst die Windgeschwindigkeit. Durch entsprechende Staffelung der Gebäude untereinander und durch die Lage der Baukörper (45° gegen winterliche Hauptwindrichtung), Vegetation, durch Gebäudemodellierung und Beschränkung der Gebäudehöhen (über 10 Geschoße wächst der Staudruck auf das Dreifache [5.8]) kann die Windbelastung gesenkt werden [5.9].

Bei hoher Luftfeuchtigkeit, bedingt durch häufige Niederschläge und Nähe von Gewässern, kommt es durch Nebelbildung zu einer geringeren Sonnenscheindauer und zu größeren Wärmeverlusten aufgrund der besseren Wärmeleitfähigkeit feuchter Luft. Gerade in traditionellen Feuchtgebieten (z.B. Wienerwald – Rheumagebieten) wirken sich Wintergärten als warme, trockene Sonnenräume positiv auf die Wohnqualität aus. Erhöhte Schadstoffbelastung durch Abgase beeinträchtigt nicht nur die Luftqualität, sondern reduziert auch Sonnenscheindauer und Strahlungsintensität. Diese Luftverschmutzung tritt in den Kaltluftseen von Talkesseln und bei fehlenden Frischluftschneisen verstärkt auf.

Klima und Gewässer
Gewässer mäßigen durch geringere phasenverschobene Erwärmung und Abkühlung die Temperaturschwankungen innerhalb ihrer unmittelbaren Umgebung und üben dadurch eine sehr wichtige Klimafunktion aus. Aufgrund der hohen Wärmeleit- und Wärmespeicherfähigkeit kann $1\,m^3$ Wasser von $10\,°C$ $3000\,m^3$ Luft von $-10\,°C$ auf $0\,°C$ erwärmen [5.7]. Bei Gewässern ab einem Durchmesser von mindestens $300\,m$ bilden sich lokale Land-Wasser-Luftzirkulationen als spürbare

Abb. 5.6: Zitronenkultur in Limone am Gardasee

Winde. Bei entsprechendem Schutz gegen Kaltluftzufuhr aus dem umgebenden Gelände können optimierte Klimabereiche geschaffen werden, wie das Beispiel der historischen Zitronenkulturen von Limone am Gardasee zeigt (Abb. 5.6). Aber auch kleinere Teiche von mindestens 1 m Tiefe bieten einen ausreichenden Frostschutz für ihre unmittelbare Umgebung bis zum zehnfachen Ausmaß ihrer Wasseroberfläche. Entsprechend angeordnete Wasseroberflächen an der Südseite von Solarhäusern verstärken durch Reflexion im Winterhalbjahr die Sonnenstrahlung und vergrößern durch Verdunstungskälte den Kühlungseffekt der über der Wasseroberfläche zuströmenden Zuluft für die Sommerbelüftung. Durch das Zusammenwirken und gegenseitige Verstärken mehrerer positiver Klimafaktoren können bestimmte Gebiete ein wesentlich besseres Lokalklima aufweisen als ihre Umgebung, wie die Beispiele der Insel Mainau im Bodensee und der Insel Bornholm in der Ostsee zeigen. Bei beiden Inseln kommt es zu einer, im Vergleich zum Umland, wesentlich verbesserten Klimagunst. Dies läßt sich eindrucksvoll an der Vegetation ablesen. So wachsen z.B. auf der Insel Mainau im Bodensee im Freien Palmen, und es blühen Blumen, die sonst nur in mediterranen Klimazonen auftreten.

Stadtklima und Umweltbelastung
Aufgrund dichter Bebauung und dem Fehlen von Vegetations- und Wasserflächen kommt es zu eigenen Klimaeffekten – dem Stadtklima. Verbunden mit Luftverschmutzung, Staubbelastung und Dunstglocken

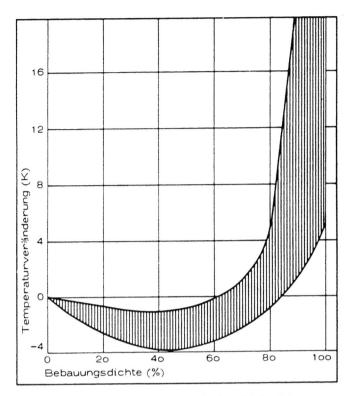

Abb. 5.7: Temperaturveränderungen durch städtische Bebauung

wird dieses Klima bei größeren Städten als unangenehm empfunden. Es vermindert aber den winterlichen Wärmebedarf und tritt schon bei kleineren Städten auf, wo es durchaus als angenehm empfunden wird. Die Lufttemperatur in Städten ist im Jahresdurchschnitt um 2 °C wärmer als in der ländlichen Umgebung und kann bei sonnigem Wetter lokale Überwärmungen um 8 °C – 12 °C (Abb. 5.7) verursachen. Diese städtischen Wärmeinseln werden vor allem durch die erhöhte ungenutzte Aufnahme von Sonnenstrahlung, die Wärmespeicherkapazität von Häusern und Straßen, durch stehende Luftpolster über windgeschützten Bereichen, durch die städtische Abwärmeproduktion und das Fehlen von Wärmeabfuhr an Gewässern und durch fehlende Vegetation (Verdunstung) hervorgerufen. Die Überwärmung führt tagsüber zu städtischen Aufwinden mit Staubaufwirbelungen und Dunstglocken. Während der Nacht oder bei Inversionswetterlagen legt sich der Stadtdunst wie eine Decke über das Stadtgebiet, wobei es zu extrem gesundheitsschädlichen Smogerscheinungen kommen kann.

Wiener Stadtklima

Das Temperaturverhalten von Stadtregionen wird am Beispiel der Stadt Wien gezeigt. Bedingt durch die vorherrschenden kühlen Nordwest-Winde (gute Luft aus dem Wienerwaldgebiet) liegen in Wien vergleichsweise günstige Klimaverhältnisse vor. Im Wiener Raum

haben sich im dicht verbauten Gebiet – innerhalb des Gürtels – Wärmeinseln gebildet. Das Jahresmittel beträgt hier 10,5 °C–11 °C, während es durch die stärkere Absorption der Sonnenstrahlung in Gebieten des Wienerwaldes nur bei 8 °C–9 °C liegt. Wesentliche Ursachen für die Bildung der Wärmeinseln sind die erhöhte Wärmespeicherung durch die vermehrte Bausubstanz im Stadtgebiet und die Veränderung des Wasserhaushaltes durch die Verbetonierung von Vegetationszonen. Dadurch wird auch die Verdunstung herabgesetzt, die im Freiland wesentlich zur Abkühlung beiträgt. Hinzu kommt die Produktion fühlbarer Wärme durch Verbrennungsprozesse (Abwärme). Die markantesten wärmeinselbedingten Temperaturunterschiede zwischen Stadtzentrum und ungestörtem Stadtumland stellen sich an windschwachen und

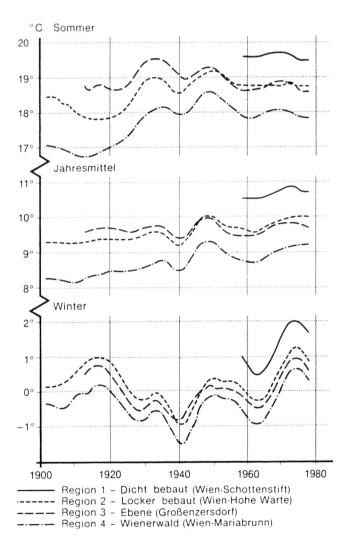

Abb. 5.8: Langfristige Schwankungen des Sommer-, Jahres- und Wintermittels der Lufttemperatur von je einer Repräsentativstation der 4 typischen Regionen Wiens (geglätteter Kurvenlauf – Gauß'scher Filter – Filterbreite 20 Jahre)

bewölkungsarmen Tagen ein. Die urbane Wärmeinsel wirkt sich am stärksten im Sommer während der Nachtstunden aus, während die urbane Übertemperatur untertags praktisch verschwindet. Im Winter ist das Stadtzentrum gegenüber dem Freiland ganztags, wenn auch geringer, übertemperiert. Obwohl die Wärmeinsel nicht an allen Tagen gleich stark ausgeprägt ist, wirkt sie sich bei der Jahresmitteltemperatur aus. So ergibt sich für das Stadtzentrum eine Temperaturerhöhung von ca. 1 °C gegenüber der östlichen, ebenen Region Wiens und eine Temperaturerhöhung von ca. 1,5 °C gegenüber den westlichen Randbezirken (Abb. 5.8) [5.10]. In höher gelegenen Bereichen des Wienerwaldes nimmt die Lufttemperatur im Mittel um 0,37 °C pro 100 m Höhenzunahme ab. Die Summe der negativen Tagesmittel der Lufttemperatur wird als Maß der Winterstrenge gewertet. Der mittlere Winter entspricht im Stadtzentrum dem Typus „mäßig warm" (−120 Gradtage). In höher gelegenen Gebieten des Wienerwaldes ist der Winter „mäßig kalt" (−220 bis −280 Gradtage). Umgelegt auf einen Schätzwert für den Energieverbrauch für Heizzwecke (Basis Gradtagzahlen) wird im weniger dicht besiedelten Stadtgebiet ca. 10%, in den westlichen Randbezirken ca. 15% und in höhergelegenen Gebieten des Wienerwaldes ca. 20% mehr Heizenergie benötigt als im Stadtzentrum. Ebenso ist die Sommerwärme mit bis zu 1200 Gradtagen im Stadtzentrum wesentlich höher als in den westlichen Randbezirken mit 600 Gradtagen und in höhergelegenen Gebieten des Wienerwaldes mit 300 Gradtagen. Dies ist auch an der Vegetation ablesbar, die sich in Stadtzentren 1 bis 2 Wochen früher entfaltet als im Wienerwald.

Maßnahmen zur Verbesserung des Stadtklimas
Eine ökologische Niedrigenergie-Stadt nach den Grundsätzen des solaren Bauens könnte ähnlich den zuvor erwähnten natürlichen Beispielen (Insel Mainau – Bodensee) eine hohe biologische Effizienz und ein gesünderes, milderes Lokalklima als im Freiland entwickeln. Dies könnte durch konsequente Vermeidung von Luftverunreinigungen und Abwärme erreicht werden, durch Schaffung von ausreichenden Vegetations- und Wasserflächen, durch Dachgärten, Grasdächer und Fassadenbegrünungen, durch entsprechend kleinräumige Luftzirkulation und Frischluftzufuhr, durch die aktive und passive Nutzung der Sonneneinstrahlung und der damit verbundenen Vermeidung von Überwärmung durch sinnvolle Abfuhr der Strahlungswärme. Die technischen Voraussetzungen für alle diese Maßnahmen sind im Detail bekannt und erprobt; es fehlen zum Teil fundierte Kenntnisse über die wirkungsvolle Abstimmung und Verstärkung durch das Zusammenführen dieser Einzelmaßnahmen, und es fehlt die politische Durchsetzung und Verwirklichung im städtischen Rahmen. Entgegen der Meinung, Solararchitektur kann sich nur an der Peripherie in lockerer Bebauung ohne Beschattung entwickeln, bieten gerade dichtbebaute Städte das wichtigste zukünftige Anwendungsgebiet der Solararchitektur, jedoch ist der Sachverhalt hier wesentlich komplexer und komplizierter.

5.2.2. Stadt-, Siedlungs- und Bebauungsplanung nach solartechnischen Gesichtspunkten

Die Festlegungen auf der Ebene der Stadt- und Siedlungsplanung, bei entsprechenden Voraussetzungen aus Raum- und Regionalplanung, können ausschließlich durch entsprechende Planung nach solararchitektonischen Gesichtspunkten und ohne größeren Investitionsaufwand ökologische und energiesparende Lösungen ermöglichen, deren Effektivität die späteren Anstrengungen auf bau- und heizungstechnischem Gebiet weit übertrifft. So wie bei der passiven Nutzung der Sonnenenergie in der Gebäudeplanung gestalterische Kriterien und Kriterien der Wohnqualität vor den rein energietechnischen Kriterien Priorität genießen, so sind in der Stadt- und Siedlungsplanung nach solararchitektonischen Gesichtspunkten Kriterien der Stadtgestaltung und der Nutzungsqualität der Freiräume den rein energietechnischen Kriterien übergeordnet. Wie sich bei der passiven Nutzung der Sonnenenergie an vielen gebauten Beispielen eindrucksvoll zeigen läßt, stehen diese Kriterien nicht im Widerspruch, sondern lassen sich bei einer guten Planung vereinen und gegenseitig verstärken. Die Bebauungsplanung sollte nach solartechnischen Gesichtspunkten unter Berücksichtigung der zuvor erwähnten klimatischen Randbedingungen und Möglichkeiten erfolgen.

Priorität der Südfassade
Die Bebauung sollte so angeordnet werden, daß die Längsseiten der Gebäude möglichst beschattungsfrei nach Süden ausgerichtet werden können. Die Jahresgänge der Tagessummen der in Wien auf senkrechte Flächen einfallenden direkten Sonnenstrahlung zeigen die Vorteile der Südwände (Abb. 5.9). Die Maxima der Tagessummen der direkten Strahlung fallen auf die Südwand Mitte März und Mitte Oktober (ca. 4,2 KWh/m^{2}d), also während der Heizperiode. Die Tagessummen der Südwand sind im Winterhalbjahr wesentlich höher als im Sommerhalbjahr und können passiv genutzt werden. Einen entgegengesetzten Verlauf zeigen Ost- und Westwand. Hier tritt das Maximum der Tagessummen der direkten Strahlung im Juni auf und verursacht eine Überwärmung im Sommerhalbjahr. Im Winterhalbjahr betragen die Tagessummen der Ost-

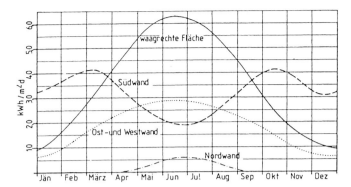

Abb. 5.9: Jahresgang der Tagessummen

und Westwand ca. ein Viertel der Tagessummen der Südwand. Die Kurven der Strahlungsintensität der Gesamtstrahlung in Abhängigkeit von der Tageszeit auf senkrechte Wände für einen Wintertag, Tag- und Nachtgleiche und einen Sommertag zeigen ebenso deutlich die Vorteile der Südwand (Abb. 5.10). Die Sonnenstrahlung auf Südwände ist während der Heizperiode am stärksten und gelangt wegen des flachen Einstrahlungswinkels bis tief in die Innenräume, wo entsprechende Speichermassen erwärmt werden können. Im Sommer ist die Sonnenstrahlung auf Südwände deutlich geringer und kann wegen des hohen Einstrahlungswinkels leicht abgeschattet werden.

Solargerechte Stadt-, Siedlungs- und Bebauungsplanung
Konsequente Solararchitektur muß auf drei hierarchisch geordneten Ebenen entwickelt werden:

1. Auf der Ebene der Stadtplanung und Bebauungsplanung, wo eine möglichst beschattungsfreie und windgeschützte Lage des Baugebietes ausgesucht werden soll und die Stellung und Gruppierung der Gebäude zur Sonne, unterstützt durch ein entsprechendes Erschließungssystem, festgelegt wird.
2. Auf der Ebene des Gebäudeentwurfs, wo die Orientierung und Form der Gebäude in Abhängigkeit von Bebauungsplanung, Größe, Gestalt und Struktur festgelegt wird und die Entscheidung für eine gewinnmaximierende oder verlustminimierende Solarstrategie getroffen wird.
3. Auf der Ebene der Baukonstruktion und der haustechnischen Installation, wo entsprechend den Wünschen der Bewohner die Umsetzung der eingestrahlten Sonnenenergie durch passive oder aktive Nutzung erfolgt.

Die Maßnahmen auf den einzelnen Ebenen können nur in Abhängigkeit zu den Festlegungen auf der übergeordneten Ebene getroffen werden und überschneiden sich teilweise. Solargerechte Maßnahmen auf der Ebene der Stadtplanung verursachen keine

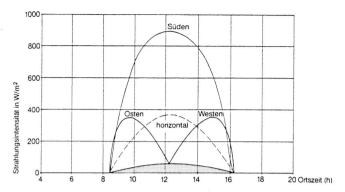

Winter
Hier überwiegt die Sonneneinstrahlung auf senkrechte Südflächen. Wegen der meist klaren Wintertage geringer Anteil an diffuser Strahlung. Die Ost- und Westwände, ebenso das Flachdach, erhalten nur geringe Sonneneinstrahlung.

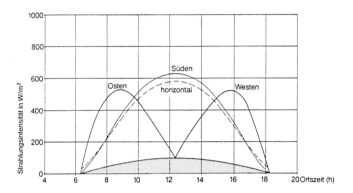

Frühjahr/Herbst
Sämtliche Gebäudeaußenflächen – mit Ausnahme der Nordseite – erhalten fast gleichviel Sonneneinstrahlung. Die Südfassade überwiegt etwas. Die Intensität der Südsonne ist ausreichend, um damit bestrahlte Räume zu temperieren.

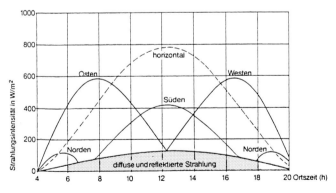

Sommer
Südflächen erhalten neben den Nordflächen die geringste Einstrahlung. Ost- und Westwände werden dagegen wesentlich stärker bestrahlt. Das Flachdach wird an einem strahlungsreichen Sommertag am stärksten aufgeheizt. Im Sommer sind die größten Anteile an diffuser und reflektierter Strahlung zu verzeichnen.

Abb. 5.10: Gesamtstrahlung der Sonne bei klarem Wetter auf unterschiedlich orientierte Flächen

Mehrkosten und bieten die Chance für eine beträchtliche Erhöhung der Nutzungsqualität durch „sonniges Wohnen und Arbeiten" und für eine große Energieeinsparung im Betrieb der Gebäude.

Eine wichtige Bezugsgröße für die Art und Dichte der Bebauungsstruktur, die einen grundlegenden Einfluß auf die Energiegewinne und -verluste von Gebäuden hat, ist das Verhältnis von Gebäudeaußenoberfläche und eingeschlossenem Volumen – das Oberflächenvolumsverhältnis oder der Hüllflächenfaktor. Der Hüllflächenfaktor reicht von 1,0 bei Einfamilienhäusern, bis 0,15 bei großvolumigen Bauten und beeinflußt als direkter Faktor die Transmissionswärmeverluste der Gebäude. Aufgrund dieses Faktors verringern sich die Transmissionswärmeverluste im städtischen Bereich bei großvolumiger Bebauung oft auf bis zu 15% der Verluste bei lockerer Einfamilienhausbebauung. Solares Bauen, das zugleich wertvolle Landflächen schont und energiesparend ist, läßt sich daher primär im städtischen Raum verwirklichen. Das Computerzeitalter bietet wie nie zuvor eine räumliche Integration von Leben, Lernen und Arbeiten in einer konzentrierten Stadt. Voraussetzung dafür ist allerdings, daß diese neue verdichtete urbane Bebauung durch entsprechend attraktive Grünflächen, Freiräume und glasüberdachte Freiräume die gleiche Wohnqualität bieten kann, wie die locker verbauten Siedlungsgebiete der heutigen Vorstädte. Beim Entwurf der Bebauungsplanung sollte bereits überlegt werden, in welchen Bereichen eine gewinnmaximierende oder eine verlustminimierende Solarstrategie bevorzugt werden kann. Das Ziel der gewinnmaximierenden Solarstrategie ist es, möglichst viele nach Süden orientierte und unbeschattete Baukörper zu ermöglichen, die einen hohen Anteil von besonnten Innenräumen aufweisen, auch wenn es zu einer gewissen Vergrößerung der Außenoberfläche und damit zu einem höheren Oberflächenvolumsverhältnis kommt. Das Ziel der verlustminimierenden Solarstrategie ist es hingegen, großvolumige und kompakte Baukörper zu ermöglichen und die Sonneneinstrahlung primär durch glasüberdachte Bereiche zu nutzen. Die gewinnmaximierende Solarstrategie ist bei weniger dichter Verbauung und beschattungsfreien Südhängen zu bevorzugen, während die verlustminimierende Solarstrategie für dichte, urbane Bebauung geeignet ist. Wenn die Bebauungsplanung es zuläßt, ist die gewinnmaximierende Solarstrategie zu bevorzugen, da sie sonnige Innenräume mit hoher Wohnqualität ermöglicht und bei Einsatz geeigneter, solartechnischer Bauteile durch passive Wärmegewinne den niedrigeren Energieverbrauch aufweist.

Die Qualität der Bebauungsplanung kann mit geeigneten EDV-Programmen schon frühzeitig analysiert und beurteilt werden. Mit dem EDV-Programm GOSOL ist es in kurzer Zeit möglich, ein komplettes dreidimensionales Computermodell des Planungsgebietes aufzubauen und auf dem Bildschirm in Perspektiven sowie im Schattenwurf zu beliebigen Zeitpunkten darzustellen. Die Simulation von Gebäudeformen mit Fenstern und Bepflanzung mit wechselnder Belaubung ermöglicht eine Abschätzung des solaren Heizungsbeitrages und des Heizungsbedarfs für den gesamten Bebauungsplan. Auf dieser Analyse aufbauend, können dann exakte Veränderungsvorschläge für Bereiche mit ungünstigen energetischen und belichtungsmäßigen Voraussetzungen erarbeitet werden. Sie können in ihren Auswirkungen zahlenmäßig und grafisch belegt werden und als Entscheidungsgrundlage für die weitere Vorgangsweise dienen. Zur Verbesserung der solarenergetischen Voraussetzung werden dabei meist nur geringe Modifikationen notwendig, die sich leicht in die vorhandene Bebauungsplanung einpassen lassen.

Durch eine entsprechende solaroptimierte Bebauungsplanung kann ohne Mehrkosten ein beträchtliches Heizenergieeinsparungspotential erreicht werden. Nach energetischen Gesichtspunkten überarbeitete Planungen haben gezeigt, daß sich allein durch die Vermeidung ungünstiger Besonnungssituationen der mittlere solare Heizungsbeitrag eines Baugebietes von ca. 20% auf ca. 25% bis 27% steigern läßt, bei konsequent nach den Kriterien des energiesparenden Bauens errichteten Gebäuden kann der solare Heizungsbeitrag sogar 30% übersteigen. Damit liegt das Heizenergie-Einsparungspotential allein durch solargerechte Bauleitplanung bei etwa 20.000 bis 40.000 kWh pro Jahr und Hektar Wohnbebauung gegenüber Bebauungsplänen, bei denen die Anforderungen der passiven Sonnenenergienutzung nicht berücksichtigt wurden [5.11].

Die ersten Entscheidungen über die Möglichkeiten der passiven Sonnenenergienutzung fallen bereits bei der Auswahl des Baugebietes und beim Flächenwidmungsplan. So zeigt sich zum Beispiel an einem West-Südwesthang eines Baugebietes der Stadt Lahr, bei dem man auf den ersten Blick beste Voraussetzungen zur passiven Sonnenenergienutzung erwartet hätte, bei der Computersimulation eine um bis zu 30% verminderte Sonnenenergieeinstrahlung während der Heizperiode. Hier verschattete ein Hangrücken das geplante Baugebiet bis weit in die Vormittagsstunden hinein. Damit würde der solare Heizungsbeitrag der Gebäude im Mittel von 21% auf 15% reduziert. Da unter diesen Voraussetzungen selbst in klimatisch begünstigten Gebieten Fenster mehr Energie verlieren als sie gewinnen, sollte, auch im Hinblick auf die Wohnqualität, bei der Auswahl von Bauflächen energetischen Kriterien mehr Beachtung geschenkt werden. Bei der Bebauungsplanung sollte dann der aus dem ausgehenden Mittelalter bekannte Planungsgrundsatz „Du sollst dem Nachbarn nicht in die Sonnen bauen" entsprechend berücksichtigt werden. Leider gibt es erst wenige nach solartechnischen Kriterien entwickelte Bebauungspläne – hier ist noch viel aufzuholen. Wenn es nun doch gelingt, den Bebauungsplan auch optimal solargerecht zu entwickeln, sind alle Voraussetzungen für eine energiesparende solare Gebäudeplanung geschaffen. Werden diese optimal genutzt, kann der Energieverbrauch der Gebäude weiter reduziert werden. Wichtig ist es daher, umfassende Informationen über diese Möglichkeiten des Bebauungsplanes in entsprechender Form (Broschüren, Vorträge, Einzelberatungen) an die betroffenen Bauherren und Planer weiterzugeben.

Eines der interessantesten Stadterweiterungsprojekte auf der grünen Wiese, umgeben von einem landschaftlich reizvollen Naherholungsgebiet, wird derzeit in der oberösterreichischen Landeshauptstadt Linz realisiert. Die Solar City Pichling ist das Modell einer nachhaltigen Stadtteilkonzeption, bei dem Niedrigenergie-Wohnhäuser, intensive Nutzung alternativer Energien, Attraktivierung des öffentlichen Verkehrs und das System der geschlossenen Stoffkreisläufe die wichtigsten Charakteristika sind. An der Realisierung dieses innovativen Stadtplanungsmodells sind unter Führung von Stadtbaudirektor Franz X. Goldner und des für die Gesamtkoordination zuständigen Gunter Amesberger zehn Magistratsdienststellen der Stadt Linz, die städtischen Energieversorgungsunternehmen SBL und ESG sowie zwölf gemeinnützige Bauvereinigungen als Bauträger gemeinsam mit ihren Architekten beteiligt.

Aufbauend auf dem von Roland Rainer erstellten Masterplan entwickelten die Architekten der READ-Gruppe (Sir Norman Foster, Sir Richard Rogers und Thomas Herzog) in Kooperation mit dem Energietechnikplaner Norbert Kaiser eine Art aktualisiertes Gartenstadtmodell mit einem differenzierten Repertoire von städtischen Freiräumen und Gebäudetypen.

Das mit den lokalen Energieversorgungsträgern abgestimmte Energieversorgungskonzept ist im Sinne der Nachhaltigkeit nicht festgeschrieben, sondern eher ein Handlungsszenario mit hoher Anpassungsfähigkeit

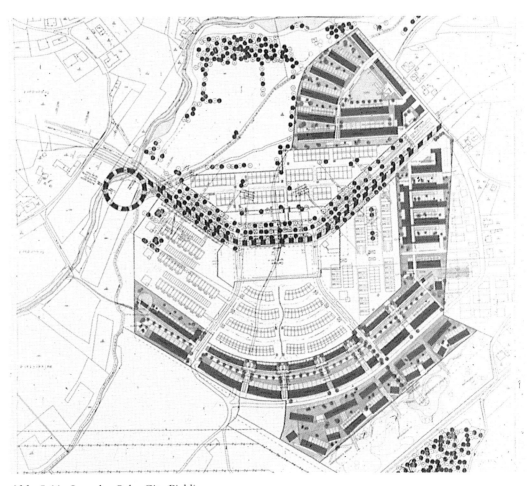

Abb. 5.11: Lageplan Solar City Pichling

an künftige technische und wirtschaftliche Entwicklungen in der Energieversorgung. Da keine bestehende Infrastruktur wie Kanal, Kläranlage usw. vorhanden ist, können hier vollkommen neue Modelle entwickelt werden. Primäre Prinzipien hierbei sind regenerative Brennstoffversorgung und die Wiederherstellung natürlicher Stoffkreisläufe.

Nach derzeitigem Stand sollen Schmutzwasser in herkömmlichen Kanalleitungen, und Fäkalien und zerkleinerter Biomüll in einer Vakuumkanalanlage getrennt gesammelt werden. Während das Schmutzwasser in einer Schilfkläranlage zu Nutzwasser aufbereitet wird, kann aus Fäkalien und Biomüll Biogas und Humus gewonnen werden. Mit Biogas wird ein Blockheizkraftwerk betrieben; der keimfrei aufbereitete Humus wird von den Bauern der Umgebung als Dünger verwendet. So gehen wichtige Mineralstoffe im Nahrungskreislauf nicht verloren. Auf massiven Chemiedüngereinsatz kann somit verzichtet werden.

Die Planung für eine zweite Bebauungsstufe, die sich hufeisenförmig um den 1. Bauabschnitt der READ-Gruppe entwickelt, wird derzeit vom Autor überarbeitet. Diese Planung, die mit dem 1. Preis eines Wettbewerbes ausgezeichnet worden ist, führt einerseits das städtebauliche Thema des 1. Bauabschnittes weiter, andererseits werden naturräumliche Elemente und Strukturen der Umgebung einbezogen und zu Leitelementen der Gestaltung transformiert. In Übereinstimmung mit dem städtebaulichen Konzept wurde besonders Wert auf die Südorientierung aller Elemente gelegt, die für eine Optimierung der passiven Sonnenenergienutzung geeignet sind. Darüber hinaus bietet dieses Konzept auch optimale Voraussetzungen für jede Art der aktiven Sonnenenergienutzung.

6. Gebäudeentwurf nach Kriterien der Energieeinsparung und der passiven Sonnenenergienutzung

Die Grundelemente der Solararchitektur in Stadt- und Siedlungsplanung sind richtig orientierte, nach sonnentechnischen Kriterien dimensionierte Baukörperformen. Diese sind dann nach den üblichen städtebaulichen Grundregeln, jedoch unter besonderer Berücksichtigung von Besonnung, Beschattung, Windschutz, gegenseitigem Strahlungsaustausch und anderen kleinklimatischen Kriterien zu Solarsiedlungen zu kombinieren, wie im vorigen Abschnitt beschrieben. Während es in der Siedlungsplanung für geringere Bebauungsdichte bereits ausreichende Erfahrung und gute Beispiele gibt, sind für stark verdichtete, zentrale Stadtgebiete kaum Untersuchungen und Vorbilder bekannt. In letzter Zeit setzen sich bei Einzelobjekten, wie Geschäftszentren und Bürogebäuden, größere glasüberdachte Zonen, die die Außenoberfläche der Gebäude wesentlich reduzieren und auch im Winter erhebliche Einstrahlungsgewinne bringen, immer mehr durch. Eine Kombination mehrerer derartiger Einzelobjekte nach städtebaulichen und solararchitektonischen Kriterien zu Niedrigenergie-Stadtzentren mit neuen Gestaltungs- und Nutzungsqualitäten könnten uns neue Perspektiven für den Städtebau der Zukunft eröffnen.

Der Gebäudeentwurf wird primär bestimmt durch die Funktion des Gebäudes, durch die vorgegebenen Bebauungsbestimmungen, die – entsprechend dem Bebauungsplan – die Ausnutzbarkeit des Bauplatzes festlegen, und durch die umgebende Bebauung, in die sich das neue Gebäude eingliedern soll oder zu der es Stellung beziehen muß.

Es fällt auf, daß die Mehrzahl der Gebäude, die in den letzten 15 Jahren mit einer konsequenten Anwendung der passiven Nutzung der Sonnenenergie entstanden sind, private Einfamilienhäuser sind. Mehrfamilienhäuser und größere Wohnhausanlagen sind seltener, wobei Wohnbauten mit Mitbestimmung der künftigen Bewohner (partizipativer Wohnbau) überdurchschnittlich vertreten sind. Schulen, Altersheime, Verwaltungsbauten und alle anderen Bauaufgaben werden nur in Einzelfällen als passive Solarbauten errichtet. Offensichtlich haben vorwiegend private Bauherren das Verantwortungsbewußtsein und die Bereitschaft aufgebracht, umweltbewußt zu bauen und auf die Nutzung der Energiequelle Sonne zu vertrauen. Größere öffentliche und private Bauträger haben hier viel weniger beigetragen, obwohl sie zumeist auch in ihren Entscheidungen durch fachlich versierte Bauabteilungen unterstützt werden.

Es ist naheliegend, daß Wohnbauten hier hauptsächlich vertreten sind, bringt doch das Bauen mit der Sonne neben der Energieeinsparung eine Hebung der Wohnqualität durch die Besonnung der Innenräume. Unverständlich ist es aber, daß bei Bauaufgaben, wie Kindergärten, Altersheimen und Sanatorien, wo sonnige und heitere Innenräume noch wichtiger wären, passive Solarbauten noch kaum zu finden sind. Anscheinend fehlt es hier an vorbildhaften Musterbauten und an aufgeschlossenen Bauträgern.

Das Einfamilienhaus bietet einerseits aufgrund der geringen Größe und der Überschaubarkeit günstige Voraussetzungen für die Entwicklung und Erprobung neuer Bautechniken, wie der passiven Nutzung der Sonnenenergie. Andererseits weist das Einfamilienhaus durch seine geringe Kompaktheit, d.h. durch seine in bezug auf das Gebäudevolumen sehr große Gebäudeoberfläche, denkbar ungünstige Voraussetzungen für energiesparendes Bauen mit Sonnenenergienutzung auf. Bei allen anderen Bauaufgaben sind die Voraussetzungen günstiger, und es lassen sich bessere Ergebnisse erzielen.

Die passive Nutzung der Sonnenenergie hat sich schon längst über das Experimentierstadium hinaus zu einer kalkulierbaren risikolosen Technologie mit nachweisbaren Erfolgen entwickelt. Zusätzlich versprechen Ansätze von Neuentwicklungen auf diesem Gebiet eine wesentliche Steigerung der Effektivität und Wirtschaftlichkeit. Es ist also an der Zeit, daß sich diese Technik von der „Alternativtechnologie" zur anerkannten und zwingend verlangten Bauweise entwickelt und auf allen Gebieten der Objektplanung eingesetzt wird.

6.1. Allgemeine Akzeptanz von energiesparendem Bauen mit passiver Sonnenenergienutzung – Motivation möglicher Bauherren

Meinungsumfragen zufolge wurde Energiesparen schon vor Jahren von einer massiven Mehrheit der Bevölkerung bejaht. Es kann gleichsam als soziale Norm betrachtet werden. Hingegen kommt individuelles Energiesparen keineswegs als eine weit verbreitete Gewohnheit oder gar normale Verhaltensweise zum Tragen. Das bewußte, individuelle Energiesparen wird am ehesten von gebildeten und von älteren Leuten praktiziert. Es ist überdurchschnittlich weit verbreitet bei leitenden Angestellten und Beamten und damit auch in den oberen Einkommensklassen – also unter Leuten, die mehr als andere rational und wirtschaftlich denken gelernt haben; es ist damit auch eher ein Anliegen der Städter [6.1].

Es ist nicht verwunderlich, daß mehr als die Hälfte der befragten Bauexperten schon 1983 meinten, daß heute in der Bundesrepublik Deutschland alle Bauherren energiesparende Maßnahmen durchführen wollen. Ein Viertel der Experten schätzte den Anteil „Energiesparer" auf 80% bis 90%. Noch in der Mitte der 70er Jahre lag der Anteil dieser „Energiesparer" weitaus niedriger, und zwar bei ca. einem Viertel aller Bauherren. Die Bereitschaft, energiesparende Maßnahmen durchzuführen, ist unabhängig von der Finanzkraft des Bauherrn, jedoch lassen sich Tendenzen erkennen, daß in städtischen Gegenden energiesparender gebaut wird als im ländlichen Raum [6.2].

Welche Energiesparmaßnahmen werden nun im wesentlichen von privaten Bauträgern gewünscht bzw. welche Akzeptanzhindernisse lassen sich aufzeigen? Die Tabelle 6.1 gibt für Deutschland jenen Anteil der privaten Bauträger wieder, die die angeführten Maßnahmen geplant oder verwirklicht haben. Dabei entscheiden sich die meisten Bauherren jedoch für mehrere Maßnahmen. Insbesondere, wenn neuere Techniken geplant oder realisiert werden, werden zusätzlich noch andere Maßnahmen durchgeführt. „Innovative Bauherren" realisieren zu zwei Drittel sechs und mehr der in der Tabelle angeführten Konzepte.

Heizungsregelung und Wärmedämmung haben als Energiesparmaßnahmen den höchsten Bekanntheitsgrad. Einerseits vertrauen die Bauherren bei neuen

Tabelle 6.1. Geplante oder realisierte Energiesparmaßnahmen

	Bundesgebiet %	Bauherrenmodell (Landstuhl) %
Heizungsregelung	73	83
Wärmedämmung	72	89
Energiegünstige Raumaufteilung	59	73
Energiegünstige Bauform	55	68
Wärmedämmende Läden	46	24
Niedertemperaturheizung	26	50
Wärmepumpe	22	18
Wärmerückgewinnung	13	12
Sonnenkollektoren	4	10
Absorber	4	6

Tabelle 6.2. Argumente gegen neue Energiespartechniken

	Bauherren (Bundesgebiet) %	Bauexperteneinschätzung %
Zinsen zu hoch	82	81
Techniken zu teuer	77	81
Techniken zu wenig erprobt	59	73
Unsicherheit über Einsparung	55	77
Zu wenig Information	55	65
Standard reicht nicht aus	49	63
Zu viel technisches Verständnis nötig	48	46
Für Handwerker schwierig	25	63
Probleme mit Behörden	18	32
Zu viele schlechte Erfahrungen	15	49
Verzicht auf Komfort	13	27

Heizungsanlagen auf den Stand der Technik und auf die Empfehlungen der Fachleute, andererseits sind Dämmaßnahmen durch die Diskussion in Medien und durch die einschlägige Werbung („Vollwärmeschutz") weit verbreitet. Innovativen Techniken wie Wärmepumpen, Wärmerückgewinnungsanlagen, Sonnenkollektoren, etc. stehen die meisten Hemmnisse entgegen. Baumaßnahmen, die dem Bereich der passiven Sonnenenergienutzung zuzurechnen sind (energiegünstige Bauformen und Raumaufteilung, wärmedämmende Fensterläden), prägen von Beginn die architektonische Konzeption und das äußere Erscheinungsbild des Hauses. Sie werden zwar häufig genannt, doch nicht als notwendige energiesparende Maßnahmen anerkannt.

Welche Innovationshemmnisse 1983 für den Einsatz neuer Technologien vorgebracht wurden, läßt sich aus Tabelle 6.2 erkennen. Abgesehen von finanziellen Argumenten stechen die fehlende Erprobung, die Unsicherheit über Einsparung und die mangelnde Information deutlich heraus. Ebenso wird von privaten Bauträgern noch ins Treffen geführt, daß manche Systeme zu kompliziert seien und zuviel technisches Verständnis benötigen. Eine Diskrepanz zwischen Bauherren und Bauexperten zeigt sich sowohl bei den Einsparungseffekten als auch in bezug auf Ausführungsschwierigkeiten für Handwerker: von den Bauexperten werden sie wesentlich häufiger genannt als von den Bauherren.

Zusammenfassend muß festgestellt werden, daß 1983 zum Zeitpunkt der Studie zwar Energiesparmaßnahmen durchwegs im Bewußtsein der Bevölkerung verankert waren, daß aber die Akzeptanz und Durchsetzung technologischer Neuerungen im Energiesystem, die über altbekannte und bewährte Maßnahmen (Wärmedämmung, Heizungssteuerung) hinausgehen, noch nicht sehr weit gediehen waren. In den letzten Jahren hat sich jedoch durch die Erfahrung das Interesse vor allem für die passive Nutzung der Sonnenenergie wesentlich gebessert. Dies wird auch von offizieller politischer Seite anerkannt. Was noch fehlt, um einen breiteren Durchbruch dieser Bauweise zu ermöglichen, sind u.a. entsprechende förderungspolitische Maßnahmen und zwingende gesetzliche Vorschriften, wie die Festlegung des maximalen Energieverbrauchs von Gebäuden, und nicht zuletzt eine größere Zahl von richtungsweisenden, gebauten Vorbildern.

6.2. Zielsetzungen der Solararchitektur in der Objektplanung

Im folgenden wird versucht, die Zielsetzungen für das solare Bauen noch einmal zusammenzufassen. Diese allgemeinen Zielsetzungen gelten unabhängig von der Gebäudenutzung und betreffen Wohnqualität und den Energieverbrauch (verbunden mit der Umweltbelastung) sowie eine langfristig gedachte Wirtschaftlichkeit. Sie lassen sich unter dem Motto zusammenfassen: „Maximale Wohn- und Nutzungsqualität bei minimaler Umweltbelastung".

6.2.1. Leben mit der Sonne

Die Sonnenstrahlung ist eine der wichtigsten Grundlagen des Lebens und der Wohnqualität. Die ausreichende Besonnung der Innenräume, vor allem im Winterhalbjahr, ist aus Gründen der Wohnqualität die wichtigste Zielsetzung für das solare Bauen. Die psychologische Wirkung der Besonnung kann nicht überschätzt werden. Lichtarme und sonnenlose Behausungen sind trostlos, traurig und fördern den Trübsinn im wahrsten Sinne des Wortes. Sonnige Wohnungen stimmen glücklich und fröhlich. Der Wunsch nach Sonnenschein ist in unseren gemäßigten Breitengraden stark verbreitet und dürfte bei nahezu allen Menschen ein sehr reales Bedürfnis sein. Die Sonnenstrahlen und das Tageslicht beeinflussen durch ihren täglich wiederkehrenden Licht-Dunkel-Rhythmus wesentlich das Wohlbefinden, die Gemütslage und die Aktivität des Menschen. Sonnenstrahlung und große Helligkeit regen im menschlichen Körper die Produktion des Hormons Melatonin an und wirken dadurch antidepressiv. Fehlen von Sonnenlicht und Helligkeit begünstigt das Auftreten von Melancholie und saisonalen Depressionen.

Überdies ist die Sonnenstrahlung auch aus physiologischer und medizinischer Sicht lebenswichtig für den menschlichen Organismus. Der infrarote Teil des Lichtspektrums ist ein langwelliges, wärmespendendes Licht von erheblicher Tiefenwirkung, das ungehindert durch Verglasungen tritt. Es tritt bei Bestrahlung in der Tiefe der Haut eine kräftige Durchwärmung auf, der eine Erweiterung der Blutgefäße und damit eine Durchblutungssteigerung folgt, die für längere Zeit anhält und Heilungsvorgänge unterstützt. Aus den zuvor erwähnten Gründen besteht vor allem bei Kindern, aber auch bei älteren und kranken Menschen, das dringende Bedürfnis nach ausreichendem Sonnenlicht in der lichtarmen Jahreszeit. Vor allem ein richtig orientierter Wintergarten ermöglicht im Winterhalbjahr einen längeren Aufenthalt im direkten Sonnenlicht (bei ca. 50.000 Lux und mehr) bei behaglichen Lufttemperaturen, während ein längerer Aufenthalt im Freien ohne entsprechende körperliche Bewegung wegen der Kälte nur beschränkt möglich ist. Die üblichen Isolier- und Wärmeschutzgläser filtern die UV-Strahlung fast vollständig aus, sind aber für IR-Strahlung weitgehend durchlässig. Dadurch hat auch ein sehr häufiger Aufenthalt im Sonnenlicht des Wintergartens keine schädlichen Nebenwirkungen – trotz Ozonlochs und steigender Hautkrebsraten. Ein langer Aufenthalt im Sonnenlicht im Freien hingegen, vor allem im Gebirge, ist hier wegen der UV-Strahlung ohne entsprechende Vorkehrungen nicht empfehlenswert.

Neben den zuvor beschriebenen positiven Auswirkungen der Sonnenstrahlung direkt auf die Psyche und den Organismus des Menschen gibt es noch eine Anzahl von Wirkungen, die primär die Behaglichkeit der Innenräume erhöhen und somit indirekt zum Wohlbefinden des Menschen beitragen. Diese Wirkungen werden von der Wohnphysiologie, der Wissenschaft, die das Verhalten und die Reaktionen des Menschen im Wohnbereich erforscht, und die sich mit den Anforderungen an eine gesunde Wohnung beschäftigt, erfaßt: Die laufende Austrocknung der Baustoffe, vor allem in der kalten Jahreszeit, dürfte die wichtigste wohnphysiologische Wirkung sein. Bekanntlich kann vor allem bei mehrschichtigen Außenwandbauteilen (Wände, Dächer) bei gewissen Klimasituationen zumeist im Winter Wasserdampf in den Bauteilen kondensieren. Das Kondensat trocknet bei Sonnenbestrahlung und Erwärmung wieder aus. Die Sonnenstrahlung hat eine starke bakterientötende Wirkung. In verhältnismäßig kurzer Zeit (einige Minuten) werden nach direkter Sonnenexposition Bakterien und andere Mikroorganismen vollständig abgetötet.

6.2.2. Höhere Wohnqualität durch mehr Tageslicht und intensiveres Erleben von Wetter, Jahreszeiten und Natur

Das Tageslicht, das durch die großzügigen Verglasungsflächen passiver Sonnenhäuser den Innenräumen eine große Helligkeit verleiht, auch wenn die Sonne nicht scheint, hat ähnlich positive Auswirkungen auf die

Psyche des Menschen wie das Sonnenlicht. Der Aspekt des intensiven optischen Informationsaustausches zwischen Innenraum und Außenraum, Bewohner und Umwelt, der durch diese Bauweise ermöglicht wird, sollte nicht übersehen werden. Das intensive Zusammenleben mit der natürlichen Umwelt, das unmittelbare Eingehen auf sich verändernde Wettersituationen, war für frühere Generationen selbstverständlich und lebenswichtig. Erst in letzter Zeit ist diese Beziehung durch das Leben in gleichmäßig temperierten, thermostatgeregelten und künstlich belichteten Innenräumen immer mehr verlorengegangen. Dieser Sachverhalt hat zwar unsere Bequemlichkeit etwas erhöht, sich aber negativ auf die menschliche Gesundheit und Psyche ausgewirkt und wesentlich zur Steigerung des Energieverbrauchs beigetragen. Die Solararchitektur ermöglicht wieder die unmittelbare Wahrnehmung der klimatischen Bedingungen, jedoch ohne Komfortverlust. Das Leben mit der Natur, mit dem Tagesablauf und den Jahreszeiten ist der wohl stärkste Eindruck, den ein Wintergarten vermitteln kann, wie das folgende Zitat eines Bewohners zeigt: „Wenn die Sonne in der Übergangszeit scheint, ist es wahnsinnig angenehm. Das ist wie in Griechenland. Ich schau' immer, wann die Sonne kommt. In der Früh ist es im Wintergarten zwar ein bißchen kalt, aber nicht kalt genug, um zu heizen. Ich weiß, dann in ein paar Stunden wird es angenehm. Man lebt eigentlich mit der Natur mit." [4.6].

Die Energie der Sonne kann sinnlich wahrgenommen und sinnvoll eingesetzt, das Leben und der Tagesablauf auf sie ausgerichtet werden. Das Erleben der durch die Jahreszeiten bedingten zyklischen Veränderung der pflanzlichen Umwelt und die Möglichkeit der Beobachtung von Pflanzenwachstum auch im Winter im eigenen Glashaus wird als sehr positiv empfunden [6.3]. Es ist dadurch das unmittelbare Erlebnis von sinnvollen Zusammenhängen und Vorgängen, wie sie uns in der Natur gezeigt werden, gegeben. Es ist zu hoffen, daß diese Anregungen sich positiv auf das Umweltbewußtsein aller Bewohner auswirken.

6.2.3. Mit reduziertem Heizenergiebedarf umweltbewußt bauen

Umweltbewußtes, ökologisches Bauen ist in erster Linie energiesparendes Bauen. Der Energieverbrauch und die zugehörigen Emissionen eines Gebäudes sind in diesem Zusammenhang wesentliche ökologische Kenngrößen, die während der Planungs- und Bauphase entscheidend beeinflußt werden können. Dies ist eine der wichtigsten Herausforderungen für die Architekten, Stadtplaner und sonstigen Fachingenieure in der heutigen Zeit. Es ist heute technisch möglich, bei konsequentem Einsatz von Sonnenenergie und Energiespartechnologie auf den Ebenen der Bebauungsplanung, der Gebäudeplanung und der Hausinstallation den Primärenergiebedarf auf bis zu 12% des Bedarfs einer konventionellen Siedlung zu reduzieren [6.4].

Das größte Energiesparpotential steckt in unseren Häusern und kann durch richtige Planung vom Bebauungsplan bis zum Detailplan vorerst ohne bauliche Mehrkosten genutzt werden. Bei einem durchdachten Einsatz von Komponenten der Solararchitektur kann mit geringen Mehrkosten ein hoher Nutzen erzielt werden. Gebäude, die nach solararchitektonischen Gesichtspunkten errichtet wurden, benötigen lediglich ein Fünftel der Heizenergie anderer Neubauten und ein Zehntel der Heizenergie von Bauten aus der Zeit um 1970 und davor [6.5].

Während heute bei Kombithermen, Waschmaschinen und anderen industriell gefertigten Geräten bei der Energienutzung bereits Wirkungsgrade von 80% bis 90% üblich sind, erreicht ein konventioneller Neubau ohne Berücksichtigung der Solararchitektur vergleichbar übertragene Wirkungsgrade von 10% bis 20%. Somit entspricht dieses Haus sicher nicht dem heute allgemein üblichen Stand der Technik.

Dies scheint den öffentlichen Bauherren und Planern zu wenig bekannt zu sein und wurde auch in den entsprechenden Verordnungen und Gesetzen (Bauordnung, Normen, Wohnbauförderung u.a.m.) bis auf wenige Ausnahmen nicht beachtet.

Entscheidungsträger auf der Bauherrenseite sollten also gemeinsam mit Architekten und Ingenieuren die energiepolitischen Leitlinien aufgreifen, die bis zum Jahr 2000 eine Reduktion der CO_2-Emission um 20% vorsehen und die bereits vorhandenen vielfältigen Erkenntnisse der „Solararchitektur" in die Praxis umsetzen. Absehbar ist jedenfalls, daß diejenigen Bauten im Wert sinken werden, die lediglich derzeitigen Bauvorschriften genügen und Erkenntnisse der Solararchitektur nicht berücksichtigen [6.6].

Wünschenswert wäre es, daß Banken die Baumehrkosten für Energiesparmaßnahmen auf dem Wege des Kapitalmarkts finanzieren, da Zinsen und Rückzahlungen durch den Wert der Energieeinsparungen in den ersten 20 Jahren problemlos abgedeckt werden können. Bei entsprechenden förderungspolitischen Voraussetzungen wäre dieses Modell aufgrund des vorhandenen Wissensstandes, trotz der derzeit niedrigen Energiepreise, schon heute möglich.

6.3. Strategien zur Reduzierung des Heizenergiebedarfes

Der passiven Solararchitektur stehen heute eine Fülle von mehr oder minder erprobten Maßnahmen der

Energieeinsparung und Energiegewinnung zur Verfügung. Der erfahrene Planer muß unter Berücksichtigung der funktionellen, klimatischen, lagebedingten und wirtschaftlichen Anforderungen der jeweiligen Bauaufgabe aus den möglichen Einzelmaßnahmen eine sinnvolle Auswahl treffen. Der Erfolg der Planung ist davon abhängig, wie weit es gelingt, diese Maßnahmen zu einem einheitlichen Energiesparsystem für das Haus zusammenzufügen, wobei einfachen, effektiven Maßnahmen vor komplizierten, aufwendigen der Vorzug zu geben ist. Zum Verständnis dieser Einheit ist eine Betrachtung des Gebäudes als Energiesystem hilfreich.

6.3.1. *Das Gebäude als Energiesystem*

Die Schaffung einer Hülle, in der ein gleichmäßiges, behagliches Innenklima erreicht werden kann, ist einer der Hauptgründe für den Bau von Gebäuden. Zur Herstellung dieses künstlichen Klimas benötigen wir Energie, deren Menge von den klimatischen Bedingungen des Umraumes und von der Qualität des Gebäudes in solararchitektonischer und thermischer Hinsicht abhängt.

Zwischen den Wärmeverlusten und den Wärmegewinnen eines Hauses muß immer ein Gleichgewicht herrschen – es ergibt sich die Wärmeenergiebilanz. Die Wärmeverluste entstehen aufgrund von Transmissionswärmeverlusten der Gebäudeumschließungsflächen, Lüftungswärmeverlusten (Infiltrationsverluste durch Gebäudeundichtheiten mit eingeschlossen), Abwasserwärme- und Abgaswärmeverlusten. Die Wärmegewinne entstehen durch Sonneneinstrahlung, Heizung, interne Wärmequellen wie elektrische Geräte, Warmwasser, Personenwärme, Beleuchtung u.a.m. Um eine Reduzierung des Energieverbrauches eines Hauses zu erreichen, müssen einerseits die Wärmeverlustquellen minimiert werden und andererseits die Energieverbrauchsquellen im Gebäude reduziert werden, bei gleichzeitiger Maximierung der Solargewinne. Kennt man die Energieströme in einem Gebäude, so kann man auch Maßnahmen zu deren Beeinflussung ergreifen.

6.3.2. *Strategien zur Reduzierung des Heizenergiebedarfs*

Im folgenden wird versucht, Möglichkeiten und Wege aufzuzeigen, die zu einer effektiven Solarstrategie führen können. Es wird dabei nur der Energieaspekt beachtet; vorausgesetzt wird, daß übergeordnete Zielsetzungen ästhetischer, funktioneller und nutzungsbedingter Art bereits entsprechend berücksichtigt wurden. Durch eine richtig ausgewählte Anzahl genau aufeinander abgestimmter Einzelmaßnahmen der Solararchitektur läßt sich der gesamte Heizenergiebedarf eines Hauses wirtschaftlich reduzieren. Es ist bei der Auswahl der Einzelmaßnahmen eine hierarchisch geordnete Solarstrategie zu verfolgen, wobei zuerst die Maßnahmen ausgewählt werden, die im Verhältnis zum Einsatz der Mittel die jeweils größte Energieeinsparung ermöglichen. Die folgenden, weniger effektiven Maßnahmen sollten aufeinander aufbauend das Solarkonzept ergänzen. Aus Gründen der Wirtschaftlichkeit erweist es sich mitunter als sinnvoll, weniger effektive Maßnahmen so vorauszuplanen, daß diese auch nach Fertigstellung des Gebäudes (wenn entsprechende Mittel vorhanden sind, bzw. wenn die gestiegenen Energiekosten die Wirtschaftlichkeit dieser Maßnahmen erhöhen) jederzeit und mit geringeren Mehrkosten ausgeführt werden können. Eine Verringerung des Energieverbrauches ist auf drei aufeinander aufbauenden Ebenen möglich:

1. beim Siedlungskonzept des Stadtplaners,
2. beim Baukonzept des Architekten (1. Ebene – Baukörper, 2. Ebene – Bauteile),
3. beim haustechnischen Konzept der Fachingenieure.

Neben diesen Planungsebenen ist das Benutzerverhalten und das Nutzungskonzept der Bewohner von entscheidendem Einfluß auf den Energieverbrauch. Messungen an bewohnten Solarhäusern und herkömmlichen Häusern haben ergeben, daß der Nutzereinfluß den Heizenergieverbrauch mehr als verdoppeln kann [4.8].

Es konnte nachgewiesen werden, daß der Nutzereinfluß bei gut gedämmten Gebäuden relativ kleiner als bei Gebäuden mit geringerem Wärmeschutz ist. Ein generelles Infragestellen von Wärmeschutzmaßnahmen infolge Nutzerverhaltenseinflüssen ist daher nicht gerechtfertigt. Ein richtig konzipiertes Solarhaus mit gutem Wärmeschutz schränkt die Energieverschwendung durch falsches Nutzerverhalten ein. Auch stellen Wärmeschutzmaßnahmen allein schon ein Mittel dar, ungünstige Nutzereinflüsse zu begrenzen. Bei Solarhäusern wird bei den Bewohnern durch bewußtes Leben mit der Sonne und mit den Jahreszeiten ein energiesparendes Verhalten gefördert, das zur Erhöhung der Lebensqualität beiträgt und nicht belastend empfunden wird. Durch starke Planungsbeteiligung der Bewohner und durch ausreichende Information in der ersten Zeit nach dem Bezug der neuen Wohnung wird dieses Verhalten weiterentwickelt. Es ist jedenfalls unverständlich, daß bei Übergabe einer Wohnung der Bewohner weder energie- und heizungstechnische Daten noch Betriebsinformationen bekommt, während z.B. beim Kauf eines Autos, das einen Bruchteil kostet, umfangreiche Bedienungsanleitungen und dicke Handbücher übergeben werden.

6.3.3. Die Hierarchie solarer Entwurfs- und Planungsmaßnahmen

Das solare, klimagerechte Bauen basiert auf einer Reihe hierarchisch geordneter Maßnahmen. In Abb. 6.1 sind die Planungsbereiche, -maßnahmen und -ebenen für die konsequente Entwicklung von Solararchitektur dargestellt. Primäre, übergeordnete Maßnahmen betreffen die Raumplanung, den Städtebau (Ebene 1) und die Objektplanung (Ebene 2) und führen ohne die geringsten Mehrkosten zu großen Energieeinsparungen. Sekundäre, nachgeordnete Bereiche betreffen die Bautechnik und die Haustechnik (Ebene 3) und verursachen zur Erreichung von Energieeinsparung höhere bauliche Mehrkosten. Die primären, übergeordneten Entscheidungen legen langfristig die Struktur der Stadt und der Gebäude fest und können erst durch den vollständigen Abbruch aller dieser Gebäude revidiert werden. Die sekundären, nachgeordneten Entscheidungen, die die Gebäudeaußenflächen und Haustechnik betreffen, können nachträglich verbessert werden. In einer kurzen Übersicht werden die einzelnen Maßnahmen – nach ihrer Wirtschaftlichkeit bzw. ihren gestalterischen Auswirkungen geordnet (siehe Diagramm) – angeführt [6.7].

Maßnahme 1: Kleinklima und Lage, Regionalplanung und Flächenwidmungsplanung

Lage des Bebauungsgebietes und des Bauplatzes. Ideal: Südhang, unbeschattet, windgeschützt, in Gewässernähe. Lagebedingte und klimatische Gegebenheiten sind genau zu berücksichtigen.

Maßnahme 2: Erstellung des Bebauungsplanes

Anordnung der Bebauung. Ideal: Südorientierte Zeilen oder Laubenganghäuser, ohne große Beschattung (15°–25° Besonnungswinkel). Eine ökologische Niedrigenergiestadt nach den Grundsätzen des klimagerechten Bauens könnte ein gesünderes und milderes Lokalklima als im Freiland entwickeln. Dies kann durch entsprechende, möglichst beschattungsfreie und windgeschützte Anordnung der Baukörper, durch konsequente Vermeidung von Luftverunreinigungen und Abwärme, durch Schaffung von ausreichenden Vegetations- und Wasserflächen in Freiräumen, durch Dachgärten, Grasdächer und Fassadenbegrünungen, durch entsprechend kleinräumige Luftzirkulation und Frischluftzufuhr, durch die aktive und passive Nutzung der Sonneneinstrahlung und der damit verbundenen Vermeidung von Überwärmung durch sinnvolle Abfuhr der Strahlungswärme erreicht werden.

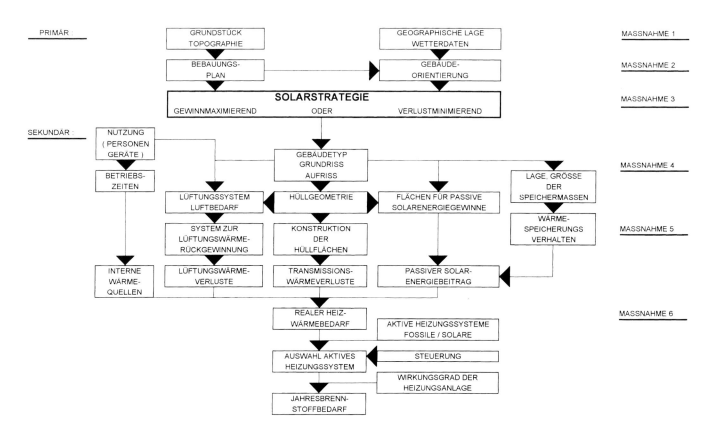

Abb. 6.1: Übersicht über die Einzelmaßnahmen der Solarstrategien

Maßnahme 3: Konzept des Gebäudeentwurfes
Beurteilung des Grundstückes nach Besonnung und Bebauungsdichte und Entscheidung für die gewinnmaximierende (G) oder verlustminimierende (V) Strategie. Da für die beiden Strategien bei den folgenden Maßnahmen die einzelnen Konstruktionen unterschiedliche Prioritäten aufweisen, wird getrennt auf beide Strategien eingegangen.

3.G.: Gewinnmaximierende Strategie für städtische Bebauung mittlerer und geringerer Dichte mit ausreichender Besonnung: Die Gebäudeform des gewinnmaximierten Baukörpers wird so gewählt, daß, unabhängig von einer gewissen Vergrößerung der Außenoberfläche, eine möglichst große südorientierte Sonnensammelfläche ohne wesentliche Beschattung entsteht. Die großen Glasflächen sollen nach Süden und Zeilenbauten mit dem First in Ost-West-Richtung weisen, um hohe Strahlungsgewinne zu ermöglichen. Ausreichende Speichermassen und hohe Wärmedämmung der Gebäude setzen die Strahlungsgewinne in nutzbare Wärme um. Wohnräume sollten nach Süden orientiert sein, wenig oder nicht beheizte Räume nach Norden. Der Heizenergiebedarf ist bei identen Häusern bei einer Südorientierung um etwa 15% geringer als bei der um 90° gedrehten Zeile. Gleichzeitig werden südorientierte Dachflächen geschaffen, die sich für den Einbau von Sonnenkollektoren eignen. Höhere Häuser sollten im Norden, niedrigere im Süden stehen.
Vorteil: Sonnige Wohnungen mit hohem Wohnwert. Bei hochwertigem Solarkonzept hohe passive Sonnenenergiegewinne – dadurch sehr niedriger Energieverbrauch.
Haustypen: Reihenhaus, Laubenganghaus, etc.; Orientierung der Wohnungen nach Süden.

3.V.: Verlustminimierende Strategie für dichte innerstädtische Bebauung ohne ausreichende Besonnung: Die verlustminimierende Solarstrategie geht davon aus, daß es im dichter verbauten Gebiet zu einer gegenseitigen Beschattung der Baukörper kommt und überdies die einzelnen Baukörper nicht immer optimal orientiert werden können. Beim verlustminimierten Baukörper werden durch eine kompakte Gebäudeform, die im Vergleich zum umschlossenen Volumen eine möglichst geringe Außenoberfläche mit hoher Wärmedämmung aufweist, die Transmissionswärmeverluste reduziert, wobei Oberflächenvolumsfaktoren unter 0,3 anzustreben sind. Als solararchitektonische Maßnahmen können z.B. Glasdächer für die Überdeckung von Innenhöfen und Gassen sowie Pufferräume eingesetzt werden (Lüftung mit Wärmerückgewinnung).

Vorteil: Sehr wirtschaftlich in den Baukosten, relativ niedriger Energieverbrauch ist wirtschaftlich erreichbar.
Haustypen: Mittelganghaus, Haus um glasüberdeckten Erschließungsbereich, Orientierung der Wohnungen nach Osten oder Westen.

Maßnahme 4: Passive Nutzung der Sonnenenergie – passive sonnentechnische Bauteile, nach Wirtschaftlichkeit geordnet
4.G.: Gewinnmaximierende Strategie.
4.G.1. Sonnenfenster: k-Wert-Verglasung unter $1{,}1\,W/m^2\,K$, Wärmespeichermasse und Sonnenschutz beachten.
4.G.2. Fensterkollektor: Luftkreislauf, eigener Wärmespeicher.
4.G.3. Wand mit transparenter Wärmedämmung: Sonnenschutz beachten.
4.G.4. Wintergarten: automatische, differenztemperaturgesteuerte Be- und Entlüftung in Wohnungen, Steigerung der Wohnqualität – zusätzlicher Wohnraum, daher keine Mehrkosten für Energiegewinnung.

4.V.: Verlustminimierende Strategie.
4.V.1. Glasüberdeckte Bereiche: k-Wert des Glases unter $1{,}1\,W/m^2\,K$, möglichst große Südflächen, Lüftung beachten.
4.V.2. Wintergarten: automatische, differenztemperaturgesteuerte Be- und Entlüftung in Wohnungen, Steigerung der Wohnqualität – zusätzlicher Wohnraum, daher keine Mehrkosten für Energiegewinnung.
4.V.3. Sonnenerker: Sonderform Sonnenfenster, auskragend nach Süden ausgerichtet, teilweise beschattet, k-Wert Verglasung unter $0{,}8\,W/m^2\,K$.

Maßnahme 5: Baukonstruktionen und Einrichtungen zur Energieeinsparung
5.1. Wand- und Dachkonstruktion mit hoher Wärmedämmung, k-Werte von $0{,}1\,W/m^2\,K$ bis $0{,}3\,W/m^2\,K$.
5.2. Wärmerückgewinnung aus Abluft, kombiniert mit Be- und Entlüftungsanlage.
5.3. Wärmerückgewinnungsanlagen aus Abwasser.

Maßnahme 6: Haustechnische Installationen zur umweltfreundlichen Energiegewinnung
6. Gewinnmaximierende und verlustminimierende Strategie.
6.1. Brauchwassererwärmung mit Sonnenkollektoren: entsprechende südorientierte Sonnenenergiesammelflächen, vor allem bei gewinnmaximierender Bauweise, Gemeinschaftswasserspeicher.
6.2. Wärmepumpen: in Kombination mit Lüftungswärmerückgewinnung, Absorberflächen.

6.3. Blockheizkraftwerk: wenn keine Fernwärme vorhanden ist, bei größeren Siedlungen, Hackschnitzel und Strohkraftwerke.
6.4. Photovoltaikanlagen.

6.4. Orientierung und Besonnung des Bauplatzes

Einen großen Einfluß auf einen Gebäudeentwurf, der nach den Kriterien der Energieeinsparung und der passiven Sonnenenergienutzung erstellt werden soll, hat die Orientierung des Bauplatzes nach den Himmelsrichtungen und die Beschattung durch bestehende Gebäude oder das Gelände. Es gibt zwei Verfahren zur Bestimmung der Beschattung.

Zylindrische Projektion:
Die Beschattung eines Bauplatzes kann entsprechend ÖNORM M 7703 mit einem Sonnenweg-Diagramm ermittelt werden (Abb. 6.2). Dazu wird der natürliche Horizont in das Sonnenweg-Diagramm eingetragen. Die Bestimmung der Horizontüberhöhung kann mit Hilfe eines Horizontoskopes durch direktes Anvisieren und Ablesen auf dem durchsichtigen Projektionsschirm des Meßtisches erfolgen. Eine andere Möglichkeit stellt die Bestimmung des natürlichen Horizonts mit einem Theodoliten dar, wobei für die einzelnen Horizontpunkte jeweils der Grundrißwinkel und der Höhenwinkel zu ermitteln und in das Sonnenweg-Diagramm einzutragen sind.

Stereografische Projektion:
Der natürliche Horizont läßt sich auch photographisch mit Hilfe eines Fischauge-Objektivs ermitteln, wobei die Kamera genau horizontal gegen den Himmel gerichtet aufgestellt werden muß. Über das Foto des natürlichen Horizontes wird dann ein entsprechendes

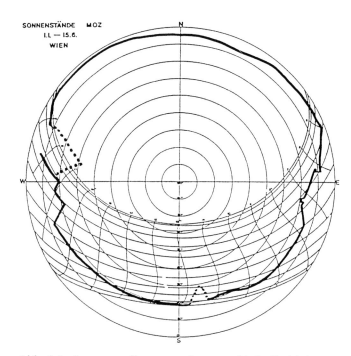

Abb. 6.3: Sonnenwegdiagramm – Stereographische Projektion

Sonnenweg-Diagramm gelegt, die Beschattung eingezeichnet, und die Stundenwerte werden abgelesen (Abb. 6.3). Nach einer kritischen Beurteilung der möglichen Besonnung ist für die weitere Ausarbeitung des Entwurfes die Entscheidung zwischen der *verlustminimierenden Solarstrategie* und der *gewinnmaximierenden Solarstrategie* zu treffen. Sollte die Orientierung des Bauplatzes ungünstig sein und eine große Beschattung festgestellt werden, so ist ein *verlustminimierender Baukörper* zu entwickeln, der im Verhältnis zum umbauten Volumen eine möglichst geringe Außenoberfläche aufweist.

Sollte der Bauplatz eine Ausrichtung des Gebäudes nach Süden ermöglichen und wenig beschattet sein, so kann ein *gewinnmaximierender Baukörper* entwickelt werden, bei dem ein möglichst großer Teil der Außenoberfläche direkt zur Sonne, nach Süden, orientiert ist.

6.5. Verlustminimierende Strategie für dichte, innerstädtische Bebauung ohne ausreichende Besonnung

Das Verhältnis der Außenoberfläche zum umschlossenen Volumen wird als A/V-Faktor (Oberflächen/Volumen-Faktor) definiert und bewegt sich etwa von 0,75 beim Einfamilienhaus bis 0,2 beim großvolumigen Verwaltungsbau oder bei dichter städtischer Bebauung (Abb. 6.4). Neben der Größe der Baukörper, die den

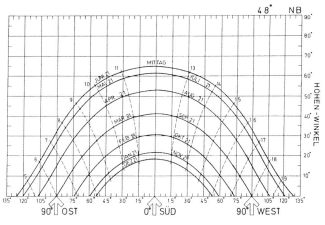

Abb. 6.2: Sonnenwegdiagramm nach ÖNORM M 7703

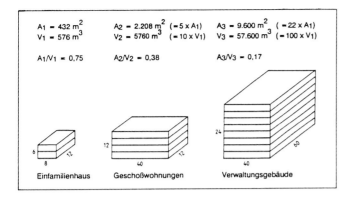

Abb. 6.4: Oberflächen/Volumen-Faktoren unterschiedlicher Siedlungstypen

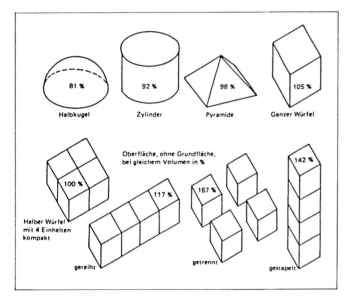

Abb. 6.5: Oberflächenoptimierung – Der Wärmeverlust sinkt proportional zur Reduktion der Oberfläche

A/V-Faktor entscheidend beeinflußt (z.B. Würfel mit 2 m, 20 m und 200 m Kantenlängen weisen A/V-Faktorren von 3, 0,3 und 0,03 auf), wird dieser auch durch die geometrische Form und die Gliederung der Außenoberfläche verändert. Die Kugel und der Würfel haben im Vergleich zu prismatischen Körpern einen günstigen A/V-Faktor. Die unterschiedliche Größe der Oberfläche verschiedener geometrischer Körper bei gleichem Volumen wird in Abb. 6.5 gezeigt. Die starke Gliederung der Fassaden eines Baukörpers durch Vor- und Rücksprünge, Erker und Nischen, Pfeilervorlagen und Gesimse kann die Außenoberfläche eines Gebäudes und somit die Fläche der Wärmeabstrahlung bis auf das 4fache Ausmaß vergrößern. Allerdings sinkt der Energieverbrauch nicht proportional mit der geringeren Außenoberfläche, da größere Baukörper mehr Energie für Lüftung und Beleuchtung benötigen und größere Fensterflächenanteile mit schlechterer Wärmedämmung aufweisen als kleinere Baukörper.

Im Wohnbau ergibt sich dadurch eine zweiteilige Gebäudestruktur mit Mittelgang (bis hin zur glasüberdeckten Passage), bei der der eine Teil der Wohnungen nach Osten und der andere Teil der Wohnungen nach Westen gerichtet ist. Somit wird erreicht, daß die Wohnungen zumindest während eines Teiles des Tages Sonnenlicht erhalten. Als solararchitektonische Maßnahmen können Glasdächer für die Überdeckung von Innenhöfen, Passagen oder Pufferräumen eingesetzt werden (Lüftung mit Wärmerückgewinnung).

Durch glasüberdeckte Bereiche, deren Oberlichten möglichst nach Süden orientiert sind und die daher als Sonnenatrien bezeichnet werden, kann mittels direkter Wärmegewinne ein hoher Anteil der eingestrahlten Sonnenenergie als Wärme genutzt werden, da zumeist eine im Vergleich zur Verglasungsfläche sehr hohe Wärmespeichermasse der vorhandenen Gebäudekonstruktion zur Verfügung steht. Allerdings ist gegen Überwärmung eine wirksame Durchlüftung und eventuell ein Sonnenschutz vorzusehen.

Glasdächer und -oberlichten tragen auch wirkungsvoll zur natürlichen Belichtung bei – jedenfalls mehr als doppelt so gut wie vertikale Fensterflächen – und helfen Kunstlicht zu sparen. Da künstliches Licht nur einen Wirkungsgrad von 5% besitzt, kann viel Primärenergie gespart und die Wohn- und Nutzungsqualität wesentlich verbessert werden.

6.6. Gewinnmaximierende Strategie für städtische Bebauung mittlerer und geringerer Dichte mit ausreichender Besonnung

Die gewinnmaximierende Strategie ist eher für locker verbaute Siedlungsgebiete günstig, wo die Möglichkeit besteht, die einzelnen Baukörper ohne wesentliche gegenseitige Beschattung optimal auf die Sonne auszurichten. Beim gewinnmaximierten Baukörper wird die Gebäudeform so ausgewählt, daß, unabhängig von einer gewissen Vergrößerung der Außenoberfläche, eine möglichst große südorientierte Sonnenenergiesammelfläche erreicht wird.

Ein leicht handhabbares Hilfsmittel zur Beurteilung eines Baukörpers im Hinblick auf die passive Nutzung der Sonnenenergie und unter Berücksichtigung des Einflußes der Außenoberfläche ist die von W. Pokorny definierte Entwurfsgütezahl EGZ für Solarhäuser [6.8]:

$$EGZ = \frac{F_{süd}}{A_{ges}}$$

$F_{süd}$ = Projektion der wirksamen aktiven Flächen auf eine genau südorientierte Ebene

A_{ges} = gesamte Oberfläche des Gebäudes (aktive und passive Flächen).

An jeder Gebäudehülle können grundsätzlich zwei Arten von Flächenelementen unterschieden werden, die wie folgt definiert sind:

Aktive Flächen
Das sind alle jene Flächen der Gebäudehülle, die durch ihren Aufbau zur Aufnahme der Sonnenstrahlung geeignet sind, wie beispielsweise transparente Flächen, verglaste Speicherwände, Kollektorflächen usw., und die außerdem auch tatsächlich von der direkten Sonneneinstrahlung getroffen werden. Wie weit diese Flächen dann tatsächlich für passive sonnentechnische Bauteile genutzt werden, hängt von der detaillierten Baukonstruktion (Nutzung, Speichermassen, Wärmeschutz, mögliche Baukosten, Haustechnik usw., den Maßnahmen 4 bis 6) ab.

Passive Flächen
Das sind alle übrigen Flächen. Diese Hüllenteile dienen nur dem Schutz vor zu starkem Wärmeverlust und sollten ihrer Aufgabe entsprechend optimal gedämmt sein. In Abb. 6.6 sind einige einfache Grundrißformen wiedergegeben. Es werden nur zweigeschossige Gebäude mit einer Bruttogeschoßfläche von 65 m² je Geschoß und mit den Grundrissen a bis d angenommen, welche nach oben durch ein Flachdach oder durch eine horizontale oberste Geschoßdecke mit darüberliegendem durchlüfteten Kaltdach abgeschlossen sind. Die nach der Formel berechneten solaren Entwurfsgütezahlen dieser Gebäude sind unter dem jeweiligen Grundrißtyp angegeben. Für die Gesamtoberfläche A_{ges} wurde die Summe aus den Wandflächen und der obersten Geschoßdecke eingesetzt. An den Ergebnissen ist folgendes bemerkenswert:

– Die quadratische Hausform ist im Hinblick auf passive Sonnenenergienutzung ungünstig.
– Die langgestreckte rechteckige Hausform ergibt eine große Entwurfsgütezahl. Sie ist für Solarhäuser gut geeignet. Je gestreckter der Baukörper (z.B. bei einer Reihenhauszeile), desto besser.

– Die eher ungewöhnlichen Formen c und d besitzen sogar noch etwas größere EGZ als der langgestreckte Rechteckbaukörper.

Durch diese Entwurfsgütezahl wird versucht, ein Optimum eines gewinnmaximierten Baukörpers zu finden, wobei die Vergrößerung der Außenoberfläche berücksichtigt wird. Um möglichst hohe Strahlungsgewinne zu erhalten, sollten die großen Glasflächen nach Süden weisen und Zeilenbauten mit dem First in Ost-West-Richtung liegen. Wohnräume sollten nach Süden orientiert sein, wenig oder nicht beheizte Räume nach Norden. Der Heizenergiebedarf ist dann um etwa 15% geringer als bei der um 90° gedrehten Zeile. Gleichzeitig werden südorientierte Dachflächen geschaffen, die sich für den Einbau von Sonnenkollektoren eignen. Höhere Häuser sollten im Norden, niedrige im Süden stehen.

6.7. Gegenüberstellung von verlustminimierten und gewinnmaximierten Bauten

Die gewinnmaximierende Strategie ist auf eine maximal mögliche Besonnung der Gebäude im Winterhalbjahr ausgerichtet und ermöglicht damit auch eine hohe Besonnung der Innenräume in dieser Zeit. Die ausreichende Besonnung der Innenräume im Winterhalbjahr ist aus Gründen der Wohnqualität eine wichtige Zielsetzung und wirkt sich positiv auf die menschliche Psyche aus. Der infrarote Teil der Sonnenstrahlung, der durch Verglasungsflächen ungehindert durchtritt, fördert die Gesundheit des menschlichen Organismus.

Die verlustminimierende Strategie ist auf ein möglichst hohes Gebäudevolumen ausgerichtet, wobei zwar die natürliche Belichtung der Aufenthaltsräume beachtet werden muß, die Besonnung der Innenräume aber zweitrangig ist.

Im Winterhalbjahr ist die Ost- bzw. Westsonne jedoch sehr schwach und kann nicht in die Tiefe der Innenräume eindringen. Im Sommerhalbjahr ist die Ost- bzw. Westsonne sehr stark und kann durch die geringe Sonnenhöhe tief in die Innenräume eindringen und diese überwärmen. Es ist daher ein wirksamer Sonnenschutz erforderlich.

Im Wohnbau und bei Bauten, die dem ständigen Aufenthalt von Menschen dienen, wie Heime, Sanatorien, Krankenhäuser etc., sollten gewinnmaximierte Bauten aus Gründen der Wohnqualität vor verlustminimierten Bauten eingesetzt werden, wenn die Beschaffenheit des Bauplatzes dies ermöglicht. Verlustminimierte Bauten haben den Vorteil, daß die teuren Gebäudeaußenflächen minimiert werden. Im Vergleich zu gewinnmaximierten Bauten sind sie viel wirtschaftlicher herstellbar.

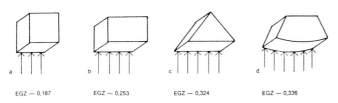

Abb. 6.6: Entwurfsgütezahlen für Hausformen

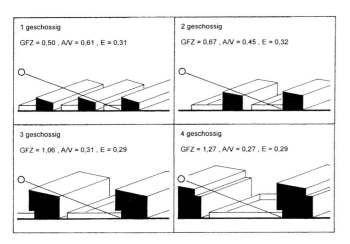

Abb. 6.7: Gegenüberstellung Entwurfsgütezahl und Oberflächenvolumsverhältnis für gewinnmaximierte Baukörper mit verschiedener Geschoßanzahl

Die Entscheidung zwischen gewinnmaximierender Bauweise und verlustminimierender Bauweise fällt zumeist schon bei Erstellung des Bebauungsplans. Bei einer gewinnmaximierenden Bebauung können Geschoßflächenzahlen von 0,5 (bei eingeschossiger Teppichbebauung) bis 1,27 (bei viergeschossiger Zeilenbebauung) erreicht werden, wie in Abb. 6.7 gezeigt wird. Das Oberflächenvolumsverhältnis nimmt mit höherer Bebauung entsprechend ab. Die solare Entwurfsgütezahl ist jedoch beim zweigeschossigen Reihenhaus günstiger, die Werte zeigen aber keine großen Unterschiede.

In Tabelle 6.3 wird versucht, herkömmliche und historische Siedlungstypen nach den Kriterien „gewinnmaximiert" und „verlustminimiert" zu ordnen. Die planerische Kenngröße Geschoßflächenzahl (GFZ) beschreibt die Bebauungsdichte, und das

Tabelle 6.3. Planerische und energetische Kenngrößen verschiedener Siedlungstypen

Siedlungstype	Geschoßflächenzahl GFZ	Oberfl./Vol.-Verh. A/V	Anschlußwert nach DIN 4701 W/m^2	Nutzwärmehöchstleistg. W/m^2
GEWINN-MAXIMIERT				
Ein- u. Mehrfamilienhaussiedlung niedriger Dichte	0,02–0,18	0,6–1,0	160–180	210–250
Dorfkern und Einfam. haussiedlg. hoher Dichte	0,1–0,5	0,55–0,65	100–130	130–170
Reihenhaussiedlung	0,2–0,4	0,5–0,6	100–110	135–145
Zeilenbebauung mittlerer Dichte	0,4–0,8	0,35–0,45	110–120	145–155
Zeilenbebauung hoher Dichte u. Hochhäuser	0,8–1,2	0,25–0,35	70	95
VERLUST-MINIMIERT				
Blockbebauung	0,5–1,5	0,3–0,4	75–85	100–115
Citybebauung ab Mitte 19. Jahrhundert	1,3–3,0	0,2–0,3	33–55	50–70
Mittelalterliche Altstadt	1,5–4,5	0,2–0,25	50–70	75–90
Industrie und Lagergebiet	0,8–1,2	0,25–0,35	65–80	90–105

Oberflächen-Volums-Verhältnis (A/V) charakterisiert die Baukörper.

Die energetischen Kenngrößen sind bezogen auf eine herkömmliche bzw. historische Bauweise und berücksichtigen nicht die Möglichkeiten moderner energiesparender Bautechnik. Die Trennungslinie zwischen den beiden Typen liegt bei etwa 100 W/m² spezifischer Wärmeleistung (Anschlußwert). Beispiele historischer Bauformen zeigen, daß eine verlustminierte defensive Bebauungsstruktur, die sich der Topographie des Geländes, den mikroklimatischen Gegebenheiten und den natürlichen Ressourcen einer Landschaft anpaßt, energetisch gesehen günstig abschneidet. Bei entsprechender Verbesserung der Effizienz der Sonnenenergiesammelflächen (Super-Wärmeschutzglas und transparenter Wärmedämmung) werden gewinnmaximierte Baukörper und Siedlungstypen zunehmend bedeutender.

Ein Vergleich zwischen gewinnmaximierten und verlustminierten Wohnbauten ist in Abb. 6.8 schematisch dargestellt. Es wurden zwei verlustminierte und zwei gewinnmaximierte Baukörper mit gleichem Innenvolumen (ohne Berücksichtigung der Erschließung), geeignet für übliche Wohnungen, festgelegt und die solaren Kenngrößen errechnet:

Verlustminierter Baukörper V1 – Mittelganghaus (Länge 40 m):
Wirtschaftliche Bauform, im Winter nicht besonnte Wohnungen, dunkler Innengang, niedriges Oberflächenvolumsverhältnis und kaum Möglichkeiten zur passiven Sonnenenergienutzung.

Verlustminierter Baukörper V2 – Passagenhaus (Länge 40 m):
Hebung der Wohnqualität durch Erschließungspassage, Möglichkeiten zur passiven Sonnenenergienutzung.

Gewinnmaximierter Baukörper G1 – Laubenganghaus (Länge 80 m):
Hohe Wohnqualität durch südorientierte Wohnungen und sehr gute Möglichkeiten zur passiven Sonnenenergienutzung bei relativ kompaktem Baukörper. Das

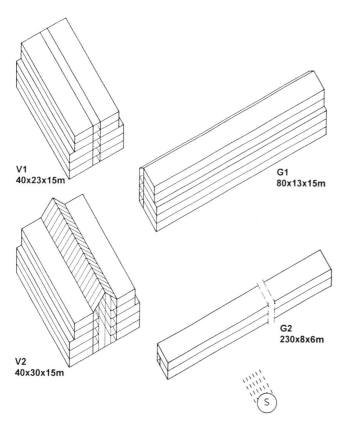

	V1	V2	G1	G2
A/V	0,2501=100%	0,3121=125%	0,3780=151%	0,4253=170%
EGZ	0,116	0,1277	0,2875	0,2938
A	2.762 m²	3.446 m²	4.174 m²	4.696 m²
V	11.040 m³	11.040 m³	11.040 m³	11.040 m³
F. SÜD	321 m²	440 m²	1.200 m²	1.380 m²

Abb. 6.8: Gegenüberstellung gewinnmaximierter und verlustminimierter Baukörper bei gleichen Volumina

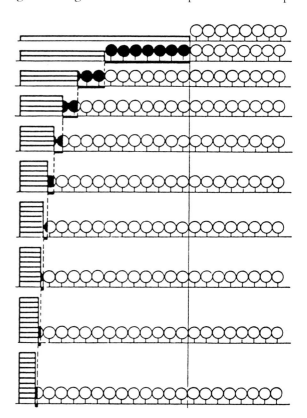

Abb. 6.9: Flächengewinn durch Geschoßhäufung zwischen ebenerdiger und zehngeschossiger Bebauung: Die durch Aufsetzen eines Stockwerkes erzielten Flächengewinne sind schwarz dargestellt, sie nehmen nach oben sehr rasch ab

Oberflächenvolumsverhältnis ist 1,5 mal so groß und die Südfläche 4 mal so groß wie beim Mittelganghaus V1.

Gewinnmaximierter Baukörper G2 – Reihenhaus (Länge 230 m):

Das Reihenhaus hat die größte Oberfläche. Es weist hohe Wohnqualität und sehr gute Möglichkeiten zur passiven Sonnenenergienutzung auf. Der Heizwärmebedarf kann beim Laubenganghaus G1 um ca. 20% geringer sein als beim Mittelganghaus V1, wenn bei gleicher Wärmedämmung der Gebäudehülle ($k = 0{,}3 \text{ W/m}^2\text{ K}$) die Südseite des Laubenganghauses zu 60% aus wirksamen passiven Solarbauteilen besteht (z.B. Sonnenfenster mit hochwärmedämmendem Glas–$k = 0{,}7 \text{ W/m}^2\text{ K}$ und $k_{eq} = -0{,}74 \text{ W/m}^2\text{ K}$). Allerdings werden die Baukosten für das Laubenganghaus G1 höher sein. Neben dem Energiebedarf von Siedlungen dürfen natürlich primäre Kriterien wie Flächenbedarf, Ästhetik und Raumbildung nicht vergessen werden. Ab einer Bauhöhe von 4 Geschossen steigt jedoch der Flächengewinn nicht wesentlich – wie Abb. 6.9 zeigt. Bei dichterer Bebauung in Zentren sollten glasüberdachte Atrien und Passagen zur Solarenergienutzung und zur Verkleinerung der Außenoberfläche verstärkt eingesetzt werden. Im Winter wie im Sommer bilden diese Räume unbeheizte Wärmefallen, und es entsteht ein wettergeschütztes Mikroklima. Durch die Wärmespeicherung der Gebäudemasse und durch relative Außenwandverringerung ergeben sich geringere Transmissionswärmeverluste. Auch wird der Windangriff drastisch reduziert. Die Verglasung des Atriums und die solarerwärmte Luft bremsen als zusätzliche Dämmschicht den Wärmeverlust. Durch die thermische Speicherkapazität der Innenwände ist die Solarenergie direkt nutzbar und kann vor allem in den Übergangszeiten mit Ventilatorsystemen und Wärmepumpen zur Raumheizung der Kernhäuser genutzt werden. Dabei wird die Temperatur innerhalb der Glashülle entsprechend gesenkt, und es werden dadurch die Wärmeverluste verringert.

7. Passive Nutzung der Sonnenenergie

Nach der Konzeption der Bebauungsstruktur und der Festlegung der Gebäudeform gilt es, die Gebäudehüllen, die das thermische Verhalten eines Hauses maßgebend beeinflussen, zu bestimmen. Die Gebäudehülle setzt sich einerseits aus Teilen zusammen, die durch Einfangen der Sonnenstrahlung zur Belichtung und zur Wärmegewinnung dienen, und andererseits aus Teilen, die nur zur Wärmebewahrung dienen. Die Hüllteile zur Nutzung von Tageslicht und Sonnenstrahlung sind zumeist wesentlich komplizierter aufgebaut und müssen in Größe und Orientierung überlegt in der Gebäudehülle angeordnet werden. Sie sind daher im Entwurf von übergeordneter Bedeutung und sollten vor den wärmedämmenden Hüllflächen festgelegt werden. Diese übergeordneten Teile der Hüllflächen sollten bei einem modernen Gebäude zugleich Bauteile der passiven Nutzung der Sonnenenergie sein. Die passive Nutzung der Sonnenenergie kann wie folgt vereinfacht beschrieben werden: Das Auffangen der Sonnenenergie erfolgt durch Absorption an Feststoffen (oder Flüssigkeiten) und durch Umwandlung in Wärme. Der Verteilung der Sonnenwärme liegen drei Übertragungsarten zugrunde: Wärmeleitung, Konvektion und Wärmestrahlung. Ihre Speicherung erfolgt im wesentlichen in Festkörpern oder Flüssigkeiten.

Ein passives Solarsystem wird durch das Zusammenwirken von fünf grundlegenden Elementen gebildet:

- der Kollektor (südorientierte sonnenstrahlungsdurchlässige Sammelfläche, z.B. Fenster, Sonnenwand, Wintergarten oder Sonnenveranda, auch Sonnenenergiesammelfläche),
- der Absorber (Oberfläche, an der die Sonnenstrahlung in Wärme umgewandelt wird, z.B. Innenwand, Speicherwand, Speicherfußboden, usw.),
- der Wärmespeicher (meistens auch konstruktiv bedingter Gebäudeteil, z.B. Speicherwand, Speicherfußboden, aber auch eigene Speicherkonstruktionen wie Schotterspeicher oder Wasserspeicher),
- die Wärmeverteilung (durch Wärmeleitung, Konvektion und Wärmestrahlung) zumeist über feste Baustoffe und Luftsysteme, aber auch mit Flüssigkeiten als Wärmeträger,
- die Regelung (Lüftungsöffnungen, Sonnenschutz, Ventilatoren, beweglicher Wärmeschutz etc.).

7.1. Klassifikation und Übersicht passiver Solarbauteile

Passive sonnentechnische Bauteile sind sonnenenergienutzende Einrichtungen, in denen der Energietransport zwischen Energieumwandler, Energiespeicher und Energieverbraucher im wesentlichen ohne zusätzliche (elektro)mechanische Hilfe erfolgt. Passive sonnentechnische Bauteile bilden mit Gestalt und Architektur eines Hauses eine Einheit:

- Sie werden durch die Orientierung des Hauses grundlegend bestimmt.
- Sie stehen in starker Abhängigkeit von der Konzeption des Hauses, wie Grundrißanordnung (Zonierung), Wärmedämmung und Konstruktion (Speichermassen).
- Sie bieten neben der reinen Energiegewinnung zusätzlichen Wohnraum (Veranda), eine bessere Aussicht (große Sonnenfenster) und verbessern den Schallschutz (Wintergarten als Lärmschleuse) usw.
- Sie haben meistens die gleiche Lebensdauer wie das Haus.

Die Amortisation ist hier schwer zu beurteilen, da mehrere Kriterien berücksichtigt werden müssen. Neben der Energieeinsparung seien vor allem die erhöhte Nutzungsqualität der Wohnräume, Langlebigkeit und Ästhetik genannt.

Im Gegensatz dazu stehen aktive sonnentechnische Anlagen wie Flachkollektoren, Sonnenspiegel, photovoltaische Sonnenzellen etc. Diese werden vorwiegend als eigene Bauteile von der Industrie entwickelt, optimiert, hergestellt und wie z.B. ein Heizkessel oder eine Glühbirne eingebaut. Sie dienen nur dem einen Nutzen, Energie zu erzeugen, und haben eine beschränkte Lebensdauer, innerhalb derer sie sich amortisieren müssen.

Als passive sonnentechnische Bauteile werden definiert:

- verglaste Fassadenelemente (Sonnenfenster ÖNORM M 7700)
- verglaste Pufferräume (Sonnenveranda ÖNORM 7700)
- Wandsysteme (Sonnenwand ÖNORM M 7700).

Diese Bauteile können auch nach der Art des Wärmegewinns klassifiziert werden (Abb. 7.1).

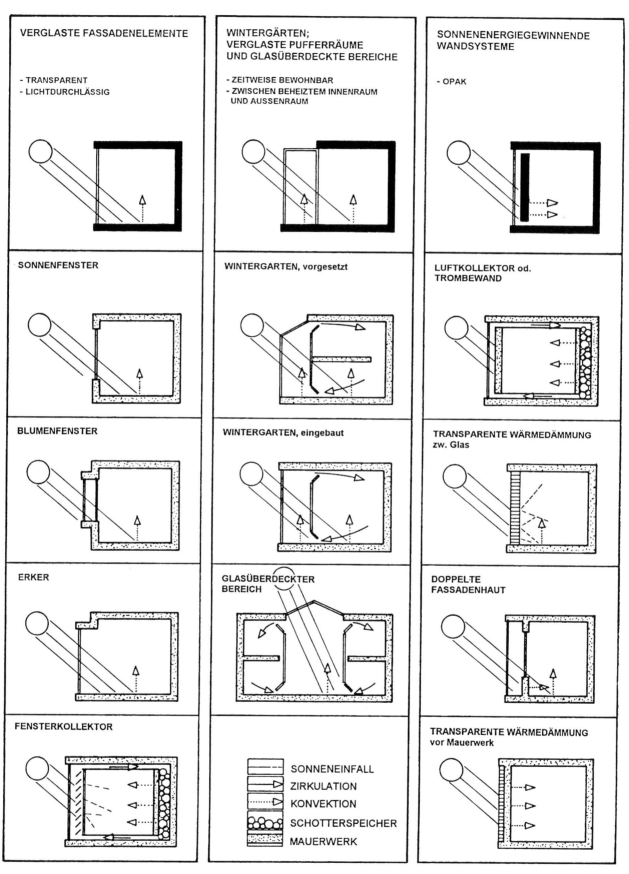

Abb. 7.1: Bauteile zur passiven Sonnenenergienutzung, Einteilung der verschiedenen Systeme

1. Direkter Wärmegewinn

Die Sonnenstrahlung fällt durch entsprechende verglaste Öffnungen (Südfenster, Oberlichten) in den Raum ein, wird an der inneren Oberfläche des Raumes absorbiert und in Wärme umgewandelt. Die Strahlungsgewinne kommen dem Raum also direkt zugute. Die direkte Wärmegewinnung ist, verglichen mit dem Aufwand, die effektivste, passive Nutzung der Solarenergie. In Abstimmung mit den Klimadaten ist aber eine genaue Dimensionierung der Fenstergrößen, der Speichermassen, der Art der Verglasung bzw. der Nachtdämmung und des Sonnenschutzes notwendig, da es sonst leicht zu großen Temperaturschwankungen, zu Überhitzungen und übermäßiger Abkühlung kommen kann (Abb. 7.2).

2. Indirekter Wärmegewinn

Die Sonnenstrahlung trifft auf eine Speichermasse und erwärmt diese. Die Speichermasse gibt die gespeicherte Sonnenwärme mit entsprechender Zeitverzögerung direkt an den angrenzenden Raum ab. Beispiele für indirekte Wärmegewinnungssysteme sind die Sonnenwand, das thermische Speicherdach und der an eine Sonnenveranda angrenzende Innenraum (Abb. 7.3).

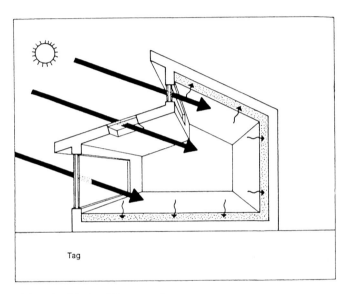
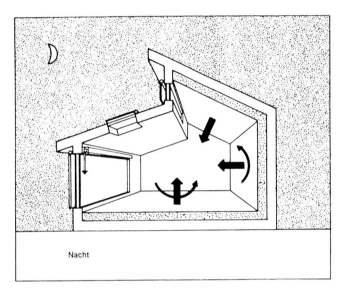

Abb. 7.2: Direkte Wärmegewinnungssysteme

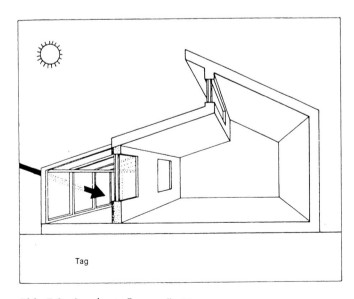
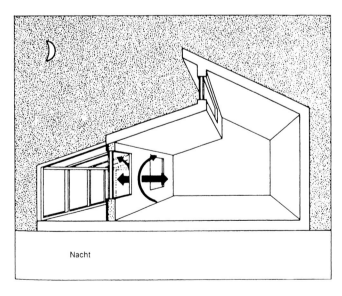

Abb. 7.3: Angebaute Sonnenräume

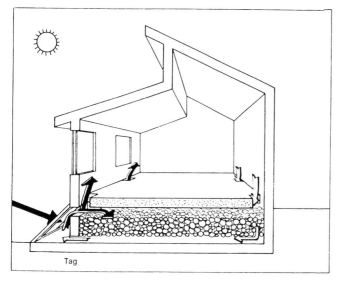

Abb. 7.4: Konvektive Schleifen

3. Isolierter Wärmegewinn
Die Sonnenwärme wird wie bei einem indirekten System gewonnen, doch besteht zwischen dem Wärmespeicher und dem zu erwärmenden Raum eine deutliche Trennung (räumliche Trennung oder Wärmedämmung), wie z.B. bei der konvektiven Schleife eines Thermosiphon-Systems und bei der Sonnenveranda (Abb. 7.4).

4. Hybride Systeme
Als hybride Systeme bezeichnet man Kombinationen von aktiven und passiven Solarsystemen. Üblich sind Systeme, wo ein Wärmeträgermedium (z.B. Luft) durch mechanischen Antrieb (z.B. Ventilator) und entsprechende Steuerung die Wirkungsweise eines passiven sonnentechnischen Systems (z.B. Glashaus) wesentlich verbessert.

7.2 Die Wirkungsweise passiver sonnentechnischer Systeme

7.2.1. Allgemeine Wirkungsweise

Zwei Faktoren sind für die Wirkung von passiven sonnentechnischen Systemen ausschlaggebend:

1. Die selektive Energiedurchlässigkeit der transparenten Bauteilabdeckung (Kollektor). Die kurzwellige Sonnenstrahlung wird durch die Verglasung nur wenig abgeschwächt durchgelassen. Für die langwellige Wärmestrahlung der Sonne ist die Verglasung jedoch undurchlässig; nach der Umwandlung der Sonnenstrahlung in Wärme (am Absorber) kann diese kaum mehr aus dem erwärmten Raum oder Speicher abfließen (Treibhauseffekt).

2. Die Speicherwirkung der Bauteile, die den Innenraum umschließen, oder des Speicherelementes, an dessen Oberfläche die Strahlungsabsorption erfolgt. Aufgabe der Speicher ist es, die Sonnenenergie zum Zeitpunkt der Zustrahlung aufzunehmen und verzögert als Wärme – am besten in der Zeit des größten Wärmebedarfs – an den Innenraum abzugeben.

Neben diesen Faktoren beeinflussen aber auch die Größe der Kollektoren oder Sonnenenergiesammelflächen, der Wärmeschutz der Gebäudehülle, die internen Wärmegewinne und das Verhalten der Bewohner die Wirkung von passiven sonnentechnischen Systemen wesentlich. Sonnenschutzeinrichtungen, Lüftung und eine flexible Wärmedämmung der Sonnenenergiesammelfläche sind zu berücksichtigen.

7.2.2. Der Einfluß von Größe und Orientierung der Sonnenenergiesammelflächen

Die Größe der Sonnenenergiesammelflächen eines Hauses (der Südfenster, der Veranden, der Sonnenwände etc.) wird im wesentlichen von der Gestalt des Hauses, insbesondere von dessen Form, Orientierung und der Anordnung der Innenräume, bestimmt. Die Größe der Sonnenenergiesammelflächen ist aber auch das Kriterium, das das Haus zum Sonnenhaus macht.

Es wurde nachgewiesen, daß die optimale Größe von transparenten Sonnenenergiesammelflächen von den Klimakennwerten eines Standortes abhängig ist [7.1]. Für Klimaverhältnisse mit einer Heizgradtagzahl HGT = 3000 bis 4800 beträgt der untere Wert ca. 25% und der obere Wert ca. 50% der Gebäudenutzfläche – die entsprechende Wärmedämmung und Speicherwirkung des Hauses vorausgesetzt (im Wohnbau ist ein Fensterflächenanteil von ca. 10% der Fußbodenfläche üblich). Der obere Wert (50% der Gebäudenutzfläche als Maximum des Anteils passiv wirksamer Südverglasung) ergibt bei einer optimalen Kombination der passiven sonnentechnischen Bauteile und bei entsprechender Wärmedämmung und Speicherwirkung eine Einsparung von 65%–75% des Energieverbrauches eines Vergleichshauses ohne Sonnenenergiesammelflächen. Wird dieser Wert überschritten, kommt es meist zu Problemen bei der Unterbringung ausreichender Speichermassen und Speicheroberflächen; es können sich Überhitzungen und Einschränkungen der Behaglichkeit ergeben.

Die Orientierung der Sonnenfenster für direkten Wärmegewinn kann von der Südrichtung bis zu 20° nach Osten und bis 30° nach Westen abweichen, wobei die Verminderung des Strahlungsgewinnes maximal 10%, verglichen mit dem der Südrichtung, beträgt. Eine Verschwenkung nach Osten bringt raschere Aufheizung am Vormittag und Erhöhung des Wärmemaximums zu Mittag, während eine Verschwenkung nach Westen die Temperaturspitze in den Nachmittag verlagert und die Wärmeabgabe der Speichermassen weiter in den Abend ausdehnt. Somit erweist sich eine leichte Verschwenkung nach Westen als günstiger.

7.2.3. Der Einfluß des Wärmeschutzes der Gebäudehülle

Voraussetzung für die Konzeption eines passiven Sonnenhauses ist ein erhöhter Wärmeschutz (Wärmedurchgangskoeffizient: k-Wert Wand unter $0,5 \text{ W/m}^2 \text{ K}$ und Dach unter $0,3 \text{ W/m}^2 \text{ K}$). Der wirtschaftlichste Weg zur Einsparung von Heizenergie ist zuerst immer die Erhöhung der Wärmedämmung des Gebäudes. Zwar läßt sich in einem schlecht gedämmten Gebäude mehr Sonneneinstrahlung nutzbar machen als in einem gut gedämmten (da der Wärmebedarf entsprechend groß ist), aber die gleiche Heizenergieeinsparung läßt sich in einem gut gedämmten Haus ohne passive Nutzung der Sonnenenergie wesentlich einfacher und kostengünstiger erzielen. Außerdem verbleibt im schlecht gedämmten Fall ein ungleich höherer Restwärmebedarf. Der Erhöhung des Wärmeschutzes ist eine wirtschaftliche Grenze dort gesetzt, wo eine Erhöhung der Dämmstoffdicke keine wesentliche Verminderung des k-Wertes ergibt und es zu bautechnisch problematischen, kostenaufwendigen Konstruktionen kommt. Ab hier läßt sich aber der Heizenergiebedarf durch Einsatz passiver sonnentechnischer Bauteile auf wirtschaftliche Weise noch wesentlich weiter reduzieren. Als Bezugsgröße für einen entsprechend erhöhten Wärmeschutz kann ein Wärmeleistungsbedarf je m^2 Nutzfläche von 1,2–$0,8 \text{ W/m}^2$ NFK dienen (entsprechend ÖNORM B 8135). Auch in einem Land wie den USA, das zwar als Pionierland auf dem Gebiet der passiven Nutzung der Sonnenenergie gilt, wo aber Wärmedämmung nicht zur traditionellen Bautechnik gehört, ist der Grundsatz „First insulate, then use solar" gültig [7.2].

7.2.4. Der Einfluß der Speicherwirkung

Für die Effizienz von passiven Systemen und den ausgeglichenen Verlauf der Innentemperatur in Sonnenhäusern ist das Vorhandensein von ausreichenden Wärmespeichermassen von grundlegender Bedeutung. Man wird bestrebt sein, zur Wärmespeicherung vorerst schon vorhandene konstruktionsbedingte Gebäudeteile wie Wände, Decken, Böden heranzuziehen. Je größer die Speicherwirkung der raumumschließenden Bauteile ist, umso geringer wird die Raumtemperaturerhöhung bei gleichem Energiegewinn sein. Da die maximal zulässige Raumtemperatur begrenzt ist (Vorzugstemperaturen), wird der mögliche Wärmeüberschuß (der weggelüftet werden muß) in Leichtbausystemen größer sein (Barackenklima) als in Massivbauten. Daher kann in Gebäuden mit guter Speicherwirkung mehr Sonnenwärme nutzbar gemacht werden als in Leichtbausystemen.

Richtig ausgelegte Speichermassen ermöglichen optimale Abgabe der gespeicherten Sonnenwärme an die Innenräume zum Zeitpunkt des Außentemperatur-Minimums in der Nacht und verhindern eine Überhitzung der Innenräume während des Tages. Sehr wichtig ist die Speicherwirkung beim direkten Wärmegewinn durch Sonnenfenster. Hier erscheint eine schwere Bauweise besonders sinnvoll, wenn ein größerer solarer Beitrag zur Raumheizung (über ca. 20%–30%) angestrebt wird. Die Speichermassen (Materialien mit hoher Rohdichte, hoher spezifischer Wärmespeicherkapazität und hoher Wärmeleitzahl) müssen direkt von der Sonnenstrahlung getroffen werden, sollen eine Oberfläche mit möglichst hoher Absorptionsfähigkeit (dunkle Farben) haben und können nur bis zu einer bestimmten Schichtdicke (ca. 20 cm für massive Baustoffe) wirksam werden.

Ein Verhältnis von Sonnenfensterfläche zu Speicheroberfläche von 1:9 und eine spezifische Speicherkapazität von mehr als ca. 0,20 kWh/m² NFK ist empfehlenswert. Entsprechend ÖNORM B 8110, Teil 3 [7.3] läßt sich die immissionsflächenbezogene speicherwirksame Masse für Sonnenfenster (größer gleich 2800 kg/m² Sonnenfensterfläche) und für Sonnenwände (größer gleich 2000 kg/m² Sonnenwandfläche) berechnen. Für Sonnenveranden soll die Speichermasse des hinter der Veranda liegenden Raumes gleich 1200 kg/m² der Verglasungsfläche zwischen Veranda und Raum sein, wobei die Immissionsfläche aus der wirksamen Fläche des passiven sonnentechnischen Bauteils samt Energiefaktoren (Gesamtenergiedurchlaßgrad) und Berücksichtigung innerer Wärmegewinne ermittelt wird. Soll die Energieeinsparung durch die passive Sonnennutzung sehr hoch sein (über 70%), so ist ein eigener Langzeitspeicher (Wasserspeicher, Schotterspeicher, Latentwärmespeicher) mit einem entsprechenden Wärmeübertragungsmedium (Luft) und einer Steuerung erforderlich, die gemeinsam ein hybrides System bilden.

7.2.5. Die problemgerechte Vorgangsweise beim Entwurf passiver solartechnischer Bauteile

– Optimierung des Wärmeschutzes der Gebäudehülle (Reduzierung des Wärmeleistungsbedarfes auf 1,20–0,8 W/m² NFK);
– Anstreben von so viel passiven solaren Energiegewinnen, als wirtschaftlich, bauphysikalisch (Vermeidung sommerlicher Überhitzung) und gestalterisch vertretbar;
– Auswahl der geeigneten und/oder vom Bewohner gewünschten passiven sonnentechnischen Bauteile (z.B. Sonnenfenster, Sonnenveranda, Sonnenwand);
– beim Sonnenfenster: Auslegung der Speicherwirkung der Bauteile auf größer als 0,20 kWh/m² spezifische Speicherkapazität bzw. 9fache Sonnenfensterfläche als wirksame Speicherfläche bzw. Auslegung nach ÖNORM B 8110 Teil 3;
– je größer die wirksame Speichermasse des passiv zu erwärmenden Raumes, umso höher ist in der Regel der solare Energiegewinn und umso kleiner ist auch die Gefahr der sommerlichen Überwärmung;
– Planung der erforderlichen Sonnenschutz- und Lüftungseinrichtungen bzw. flexiblen Wärmedämmungen, Langzeitspeicher etc. in Kombination mit den entsprechenden passiven sonnentechnischen Bauteilen.

Die gesamte Planungs- und Entscheidungsphase sollte in Abstimmung mit den künftigen Bewohnern durchgeführt werden, da nur ein entsprechend informierter und motivierter Bewohner ein passives Sonnenhaus richtig nutzen kann und wird.

7.3. Sonnenfenster und Fensterkollektoren

Sonnenfenster werden definiert als Fenster, durch deren Verglasungsflächen innerhalb einer Heizperiode mehr Sonnenenergie den dahinterliegenden Innenräumen zugeführt wird, als infolge von Wärmetransmissionen innerhalb derselben Periode über die gesamte Fensterfläche verlorengeht. Das Sonnenfenster entspricht dem zuvor beschriebenen Prozeß der direkten Wärmegewinnung. Fensterkollektoren werden zusätzlich zum direkten Wärmegewinn auch durch konvektive Schleifen eines geschlossenen Lüftungssystems unterstützt. Das Sonnenfenster erfordert den geringsten technischen Mehraufwand von allen passiven sonnentechnischen Bauteilen, läßt Tageslicht und Sonnenstrahlung in das Gebäude hinein und ermöglicht einen visuellen Kontakt zur Außenwelt. Die häufige Anwendung dieses passiven sonnentechnischen Bauteiles ist wohl darin begründet, daß er sich auch in einem eher konventionellen Haus leicht einbauen läßt. Bei richtiger Auslegung ist ein hoher Wirkungsgrad bei geringen Kosten und somit eine hohe Wirtschaftlichkeit möglich. Bei fehlerhafter Auslegung kann es aber schnell zu Energieverlusten und unangenehmen Überhitzungserscheinungen kommen, daher ist eine sorgfältige Dimensionierung erforderlich.

7.3.1. Sonnenfenster

Wichtig sind die Größe, Anordnung und Orientierung der Verglasungsflächen, die Strahlungsdurchlässigkeit und Wärmedämmung der Verglasung, eventuell flexible Wärmedämmungen und ein ausreichender Sonnenschutz – ein entsprechend erhöhter Wärmeschutz und massive wärmespeichernde Bauweise werden vorausgesetzt. Wärmespeicher müssen an Wänden und Boden des hinter dem Sonnenfenster liegenden Innenraumes ausreichend vorhanden sein, um Überhitzung während der Sonnenstunden zu vermeiden und die Abgabe von Sonnenwärme in kalten Nachtstunden zu ermöglichen (an einem Wintertag sind 65% der Wärmeverluste Nachtverluste).

Im Gegensatz zu Wintergärten, verglasten Pufferräumen und sonnenenergiegewinnenden Wandsystemen wandelt sich die Sonnenstrahlung an den inneren Oberflächen der Wohnräume um. Die Sonnenwärme entsteht direkt in den Aufenthaltsräumen und nicht in temporär benutzbaren Pufferräumen oder vor Außenwänden. Eine sorgfältige und vorsichtige Dimensionierung aller Komponenten dieser passiven sonnentechnischen Anlage, unterstützt durch Erfahrung und Berechnungen, ist erforderlich, damit es nicht in der Übergangszeit oder im Sommer durch ein

Übermaß an Sonnenwärme zu einer Beeinträchtigung der Raumnutzung kommt.

Bauformen:
- Größere Fenster und verglaste Fassadenelemente, die vorwiegend nach Süden orientiert sind.
- Blumenfenster sind vorspringende Fensterelemente.
- Erker sind vorspringende, großteils verglaste Raumerweiterungen.

Funktionen und Mehrfachnutzung:
- Besonnung und Belichtung der Innenräume,
- dient visuellem Informationsaustausch, Sicht nach außen bzw. nach innen, Außenraumbezug,
- direkter Sonnenenergiegewinn,
- natürliche Lüftung.

Entwurfsregeln:
- Orientierung möglichst nach Süden, 10% Verlust bei Orientierung bis 20° nach Osten und bis 30° nach Westen,
- keine Beschattung im Winterhalbjahr,
- Sonnenschutz im Sommerhalbjahr gewährleisten,
- die ausreichende Größe ist mit der inneren Speichermasse des Gebäudes abzustimmen,
- Gesamtfläche des Sonnenfensters = 25%–50% der Innenraumnutzfläche im Einflußbereich der Sonnenfenster.

Dimensionierungsregeln:
- entsprechender Wärmeschutz der Verglasung,
- beweglicher Wärmeschutz durch wärmedämmende Läden für die Nachtstunden (bei schlecht wärmedämmender Verglasung),
- entsprechender Wärmeschutz der Rahmenkonstruktion,
- möglichst große zusammenhängende Glasflächen wegen Wärmebrücke des Randverbundes der Isolierglasscheiben.

Wärmeschutz der Verglasung:
Durch die laufende Verbesserung des Wärmeschutzes von Verglasungs-Konstruktionen in den letzten Jahren werden Sonnenfenster immer wirkungsvoller. Das Verhalten einer Verglasungs-Konstruktion wird durch folgende vier Kenngrößen definiert:

1. Wärmetransmission k-Wert ($W/m^2 K$)
Der Wärmedurchgangskoeffizient k beschreibt, welche Wärmemenge in Joule pro Sekunde durch $1\,m^2$ einer Konstruktion fließt, wenn der Temperaturunterschied der angrenzenden Luftschichten $1\,K\,(=1\,°C)$ beträgt.

2. Gesamtenergiedurchlaßgrad g-Wert (%)
Der Gesamtenergiedurchlaßgrad ist das Maß für die Sonnenenergiedurchlässigkeit einer Verglasung. Der g-Wert setzt sich aus der Summe des direkten von der Verglasung durchgelassenen kurzwelligen Strahlungsanteils und der sekundären Wärmeabgabe der Verglasung nach innen zusammen.

3. Lichttransmissionsgrad T-Wert (%)
Der T-Wert gibt an, wieviel Licht im sichtbaren Wellenbereich durch die Verglasung in den Innenraum gelangt.

4. Äquivalenter k-Wert ($W/m^2 K - k_{eq}$)
Der äquivalente k-Wert (k_{eq}) wird für energetische Bewertungen herangezogen. Er gibt die Differenz zwischen Transmissionswärmeverlust und Energiegewinn während einer Heizsaison an. Dieser Wert ist nur für erste, grobe Berechnungen zulässig; es wird zu wenig Rücksicht auf die genaue Lage und die davon abhängigen Faktoren genommen.

$$k_{eq} = k_f - S_f \times g$$

S_f ist der Strahlungsgewinnfaktor und hängt z.B. von der Himmelsrichtung ab.

Werte für Klimaverhältnisse in Mitteleuropa (Deutsche Wärmeschutzverordnung):

Nord: $S_f = 0,95$
West, Ost: $S_f = 1,65$
Süd: $S_f = 2,4$

Dieser Wert soll möglichst niedrig sein. Denn ein positiver Wert bedeutet Energieverlust, während ein negativer Wert einen Energiegewinn anzeigt.

Die Strahlungsdurchlässigkeit und die Wärmedämmung der Verglasung müssen eine positive Energiebilanz (negativer k_{eq}-Wert) während einer Heizperiode ermöglichen, damit das Sonnenfenster einen solaren Gewinn bringt und nicht zu einer Verlustfläche wird (Abb. 7.5). Diese grundlegende Voraussetzung, die ein Fenster erst zum Sonnenfenster macht, ist abhängig von den Wetterdaten des Standorts und einer eventuellen Beschattung des Fensters im Winterhalbjahr. Daher sind in unseren Breiten Wärmeschutzglas mit hoher Strahlungsdurchlässigkeit und flexible Wärmedämmung für die Nachtstunden günstiger – lokale Klimadaten wie Winternebel oder viel Wintersonne, verbunden mit Schneedecke (z.B. Sonnenterrasse Inntal), sind zu berücksichtigen.

Bei einer Verglasung, die die besten Eigenschaften für Sonnenfenster aufweist, sollte der k-Wert möglichst niedrig, der g-Wert und der T-Wert möglichst hoch sein, wodurch sich in Abhängigkeit von der Orientierung ein möglichst großer, negativer k_{eq}-Wert ergibt. Eine einfache Verglasung ist durch den hohen k-Wert

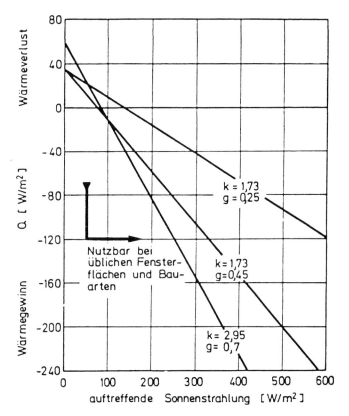

Abb. 7.5: Wärmeverlust und Wärmegewinn durch Fenster mit unterschiedlichen Isolierverglasungen in Abhängigkeit von der Sonneneinstrahlung bei einer Temperaturdifferenz zwischen Raumluft und Außenluft von 20 K. Isolierverglasung mit Klarglas (Künzel 1979): k = 2,95 W/m² K, g = 0,7; Isolierverglasung mit Sonnenschutzglas: k = 1,73 W/m² K, g = 0,45 bzw. 0,25

(5,8 W/m² K) für passive solartechnische Bauteile ungeeignet. Es ist daher eine Kombination von 2 oder 3 Scheiben als Isolierglas mit wärmereflektierenden Beschichtungen und wärmedämmenden Füllgasen erforderlich. Nach Tabelle 7.1 für das gemäßigte Klima der Bundesrepublik Deutschland weist das Wärmeschutzglas mit k = 1,1 W/m² K trotz schlechterer Strahlungsdurchlässigkeit auf der Südseite immer eine positive Energiebilanz auf: $k_{eq\,süd} = -0,39$ W/m² K.

Sonnenschutz
Ein ausreichender Sonnenschutz ist für ein Sonnenfenster unbedingt erforderlich, da der nicht weglüftbare Wärmeüberschuß im Sommerhalbjahr und die übermäßige Blendung die Benutzung der Räume sehr beeinträchtigen würde. Am besten eignet sich hier beim südorientierten Sonnenfenster ein horizontal auskragender, fester Sonnenschutz (z.B. Dachüberstand, Balkonplatte etc.), der mit dem Fußpunkt der Verglasung einen Winkel von 30–35° einschließt, sowie Fensterläden und Außenjalousien. Beweglicher und feststehender Sonnenschutz aus Lamellen ist, wie einige Beispiele zeigen, gut mit Photovoltaikpaneelen zu kombinieren.

Voraussetzung für die Nutzbarkeit eines Sonnenfensters ist, wie bereits erwähnt, ein erhöhter Wärmeschutz und das Vorhandensein der erforderlichen Speichermassen. Auch Balcomb unterscheidet in den USA – einem traditionellen Holzbauland – zwischen „High mass direct gain buildings" und „Low mass suntempered buildings" [7.2]. Sonnenfenster bei Holzbauten sind nicht sinnvoll, es sei denn, der Holzbau wird als Mischbau mit massiven Innenwänden ausgeführt.

Wärmespeicherung:
– Ein besonnter Raum sollte ca. 60% der einfallenden Sonnenenergie speichern können.
– Die inneren Speicheroberflächen eines Raumes sollten drei- bis neunmal so groß sein wie die Fensterfläche der Sonnenfenster.
– Laut ÖNORM B 8110 beträgt die imissionsflächenbezogene speicherwirksame Masse mindestens 2800 kg/m² (Imissionsfläche = Sonnenfensterfläche × Gesamtenergiedurchlaßgrad).
– Der 15fache solare Heizungsbeitrag ergibt die erforderliche Wärmespeichermasse in kg Mauerwerk pro m² Sonnenfenster (z.B. solarer Heizungsbeitrag 30% = 15 × 30 = 450 kg Mauerwerk pro m² Sonnenfenster).
– Die wirksame wärmespeichernde Wandstärke beträgt ca. 20 cm.

Größe, Anordnung und Orientierung der Verglasungsfläche sind primär von der Architektur, von der Art der Innenräume, von der maximal möglichen Helligkeit (Bemalung) und von der Beziehung zur Umgebung (Aussicht) abhängig. Vom solartechnischen Gesichtspunkt aus sind geschoßhohe Verglasungen von beschränkter Breite (z.B. Balkontüren) Fensterbändern vorzuziehen, da eine größere Wand- und Bodenfläche des Innenraumes beschienen wird. Überdies findet auch zwischen den Sonnenfenstern Raummöblierung an der nicht besonnten Innenseite der Südwand Platz, und es bleibt somit mehr beschienene Speicherwandoberfläche von Möbeln frei.

Wirtschaftlichkeit
Das Kosten-Nutzen-Verhältnis beim Sonnenfenster ist sehr günstig, da der Bauteil relativ einfach, als Fenster für die normale Raumbelichtung in einem bestimmten Ausmaß ohnehin erforderlich und der Wirkungsgrad der passiven Solarnutzung sehr hoch ist. Es handelt sich hier um den passiven solaren Bauteil mit der höchsten Wirtschaftlichkeit, der problemlos in üblichen Bauformen integrierbar ist und eine nur geringfügige Erhöhung der Gesamtbaukosten verursacht.

Tabelle 7.1. Wärmedurchgangskoeffizienten (k), Gesamtenergiedurchlaßgrade (g) und äquivalente Wärmedurchgangskoeffizienten (k_{eq}) für verschiedene Verglasungsarbeiten

	k-Wert (W/m² K)	g-Wert (%)	$k_{eq\,süd}$ (W/m² K)	$k_{eq\,ost\,west}$ (W/m² K)	$k_{eq\,nord}$ (W/m² K)
Einfach-Glas	5,8	87	3,71	4,36	4,97
Zweifach-Glas Luft 4/12/4	3,0	76	1,18	1,75	2,28
Zweifach-Wärmeschutzweißglas Argon 4/16/4	1,1	62	−0,39	0,08	0,51
Dreifach-Wärmeschutzweißglas Krypton 4/8/4/8/4	0,7	60	−0,74	−0,29	0,13
Wärmeschutzglas mit 2 eingespannten Folien Krypton 4/10/F/10/F/10/4	0,4	41	−0,58	−0,28	0,01
Zweifach-Wärmeschutzglas mit TWD-Einlage Luft 5/30/TWD/10/4	0,8	68	−0,83	−0,32	0,15

7.3.1.1. Beweglicher Wärme- und Sonnenschutz für Sonnenfenster

Eine weitere Verbesserung des Sonnenfensters kann durch flexible Wärmedämmungen (z.B. wärmedämmende Fensterläden) erreicht werden. In Abb. 7.6 werden Wärmebilanzen eines klaren bzw. durchschnittlichen Wintertages mit bzw. ohne Fensterladen [7.5] dargestellt. G. Hauser hat den jährlichen Wärmeverbrauch eines Büroraumes (Außenwand: k = 0,46 W/m² K) im Klima von Essen/Deutschland für Süd- und Nordfenster mit Zweifach-Isoliergläsern (k = 2,6 W/m² K) mit bzw. ohne temporären Wärmeschutz verglichen [7.6]. Es zeigt sich, daß sich ohne temporären Wärmeschutz ein optimaler Fensterflächenanteil von ca. 45% bei Südfenstern und ca. 25% bei Nordfenstern einstellt, während der Wärmeverbrauch bei Verwendung eines temporären Wärmeschutzes mit steigendem Fensterflächenanteil nahezu immer abnimmt. Die Nordfenster dienen vorwiegend zur Belichtung, wesentliche Wärmegewinne sind nicht erzielbar. Praktisch alle Systeme für einen beweglichen Wärme- und Sonnenschutz sind schon lange Zeit in Verwendung. Ihre Bedeutung nimmt in dem Maß zu, in dem ein sparsamer Umgang mit Energie notwendig wird. Insbesondere in der Solararchitektur spielen sie eine wichtige Rolle als Steuerungsinstrument für die Sonnenenergienutzung – im Sommer als Schutz gegen Überhitzung, im Winter zur Verringerung nächtlicher Wärmeverluste. Für diesen Zweck gab es bei verschiedenen Systemen Weiterentwicklungen.

Fensterläden
Zur Grundausstattung der Bürgerhäuser vom Mittelalter bis ins 19. Jahrhundert gehörten innere Klapp- und Faltfensterläden aus Holz, die in den Winternächten als zusätzlicher Wärmeschutz vor die Fenster geklappt wurden. Tagsüber verschwinden sie in den hölzernen Fensterleibungen und sind nur mehr an ihren Beschlägen erkennbar.

In jüngster Zeit wurden die seit Jahrhunderten in weiten Teilen Europas verbreiteten äußeren Drehflügel mit verstellbaren Holzlamellen wiederentdeckt. Der Sonnenschutz kann durch Verdrehen der Lamellen um eine waagrechte Achse je nach Sonnenstand optimiert werden, in der Endstellung bilden die Lamellen eine geschlossene Fläche und somit eine Verbesserung der Wärmedämmung. Eine weitere, traditionelle Form, komplett geschlossene Läden in Bretterbauweise, wurde durch die Integration von Dämmstoffen verbessert. Diese Dämmläden können als Dreh- oder Schiebeflügel die nächtlichen Wärmeverluste durch Fenster wirksam verringern. Eine Sonderform stellt der Fensterladenkollektor dar, bei dem Sonnen-Flachkollektoren zur

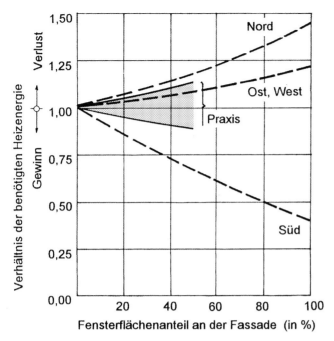

Abb. 7.6 a: Verhältnis benötigter Heizenergie bei Fassade mit Fenster zu fensterloser Fassade in Abhängigkeit von Fensterflächenanteil und von der Orientierung. Gestrichelte Kurve: wolkenloser Wintertag; schraffierter Bereich: Verhältnisse, wie sie in der Praxis im statistischen Mittel zu erwarten sind. Zugrunde gelegte Daten: Doppelverglasung der Fenster (Klarglas). Raum in schwerer Bauart (inmitten eines größeren Bürogebäudes)

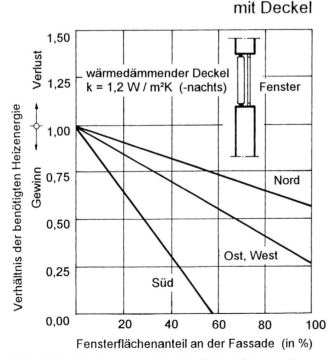

Abb. 7.6 b: Heizleistungsverhältnis in Abhängigkeit vom Fensterflächenanteil und von der Orientierung, wenn nachtsüber eine wärmedämmende Abdeckung vor dem Fenster angebracht wird. Der schraffierte Bereich ist praktisch nutzbar; darüber hinaus treten Überheizungseffekte auf

Brauchwassererwärmung gleichzeitig als wärmedämmende Schiebeläden verwendet werden, die auch als Sonnenschutz ausstellbar sind.

Rollos
Vielfältige Einsatzmöglichkeiten in der Solararchitektur haben sich durch Neuentwicklungen auf dem Rollosektor ergeben. Die wichtigsten davon sind infrarotreflektierende Metallbeschichtungen verschiedener Rollobehänge:

– Lichtdurchlässige und teilweise auch durchsichtige Kunststoff-Folien schützen gegen Überhitzung und Blendung, verbessern aber auch die Wärmedämmung (z.B. Fa. REMIS), eine Sonderform sind Faltjalousien aus Kunstfasergeweben (z.B. VEROSOL).
– Lichtundurchlässige Folien oder Stoffe dienen neben der Wärmedämmung auch als Sichtschutz und Verdunkelung.

Durch Kombinationen dieser Behänge entstehen Rollosysteme, die eine flexible Regelung des Wärmedurchganges bei Fenstern (z.B. die mehrlagigen Rollos im TOPTHERM-Fenster), aber auch bei Solarwänden (als Überhitzungsschutz bei transparenter Wärmedämmung) ermöglichen.

Die Betätigung kann händisch (über einen Endloszug) oder über einen in der Welle integrierten Elektromotor, der auch automatisch gesteuert sein kann, erfolgen. Eine wichtige Rolle für die Wärmedämmung spielt die seitliche Führung der Rollos – dadurch entsteht eine dichte Ebene, die im Scheibenzwischenraum oder an der Innenseite des Fensters einen zusätzlichen Luftpolster bildet.

Temporären Wärmeschutz für Fenster gibt es also in Form von äußeren Klapp-, Schiebe- und Rolläden, zum Teil auch mit elektrischer Steuerung, als infrarotreflektierende Rollos zwischen den Scheiben oder als innere Klappläden bzw. schwere Vorhänge. Die Entwicklung ist hier noch nicht abgeschlossen. Die Erfahrungen in der Praxis zeigen, daß automatisch gesteuerte Wärmedämmeinrichtungen für Fenster sinnvoller sind als händisch betätigbare.

7.3.1.2. Hochwärmedämmende Isolierverglasungen

Eine bedeutende Rolle bei der Entwicklung von passiven solartechnischen Bauteilen kommt den neuartigen, hochwärmedämmenden Verglasungen zu, die kompakt in den Abmessungen der herkömmlichen Isoliergläser auf den Markt gebracht werden. Für eine ausgedehnte Forschung auf diesem Gebiet sind durch die potente Glasindustrie entsprechende Mittel vorhanden. Außerdem bieten diese Produkte den Vorteil einer

Tabelle 7.2. Gaseigenschaften bei 10 °C

Eigenschaft	Füllgas			
	Argon	Krypton	SF	Luft
Wärmeleitfähigkeit in W/mK	$1{,}684 \cdot 10^{-2}$	$0{,}900 \cdot 10^{-2}$	$1{,}275 \cdot 10^{-2}$	$2{,}53 \cdot 10^{-2}$
Dichte in kg/m^3	1,699	3,56	6,36	1,23
dyn. Viskosität in kg/ms	$2{,}164 \cdot 10^{-5}$	$2{,}34 \cdot 10^{-5}$	$1{,}459 \cdot 10^{-6}$	$1{,}75 \cdot 10^{-5}$
spez. Wärme in J/kgK	519	345	614	1007

effizienten industriellen Herstellung und können leicht in herkömmliche Verglasungskonstruktionen und Fensterprofile eingebaut werden.

Die Glasindustrie, die nach 1960 das 2-Scheiben-Isolierverbundglas entwickelt hatte, brachte entsprechend den Anforderungen des höheren Wärmeschutzes nach der Energiekrise zuerst das 3-Scheiben-Isolierverbundglas und vor 1980 das neutrale 2-Scheiben-Wärmeschutzglas auf den Markt. Die Wärmeschutzverglasungen hatten eine IR-reflektierende Bedampfung an der Innenscheibe der Isoliergläser (3. Ebene), was zu einer Verringerung des k-Wertes von 3,0 W/m^{2}K auf 1,5 W/m^{2}K führte. Für die IR-reflektierende Beschichtung werden leitfähige Metalle wie Gold, Silber, Kupfer, Nickel, Chrom und Aluminium verwendet. In den letzten Jahren hat sich als Basis Silber durchgesetzt, da es eine optimale Farbneutralität bei höchster Lichttransmission bietet. Als Schutzschicht gegen Oxidation werden Zinkoxid bzw. Indiumoxid verwendet. Neueste Messungen zeigen, daß sich bei Wintergärten der Einsatz von Wärmeschutzglas (k = 1,1 W/m^{2}K) bezahlt macht, da die Nutzungszeit im Jahresdurchschnitt wesentlich verlängert werden kann. 1996 wurde die neue Dreifach-Isolierverglasung mit IR-reflektierender Bedampfung auf 2 Ebenen (3. und 5. Ebene) und Kryptonfüllung im Scheibenzwischenraum auf den Markt gebracht (k-Wert-Verminderung auf 0,5 W/m^{2}K) [7.4].

Der Wärmetransport durch ein Isolierglas erfolgt auf drei parallelen Wegen über Wärmeleitung und Konvektion durch das Füllgas und durch Strahlungsaustausch zwischen den beiden sich jeweils gegenüberstehenden Glasoberflächen. Für diese drei Transportwege liegen somit die charakteristischen Größen in der Wärmeleitfähigkeit und Dichte des zwischen jeweils zwei Scheiben befindlichen Gases und im Abstrahlungsvermögen der Glasoberflächen. Eine unbehandelte Glasoberfläche weist ein hohes Emissionsvermögen von etwa 85% auf, sodaß der Strahlungsaustausch zwischen zwei solchen Gläsern fast ungehindert erfolgt, was letztlich einen hohen k-Wert zur Folge hat. Zur Absenkung der Emissivität von Glasoberflächen existieren heute grundsätzlich zwei Möglichkeiten. Ein im Vakuum auf große Glasplatten aufgebrachtes sogenanntes Interferenzschichtsystem auf der Basis von Silber ermöglicht es, die Emissivität für die langwellige Wärmestrahlung auf 10% und niedriger zu senken. Der zweite Weg erfolgt direkt bei der Herstellung des Flachglases als Zinnoxid-Beschichtung (Emissivität < 20%).

Eine weitere Verbesserung des k-Wertes der Verglasung bringt der Austausch der Scheibenzwischenraumfüllung Luft durch ein Edelgas und die Vergrößerung des Scheibenzwischenraumes selbst. Allerdings wirkt sich ein Scheibenzwischenraum von mehr als 12 mm bzw. 16 mm negativ auf die Haltbarkeit des Randverbundes aus, da dies zu verstärkten Pumpbewegungen (hervorgerufen durch Temperatur und Luftdruckschwankungen) der Scheiben führt. Die Verringerung der Wärmeverluste setzt sich aus den Beiträgen für die Wärmeleitfähigkeit und Konvektion der Gasfüllung zusammen. Bei den Füllgasen handelt es sich um die Edelgase Argon (Ar), Krypton (Kr), Xenon (Xe) und in speziellen Fällen auch um ein Gasgemisch aus Schwefelhexafluorid (SF6) und Luft oder Argon; die Wahl der Gase ist auf deren physikalische Eigenschaften zurückzuführen. Ersteres wird bereits vielfach in der Isolierglastechnik eingesetzt, während mit Krypton gefüllte Isoliergläser erst schrittweise am Markt eingeführt werden (techn. Eigenschaften Tab. 7.2 und Tab. 7.3).

Tabelle 7.3. Optimale Scheibenabstände

Füllgas	optimaler Scheibenabstand
Luft	15,5 mm
Argon	14,7 mm
Krypton	9,5 mm
SF$_6$	4,6 mm

Xenon als das schwerste einsetzbare Edelgas läßt die beste Dämmwirkung erwarten. Allerdings sind die Preise aufgrund erhöhter Nachfrage und schwieriger Gewinnung auf ATS 77,–/Liter (1995: ATS 17,–/Liter) gestiegen. Daher forcieren die neuesten Entwicklungen wieder die Verwendung von Krypton, wobei der Scheibenabstand geringfügig vergrößert wird, wenn optimale Werte erreicht werden sollen.

Die Frage der Umweltverträglichkeit erhebt sich nur bei Isolierglaselementen, deren Scheibenzwischenräume mit Krypton gefüllt sind. In dem in der Luft befindlichen Krypton ist ein Anteil des radioaktiven Krypton-Isotops 85, das aufgrund seiner spezifischen Aktivität, gemessen in Becquerel (Bq) pro Gramm, unter die Regelung der deutschen Strahlenschutzverordnung fällt. Danach ist der Umgang mit Krypton frei, solange eine bestimmte Menge die Freigrenze nicht überschreitet. Bei Krypton sind das ca. 5.000 l, und erst bei einer zehnfachen Überschreitung der Freigrenze wird eine Umgangsgenehmigung erforderlich. Bedenken für die Verwendung in der Isolierglastechnik können auch dahingehend ausgeräumt werden, als Krypton unter anderem in der Leuchtstofflampenherstellung oder als Schutzgas bei modernen Schweißtechnologien unbedenklich verwendet wird. Bei Messungen des Atominstitutes der österreichischen Universitäten an mit Krypton gefüllten Isoliergläsern konnte auch mit hoch empfindlichen Meßgeräten keine erhöhte Strahlung wahrgenommen werden.

Beim Einbau hochwärmedämmender Isolierverglasungen mit k-Werten von $0,4-0,6$ W/m^{2}K stellt der Randverbund des Isolierglases und der herkömmliche Fensterrahmen eine besonders störende Wärmebrücke dar. Von verschiedenen Firmen werden neuerdings einige wärmetechnisch verbesserte Abstandhalter angeboten. Das diesbezüglich beste System „Super Spacer", das in Europa von der Fa. UETIKON in der Schweiz angeboten wird, wird wegen technische Schwierigkeiten in der traditionellen Isolierglasfertigung kaum angeboten. Eine empfehlenswerte Alternative stellen die Kunststoffabstandhalter der Fa. THERMIX dar, die zur Erhöhung der Festigkeit mit einer Edelstahleinlage versehen sind. Eine merkbare Verbesserung bieten auch noch Abstandhalter, bei denen die normalerweise vorhandene, durchgehende metallische Verbindung durch einen Kunststoffsteg unterbrochen ist. Derartige Abstandhalter verringern die erhöhten Wärmeverluste am Scheibenrand und damit auch das Risiko der Kondensatbildung in diesem Bereich. Diese Produkte sollten aber in bezug auf die Lebensdauer kritisch ausgewählt werden.

Anstelle von herkömmlichen Fensterrahmen gibt es hoch wärmedämmende Fensterrahmensysteme, wie die Holz- oder Holz-Alu-Warmfenster der Serie 0,5 der Firma EUROTEC. Der Holzfensterrahmen aus PU-gedämmten Nadelholzprofilen mit Mitteldichtungssystem, drei Dichtungsebenen und einem ca. 30 mm tiefen Glaseinstand erreicht einen Rahmen-k-Wert unter $0,5$ W/m^{2}K und einen Wärmebrückenverlust-Koeffizient des Fensterrahmens von $0,031$ W/m^{2}K. Somit gilt dieses Fenstersystem auch als „Passivhausgeeignete" Komponente. Beim Einbau ist allerdings zu beachten, daß der Fensterstockrahmen mindestens mit 60 mm Dämmstoff überlappt wird.

In Tabelle 7.1 werden die Kennwerte handelsüblicher wärmedämmender Isolierglaskombinationen beschrieben. Für Sonnenfenster eignen sich am besten spezielle 3-Scheiben-Wärmeschutzgläser (in Weißglasausführung) sowie Wärmeschutzgläser mit eingespannten Folien und Verglasungen mit TWD-Einlagen. Letztere erreichen die beste Energiebilanz in Süd- und Ost- bzw. Westfassaden mit $k_{eq\,süd} = -0,83$ W/m^{2}K und $k_{eq\,ost} = k_{eq\,west} = -0,32$ W/m^{2}K. Sie können dort eingesetzt werden, wo eine ungestörte Durchsicht nicht erforderlich ist, – z.B. Oberlichten, usw. – und bieten gleichzeitig den Vorteil, daß sie durch Tageslichtumlenkung zu einer besseren natürlichen Belichtung von tieferen Räumen beitragen. Andererseits erzielt man damit auch einen winkelselektiven Sonnenschutz, bei dem die hochstehende Sonne stärker abgeschirmt wird.

Nahezu alle Verglasungen sind auch in Weißglasausführung erhältlich, die eine erhöhte Licht- und Energiedurchlässigkeit aufweist. Da für das Weißglas im Vergleich zur Gesamtfensterkonstruktion üblicherweise geringe Mehrkosten anfallen, ist der Einsatz überall dort zu empfehlen, wo an das Glas keine erhöhten Sonnenschutzanforderungen gestellt werden.

Die Wirtschaftlichkeit von Wärmeschutzgläsern hängt einerseits von der Heizkosteneinsparung und andererseits von den Anschaffungskosten ab. Der folgende tabellarische Vergleich zeigt die Kosten neuerer Wärmeschutzisoliergläser mit unterschiedlichen Gasfüllungen, die in Österreich erhoben wurden (Tab. 7.4). Mit Argon gefüllte 2-Scheiben-Wärmeschutzgläser sind als neuer Verglasungsstandard schon sehr kostengünstig erhältlich, allerdings erreichen die besten Verglasungen doppelt so hohe $k_{eq\,süd}$-Werte. Die kostengünstigeren 3-Scheiben-Wärmeschutzgläser mit Argonfüllung sind nur geringfügig teurer als die 2-Scheiben-Ausführung und bieten sich aufgrund der niedrigeren äquivalenten k-Werte vor allem auf Ost-, West- und Nordfassaden an.

Da aufgrund der hohen Lohnkosten im Bauwesen höhere Materialkosten nicht wesentlich höhere Baukosten bedingen, ist der Siegeszug dieser Verglasungen abzusehen. Es ist damit ein leichtes, Häuser mit großzügigen Sonnenfenstern zu bauen, die durch große Mengen direkter Solarwärmegewinne erwärmt werden

Tabelle 7.4. Wärmeschutzgläser Kosten-Nutzen-Vergleich

Vergleich Verglasungen								Februar 1998
am Beispiel einer Musterverglasung mit den Abmessungen 1,0 × 2,0 m = 2,0 m²			Großhandels-Preise in Euro exkl. 20% MWSt (für 30 Stück)			Äquivalente Wärmedurchgangs- koeffizienten nach deutscher Wärmeschutzverordnung 1995		
Verglasungsart	Füllgas	Aufbau	k-Wert [W/m²K]	g-Wert [%]	Preis [Euro/m²]	k-äqu SÜD [W/m²K]	k-äqu O/W [W/m²K]	k-äqu NORD [W/m²K]
2-fach Glas								
Interpane:								
iplus neutr.R	Argon	4/16/4	1,1	58	41,4	−0,29	0,14	0,55
iplus C	Krypton	4/12/4	1,0	58	60,7	−0,39	0,04	0,45
Petschenig glastec:								
Uniplus Weißglas	**Argon**	**4/16/4**	**1,1**	**62**	**53,6**	**−0,39**	**0,08**	**0,51**
Mayer Glastechnik:								
Luxguard	**Argon**	**4/16/4**	**1,1**	**58**	**25,0**	**−0,29**	**0,14**	**0,55**
3-fach Glas								
Interpane:								
iplus 3	Argon	4/12/4/12/4	0,7	45	69,3	−0,38	−0,04	0,27
iplus 3C	Krypton	4/12/4/12/4	0,5	42	112,9	−0,51	−0,19	0,10
Petschenig glastec:								
Uniplus 0,6	Argon	4/16/4/16/4	0,6	44	72,9	−0,46	−0,13	0,18
Eckelt Glas:								
Climatop Solar	**Krypton**	**4/8/4/8/4**	**0,7**	**60**	**157,1**	**−0,74**	**−0,29**	**0,13**
Glas mit Folien								
Mayer Glastechnik:								
HM-TC88-0,8	Argon	4/16/F/16/4	0,8	51	100,7	−0,42	−0,04	0,32
HM-TC88-0,3	Xenon	4/8/F/8/F/8/4	0,3	39	279,3	−0,64	−0,34	−0,07
Glas mit TWD								
Okalux:								
KAPILUX-H	**Luft**	**5/30KP/10/4**	**0,8**	**68**	**205,0**	**−0,83**	**−0,32**	**0,15**
Mayer Glastechnik:								
STT-TWD 50	Luft	4/50TWD/4	1,1	66	117,9	−0,48	0,01	0,47

und auch in kalten Winternächten keine hohen Wärmeverluste aufweisen. Natürlich müssen Sonnenschutz und Speichermassen der Gebäude genauestens dimensioniert sein. Diese Entwicklung wird das Bauen entscheidend revolutionieren.

7.3.1.3. Hochleistungsfenster

Beim Hochleistungsfenster wird die mittlere Scheibe eines 3-Scheiben-Isolierglasfensters durch eine oder mehrere transparente Folien ersetzt. Die Grundkonstruktion eines Hochleistungsfensters ist zumeist ein Kastenfenster. Der Raum zwischen den beiden Scheiben wird durch hochtransparente Folien in mehrere Kammern unterteilt. Die Folien können fest oder beweglich angeordnet werden. Beim TOPTHERM-Fenster, das von der Firma Installa, Issum, Deutschland hergestellt wurde, sind die hochtransparenten, lichtbeständigen, kratzfesten und antistatischen Kunststoffolien über ein Rollosystem beweglich eingebaut (Abb. 7.7). Das Rollosystem ist durch mehrlagige, transparente und nicht transparente Rollos dem Tag/Nacht- und Sommer/Winterrhythmus angepaßt. Damit ergibt sich ein sehr guter temporärer Wärmeschutz. Die Rollotechnik ermöglicht es, das Fenster durch Veränderung seines k-Wertes an die jeweils herrschenden Witterungsbedingungen anzupassen. Mit den Vorhangbahnen aus lichtdurchlässigem Material kann die wärmedämmende Wirkung stehender Luftschichten auch am Tage genutzt werden. Durch das Fenster erhält der Innenraum ausreichend Tageslicht; die Verbindung mit der Außenwelt bleibt erhalten. Das TOPTHERM-Fenster (Abb. 7.7) besitzt einen Wärmedurchgangswiderstand $k = 0{,}72\,W/m^2\,K$ ohne Rollos, $k = 0{,}63\,W/m^2\,K$ mit 2 Klarsichtrollos für den Tag und $k = 0{,}52\,W/m^2\,K$ mit drei opaken Rollos für die Nacht. Jedes Fenster kann durch eine eingebaute Regel- und Steuerungseinheit vollautomatisch dezentral gesteuert werden.

Das HIT-Fenster (HIT = Hoch-Isolations-Technologie) wurde von der Firma Geilinger in Winterthur/

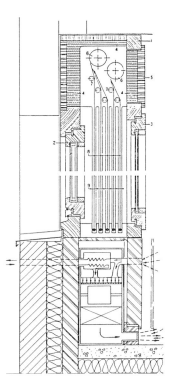

Abb. 7.7: Hochleistungsfenster mit variabler Rollotechnik (Firma Installa)

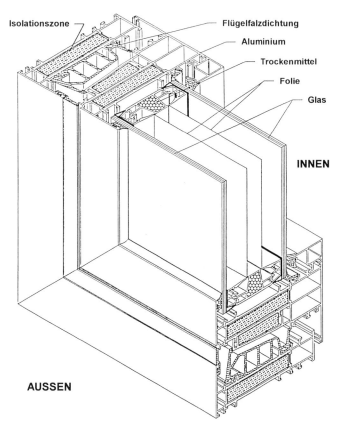

Abb. 7.8: HIT-Glaselement mit öffenbarem Metallrahmen

Schweiz entwickelt. Das Glaselement besteht aus zwei Glasplatten mit 73 mm bzw. 60 mm Luftzwischenraum, welcher durch zwei gespannte, beschichtete PET-Folien in drei Kammern geteilt wird (Abb. 7.8). Die Folien werden durch Federelemente im Randverbund ständig gespannt. Durch Ventile wird ein automatischer Druckausgleich erreicht. Damit bleiben die Eigenschaften der Verglasung über die ganze Lebensdauer erhalten (es entweicht kein Gas!). Durch die Druckentspannung über ein Filtersystem wird der Randverbund keinen Zugspannungen ausgesetzt, woraus eine sehr lange Lebensdauer resultiert. Die Verglasung mit 73 mm Luftzwischenraum und 2 Folien Typ 77 weist einen Wärmedurchgangswert von $k = 0,58-0,68 \text{ W/m}^2\text{K}$ auf. Der Gesamtenergiedurchlaßgrad $g = 0,10-0,50$ kann den Bedürfnissen angepaßt werden. Die Tageslichtdurchlässigkeit beträgt $T = 15\%-65\%$, je nach Erfordernis. Die Rahmenkonstruktion kann in Metall- oder Holzmetall-Konstruktion hergestellt werden und weist ebenfalls einen niedrigen Wärmedurchlaßwiderstand von $k = 1,10 \text{ W/m}^2\text{K}$ auf. Zusätzlich wurden Schalldämmwerte bis 51 dB(A) erreicht. Eine neue Variante mit einem neueren Wärmeschutzglas und mit 2 Folien Typ 33 erreicht einen k-Wert von $0,4 \text{ W/m}^2\text{K}$.

Die Fa. Mayer Glastechnik bietet Hochisolationsgläser sowohl mit einer als auch mit zwei Folien an. Diese Folien werden seit Beginn der achtziger Jahre von der Fa. SOUTHWALL unter dem Produktnamen HEAT MIRROR hergestellt. Die wärmedämmtechnisch beste Isolierglaskonstruktion mit Xenon als Füllgas erreicht einen k-Wert von $0,3/\text{Wm}^2\text{K}$ bei einem g-Wert von 39%.

7.3.1.4. Neue Produkte für Sonnenfenster

Die Verglasungssysteme für Sonnenfenster müssen im Winterhalbjahr anderen Anforderungen entsprechen als im Sommerhalbjahr.

Hochwärmedämmende, neutrale Isoliergläser garantieren einen großen Energiegewinn während der Heizsaison, benötigen aber im Sommerhalbjahr einen wirksamen Sonnenschutz. Sonnenschutzgläser hingegen, die in allen Abstufungen von Strahlungsdurchlässigkeit und Farbgebung erhältlich sind, bieten im Sommer einen wirksamen Sonnenschutz, ermöglichen im Winterhalbjahr aber kaum wesentliche Wärmegewinne.

Daher setzt die Glasindustrie verstärkt auf die Entwicklung kompakter Gläser mit schaltbarem Sonnenschutz. Diese Gläser – sie befinden sich derzeit zum Teil in Laborerprobung – werden als steuerbare Gläser zur Regelung des Strahlungsdurchganges erhältlich sein.

Folgende Möglichkeiten zur Steuerung des Energiedurchlasses von Glasscheiben sind zur Zeit in Entwicklung:

Fototrope Gläser: Das Glas verdunkelt sich automatisch bei steigender Sonneneinstrahlung (z.B. Gläser von Sonnenbrillen).

Thermotrope Gläser: Bei Temperaturerhöhung geht das Glaselement durch eine ungiftige Masse im Scheibenzwischenraum in einen diffustransparenten Zustand über.

Elektrochrome Gläser: Eine Verdunklung oder Verfärbung wird über Ionenwanderung in der Beschichtung elektrisch gesteuert.

Flüssigkristallverbundscheiben: Die trübe Flüssigkristallschicht zwischen den Scheiben wird durch elektrische Impulse in ihrer Struktur so geordnet, daß sie transparent wird. Im „ausgeschalteten" Zustand ist die Scheibe milchglasartig. Diese Scheiben sind in verschiedenen Farbtönen und Stärken unter dem Namen PRIVA-LITE der VEGLA auf dem Markt. PRIVA-LITE ist ein Schichtglas aus zwei oder mehreren hochwertigen Gläsern mit einem integrierten Taliq-LC-Film (Flüssigkristall) und kann als Isolierglasscheibe mit beliebigen anderen Scheiben kombiniert werden. Der Übergang vom transluzenten in den transparenten Zustand ist praktisch unmittelbar und kann beliebig oft wiederholt werden. Im transluzenten Zustand verfügt PRIVA-LITE über eine Lichtdurchlässigkeit von 65%, bei Transparenz erhöht sie sich auf 72%. Der mit PRIVA-LITE mitgelieferte Transformator ist für eine Primärspannung von 220 Volt ausgelegt. Bei eventuellen Kurzschlüssen schaltet sich der Generator automatisch ab. Der Stromverbrauch pro 6 m² PRIVA-LITE-Verglasung beträgt 18 W. Da der Preis sehr hoch ist, wird dieses Glas vorwiegend im Innenbereich, z.B. als steuerbare Trennwand im Luxusbüro, verwendet.

Isoliergläser mit fest angeordneten Spiegelprofilen im Luftzwischenraum
Dieses Glas ist unter dem Markennamen OKASOLAR bei der Firma OKALUX erhältlich und kann als Lichtlenkelement und als jahres- und tageszeitgesteuerter oder permanenter Sonnenschutz verwendet werden. Entsprechend der Himmelsrichtung und Neigung der OKASOLAR-Verglasung wie auch in Abhängigkeit von den lichttechnischen Forderungen werden unterschiedliche Profilanordnungen gewählt. OKASOLAR variiert den Strahlungsdurchgang sonnenstandsabhängig. Durch die Wahl der Profilanordnung wird festgelegt, ab welcher Stunde eines jeden Tages OKASOLAR am Vormittag keine Sonnenstrahlung mehr durchläßt und

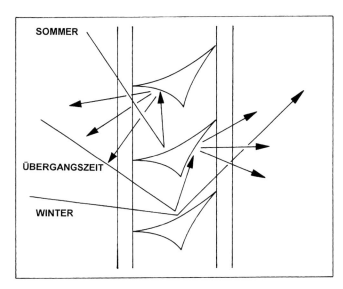

Abb. 7.9: Lichtlenkelement OKASOLAR

am Nachmittag wieder durchlässig wird. Das heißt, daß das direkte Sonnenlicht nach außen reflektiert wird oder in den Innenraum eindringen kann (Abb. 7.9). Im Winter, wenn der größte Licht- und Energiebedarf besteht, wird die Sonnenstrahlung in den Innenraum gelassen und eine passive Solarnutzung ermöglicht. Im Sommer gelangt nur diffuse Himmelsstrahlung in das Gebäude. Die überhitzende Sonnenstrahlung wird gestreut nach außen reflektiert. OKASOLAR ändert den g-Wert und Lichttransmissionsgrad zwischen Winter und Sommer um 300%. Mit steuerbaren Gläsern kann eine Fensterfront mit variabler Wärmedämmung und variablem Sonnenschutz in dauerhafter und bei entsprechender Preisreduktion auch in wirtschaftlicher Bauweise konstruiert werden. Es ist dann zu erwarten, daß diese neuen Gläser entscheidende Auswirkungen auf die Häuser der Zukunft haben werden.

Gläser mit integrierten Photovoltaikpaneelen
Von der Glasindustrie werden Photovoltaikglaselemente erzeugt, in die ca. 10 × 10 cm große, opake, kristalline Solarpaneele eingelegt sind (OPTISOL-PV-Element) oder amorphe Dünnschichtsolarzellen, die semitransparent sind (teilweise durchsichtiger Effekt ähnlich einer halbgeschlossenen feingliedrigen Jalousie), – ASI Glas – angeordnet sind. Die Firma FLAGSOL (Flachglas-Solartechnik GmbH) hat OPTISOL-PV-Elemente entwickelt, die aus einer Isolierverglasung bestehen, in deren äußere Verbundglasscheibe Solarzellen integriert sind. Die Außenscheibe dieser Verbundglasscheibe besteht aus einer OPTISOL-Weißglasscheibe (eisenarmes Kalknatronglas), die eine

besonders hohe Strahlendurchlässigkeit besitzt und den Wirkungsgrad der Solarzellen hochhält. Die OPTI-SOL-PV-Elementscheibe kann in herkömmliche Verglasungskonstruktionen von Fassadenelementen eingesetzt werden. Die Lichtdurchlässigkeit der Scheibe kann auf Bestellung bis zu 20% variiert werden. Der architektonische Effekt dieser Scheiben erinnert an die feingliedrigen Marmorgitter der indischen Mogul-Architektur oder an das Arabische Kulturinstitut in Paris mit zwischen Glasscheiben eingebauten mechanischen Lochblenden (Architekt J. Nouvel, 1987).

Gläser mit transparenter Wärmedämmung
Als Dämmschicht zwischen den Glasscheiben von Isolierglasscheiben können auch neuartige transparente Wärmedämmstoffe verwendet werden. Eine Hauptanforderung neben der hohen Wärmedämmwirkung und dem hohen Gesamtenergiedurchlaßgrad ist eine möglichst klare Durchsichtigkeit. Es können dafür monolithische, aus organischen Siliziumverbindungen (TMOS, TEOS) hergestellte Aerogele eingesetzt werden. Im Vergleich zu anderen Isolierfenstern, wie Mehrscheibenverglasung mit selektiver Beschichtung und Edelgasfüllung, welche am Markt bereits erhältlich sind, und Hochvakuumfenstern, weisen Aerogele ähnlich gute Wärmedämmeigenschaften (k-Wert) auf. Aerogele besitzen aber eine höhere Transparenz und haben den Vorteil einer relativ geringen Dicke, wodurch auch ein nachträglicher Einbau in bestehende Fensterrahmen ermöglicht wird. Monolithische Aerogele für Fensteranwendungen werden bereits seit einigen Jahren entwickelt. Bisher hergestellte Aerogele weisen nicht optimale optische Eigenschaften, wie z.B. Schlieren, auf, die für einen praktischen Einsatz noch verbessert werden müssen. Größere monolithische Aerogelplatten, wie sie für Fenster benötigt werden, müssen gleichfalls erst entwickelt werden. Mit 20 mm evakuiertem monolithischem Aerogel kann ein k-Wert von $0,5 \text{ W/m}^2 \text{ K}$ und ein Gesamtenergiedurchlaßgrad von 77% errichtet werden. Für undurchsichtige, durchscheinende Verglasungen sind die billigeren granulären Aerogele, Kapillarplatten aus Polycarbonat (OKALUX) und Glas (SCHOTT), Wabenplatten und andere transparente Wärmedämmungsstoffe, die bereits am Markt erhältlich sind, möglich.

7.3.2. Fensterkollektoren

Eine Variante des Solarfensters sind Fensterkollektoren. Diese stellen eine Kombination einer fixen Südverglasung mit einem Luftkollektor dar. Der Fensterkollektor kombiniert Direktgewinne mit Konvektivgewinnen. Durch die Betätigung einer Jalousie im Scheibenzwischenraum kann eine Südverglasung in einen

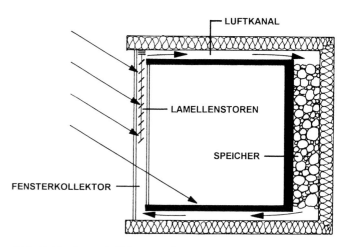

Abb. 7.10: Fensterkollektorwand

Luftkollektor umgewandelt werden. Gegenüber einem getrennten System hat dieser folgende Vorteile:

- Die Überwärmung kann während der Übergangszeit besser kontrolliert werden.
- Der Nutzungsgrad der eingestrahlten Energie ist besser, da das Verhältnis von Direktgewinnen und konvektiven Gewinnen laufend optimiert werden kann.

Wirkungsweise:
Ein als Fensterkollektor ausgebildetes Fenster besteht aus einer inneren und einer äußeren Verglasung (Distanz 10–20 cm). Dazwischen befinden sich Lamellenstoren. Die Lamellenstoren dienen bei starker Sonneneinstrahlung als Absorber und gleichzeitig als Sonnenschutz. Die erwärmte Luft im Fensterzwischenraum wird einem im Gebäude integrierten Speicher zugeführt. Die zirkulierende Luft bildet ein geschlossenes System und kommt somit nicht mit der Raum- und Außenluft in Kontakt (Abb. 7.10).

Wirkung als Fenster (Tagesspeicherung):
Ist die Sonneneinstrahlung kleiner als 300 W/m^2, so werden die Lamellenstoren hochgezogen und die Einstrahlung als Direktgewinn genutzt (passives System) (Abb. 7.10).

Wirkung als Kollektor (Langzeitspeicherung):
Ist die Sonneneinstrahlung größer als 300 W/m^2, so dienen die heruntergelassenen Lamellenstoren als Absorber (die Sonnenstrahlen treffen auf die Lamellen und werden in Wärme umgewandelt). Die erwärmte Luft (a) zwischen den beiden Verglasungen (c) wird mittels Ventilator dem Speicher (b) zugeführt (hybrides/aktives System) (Abb. 7.11).

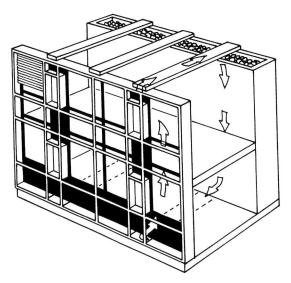

Abb. 7.11: Zweigeschossige Fensterkollektorwand mit Speicher

Lüftung (Kühlung):
Um eine Lüftung des Raumes zu ermöglichen, sind zusätzlich normale Fensterflügel vorzusehen.

Verglasung:
Für die Außen- wie für die Innenverglasung ist eine 2fach-Isolierverglasung vorzusehen.

Fensterkollektoren sind meistens mit einem Schotterspeicher als Wärmespeicher kombiniert [7.7]. In letzter Zeit wurden spezielle Absorberjalousien entwickelt, die prismatische Form haben und teilweise Licht reflektieren oder aus drehbaren wärmegedämmten Lamellen bestehen, die je eine reflektierende und eine absorbierende Oberfläche besitzen und von einem Wärmeträgerrohr durchflossen sind.

7.4. Wintergärten, verglaste Pufferräume und glasüberdachte Innenbereiche

Nach ÖNORM M 7700 wird ein Wintergarten, der als passiver sonnentechnischer Bauteil zur Energiegewinnung beiträgt, als Sonnenloggia oder Sonnenveranda definiert.

Dieser Wintergarten muß dem dahinterliegenden Innenraum während der Heizperiode mehr Sonnenenergie zuführen als Transmissionswärme während derselben Periode aus dem Innenraum an den Wintergarten abgegeben wird. Es muß also eine positive Energiebilanz gegeben sein. Der energetische Nutzen des Wintergartens wird durch zwei Faktoren bewirkt:

1. Verbesserung der Wärmedämmung der Außenwand durch Vorsetzen eines nicht beheizten Pufferraumes (Pufferwirkung). Der Energiespareffekt der Pufferzone beruht auf der kleineren Temperaturdifferenz zwischen Raum und Pufferzone gegenüber Raum und Außenluft und wirkt auch ohne Sonneneinstrahlung und unabhängig von der Orientierung. Durch den Wintergarten können sowohl die Transmissions- als auch die Lüftungswärmeverluste abgesenkt werden.

2. Solarwärmegewinn durch die Verglasungsfläche des Wintergartens. Die Wärmeübertragung ins Innere der Wohnräume kann durch verschiedene Prozesse erfolgen (Abb. 7.12). Durch verglaste Teile der Zwischenwand zwischen Wintergarten und Wohnraum gelangt ein Teil der Sonnenstrahlung als direkte Strahlung in den Wohnraum und wird an den inneren Oberflächen des Wohnraumes absorbiert und in Wärme umgewandelt. Der überwiegende Teil der Sonnenstrahlung trifft auf die inneren Oberflächen des Wintergartens (Wand, Boden, Decke, Möbel, Pflanzen etc.) auf und wird dort z.T. in Wärme umgewandelt.

Somit erwärmt sich der Wintergarten infolge seiner großen Verglasungsflächen bei Sonnenstrahlung sehr schnell über das Temperaturniveau des angrenzenden Wohnraumes. Es gelangt ein Teil der Wärme durch Transmission durch die Zwischenwand (Wärmespeicherwand) in den Wohnraum. Dunkle Oberflächen der Zwischenwand auf der Glashausseite erhöhen die Oberflächentemperatur der Wand und verbessern diesen Prozeß. Ein geringer Teil der Wärme gelangt durch Konvektion durch die Fugen der Fenster in

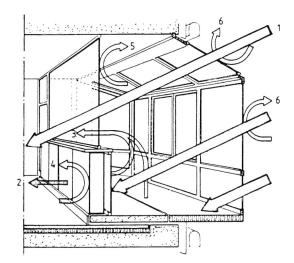

Abb. 7.12: Die Mechanismen der Wärmetransmission vom Wintergarten ins Hausinnere
1 Direkt in den Wintergarten eindringende Sonnenstrahlung
2 Von der Zwischenwand übertragene Energie
3 Gewinn dank der Erwärmung der Pufferzone und der konvektiven Wärmeübergabe
4 Konvektion an der Oberfläche
5 Wärmeverluste
6 Wärmeverluste gegen außen

die Wohnräume. Werden Fenster und Türen zum Wintergarten durch die Bewohner immer dann geöffnet, wenn die Wintergartentemperatur über der Wohnraumtemperatur liegt, erzielt man eine optimale Energieausbeute. Günstig ist hier ein zweigeschossiger Wintergarten vor einem zweigeschossigen Haus mit offener Stiege an der Nordseite. Über die entstehende Luftumwälzung gelangt die Wärme durch natürliche Konvektion in die meisten Räume des Hauses. Dadurch wird nahezu die gesamte speicherwirksame Masse des Hauses zur Wärmespeicherung genutzt. Bei unzureichender natürlicher Konvektion oder bei geringer Bewohneranwesenheit erscheint eine differenztemperaturgesteuerte, mechanische Lüftungsanlage, die die Warmluft durch Kanäle in die nordseitigen Innenräume bläst, besonders zweckmäßig. Wenn es gelingt, die Luftkanäle in eine massive Hohlkörperdecke zu integrieren, kann überdies ein Teil der Wärmespeichermasse der Decke unmittelbar genützt werden.

Der Wirkungsgrad des Solarwärmegewinns von Wintergärten ist im allgemeinen relativ gering, d.h. ein großer Anteil der durch die Verglasungsfläche gewonnenen Wärme geht wieder verloren. Insbesondere ein auch auf Direktgewinn (durch Sonnenfenster) ausgelegtes Haus wird die Wärme des Wintergartens vor allem für nordseitige Räume benötigen, wozu eine differenztemperaturgesteuerte, mechanische Lüftungsanlage erforderlich ist. Wegen der Gleichzeitigkeit des Wärmeanfalls mit der Sonneneinstrahlung können die Wintergartengewinne nur genutzt werden, wenn die Direktgewinne in den südseitigen Räumen des Hauses nicht ausreichen. Die Gefahr einer Überhitzung der Wohnräume ist jedoch durch die Pufferwirkung des Wintergartens wesentlich geringer als beim Sonnenfenster. Durch den Einsatz von hybriden Systemen läßt sich der Wirkungsgrad des Solarwärmegewinns von Wintergärten wesentlich anheben.

Das Verhalten der Benutzer übt auf die energetische Wirkung des Wintergartens den größten Einfluß aus, läßt sich aber kaum quantifizieren. In Wirklichkeit besteht ein Zielkonflikt zwischen der Bewohnbarkeit (Komforttemperatur) einerseits und der Sonnenenergiegewinnung andererseits. Wer also mit einem Wintergarten die Sonnenenergie bestmöglich nutzen will, muß in Kauf nehmen, daß vor allem im Winter und in der Übergangszeit häufig zu hohe und zu tiefe Temperaturen im Wintergarten auftreten. Zu hohe Temperaturen können durch die zuvor beschriebene mechanische Lüftungsanlage wirksam abgebaut werden. Bei zu tiefen Temperaturen (unter $+2\,°C$ bis $+5\,°C$) ist eine Frostschutzheizung wegen der Pflanzen empfehlenswert. Eine richtige Heizung ist aufgrund der schlechten thermischen Qualität der großflächigen Wintergartenverglasung reine Energieverschwendung.

Um den maßgeschneiderten Wintergarten zu entwickeln, erscheint eine Beteiligung der Bewohner schon in der Planungsphase notwendig. Es besteht sonst die Gefahr, daß aus dem Wintergarten ein Energieverschwendungsraum oder ein Abstellraum wird.

Thermische Behaglichkeit
Ausschlaggebend für Art und Zeit der Nutzung von Wintergärten und Pufferräumen ist die Dauer, während der in diesen Räumen für den Menschen behagliche Bedingungen herrschen. Die thermische Behaglichkeit hängt vom augenblicklichen Wärmehaushalt des Körpers einer Person ab und wird gemeinsam von sieben Faktoren beeinflußt: Raumlufttemperatur, Temperatur der umgebenden Flächen, Sonnenstrahlung, Luftfeuchtigkeit, Wärmeproduktion des Menschen, Raumluftbewegung, Kleidung. Das Erreichen und Beibehalten einer konstanten Körpertemperatur von $37\,°C$ ist von Bedeutung. Die Bilanz der vom Körper abgegebenen und aufgenommenen Wärmemengen muß, um einen reibungslosen Ablauf aller Körperfunktionen zu sichern, ständig ausgeglichen sein (Behaglichkeitsgefühl). Unser biologisches Regelungssystem läßt uns bei zu hohen Wärmeverlusten frieren und bei einem Überschuß an Wärme schwitzen.

Thermische Behaglichkeit in Wintergärten und Pufferräumen während der Heizperiode und damit deren Nutzungsmöglichkeit werden stark geprägt von der Temperatur der Innenluft und der Sonnenstrahlung auf die Körperoberfläche sowie den Temperaturen der Umschließungsflächen, die zur sogenannten empfundenen Temperatur zusammengefaßt werden können. Bei Sonneneinstrahlung werden bereits Lufttemperaturen von $+15\,°C$ als behaglich empfunden. Bei Raumlufttemperaturen ab $25\,°C$ ist spürbarer Luftwechsel vorteilhaft, da er die empfundene Temperatur gegenüber der tatsächlichen Temperatur wesentlich senkt. Durch eine wirksame Sommerlüftung des Glashauses kann somit sowohl die tatsächliche Temperatur als auch die empfundene entsprechend gesenkt werden. Wie Messungen [7.8] ergaben, werden in einem richtig ausgelegten, nicht beheizten Glashaus zu mindestens 50% der Tagzeiten die oben erwähnten behaglichen Bedingungen erreicht.

Bei umfangreicher Bepflanzung des Wintergartens wird durch die Assimilationsfähigkeit der Pflanzen während der hellen Tagesphase laufend Kohlendioxyd aus der Umgebungsluft aufgenommen und Sauerstoff abgegeben. Während der dunklen Nachtphase kehrt sich dieser Vorgang um. Messungen haben ergeben, daß während des ganzen Tages keine gefährdenden Sauerstoffgehalte (kleiner 15 Vol.%) und während der Nacht keine physiologisch bedenklichen Kohlendioxydkonzentrationen (450 ppm) auftreten. Die gemessenen

Daten zeigen eine Verbesserung der Luft, verglichen mit der Außenluft. Überdies binden die Pflanzen Staub. Daher erscheint auch eine Belüftung der Wohnräume durch begrünte Wintergärten und Pufferräume empfehlenswert, und diese bringt zusätzlich während der trockenen Heizperiode eine natürliche Luftbefeuchtung.

7.4.1. Wintergärten und verglaste Pufferräume

Bauformen
Angebauter oder vorgesetzter Wintergarten, eingebauter oder integrierter Wintergarten, teilweise eingebauter Wintergarten, verglaste Loggien bzw. verglaster Balkon, Eck-Wintergarten, Blumenfenster oder Erker als Pufferraum (Abb. 7.13).

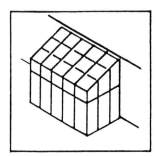
angebauter Wintergarten

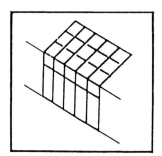
eingebauter Wintergarten

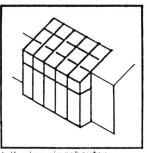
teilweise eingebauter Wintergarten

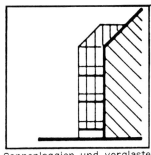
Sonnenloggien und verglaste Balkone

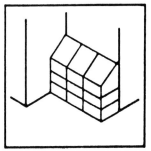
Eck-Wintergarten

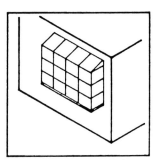
Blumenfenster oder Erker

Abb. 7.13: Wintergartentypen

Funktionen und Mehrfachnutzung
Erweiterung des Wohnbereiches, Erlebnisraum, Erholungsraum, passiver Solarwärmegewinn. Beispiele für Nutzungen im Wohnungszusammenhang:

- zeitlich begrenzte Nutzungen (wenn die Sonne scheint bzw. der Wintergarten warm ist): Wohn- und Erholungsbereich, Eßplatz, Kinderspielbereich, Hobby- und Arbeitsbereich, Schlafbereich;
- dauernde Nutzungen (die keine gleichmäßige Temperierung erfordern): Gewächshaus, Tiergehege für Haustiere;
- kurzfristige Nutzungen (vorübergehender Bedarf ohne gleichmäßige Temperierung): Windfang, Erschließungsbereich, Stiegenhaus, Wäschetrockenplatz.

Entwurfsregeln
- Die Zweckbestimmung des Raumes muß genau definiert und bei der Planung berücksichtigt werden.
- Die Hauptverglasungsflächen sollen vorzugsweise in Richtung Süden orientiert sein. Sie können aber auch nach Südosten bis Südwesten gerichtet sein.

Richtwerte:
Orientierung 30° nach Südost oder 30° nach Südwest: Solarwärmegewinn: 5% Verlust gegenüber Südorientierung.
Orientierung 40° nach Südost oder 40° nach Südwest: Solarwärmegewinn: 10% Verlust gegenüber Südorientierung.
Orientierung 60° nach Osten oder 60° nach Westen: Solarwärmegewinn: 20% Verlust gegenüber Südorientierung.

- Schmale, an das Gebäude angelehnte Wintergärten sind energetisch besser als stark herausragende. Ein Verhältnis Tiefe zu Breite von 1:3 stellt einen Kompromiß zwischen energetischer Zweckmäßigkeit und Benützerfreundlichkeit dar. Bei Standardisolierverglasung ($k = 3 \, W/m^2 \, K$) bringen opake wärmegedämmte Endwände eine Verbesserung gegenüber verglasten. Im Fall von Wärmeschutzverglasungen ($k = 1,1 \, W/m^2 \, K$) schneidet die transparente Endwand energetisch bereits besser ab.
- Hohe Wintergärten überheizen weniger schnell, ermöglichen einen besseren Wärmetransport in den Innenraum und lassen sich im Sommer besser belüften.
- Die Verwendung von verglasten Schrägdächern oder opaken Dächern ist genau abzuwägen. Verglaste Schrägdächer erhöhen zwar die Wärmegewinne leicht, verursachen aber extreme Temperaturverhältnisse im Wintergarten und verteuern die Baukosten (aufwendiger Sonnenschutz erforderlich, Hartglas

und Sicherheitsglas). Allerdings bieten Glasdächer hohen Erlebniswert und ästhetische Qualität und sind zum Teil zur Belichtung angrenzender Wohnräume erforderlich.

Dimensionierungsregeln
- Die Außenhülle des Wintergartens soll aus 2fach-Verglasung bzw. eventuell aus wärmegedämmten Wand- und Dachteilen bestehen. Wärmeschutzglas (k = 1,1 W/m² K) erscheint, wenn kostenmäßig vertretbar, sinnvoll. Einfachverglasungen sind generell zu vermeiden.
- Die Trennwand zwischen Wintergarten und Haus soll einen k-Wert von 0,8 W/m²K bis 1,4 W/m² K und eine gewisse Speicherfähigkeit aufweisen (Ziegelwand, Betonsteinwand).
- Eine zusätzliche direkte Außenluftzufuhr für die hinter dem Wintergarten liegenden Räume ist vorteilhaft.
- Als Lüftungsöffnungen ins Freie sollte mindestens 1/6 der wirksamen südprojizierenden Verglasungsfläche oder 1/10 der gesamten Verglasungsfläche ausgebildet sein, weniger als die Hälfte davon im unteren Bereich als Zuluftöffnungen und mehr als die Hälfte im oberen Bereich, mindestens 2 m höher als Abluftöffnungen.
- Lüftungsöffnungen zwischen Glashaus und Wohnraum sollten ca. 6% der projizierten Südverglasungsfläche aufweisen und zur Hälfte im oberen und zur Hälfte im unteren Bereich der Trennwand liegen. Anstelle der Lüftungsöffnungen ist eine differenztemperaturgesteuerte Lüftungsanlage möglich.

Verglasung
Wintergärten können mit Einfachglas, Isolierglas, Wärmeschutzglas, Spezialglas oder Kunststoffglas verglast werden. Einfachglas ist nur bei hinterlüfteten Glasvorbauten sinnvoll, bei üblichen, dichten Wintergärten jedoch aus wärmetechnischen und bauphysikalischen Gründen (Kondenswasserbildung) abzulehnen. Diese sind zumindest mit Standardisolierglas (k = 3,0 W/m² K) auszustatten.

Bei den drei in der Wohnhausanlage Wintergasse 75 gemessenen, gleichartigen, angebauten Wintergärten mit opakem Dach und drei verglasten Außenwänden erreichte der Wintergarten mit 2-Scheiben-Wärmeschutzglas (k = 1,3 W/m² K), verglichen mit den beiden anderen Wintergärten mit Standard-Isolierglas (k = 3,05 W/m² K), eine um etwa 5 K erhöhte Innentemperatur und somit Frostfreiheit.

Der Temperaturunterschied steigt im Mittel bei höheren Temperaturen bzw. größerer Sonnenstrahlung leicht an. Das Ergebnis zeigt Abb. 7.14. Man erkennt eine sehr einheitliche lineare Verteilung, bei der der

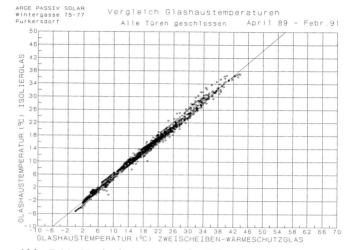

Abb. 7.14: Vergleichsmessungen der Wintergartentemperatur an gleichartigen Wintergärten mit 2-Scheiben-Wärmeschutzglas (Top. 5) und 2-Scheiben-Isolierglas (Top. 1)

Wintergarten mit Wärmeschutzglas immer höher liegt. Die vorgenommene lineare Regression ergibt folgende Regressionsgerade: y = −4,26 + 0,97x (das Bestimmtheitsmaß als Maß für die Linearität (Maximum = 1) beträgt 0,991) [7.9].

Wie aus den Meßergebnissen erkennbar ist, kam es in dem mit Wärmeschutzglas verglasten Wintergarten auch (bei Außentemperaturen von −19 °C) zu keinem Frost, während zur selben Zeit im Wintergarten mit Standardisolierglas Temperaturen von −5 °C aufgetreten sind. Aufgrund dieser Erfahrungen kann ein 2-Scheiben-Wärmeschutzglas (k = 1,1 W/m² K) empfohlen werden, das eine längere Nutzungszeit des Wintergartens erlaubt. Lüftungen, Sonnenschutz und Speichermassen sind für den höheren Solarwärmegewinn etwas größer zu dimensionieren. Wenn ein Wintergarten intensiv als erweiterter Wohnraum oder z.B. als Speiseraum im Gastgewerbe genutzt werden soll, so ist die Verwendung von 3-Scheiben-Wärmeschutzglas (k = 0,4 W/m² K bis k = 0,7 W/m² K) zu überlegen. In diesem Fall sind ausreichende Lüftungs- und Sonnenschutzmaßnahmen (außenliegender Sonnenschutz) besonders zu beachten.

Schrägverglasungen sowie Verglasungen im Parapetbereich sind als Einscheibensicherheitsglas auszuführen. Einscheibensicherheitsglas (ESG) zeichnet sich durch ein besonderes Bruchverhalten aus. Beim Bruch der Scheibe entstehen lauter kleine Glaskrümel, die Schnittverletzungen weitgehend ausschließen. Es hat eine hohe Schlag-, Stoß- und Biegebruchfestigkeit sowie Temperaturwechselbeständigkeit (bis 200 K). Aus Sicherheitsgründen sollte bei Schrägverglasung raumseitig eine Verbundsicherheitsglasscheibe ausgeführt werden. Verbundsicherheitsglas besteht aus mindestens zwei Glasscheiben, die mittels einer hoch reißfesten FVB-Folie o.ä. untrennbar miteinander verbunden sind. Bei einer eventuellen Zerstörung bilden sich keine gefährlichen Glasdolche. Ein weiterer Vorteil besteht darin, daß die Glastafeln bei einer Überlastung zwar anbrechen, aber an der Folie haften bleiben und somit keine Öffnung entsteht.

Wenn der Wunsch besteht, sich im Wintergarten bräunen zu lassen, so kann Sanaluxglas eingesetzt werden. Sanalux ist ein Spezialfilterglas, das sich durch besonders hohe Durchlässigkeit von Tageslicht im Bereich der bräunenden und biologisch wirksamen ultravioletten Strahlen auszeichnet (in diesem Bereich zirka 75% mehr Durchlässigkeit als normales Fensterglas).

Kunststoffverglasungen können als Stegplatten oder Einfachplatten ausgeführt werden. Stegplatten haben den Nachteil einer verminderten Transparenz, können aber einfacher – insbesondere beim Selbstbau – bearbeitet werden als Glas und sind auch bei gekrümmten Flächen einsetzbar. Kunststoffgläser sind wesentlich billiger als Isoliergläser und können bei Schrägverglasungen die teuren Sicherheitsgläser ersetzen. Allerdings muß bei der Planung die jeweilige Produktionsgröße (firmenabhängig) genau beachtet werden, da allfällige Verschnitte die Kosten stark erhöhen.

Bei der Dimensionierung der Glasflächen ist zu beachten, daß die kostenmäßig günstigen Glasbreiten von 90 cm nicht überschritten werden sollen (insbesondere bei der Schrägverglasung). Die Länge einzelner Glaselemente ist produktionsbedingt mit 3,60 m (Sicherheitsglas: 3,18 m) begrenzt. Dies ist insbesondere bei Schrägverglasungen wichtig, um schon bei der Planung Stöße zu vermeiden oder in ihrer Anzahl zu reduzieren. Bei Formaten, die nicht rechteckig sind, muß mit Preisaufschlägen gerechnet werden. Diese richten sich nach der Anzahl der verbleibenden rechten Winkel und der Art der Vieleckigkeit oder Krümmung.

Lüftung
Die Lüftung ist für die Vermeidung von Überhitzungen im Sommer sehr wichtig. Die Lufteinströmöffnungen sind möglichst tief an der der Hauptwindrichtung zugewandten Seite, und die Luftaustrittsöffnungen möglichst hoch an der der Hauptwindrichtung abgewandten anzuordnen. So wird eine diagonale Durchströmung und ein Kamineffekt erreicht. Je besser die Wärmedämmung der Verglasung und je niedriger der Wintergarten ist, desto größere Lüftungsöffnungen (ca. 1/6 der wirksamen Verglasungsfläche oder 1/10 der gesamten Verglasungsfläche) sind erforderlich. Lüftungsöffnungen lassen sich einfach und kostengünstig in den senkrechten Verglasungsflächen unterbringen. Handelsübliche Fenster und Fenstertüren mit Dreh-Kippbeschlägen sind dafür durchaus gut geeignet.

Empfehlenswert ist das Kippen aller Lüftungsöffnungen, was eine stärkere Überhitzung verhindert. Es sollte eine Fixierung der Kippstellung vorgesehen werden, damit bei stärkeren Windböen die Fenster nicht zugeschlagen werden können. Wenn die Temperaturen im Glashaus trotz der bisher beschriebenen Maßnahmen noch als zu hoch empfunden werden, können Fenster und Türen voll aufgedreht werden. Dabei ist das windrichtungsangepaßte, diagonale Öffnen am wirksamsten. Für eine besonders schnelle Abkühlung können auch alle vorhandenen Lüftungsöffnungen voll aufgedreht werden. Auch bei ganz geöffneten Fenstern und Türen ist eine Fixierung gegen das Zuschlagen durch den Wind empfehlenswert. Das Fixieren der Drehstellung kann z.B. durch normale, handelsübliche Haken erfolgen.

Empfehlenswert als Überhitzungsschutz sind ein Ventilator und eventuell mechanische Lüftungsklappen, die thermostatisch gesteuert werden und auch bei Abwesenheit des Nutzers den Wintergarten bei hohen Temperaturen automatisch lüften, um Schäden an den Glas-Klebestellen oder an Pflanzen zu vermeiden.

Sonnenschutz
Ein weiteres Mittel zur thermischen Konditionierung des Wintergartens im Sommer ist der Sonnenschutz. Bei Wintergärten mit opakem wärmegedämmtem Dach ist gewöhnlich ein unbeweglicher Sonnenschutz in Form eines entsprechenden Dachvorsprunges ausreichend. Wenn erforderlich, können zusätzlich die senkrechten Flächen mit Jalousien oder Raffstores beschattet werden. Innenliegende Textilraffstores oder Rollos mit infrarotreflektierender Beschichtung können zusätzlich als bewegliche Wärmedämmung in sehr kalten Winternächten verwendet werden. Die kostengünstigste und einfachste Beschattung erfolgt durch Vegetation, die im Winter zur Zeit des größeren Heizenergiebedarfes ihr Laub abwirft. Diese Pflanzen können direkt am Glashaus, als Kletterpflanze (z.B. Hopfen, Bohnen, Knöterich) oder als Spalierobst gezogen werden. In einiger Entfernung vom Wintergarten sind Laubbäume mit entsprechender, zur Beschattung ausreichend großer Krone günstig. Im Winter kann bei sommergrünen Pflanzen die Sonneneinstrahlung fast ungehindert einwirken, im Sommer halten sie die Strahlung weitgehend ab. Bei Wintergärten mit Schrägverglasung ist eine bewegliche Beschattungseinrichtung zur Vermeidung übermäßiger Erhitzung und aus Gründen des Blendschutzes empfehlenswert. Dieser Sonnenschutz kann innen oder außen angebracht werden. Ein außenliegender Sonnenschutz ist thermisch wirksamer, aber aufwendiger. Dieser kann in Form von Schrägschlittenmarkisen, Lattenrollos oder drehbaren Lamellen ausgebildet werden und ist gegen

Sturmschäden zu schützen (Sturmwächter). Durchbrochene Lattenrollos mit soliden Führungsschienen sind auch in sturmsicherer Ausführung erhältlich. Ein innenliegender Sonnenschutz kann bei entsprechender Lüftung zwischen Sonnenschutz und Schrägverglasung fast so wirksam wie ein außenliegender sein. Üblich sind hier Rollos oder Faltjalousien aus Stoff oder beschichtete Kunststoffolien. Vorteile innenliegender Beschattungseinrichtungen sind niedrigere Kosten in Anschaffung und Erhaltung (witterungsgeschützt) und die Möglichkeit eines nachträglichen Einbaues. Ein Nachteil ist das eventuelle Auftreten von Kondenswasser im Winter.

Wärmespeicherung

Eine richtig dimensionierte Speichermasse im Wintergarten ist erforderlich, damit dieser sich während der Heizperiode entsprechend erwärmt, ohne daß es im Sommer zu großen Überhitzungsproblemen kommt. Die Speichermasse sollte im Boden und in der Rückwand des Glashauses angeordnet sein und direkt von der Sonne beschienen werden. Es wird eine speicherwirksame Masse von 70 bis 300 kg pro m^2 Verglasungsfläche (mit dem Gesamtenergiedurchlaßgrad g abgemindert) empfohlen. Bei opakem Dach und besonders bei fixen Dachvorsprüngen zur Beschattung sollten die niedrigeren Werte, bei südseitiger Schrägverglasung und/oder weitgehend eingebauten Wintergärten die höheren Werte angestrebt werden. Für einen hinter dem Wintergarten liegenden Wohnraum wird in der ÖNORM B 8110, Teil 3, eine immissionsflächenbezogene speicherwirksame Masse von mindestens 1.200 kg/m^2 angegeben. Besonders bei einer automatischen Luftumwälzung in nordseitige Räume kann dieser Wert auch unterschritten werden.

Tageslicht

Entsprechend der Transparenz der Wintergartenhülle steht im Wintergarten ein großes Angebot von Tageslicht zur Verfügung. In den angrenzenden Gebäudeteilen bewirkt der Wintergarten jedoch eine Minderung, die im wesentlichen von der Verglasungsart, den Rahmenanteilen der Tragkonstruktion sowie den Sonnenschutzvorrichtungen des Wintergartens bestimmt wird. Dient als Sonnenschutz eine intensive Bepflanzung außerhalb oder innerhalb des Wintergartens, kann zwar den groben jahreszeitlichen Schwankungen im Tageslichtangebot Rechnung getragen werden, nicht jedoch den kurzfristigen Unterschieden zwischen trüben und klaren Tagen. Zu gewissen Nutzungszeiten kann es zu einem großen Überangebot an Tageslicht kommen, sodaß ein Sonnenschutz schon allein aus Gründen der Blendung erforderlich ist.

Feuchteschutz

Im Fassadenbereich übernimmt der Wintergarten die Funktion des Regenschutzes. Die Außenhülle des Wintergartens ist somit regendicht auszubilden, wobei besondere konstruktive Maßnahmen beim Anschluß des Wintergartens an das Haus und bei den Lüftungsklappen zu ergreifen sind. Das feuchtetechnische Verhalten von Glasvorbauten hängt primär davon ab, wie intensiv Wasserdampf produziert wird, und ob bei extrem niederen Glashaustemperaturen warme (feuchte) Luft aus dem Gebäudeinneren in das Glashaus gelangt (der Temperaturabfall läßt die relative Luftfeuchtigkeit sprunghaft ansteigen). Andererseits hängt die Tauwasserbildung von der inneren Oberflächentemperatur der Verglasung ab. Verglasungen mit hoher thermischer Qualität erreichen höhere Oberflächentemperaturen und stellen ein geringeres Risiko dar.

Je stärker die Bepflanzung ist, desto anfälliger ist ein Wintergarten hinsichtlich Tauwasseranfall, der allerdings bei Südorientierung zu keinen grundsätzlichen Problemen führt. Der auch bei Isolierverglasung unvermeidliche Tauwasseranfall in der zweiten Nachthälfte verschwindet bei Südorientierung infolge der Einstrahlung meist recht schnell. Bei Nordorientierung hingegen sollte im Winter keine Feuchte im Glashaus produziert werden, denn dies führt zu lang andauerndem Feuchte- und Reifniederschlag an Scheibe und Rahmen.

Schallschutz

Wintergärten verbessern den Schallschutz der Gebäudefassade und bewirken einen geringeren Schallpegel im Wintergarten gegenüber der Gebäudeumgebung (bei Einwirkung von Außenlärm). Diese Wirkung wird wesentlich bestimmt von der Dichtigkeit der Wintergartenhülle, der Verglasungsart und Rahmenkonstruktion, der Schallabsorptionsfähigkeit der Umschließungsflächen, sowie gegebenenfalls des Mobiliars und der Pflanzen und von der Wintergartengeometrie [7.10].

Größenordnungsmäßig kann von einem Mittelwert der Pegelminderung durch den Wintergarten von

– 10 dB(A) bei geöffneten Lüftungselementen (bei geöffneten Lüftungselementen, wie sie für den sommerlichen Wärmeschutz erforderlich sind, wird dieser Wert meistens nicht erreicht),
– 20 dB(A) bei dichter Hülle

ausgegangen werden. Im Mehrgeschoßbau und in Gebieten mit hohem Verkehrslärm kommt dieser Schutzwirkung eine besondere Bedeutung zu. Gezielte Anbringung von Schallschluckflächen (z.B. an der Untersicht von Wintergartendecken) können die Schallschutzwirkung wesentlich verbessern.

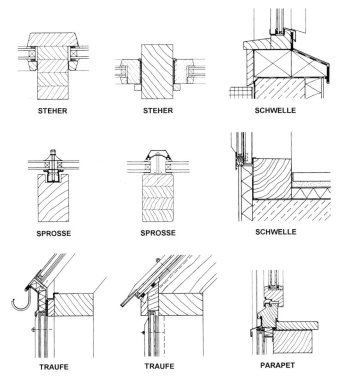

Abb. 7.15: Wintergarten-Details

Konstruktion von Wintergärten
Von der Industrie werden Wintergartenprofilsysteme mit Lösungen für alle Detailpunkte in Aluminium, Stahl, Holz-Aluminium und Kunststoff angeboten. Zumeist ist es aber am günstigsten, den Wintergarten vom Zimmermann in einer Holzsteherkonstruktion ausführen zu lassen und die Verglasung in tischlermäßiger Fensterkonstruktion oder mit einfachen Alu-Profilsystemen herzustellen [7.11]. Der Holzwintergarten hat eine ausreichende konstruktive Festigkeit, günstige thermische Eigenschaften und wirkt wohnlich und ästhetisch ansprechend. Eine kurze Übersicht über gebräuchliche Wintergartenholzprofile und wichtige Detailpunkte wird in Abb. 7.15 gegeben.

Wirtschaftlichkeit
Der Wintergarten wäre als Bauteil, der nur zur Gewinnung von passiver Solarwärme dient, unwirtschaftlich, da die Herstellungskosten hoch und der Wirkungsgrad der passiven Solarnutzung niedrig ist. Die Hauptfunktion des Wintergartens ist der Erlebnis- und Erholungsraum, die Energieeinsparung ist ein angenehmer Nebeneffekt.

Entwicklungstendenzen
Wintergärten werden aufgrund der besseren Verglasungen und der Verbilligung von automatischen Lüftungen unbeheizte Räume bleiben, die sich bereits bei geringer Sonneneinstrahlung erwärmen und durch die genannten Verbesserungen eine immer längere Zeit des Jahres behaglich benutzt werden können.

7.4.2. Glasüberdeckte Bereiche

Glasdächer zur Überdeckung von Innenhöfen und Gassen sind eine vor allem im innerstädtischen Bereich wichtige Maßnahme zur Energieeinsparung und zur passiven Sonnenenergienutzung. Es können damit, wie in Abschnitt 6.5 bereits beschrieben, verlustminimierte Baukörper mit einem geringen Oberflächenvolumsverhältnis geschaffen werden. Der unbeheizte glasüberdeckte Bereich wirkt im Winter als Pufferzone und reduziert somit die Transmissionswärmeverluste der möglichst an allen Seiten anschließenden Gebäudeteile. Überdies ist dieser Bereich trotz fehlender Heizung immer angenehm temperiert und kann für die unterschiedlichsten Aktivitäten als großzügige Erschließungszone, Freizeitraum, innerstädtischer Treffpunkt, Geschäftspassage u.a.m. genutzt werden.

Entsprechend ÖNORM M 7700 wird dieser Bauteil als passive sonnentechnische Anlage bezeichnet, wenn über das verglaste Atrium während der Heizperiode den angrenzenden Innenräumen mehr Sonnenenergie zugeführt wird, als Transmissionswärme während derselben Periode aus den Innenräumen an das verglaste Atrium abgegeben wird. Aufgrund der sehr hohen Wärmespeichermassen, der an das verglaste Atrium angrenzenden, zumeist mehrgeschossigen Bauteile, ist bei einer entsprechenden Wärmedämmung der Verglasung eine positive Energiebilanz erreichbar. Wenn einzelne Seitenwände des glasüberdeckten Bereiches als verglaste Außenwände ausgebildet sind, kommt es zu einem Bauteil, der dem eingebauten Wintergarten ähnlich ist und für den (übertragen auf eine größere Gebäudedimension) die gleichen Regeln anwendbar sind. Durch intensive Begrünung mit geeigneten Pflanzenkombinationen lassen sich Luftschadstoffe abbauen und das Klima verbessern [7.24].

Glasüberdeckte Bereiche tragen wesentlich zur natürlichen Belichtung der angrenzenden Innenräume bei. Bei der gleichen Verglasungsfläche ermöglichen horizontale Oberlichtverglasungen eine mehr als doppelt so hohe Belichtungsstärke als vertikale Fensterverglasungen. Da Verglasungen zumeist eine thermische Schwachstelle der Gebäudehülle bilden, ist die Berücksichtigung dieser Eigenschaft beim Entwurf von energieoptimierten Gebäuden wichtig. Die Belichtung von Innenräumen durch glasüberdeckte Bereiche müßte dann auch in den Bauordnungen berücksichtigt werden. Die Bauordnungen sollten dahingehend geändert werden, daß auch zusätzliche Hauptfenster (insbesonders Fenster von Küchen) über verglaste

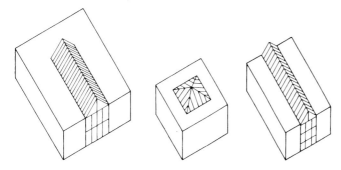

Abb. 7.16: Bauformen für glasüberdeckte Bereiche

Innenhöfe, Laubengänge und andere Pufferzonen belichtet werden dürfen, wenn eine ausreichende mechanische Be- und Entlüftung sichergestellt ist.

Bauformen
Glasüberdeckte Bereiche, die:

- an allen Seiten von Gebäuden umschlossen sind: glasüberdeckter Innenhof, Atrium,
- an drei Seiten von Gebäuden umschlossen sind: großer integrierter Wintergarten,
- an zwei gegenüberliegenden Seiten an Gebäude angrenzen: glasüberdecke Gasse oder Straße, Passage (Abb. 7.16).

Funktionen und Mehrfachnutzung
Belichtung, Sonnenenergiegewinn, Übergangsbereich, Erschließungszone, Freizeitraum, städtischer Treffpunkt, Geschäftspassage.

Entwurfsregeln
- Das Atrium ist so auszurichten, daß speziell im Winter die Sonnenstrahlung zur Beheizung und Belichtung genutzt werden kann.
- Schräge Verglasungsflächen sollten, wenn möglich, nach Süden orientiert sein, solche nach Norden sind ungünstig.
- Tiefere und engere glasüberdeckte und von mehrgeschossiger Bebauung umschlossene Bereiche sind energietechnisch günstiger als flachere, weitere und von niedrigerer Bebauung umschlossene.
- Wenn der Raum doppelt so hoch ist wie breit, so ist eine Verbreiterung im oberen Teil aus Gründen der ausreichenden Tagesbelichtung anzustreben („V-Form").

Dimensionierungsregeln
- Es ist zumindest Zweifach-Isolierverglasung zu wählen, der Einsatz von Wärmeschutz-Isoliergläsern ist zu empfehlen.
- Keine Sonnenschutzgläser, sondern ein beweglicher Sonnenschutz ist vorzusehen.
- Für die Schrägverglasung ist eine Isolierverglasung aus Verbund-Sicherheitsglas (VSG) an der Rauminnenseite und ein Sicherheitsglas (ESG) als äußere Scheibe zu wählen.
- Im Inneren des Atriums sind helle Farben zu verwenden, damit das Tageslicht möglichst wenig absorbiert wird.
- Lüftungsöffnungen sollten sowohl in der Nähe des Bodens wie auch im Dach angeordnet werden, damit der Kamineffekt wirksam werden kann.
- 6 bis 10% der Dachfläche sollten geöffnet werden können.
- Es gelten sinngemäß die gleichen Regeln wie bei Wintergärten (Wärmeschutz der Innenwände etc.)

Lüftung
Das Atrium kann bei richtiger Konzeption einen wichtigen Beitrag zur Belüftung eines Gebäudes leisten (Abb. 7.17). Im Winterhalbjahr kann die Belüftung der Innenräume über den glasüberdeckten Bereich erfolgen. Dadurch wird die Zuluft vorgewärmt und eine Überwärmung des glasüberdeckten Bereiches verhindert.

Im Sommerhalbjahr strömt die Zuluft von der Außenseite der Gebäude, im günstigsten Fall von Gartenbereichen oder von nicht glasüberdeckten, engen Innenhöfen zu. Die Abluft strömt über das verglaste Atrium ab, wobei der natürliche Auftrieb der warmen Luft im Atrium genutzt wird und eine zu starke Überwärmung des Atriums vermieden wird. Eine Durchlüftung in den kühlen Nacht- und Morgenstunden zur Kühlung der Gebäude (free cooling) ist empfehlenswert.

Sonnenschutz
Ein beweglicher Sonnenschutz ist im verglasten Atrium oft unerläßlich. Meist werden die billigeren, innenliegenden Storen gewählt. Für den Sonnenschutz sind helle Farben oder Reflexionsstoren zu verwenden. Diese sind gut wirksam, wenn die zwischen Sonnenschutz und Glas entstehende Warmluft durch eine entsprechende Lüftung abgeführt werden kann. Glaspaneele mit integriertem Lichtraster wie beim

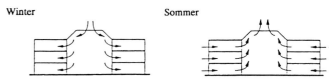

Abb. 7.17: Lüftung von glasüberdeckten Bereichen

tion bei der Anwendung der transparenten Wärmedämmung muß zumeist nach sorgfältiger Auswahl des Solarsystems, der Konstruktion, des TWD-Materials und der Verschattung in einer Variantenanalyse für jedes Objekt maßgeschneidert werden. Die entwickelten Varianten sind nach den Kriterien der Gebäudenutzung und Konstruktion, nach der Einhaltung von Normen und Bauvorschriften (Wärmeschutz, Brandschutz u.a.m.), fertigungstechnischen und bautechnischen Problemen, nach Referenzanlagen bei ähnlichen Bauten und nach der Wirtschaftlichkeit auszuwählen. Es ist zu erwarten, daß sich aufgrund wirtschaftlicher Fertigung und zunehmender Erfahrung bei der Anwendung die Variationsbreite von TWD-Systemen beschränken wird.

Entwicklungstendenzen und Ausblick
Neben der Entwicklung von immer leistungsfähigeren und billigeren transparenten Wärmedämmstoffen sind auch die Probleme des Sonnenschutzes von TWD-Wänden zu lösen. Eine TWD-Wand ohne bewegliche Teile wäre natürlich die beste Lösung. Technisch ist das kein Problem, man müßte steuerbare Gläser oder Gele einsetzen, aber die Kosten sind hier noch sehr hoch. Eine konsequente Weiterentwicklung ist die TRANSHOLARWAND von Kaiser Bautechnik, welche mittels Holographie das einstrahlende Tageslicht selektiv durchläßt, reflektiert und zur inneren Raumausleuchtung mit natürlichem Licht umlenken läßt. Dies macht das transparente Wärmesystem effektiver. Neben der stufenlosen Einstellung und Beeinflussung des Lichtes und der Wärmebedingungen im Raum kann jeweils das Angebot, welches man nicht für den Raum nutzt, anderweitig Verwendung finden. Es kann durch Photovoltaik zu Strom umgewandelt werden oder sogar mit Lichtwellenleitern als Tageslicht in andere Räume gebracht werden. Die TRANSHOLARWAND beleuchtet, erwärmt und kann Strom erzeugen; bis zu welchem Grad, ist dem jeweiligen Nutzer nach seinen Prioritäten vorbehalten.

Ob die TWD-Technologie im Wohnungsbau weiter Verbreitung finden wird, hängt sicherlich wesentlich davon ab, ob die berechneten Energieeinsparungen in den bewohnten Häusern erreicht werden. Dieses wird durch projektbegleitende Messungen untersucht. Die Wirtschaftlichkeit wird erst bei deutlicher Kostenreduktion für die Systeme (z.Z. 220−500 EURO/m² Fassadenfläche) sowie Energiepreissteigerungen erreicht.

Untersuchungen haben ergeben, daß die technisch realisierbare Energieeinsparung bei einer Sanierung des Gebäudebestandes bei ca. 50% liegt, wenn nach dem heutigen Stand der Technik opak gedämmt wird. Hingegen liegt diese Energieeinsparung bei 80%, wenn eine hochwirksame transparente Wärmedämmung mit entsprechenden begleitenden Maßnahmen an Gebäudehülle und Heizungsanlagen vorgesehen wird. Durch Lüftungswärmerückgewinnung, Hochleistungsfenster und aktive Solarsysteme läßt sich der Wärmeverbrauch auf 5% bis 10% reduzieren. Aufgrund dieser Voraussetzungen wurde eine Marktstudie ausgearbeitet, die für das Jahr 2008 ein Marktvolumen von 7,500.000 m² bis 11,600.000 m² TWD-Fassadenflächen als Obergrenze angibt [7.16]. Eine neutrale Untersuchung hat nachgewiesen, daß einfache TWD-Systeme, wie z.B. das STO-Therm Wärmedämmverbundsystem oder Holz-Einfachsysteme, trotz geringer Solargewinne aufgrund von niedrigen Investitionskosten und minimaler Wartung schon heute wirtschaftlich sein können. Gute Entwicklungsaussichten bieten auch TWD-Lichtpaneele, die eine bessere Tagesbelichtung tieferer Raumzonen ermöglichen und neben Heizwärme auch Kunstlicht sparen. Die transparente Wärmedämmung im Fassadenbereich verlangt viele verglaste Flächen. Diese Technologie könnte mit der derzeit modernen und gerne verwendeten Fassadentechnik des „Structural Glazing" kombiniert werden. Für die Markteinführung eines völlig neuartigen Produkts, wie es die TWD-Systeme sind, ist ein positives Image durch architektonisch hervorragende und überzeugende Musterbauten sehr wichtig, die in der Öffentlichkeit entsprechende Aufmerksamkeit erregen. Nur dann werden Bauherren bereit sein, ihr Objekt in dieser Weise auszustatten.

7.5.4. Die „gewinnende" Wärmedämmung aus Kartonwaben

Ein ähnliches Ziel wie die diversen TWD-Systeme verfolgt die sogenannte „gewinnende" Wärmedämmung aus Kartonwaben. Bei diesem 1992 in Oberösterreich entwickelten und erprobten System wird eine in Form und Struktur optimierte Spezialwabe aus Recyclingkarton zum wesentlichen Element der Fassade. Die Kartonwabe wird nach außen, unter Vorschaltung einer Hinterlüftungsebene, verglast. Das Sonnenlicht dringt durch die transparente Schutzschicht in die Kartonwaben ein und wird dort in Wärme umgewandelt. Dabei erreicht die Temperatur an der Außenseite der Wandkonstruktion ein höheres Temperaturniveau als an der Innenseite. Folglich ergibt sich ein Wärmefluß von außen nach innen. Wird die Kartonwabendämmung vor eine massive Wand montiert, so führt die absorbierte Wärme zeitverzögert zu einem Anstieg der Temperatur in der Wand, die als Wärmespeicher dient. Diese Temperaturanhebung in der Wand unterbindet weitgehend den Wärmeverlust der Außenwände (Abb. 7.29). Ein wesentlicher Vorteil bei dieser Fassade ist, daß der maximale Wärmeeintrag bzw. die maximale Temperatur nicht am statischen

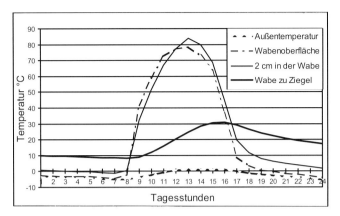

Abb. 7.29: Temperaturprofil einer Außenwandkonstruktion mit „gewinnender Wärmedämmung"

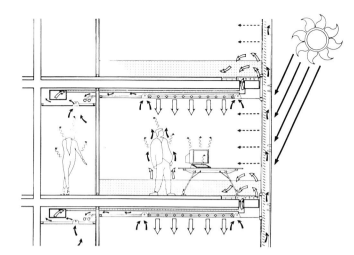

Abb. 7.30: Schnitt Technologiepark Duisburg, Norman Foster

Wandaufbau eintritt, wie dies bei jenen Systemen mit transparenter Wärmedämmung der Fall ist. Schäden durch extreme Temperaturbeanspruchungen an einer nicht entsprechend bemessenen Massivkonstruktion werden vermieden.

In den Sommermonaten ist der Einfallswinkel der Sonnenstrahlung auf die Südfassade zu steil, um tief genug in die Wabe eindringen zu können. Die Umwandlung des Sonnenlichtes findet somit unmittelbar an der Wabenoberfläche statt. Dadurch entsteht in der Hinterlüftungsebene eine thermisch bedingte Zirkulation. Überflüssige Wärme wird nach außen abgeführt. Dieses Fassadensystem kann in den Sommermonaten bei richtiger Anwendung auf südorientierte Wandflächen nicht zur Überhitzung im Rauminneren führen – eine teure mechanische Abschattungsvorrichtung kann somit entfallen. Darüber hinaus zeichnet sich dieses Fassadensystem dadurch aus, daß ausschließlich wiederverwertbare Bestandteile zum Einsatz kommen. Der Gehalt an „grauer Energie" ist denkbar gering.

7.5.5. Die doppelte Fassadenhaut

Eine doppelte Fassadenhaut besteht aus einer vollständig verglasten Außenhaut und einer Innenfassade, welche sowohl massive (zur Speicherung) als auch verglaste Flächen (Tageslichteinfall) aufweist (Abb. 7.30). Die doppelte Fassadenhaut ist vergleichbar mit einer sehr schmalen Veranda. Entsprechend einem Wintergarten können die solaren Wärmegewinne als direkte Wärmegewinne durch die Verglasungsfläche oder als indirekte Wärmegewinne über ein Lüftungssystem erfolgen. Die zuvor erwähnten hochwärmedämmenden Verglasungen und transparente Wärmedämmungen können hier eingesetzt werden. Der Raum zwischen innerer und äußerer Fassadenhaut kann als Technikbereich und als Fluchtweg genutzt werden. Gegen Überhitzung im Sommer ist durch Sonnenschutz, durch ein wirksames Lüftungssystem und durch eine schwere Gebäudemasse Vorsorge zu treffen.

Für dieses System gibt es im Bürohausbau bereits mehrere Anwendungsbeispiele. Ein frühes architektonisch hervorragendes Beispiel ist das 1993 eröffnete Haus der Wirtschaftsförderung des Mikroelektronikparks Duisburg. Die doppelte Fassadenhaut ist in eine Rahmen-Riegelkonstruktion eingesetzt und außen in der Art des „structural glazing" verglast. Im luftdurchströmten Zwischenraum befinden sich drehbare Sonnenschutzlamellen (Abb. 7.30 und Beispieldokumentation).

Ein Einzelraumregler optimiert die thermischen und optischen Komfortbedingungen in jedem Raum, läßt jedoch individuelle Eingriffe auf die Temperatur sowie die Licht- und Wärmeströme durch die transparente Fassade mittels sensibler Abschattung zu. Die Vernetzung dieser Regler in einem Bus-System zu der Zentralintelligenz des Gebäudes steuert das energetische Gesamtsystem.

Die Luftqualität wird sichergestellt durch leises Einquellen individuell vorbehandelter (erwärmter/gekühlter) Außenluft, welche sich zu einem Frischluftsee am Boden ausbreitet. Von dort wird sie energiefrei durch Eigenthermik zum Menschen geführt. Es gibt keine Zugerscheinungen und keine Geräusche. Durch Strahlungsaustausch mit wasserdurchströmten Kühldecken wird dem Raum überschüssige Wärme entzogen, womit ein angenehmes, kühles Arbeitsklima geschaffen wird.

Der Betrieb dieses Bürohauses hat den Prognosen bezüglich Energieverbrauch nicht entsprochen. Mit einem Heizwärmeverbrauch von 212 kWh/m² a, Kälteverbrauch von 90 kWh/m² a und Stromverbrauch von 131 kWh/m² a für die Periode 1995/96, bezogen auf die Nettogeschoßfläche, wurde sogar überdurchschnittlich viel Energie benötigt [7.24]. Die durchgehend verglaste doppelte Fassadenhaut (k = 1,0 W/m^2 K) des Hauses der Wirtschaftsförderung, die 58% der belichteten Büroraumgrundfläche beträgt, ist Ost-West orientiert, wodurch im Sommer der erwähnte Kälteverbrauch entsteht.

Die doppelte Fassadenhaut stellt eine Lösung für extreme Gebäudesituationen dar, wie für Hochhäuser, die so starkem Wind ausgesetzt sind, daß ein außenliegender Sonnenschutz vor den Fenstern nicht möglich ist, oder für Gebäude, die starkem Lärm ausgesetzt sind und trotzdem natürlich belüftet werden sollen. Für normale Gebäudesituationen ist die einschalige Fassade mit öffenbaren Fenstern und außenliegendem Sonnenschutz unter wirtschaftlichen und funktionalen Gesichtspunkten nach wie vor die bessere Lösung.

Vergleichbar mit dem Wunsch nach dem Wohnen mit der Sonne ist der Trend zum natürlich belichteten und belüfteten Büro. Das vollklimatisierte Hochhausbüro wird von der Mehrheit der Nutzer abgelehnt. Um diese übergeordneten, kostenmäßig nicht direkt bewertbaren Nutzungsqualitäten zu schaffen, ist eine neue Generation von Doppelfassaden-Bürohochhäusern entstanden. Einige davon werden im folgenden erwähnt:

1997 wurde in Frankfurt das höchste Haus Europas, das Büro der Commerzbank, eröffnet (vgl. Beispieldokumentation). Sämtliche Büros sind natürlich belichtet und belüftet und nach außen oder zu einem der neun versetzten Wintergärten orientiert. Dank der doppelten Fassadenhaut lassen sich auch die Fenster an der Außenfassade öffnen. Ein typisches Fassadenelement besteht aus der wärmegedämmten inneren Fassadenebene, wo zwischen Decke und Parapet die öffenbaren, mit Zweischeiben-Wärmeschutzglas versehenen Drehkippfenster eingebaut sind. Die zweite Fassadenhaut ist ca. 20 cm vorgesetzt und besteht aus einer Einfachverglasung vor den Fenstern und aus grau emaillierten Glastafeln vor den Brüstungen und Stützen. Die Zweite-Haut-Fassade ist also nicht vollständig transparent verglast, sondern besitzt das Erscheinungsbild einer traditionellen Vorhangfassade. Im wind- und wettergeschützten Fassadenzwischenraum befindet sich die Sonnenschutzjalousie. Da der Fassadenzwischenraum im Bereich der Fenster ständig hinterlüftet wird, ist die Wirksamkeit dieses Sonnenschutzes gleichwertig mit einer außenliegenden Jalousie. Aus brand- und schallschutztechnischen Gründen und zur Vermeidung sommerlicher Überhitzung wird dieser Fassadenzwischenraum geschoß- und achsweise abgeschottet. Im Sommer wird durch die Thermik die Luftwechselrate erhöht, im Winter durch die Pufferwirkung der Hinterlüftung der Wärmeverlust der Fenster um ca. 20% reduziert. Die Dreh-Kippfenster der Sonnenfassade werden motorisch angetrieben und können auch über eine zentrale Leittechnik gesteuert werden. Bei ungünstiger Witterung werden die Fensterflügel automatisch durch die übergeordnete Gebäudesteuerung geschlossen, und die Lüftungsanlage geht für diese Bürozonen in Betrieb [7.25].

Eine begehbare doppelte Fassadenhaut mit 50 cm Zwischenraum wurde 1997 für das 30 Geschoße hohe RWE-Hochhaus in Essen (Arch. Ingenhoven) fertiggestellt. Die Innenfassade besteht aus manuell bedienbaren, raumhohen Horizontal-Schiebeflügeln mit Zweischeiben-Wärmeschutzglas aus Weißglas, die Außenfassade aus 10 mm dickem Einscheiben-Sicherheitsglas, ebenfalls aus Weißglas, gehalten in punktförmiger Glasbefestigung. Der Sonnenschutz als Raffstore aus perforierten Aluminiumlamellen befindet sich im hinterlüfteten Fassadenzwischenraum. Die geschoßweise getrennten und seitlich versetzten Zu- und Abluftöffnungen sind so ausgebildet, daß es weitgehend unabhängig von äußeren Windverhältnissen zu optimalen Luftwechselraten und Druckverhältnissen im Innenraum kommt [7.26].

Weitere interessante Doppelfassaden, wie für das Stadttor und die Viktoria-Versicherung in Düsseldorf sowie das Debis-Gebäude in Berlin, sind bereits fertiggestellt worden. Bei anderen Projekten, wo die Zweite-Haut-Fassade schon umfangreich publiziert wurde, wie für das Hochhaus der hessischen Landesbank in Frankfurt (Arch. Schweger) [7.27], ist diese aus Kostengründen nach über 2 Jahren Planungszeit durch eine einfache Vorhangfassade ersetzt worden. Wirtschaftlicher war hier ein Haustechnikkonzept mit Blockheizkraftwerk, Absorptionskältemaschinen und einem großen 30 m tiefen Erdpendelspeicher, der über Wärmetauscher in den Gründungspfählen kostengünstig erschlossen wird [7.28]. Der Einsatz einer doppelten Fassadenhaut ist daher genau zu prüfen. Ökonomisch gesehen ist die Konstruktion zweischaliger Fassaden heute noch teurer als die Konstruktion einschaliger. Die höheren Investitionskosten werden beim derzeitigen Entwicklungsstand meist noch nicht durch die Einsparungen bei den Betriebskosten – Wartung, Reinigung und Energieverbrauch – wettgemacht, eine höhere Nutzungsqualität ist jedoch bei richtiger Planung unbestritten.

7.6. Thermohüllenhäuser

Ein Hauskonzept, das auf eine doppelte Fassadenhaut aufbaut, ist das der Thermohüllenhäuser. Häuser zu entwickeln, die mit ihrer ganzen Oberfläche die Sonnenstrahlung auffangen und nutzen wie Pflanzen, war schon immer ein Traum der Menschen. Ein Ansatz

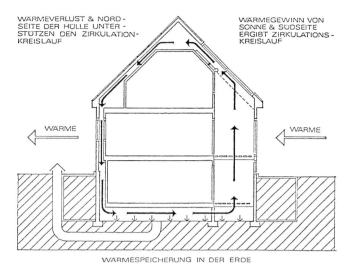

Abb. 7.31: Schema Wärmegewinn durch Thermohüllensystem

in dieser Richtung sind die Thermohüllenhäuser oder „Double Envelope Houses", die Mitte der 70er Jahre in Europa und in den USA entstanden.

Diese Häuser sind von zwei Hüllen umschlossen, zwischen denen Luft um das Haus strömt. Dieses Doppelwandsystem oder „Haus im Haus", das mit einem geschlossenen Luftkreislaufsystem arbeitet, ermöglicht die direkte Beeinflussung der Wohnbehaglichkeit. Durch die Trennung der Innenwand von der Außenwand zur Schaffung einer thermischen Hülle wird die Strahlungstemperatur der inneren Wand gleichmäßig erhöht und eine behagliche Durchschnittstemperatur erreicht (Strahlungswärme). Zusätzlich verhindert das Doppelwandsystem das Eindringen von Zugluft in die Räume und stabilisiert die Behaglichkeit.

Durch das Doppelwandsystem kommt die Luft der thermischen Hülle mit der Erdmasse unter dem Haus in Berührung. Diese Erdmasse funktioniert als thermischer Speicher, der durch die zirkulierende Luft aufgeladen und entladen wird. Die Erdmasse hält die Luftfeuchtigkeit in den Räumen zwischen 40%–60% konstant. Diese Luftfeuchtigkeit ermöglicht eine ausgezeichnete Behaglichkeit, da sie im optimalen Bereich zwischen 40% und 70% liegt.

Die Funktion des Wärmegewinns eines Thermohüllenhauses wird in Abb. 7.31 dargestellt. Durch Solarstrahlung auf die Südseite wird die Luft der thermischen Hülle (Glashaus, Solarium) erwärmt, wird dabei leichter, und steigt auf. Durch Wärmeverlust aus dem nördlichen Teil der thermischen Hülle wird die Luft dort abgekühlt und schwerer. Durch die Schwerkraft sinkt die schwerere Luft aus dem nördlichen Teil der Hülle zum tiefsten Punkt des Systems. Diese beiden Luftströmungen bringen die restliche Luft des Systems mit gleicher Geschwindigkeit in Bewegung. Die konstante Zirkulation durch Schwerkraft verteilt den Wärmegewinn gleichmäßig in der ganzen Baumasse und Konstruktion. Der wirkungsvollste Wärmespeicher sind dabei die Kellerwände und die Erdmasse.

8. Möglichkeiten der Energieeinsparung bei Gebäuden

Die hier beschriebenen Möglichkeiten der Energieeinsparung sind eine Voraussetzung für alle sinnvollen Konzepte der passiven Sonnenenergienutzung, die im vorigen Abschnitt 7 beschrieben wurden. Die gestalterischen Auswirkungen dieser Energiesparmaßnahmen auf den Entwurf sind jedoch, verglichen mit den zuvor beschriebenen passiven solartechnischen Systemen, sehr gering. Es handelt sich im wesentlichen um Schichtaufbauten von Außenwand- und Dachbauteilen sowie um haustechnische Bauteile. Daher wurde die Beschreibung der passiven Sonnenenergienutzung vorgezogen. Die Maßnahmen der Energieeinsparung weisen zumeist eine hohe Wirtschaftlichkeit auf und sind weitgehend von der Orientierung des Gebäudes unabhängig. Gut wärmegedämmte Häuser ohne passive Sonnenenergienutzung verbrauchen wenig Energie zur Beheizung. Nicht ausreichend wärmegedämmte passive Solarhäuser verfügen über eine hohe Wohnqualität, haben aber trotzdem einen höheren Energieverbrauch. Es gilt also, eine optimale Kombination beider Maßnahmen zu finden.

Der Energieverbrauch eines mitteleuropäischen Durchschnittshauses (freistehendes Einfamilienhaus) verteilt sich auf 77% für die Heizung, 13% für das Warmwasser, 6% für Kochen und 4% für Licht, Radio etc. Dadurch zeigt sich die Bedeutung der einzelnen Energiesparmaßnahmen, die entsprechend gereiht im folgenden beschrieben werden.

8.1. Reduktion der Transmissionswärmeverluste durch Bauteile mit entsprechender Wärmedämmung

Bei einer heute üblichen Bauausführung gehen 25% des Heizenergieverbrauches als Umwandlungsverlust durch den Rauchfang verloren, 54% als Transmissionswärmeverlust durch die Außenbauteile (22% Fenster, 16% Wände, 9% Dach, 7% Keller) und 21% durch die Lüftung (Abb. 8.1). Die Transmissionswärmeverluste durch die Außenbauteile betragen bei herkömmlichen Einfamilienhäusern also die Hälfte bis zwei Drittel des Heizenergieverbrauches.

Die Veränderungen der Anforderungen an den baulichen energiesparenden Wärmeschutz wird in Tabelle 8.1 dargestellt. Der mittlere k-Wert und damit die Transmissionswärmeverluste halbieren sich in etwa von Stufe zu Stufe. Zukunftsweisende Bauten sollten sich heute an den Anforderungen des Niedrigenergiehauses orientieren und Dämmstärken von 15 cm – 25 cm aufweisen. Es sind daher bei mehrschaligen Außenwänden Wandstärken von 40 cm – 50 cm erforderlich, bei homogenen Außenwänden (Poroton-Ziegel, Gasbeton etc.) sogar Wandstärken von 60 cm und mehr. In diesem Sinne wäre es wünschenswert, wenn die Ziegelindustrie statt dem Festhalten an einschaligen Außenwänden (Porotherm 38S) wirtschaftliche mehrschalige Ziegelbausysteme mit entsprechender Wärmedämmung (z.B. Einblasen von Zellulosedämmung u.a.m.) entwickelte. Wie anhand von Wirtschaftlichkeitsuntersuchungen festgestellt wurde, sind sehr niedrige k-Werte für Konstruktionen bei den heutigen Energiekosten nicht kurzfristig amortisierbar. Es darf allerdings nicht vergessen werden, daß die Energiepreise sich heute auf dem Niveau von 1973 (1. Energiekrise) befinden. Betrachtet man nur die energetische Amortisation (Energieaufwand für Herstellung gegenübergestellt mit jährlicher Energieeinsparung), so liegen die Zeiten zwischen 1/2 Jahr und 5 Jahren. Es sollten jedenfalls die lange Lebensdauer der heutigen Neubauten (80 Jahre und mehr) und die Prognosen für die globale Entwicklung (Versorgungs- und Umweltkrise ca. 2020 bis 2030) bei einer verantwortlichen Planung berücksichtigt werden. Eine Sammlung von möglichen Außenwanddämmwerten für Niedrigenergiehäuser ist in Tabelle 8.1 aufgelistet.

8.2. Reduktion der Lüftungswärmeverluste

Durch die konsequente Verbesserung der Wärmedämmung steigt der prozentuelle Anteil des Lüftungswärmeverlustes stark an. War der Lüftungswärmeverlust bei Bauweise 1985 nur 12%, so wird er – obwohl in absoluten Zahlen gleich groß – in einem Niedrigenergiehaus 50–70%. Be- und Entlüftungssysteme mit Wärmerückgewinnung stellen einen unverzichtbaren Bestandteil eines modernen Niedrigenergiehauses dar, da nur durch diese die aus hygienischen Gründen notwendigen, relativ großen Lüftungswärmeverluste reduziert werden können. Bei der Belüftung von Innenräumen unterscheidet man Grundlüftung, Bedarfslüftung und Stoßlüftung. Ziel der Grundlüftung ist es sicherzu-

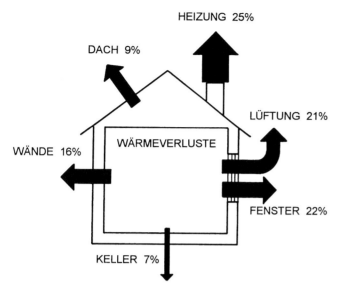

Abb. 8.1: Die Anteile der Wärmeverluste eines Wohnhauses (entsprechend OÖ Bauordnung 1985)

stellen, daß auch bei Abwesenheit der Bewohner Dämpfe und Gase, die von Materialien, Zimmerpflanzen etc. abgegeben werden, selbst bei geschlossenen Fenstern ausreichend abgeführt werden; die Grundlüftung darf jedoch die Stoßlüftung z.B. durch Öffnen der Fenster keinesfalls ausschließen. Diese Art der Bedarfslüftung ist auf die Nutzung des Raumes abzustimmen und muß kurzfristig die Durchströmung großer Luftmengen ermöglichen.

Als Luftwechselzahlen für die Grundlüftung können für übliche Wohnräume 0,4/h im Winter, 0,8/h in der Übergangszeit angegeben werden. In kleinen Schlafräumen soll in der Regenerationsphase am Tag 0,9/h nicht unterschritten werden, damit in der Nacht angesammelte Feuchtigkeit sicher abgelüftet wird. Länger unbenutzte Aufenthaltsräume benötigen nur 0,2/h. Die Bedarfslüftung soll 20 bis 30 m^3/h × Person sicherstellen, was einer Luftwechselzahl von ca. 0,8 m^3/h bei einer üblichen Raumbelegung (12,5 m^3/Person) entspricht; Raucher sollten mit der doppelten Frischluftmenge berücksichtigt werden [8.1].

Seit der Energiekrise 1973 kam es infolge des drastischen Anhebens der Fugendichtheit von Fenstern (max. zulässiger Luftdurchlaßkoeffizient $a_{max} = 0,2$ m^3/hmPa$^{2/3}$ = Richtlinien für den erhöhten Wärmeschutz im staatlichen Hochbau) zu einer spürbaren Verschlechterung der Wohnungslüftung, da der gleichzeitig vorgeschriebene 0,5fache Mindest-Außen-Luftwechsel oft nicht eingehalten wurde. Im Zusammenhang mit dem durch staatliche Förderungen forcierten Austausch von Fenstern im Altbau („Kunststoffensterboom") kam es in besonders drastischen Fällen zu schweren Unfällen mit defekten Gasgeräten. In Neubauten, wo die Auswahl ungiftiger Baustoffe zu wenig beachtet wurde und durch kurze Bauzeit der Austrocknungsgrad noch nicht ausreichend fortgeschritten ist, kann es infolge der dichten Fenster und fehlender Lüftungen in den ersten Jahren zu toxischen Belastungen kommen, die höher sind als die an besonders gefährdeten Arbeitsplätzen kurzfristig zugelassenen Maximalwerte, bzw. auch höher sind als die Abgasbelastung durch Autos an Hauptverkehrsrouten zur Stoßzeit. Durch umfangreiche meßtechnische und wissenschaftliche Untersuchungen wurde die Wohnungslüftung analysiert und die toxische Belastung von Verursachern, wie z.B. die Formaldehydbelastung durch Spanplatten und Gasherde, festgestellt [3.41, 8.1]. Die Auswirkungen dieser Belastungen auf den Menschen können Ärzte durch das starke Ansteigen von Allergien feststellen [3.42]. Ebenso kommt es seit der Energiekrise aufgrund von Wärmebrücken und schlechter Lüftung verstärkt zu Schimmelbildung z.B. in den Naßräumen der Wohnungen. Alle diese oben angeführten Probleme können mit der Sicherstellung einer ausreichenden Grundlüftung aller Innenräume gelöst werden. Vor allem kleine, niedrige Wohnungen mit intensiver

Tabelle 8.1. Entwicklung der Anforderungen an den baulichen Wärmeschutz

k-Wert (in W/m^{2}k) für	Frühere Bauweise	WSchVO 1995 BRD	Wr.BO 1993	Energiesparhaus 60 kWh/m^{2}a	Niedrigenergiehaus 40 kWh/m^{2}a	Passivhaus 15 kWh/m^{2}a
Außenwände	1,4	0,75–0,5	0,5	0,3	0,20	0,15
Fenster	5,2	1,8	1,9	1,8	1,3	0,8
Dach bzw. obere Geschoßdecken	1,0	0,4–0,3	0,25	0,2	0,15	0,1
Kellerdecke	0,8	0,5	0,45	0,3	0,2	0,12
Mittlerer k-Wert*	1,45		0,92	0,6	0,5	0,3

*Mittlerer k-Wert um Wand und Fenster

Belegung und fehlender Querlüftung benötigen dringend eine sichergestellte Grundlüftung.

Die einströmende kalte Außenluft muß bis zur erforderlichen Raumlufttemperatur aufgeheizt werden, wodurch ein Lüftungswärmeverlust entsteht, der – je nach thermischer Qualität der Außenbauteile (bzw. deren Transmissionswärmeverlusten) – einen Anteil von ca. 20% am gesamten Wärmeverlust eines Gebäudes hat. Bei gut gedämmten Gebäuden kann der Anteil wegen der absolut gleichbleibenden Lüftungswärmeverluste, bei gleichzeitig geringeren Transmissionswärmeverlusten, auf 50% und mehr ansteigen. Durch eine Be- und Entlüftungsanlage mit Wärmerückgewinnung kann dieser Wärmeverlust, der bei Niedrigenergiehäusern mehr als die Hälfte aller Energieverluste ausmacht, auf weniger als ein Drittel seines ursprünglichen Wertes reduziert werden. Diese Anlagen können auf vielfältige Art ausgeführt werden. Im folgenden wird auf die wichtigsten Systeme der Be- und Entlüftung mit Wärmerückgewinnung eingegangen.

8.2.1. *Zentrale Be- und Entlüftungsanlagen mit Wärmerückgewinnung*

Bei zentralen Be- und Entlüftungsanlagen erfolgt die Wärmerückgewinnung und Vorwärmung der Frischluft in Lüftungszentralen. Die Vorwärmung der Frischluft ist dort mit Fernwärme, Gas oder Wärmepumpe möglich. Es gibt auch eine große Bandbreite von Kombinationen mit aktiven und passiven Solaranlagen, wie die Möglichkeit der Einbeziehung von Fassaden-Luft-Sonnenkollektoren und die Nutzung der warmen Abluft von Wintergärten im Sommer zur Brauchwassererwärmung mittels Wärmepumpe. Lüftungsrohre lassen sich auch günstig in Massiv- und Hohlkörperdecken unterbringen, wobei die Speichermasse der Decken zusätzlich genutzt werden kann [8.2].

Be- und Entlüftungsanlagen sind bei uns im Wohnbau nicht gebräuchlich, und es gibt daher fast keine Erfahrungen. Sinnvollerweise sollten die Erfahrungen anderer europäischer Länder bei Einführung dieses Systems genau beachtet werden. Infolge dichter Fenster und innengedämmter Konstruktionen ergab sich insbesondere in Frankreich seit Mitte der 60er Jahre im Sozialwohnbau die Notwendigkeit der kontrollierten mechanischen Wohnungslüftung; der energetische Aspekt gewann erst später an Bedeutung. In Schweden ist die Entwicklung der Wohnungslüftung ähnlich, der energetische Aspekt gewann jedoch wegen der geographischen Lage (lange, kalte Winter) rasch an Bedeutung. Es gibt dort schon seit Jahren Erfahrungen mit energiesparenden Lüftungen [3.45]. Heute werden ca. 30% der Neubauten mit Lüftungsanlagen und Wärmerückgewinnungseinheiten ausgestattet. Während Schweden die schärfsten Vorschriften in Europa hat und für Neubauten Luftwechselzahlen um 1,0/h fordert, sind in den USA Werte von über 10/h keine Ausnahme.

In Finnland werden beim Geschoßwohnbau zu 90% Systeme mit zentraler Abluftführung ausgeführt, wobei bei kleineren Wohnungen die Abluft über den Ventilator der Dunstabzugshaube geführt wird. Die Zuluft strömt über Lüftungsschlitze im oberen Fensterrahmen ein. In 5% der Wohnungen ist zusätzlich zu diesem Abluftsystem ein zentrales Zuluftsystem installiert, wobei die Außenluft über ein Leitungsnetz in die Wohn- und Schlafräume eingeblasen wird; Bad, WC und Küche werden über den Flur mit nachströmender Zuluft versorgt.

In Österreich werden Abluftanlagen bei innenliegenden Sanitärräumen häufig ausgeführt, Lüftungsanlagen zur Aufrechterhaltung der Grund- oder Bedarfslüftung sind eher selten und haben wegen aufgetretener Probleme bei den Bewohnern noch eine geringe Akzeptanz. In einer Untersuchung wurden in Österreich im sozialen Wohnbau ausgeführte Be- und Entlüftungsanlagen mit Wärmerückgewinnung analysiert [8.3]. 13 von 229 Wohnbaugenossenschaften oder gemeinnützigen Wohnbauträgern haben insgesamt 31 Projekte mit Zu- und/oder Abluftsystemen in Bau oder in Planung realisiert. Die Analyse von fünf ausgewählten Projekten ergab, daß kein Projekt fehlerlos zur vollsten Zufriedenheit der Bewohner funktionierte. Die Bewohner fühlten sich durch zu niedrige Temperaturen der nicht vorgewärmten Zuluft, durch Zugluft, Geräusche und Geruchsbelästigung nicht selten gestört und hatten öfters die Zuluftöffnungen zugeklebt. Keine der Anlagen hatte eine Vorwärmung der Zuluft, was sich als schwerer Mangel herausstellte. Alle Anlagen waren schlecht justiert und nicht gewartet, was zum Teil auf die geringe Erfahrung heimischer Firmen und Hausverwaltungen mit Be- und Entlüftungsanlagen zurückzuführen ist. Zuluftöffnungen sollten möglichst in Fensternähe angeordnet sein und vorgewärmte Luft bis maximal $30\,m^3/h$ mit Strömungsgeschwindigkeiten unter $0,1\,m/s$ ausblasen. Auf die Vermeidung von Kurzschlüssen der Luftströmung ist zu achten.

Es kann als sicher angenommen werden, daß die zukünftige Entwicklung des Wohnbaus nicht ohne Be- und Entlüftungsanlagen mit Wärmerückgewinnung auskommen wird. Die Lüftungswärmeverluste werden künftig immer bedeutsamer, weil die Transmissionswärmeverluste wegen der verbesserten Wärmedämmung wesentlich zurückgehen. Wenn künftig mechanische Lüftungsanlagen den erforderlichen Mindestluftwechsel sicherstellen, sind absolut dichtschließende Fenster sinnvoll; gegenwärtig erscheinen sie, wenn keine zusätzlichen Lüftungsöffnungen vorgesehen sind, verfrüht [8.4]. Jedenfalls ist bei Niedrigenergiehäusern für die Gewährleistung der Luftqualität mindestens eine Abluftanlage empfehlenswert. Seit kurzem werden von der Industrie auch Kompaktgeräte, die mit üblichen Kombithermen kombiniert werden können, angeboten. Diese Geräte nutzen die Abwärme der Raumabluft und die Abgase der Kombitherme über eine Wärmetauschereinheit und stellen mit vorgewärmter Frischluft die Grundlüftung sicher. Die Geräte sind kompakt, für Etagenwohnungen und Einfamilienhäuser konzipiert und können problemlos in jeder Küche untergebracht werden. Von der Vorwärmung der Zuluft bei einer zentralen Wärmerückgewinnungsanlage zur Abdeckung des geringen restlichen Heizenergiebedarfs eines Niedrigenergiehauses oder Passivhauses ist es nur ein kleiner Schritt. Mit einer geringen Erhöhung der Heizleistung eines Wärmetauschers erhält man also ein Luftheizsystem. Der ganze Aufwand für eine konventionelle, hydraulische Heizanlage kann entfallen. Daher sind schon heute Be- und Entlüftungsanlagen mit Wärmerückgewinnung oder kombiniert mit Luftheizungen eine zwingende Komponente von Niedrigenergiehäusern. So weisen alle fünf Demonstrationshäuser der Niedrigenergiesiedlung in Heidenheim in Deutschland Be- und Entlüftungsanlagen oder Luftheizungen mit Wärmerückgewinnung auf [11.8].

Luftheizungen mit Wärmerückgewinnung sind auch ein wesentlicher Bestandteil des Passivhauskonzeptes und garantieren eine hohe Luftqualität [11.9, 11.15]. Die Kombination von Be- und Entlüftungsanlagen mit Wärmerückgewinnung und Frischluftvorheizung mit einer Radiatorenheizung birgt die Gefahr eines höheren Energieverbrauchs bei Fehlbedienung durch die Bewohner: Übermäßig aufgedrehte Heizkörper werden nicht sofort wahrgenommen, da ein großer Teil der abgegebenen Wärme durch die Lüftungsanlage automatisch abgeführt wird und nicht im gleichen Ausmaß zur Überhitzung führt, wie bei Wohnungen ohne Lüftungsanlage. Sollte dann noch der Wirkungsgrad der Wärmerückgewinnungsanlage um 50% liegen, ist mit höherem Energieverbrauch zu rechnen. Obwohl zentrale Lüftungsanlagen bei wirtschaftlicher Luftleitungsführung in den Herstellkosten billiger sind als wohnungsweise Lüftungsanlagen, werden letztere immer beliebter. Wohnungsweise Be- und Entlüftungsanlagen mit Wärmerückgewinnung und Frischluftvorwärmung erreichen in Verbindung mit Wärmepumpen Wirkungsgrade um 80%. Sie sind leichter zu handhaben, individuell regelbar und regen zum richtigen Nutzerverhalten an.

8.2.2. Fensterlüftungssysteme mit Wärmerückgewinnung

Die Lüftung über öffenbare Fenster stellt die traditionelle und naheliegendste Form der Wohnungslüftung dar. Wie zuvor erwähnt, ist der 0,5fache Mindestluftwechsel bei Bauten mit geschlossenen dichten Fenstern nicht mehr gewährleistet [8.1]. Zur Ermöglichung hygienisch einwandfreier Luftzustände unter Heizbedingungen sollte für eine 70 m^2 Wohnung eine ständig geöffnete Lüftungsfläche (Luftleckagenfläche) regelbar von 0,025 m^2 bis 0,12 m^2 je nach Windanfall vorhanden sein. Dies ist durch normale Kippstellung der Fenster in dieser Bandbreite schwer erreichbar, es sind spezielle Fensterbeschläge oder einstellbare Lüftungsöffnungen erforderlich. Mit einer konstanten Spaltlüftung kann zwar ein ausreichender und guter Luftaustausch erreicht werden, doch hängt diese Lüftung stark von thermischen Einflüssen und Windverhältnissen ab. Es kann also zu mangelhafter Lüftung oder zu überhöhten Lüftungswärmeverlusten kommen. Man war daher bestrebt, Lüftungsklappen und Lüftungsschieber durch Belüftungsgeräte (möglichst mit Wärmerückgewinnung) zu ersetzen. Von der Industrie wurden einige mit dem Fenster kombinierbare Lüftungsgeräte mit Wärmerückgewinnung auf den Markt gebracht. Es gibt Lüftungsklappen, die, durch Feuchtesensoren gesteuert, automatisch die entsprechende Lüftungsfläche bei hoher Innenraumfeuchte freigeben, was besonders für schimmelanfällige Sanitärräume sinnvoll ist. Hier sind Geräte ohne Vorwärmung problematisch, da die Zuluft bei kalter Außenluft mit sehr niedriger Temperatur in den Raum eintritt. Es kommt dann zu fühlbarer Zugluft und zu Kaltluftseen, die sich am Boden bilden. Bei Zuluftsystemen ohne Vorwärmung ist es daher erforderlich, einen Heizkörper in der Nähe oder vor einer Einblasöffnung anzuordnen. Da die hierzu erforderliche Wärmeabgabe des Heizkörpers und der Lüftungsbedarf nicht immer übereinstimmen, ist auch eine solche Lösung unbefriedigend. Diese Lüftungsgeräte mit Wärmerückgewinnung können auch Bestandteile von Hochleistungsfenstern sein.

Auch Anlagen mit zentraler Abluftführung und Wärmerückgewinnung in der Mitte des Gebäudes können sinnvoll mit Luftauslässen beim Fenster kombiniert werden. Zuluftöffnungen bei Fenstern, deren unmittelbare Nähe gerade in Winterperioden wegen der kalten Abstrahlung von den Bewohnern gemieden wird, sind daher wesentlich unproblematischer als Zuluftöffnungen in Form von Deckenluftauslässen in Raummitte.

Fensterlüftungssysteme besitzen neben den zuvor erwähnten Vorteilen aber den Nachteil, daß die Frischluft zumeist mit elektrischen Widerstandsheizungen vorgewärmt werden muß. Diese Art der Wärmeerzeugung ist, besonders beim Einsatz von kalorischen Kraftwerken zur Stromerzeugung, nicht gerade umweltfreundlich.

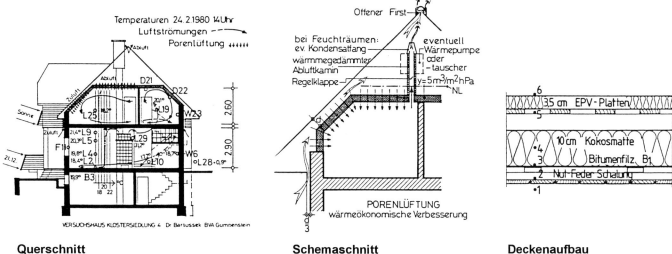

Querschnitt   **Schemaschnitt**   **Deckenaufbau**

Abb. 8.2: Steuerbare Schwerkraft-Porenlüftung bei ausgebauten Dachgeschossen und Bungalows

8.2.3. Wandflächengebäudelüftungen mit Wärmerückgewinnung und Sonnenenergienutzung

Wandflächengebäudelüftungen verbunden mit Wärmerückgewinnung bieten die Möglichkeit einer Kombination mit Solarnutzung. Die Wandflächengebäudelüftung baut auf „atmungsfähige" Wände und die Wirkungsweise der Porenlüftung auf.

Bei Porenlüftungssystemen erfolgt der Luftaustausch nicht durch einzelne Lüftungsöffnungen, sondern durch eine poröse Außenwand. Die ersten Arbeiten über die Bauphysik der Porenlüftung stammen schon aus der Mitte der 60er Jahre, wo in Modellversuchen nachgewiesen werden konnte, daß ein gleichmäßiger Luftdurchgang durch poröse Dämmaterialien von der kalten zur warmen Seite zu einer bedeutenden Verringerung der Transmissionswärmeverluste durch diesen Bauteil führt [8.5]. Durch diesen Effekt wird die Zuluft vorgewärmt, es kommt zu einer Wärmerückgewinnung. Porenlüftungssysteme wurden zuerst für den Stallbau entwickelt und haben sich dort sehr bewährt. Dieses System läßt sich auch im Wohnbau anwenden, wobei die poröse Wand aus Mineralfasermatten oder Kokosfasern bestehen kann (Abb. 8.2).

Die Kombination einer Porenlüftungswand mit einer Solarwand stellt eine Verbesserung dieser Solarwand dar, da höhere Wärmedämmung, weniger Wärmeverluste durch Porenlüftungseffekt und eine Vorwärmung der Zuluft erreicht werden. Dieses System wurde 1979 von E. Panzhauser der Entwicklung des integrierten Großflächen-Wärmeübertragungssystems zugrunde gelegt. Bei diesem System, das in Laborversuchen entwickelt wurde, werden während der sonnenlosen Stunden Transmissionswärmeverluste dieser Wand durch den

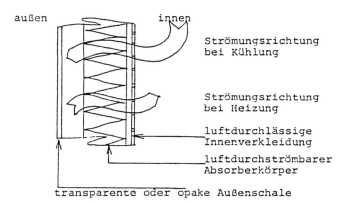

Abb. 8.3: Aufbau der Bauwerkshülle für ein integriertes Großflächen-Wärmeübertragungssystem und grundsätzliche Strömungsrichtung des Wärmeträgers (Luft) im Heizungs- und Kühlungsfall

Porenlüftungseffekt auf Null reduziert, indem die in der Außenwand gespeicherte Transmissionswärme der durchströmenden kalten Zuluft übergeben wird. Zusätzlich wirkt diese Wand bei Sonneneinstrahlung als Luft-Sonnen-Kollektor – die absorbierte Sonnenwärme wird über die Zuluft dem Innenraum zugeführt. Der gesamte Wärmeleistungsbedarf eines solchen Bauwerks reduziert sich damit auf die Vorwärmung der Frischluft in sonnenlosen Zeiten (Abb. 8.3, 8.4).

Von Bartussek wurde fast zur gleichen Zeit ein ähnliches System, die Solporwand, entwickelt. Die Solporwand konnte bei einem Einfamilienhaus und bei dem Verwaltungsbau einer Straßenmeisterei in Mistelbach von der NÖ Landesregierung 1987 ausgeführt werden. Auch vom Institut für landwirtschaftliches Bauwesen der schwedischen Landwirtschaftsuniversität in Lund wurde an gleichartigen

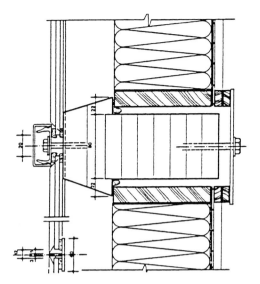

Abb. 8.4: Sprossendetail System IWG, Verteilungszentrale Thermovol

luftdurchlässigen Solarwänden gearbeitet. Möglicherweise lassen sich Wandflächengebäudelüftungen mit Wärmerückgewinnung und Solarnutzung nach entsprechenden praktischen Erfahrungen bei höheren Energiekosten zu wirtschaftlichen Bausystemen entwickeln [8.6].

8.3. Wärmerückgewinnung aus Abwässern

Der Anteil des Energieaufwandes für Warmwasser am gesamten Energieverbrauch von Wohnungen beträgt bei herkömmlichen Bauten ca. 13%. Bei Wohnbauten, die aufgrund besserer Wärmedämmung, passiver Sonnenenergienutzung und Be- und Entlüftung mit Wärmerückgewinnung bereits einen niedrigeren Heizenergieverbrauch aufweisen (Niedrigenergiehäuser), steigt der Warmwasseranteil am Gesamtenergieverbrauch auf 40% und mehr. Um diesen Wärmeverbrauch zu reduzieren, ist es daher sinnvoll, diese Wärme aus dem Abwasser zurückzugewinnen. Am besten eignen sich dafür Wasch-, Bade- und Duschabwässer (= Grauwässer), die getrennt gesammelt werden, durch die Wärmerückgewinnungsanlage fließen und Frischwasser vorwärmen. Diese Abwässer könnten auch nach einer Grauwasseraufbereitung, wie im folgenden beschrieben, als Brauchwasser für WC-Spülungen verwendet werden.

Systeme zur Wärmerückgewinnung
Eine rekuperative Wärmerückgewinnungsanlage besteht aus Plattenwärmetauschern oder Bündelrohrwärmetauschern, die die Wärme aus dem Abwasser an das Frischwasser übergeben. Bei der rekuperativen Wärmerückgewinnung lassen sich etwa die Hälfte der Energiekosten einsparen. Dieser Energiekosteneinsparung stehen hierbei – gemessen an den anderen Wärmerückgewinnungssystemen – die geringsten Investitionen gegenüber.

Bei Wärmerückgewinnung mittels einer Wärmepumpe läßt sich mehr Wärme aus dem Abwasser entziehen. Dieser Wärmerückgewinn wird jedoch mit einem erheblichen Aufwand an elektrischer Energie „bezahlt", so daß die Energiekosten bei der Wärmerückgewinnung aus Duschabwasser – bei den derzeitigen Energiepreisen – über denen der rekuperativen Wärmerückgewinnung liegen. Eine angemessene Amortisationszeit ist angesichts der erheblichen Investitionen daher schwer nachzuweisen.

Die Kombination eines Rekuperativ-Wärmetauschers mit einer Wärmepumpe (WpR-System) ermöglicht den höchsten Grad an Wärmerückgewinnung (Abb. 8.5). Das Abwasser durchfließt im WpR-Gerät zunächst den Rekuperativ-Wärmetauscher und anschließend den Direktverdampfer einer Wärmepumpen-Anlage. Im Gegenstrom dazu durchfließt die

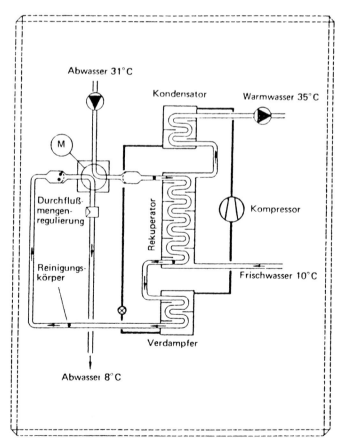

Abb. 8.5: Funktionsschema Wärmepumpen-Rekuperator-Gerät zur Wärmerückgewinnung aus Abwässern

gleiche Menge Frischwasser ebenfalls zuerst den Rekuperativ-Wärmetauscher und anschließend den Kondensator der Wärmepumpe. Im Rekuperator wird ein großer Teil der im Abwasser enthaltenen Wärme direkt und ohne zusätzlichen Energiebedarf an das kalte Frischwasser übertragen. Im Verdampfer des Wärmepumpenteils wird dem Abwasser weitere Wärme entzogen und damit unter Frischwasser-Eintrittstemperatur abgekühlt. Die dabei gewonnene Wärme wird vom Kompressor der Wärmepumpe zum Kondensator „transportiert" und dort an das bereits im Rekuperator vorgewärmte Frischwasser abgegeben. Die zum Antrieb des Kompressors notwendige elektrische Energie kommt dem Frischwasser ebenfalls als Wärmegewinn zugute.

Wirtschaftlichkeit

Heute sind Wärmerückgewinnungssysteme überall dort wirtschaftlich, wo große Mengen von warmem Abwasser anfallen, wie bei Sportstätten, Hallenbädern, Hotels und Therapiezentren. Es sind aber auch zentrale Wärmerückgewinnungsanlagen bei größeren Wohnhausanlagen möglich. Zur Ermittlung der Wirtschaftlichkeit sind neben den laufenden Energiekosten für die Anlage (bei Wärmepumpe) und den Investitionskosten auch die Wartungskosten von Bedeutung. Die Kombination mit einer weitgehend chemiefreien Grauwasseraufbereitung mit UV-Bestrahlung und Nanofiltration, die auch den strengsten gesundheitsbehördlichen Anforderungen genügt (quasi keimfreies Grauwasser), eröffnet neue Perspektiven der Wirtschaftlichkeit. Da neben Restwärmenutzung auch Trinkwasser und Kanalgebühren eingespart werden können, ist eine Amortisationszeit unter 10 Jahren schon ab 300 Wohnungen möglich. Erstmals wird eine derartige Anlage für die Wohnhausanlage Osramgründe in Wien, nach einem Konzept des Autors, von der Fa. BWT ausgeführt.

Durch die Verschmutzung der Wärmetauscherflächen infolge von Ablagerungen durch Seifen und Fette sowie Bakterienbewuchs, hervorgerufen durch das Abwasser, kommt es zu einer Verschlechterung des Wärmeübergangs und zu einem Leistungsabfall des Wärmetauschersystems. Das Gerät muß daher alle 14 Tage gereinigt werden. Durch Filteranlagen können die Reinigungsintervalle vergrößert werden. Aus diesem Grund wurden in letzter Zeit Wärmetauschsysteme mit automatischer Wärmetauscherreinigung entwickelt, wo in regelmäßigen Zeitabständen poröse Reinigungskörper durch die Rohrleitungen gedrückt, danach aufgefangen und wieder verwendet werden (Fa. MENERGA) [8.7]. Bei diesem System können die Wartungskosten durch eine einmalige Wartung pro Jahr stark reduziert werden.

9. Haustechnische Installationen zur umweltfreundlichen Energiegewinnung – aktive Nutzung der Sonnenenergie, Wärmepumpen und Blockheizkraftwerke

Die im folgenden angeführten Installationen zur umweltfreundlichen Energiegewinnung sind vom Architekten in enger Zusammenarbeit mit auf diesem Gebiet erfahrenen Haustechnikern zu planen. Es handelt sich hier um reine technische Vorrichtungen, die nur dem einen Zweck dienen: Energie möglichst umweltfreundlich und wirtschaftlich zu gewinnen. Ein Mehrfachnutzen wie bei passiven Solarbauteilen ist nur eingeschränkt gegeben. Es müssen sich diese Anlagen daher in absehbarer Zeit, jedenfalls aber innerhalb ihrer Lebensdauer, amortisieren.

Die Auswirkungen auf Gebäudekonzept und Gestaltung sind bei der aktiven Nutzung der Sonnenenergie am größten (genaue Orientierung der Sonnensammelflächen), bei Wärmepumpen gering (eventuell Wärmetauscherflächen) und bei Blockheizkraftwerken sehr gering.

Grundsätzlich unterscheiden wir *direkte* und *indirekte* Technologien zur Sonnenenergienutzung. Abb. 9.1 zeigt die Vielfalt der möglichen Pfade zur Bereitstellung der entsprechenden Energiedienstleistungen wie Raumwärme, Transport, Licht und Kraft usw.

Man unterscheidet die solarthermische, die photovoltaische und die photochemische Energieumwandlung der Sonnenstrahlung. Für den Wohnbau ist die solarthermische Energieumwandlung als passive Solarnutzung und als aktive Solarnutzung mit Sonnenkollektoren und die photovoltaische Energieumwandlung mit Photovoltaikpaneelen interessant. Diese werden im folgenden behandelt. Die photochemische Energieumwandlung (das sind photochemische Prozesse, bei denen Sonnenlicht als Katalysator für bestimmte chemische Reaktionen dient, und photobiologische Prozesse, wie Algenkulturen) ist im Zusammenhang mit Gebäudekonstruktionen nicht von Bedeutung. Die solarthermische Energieumwandlung kann durch aktive oder passive Nutzung der Sonnenenergie erfolgen.

9.1. Aktive Nutzung der Sonnenenergie

Aktive sonnentechnische Anlagen dienen vorwiegend dem Zweck der Energieerzeugung und haben zumeist keinen Mehrfachnutzen. Nach ÖNORM M 7700 sind aktive sonnentechnische Anlagen sonnenenergienutzende Anlagen, in denen der Energietransport zwischen Energiewandler (z.B. Sonnenkollektor), Energiespeicher und Energieverbraucher im wesentlichen mit zusätzlicher (elektro)mechanischer Hilfe erfolgt. Die Anlage kann in einen Kollektorkreislauf, einen Speicherkreislauf und einen Verbraucher- oder Heizkreislauf gegliedert sein, wobei die Kreisläufe durch Wärmetauscher verbunden sind. Ebenso kann die Anlage in einen Kollektor-Speicherkreislauf und einen Verbraucherkreislauf oder in einen Kollektorkreislauf und einen Speicher-Verbraucherkreislauf gegliedert sein oder aus einem offenen Kollektor-Speicher-Verbraucherkreislauf bestehen. Die Einspeisung von Ergänzungswärme (Hilfswärme) oder die Einschaltung einer Wärmepumpe erfolgt in der Regel im Verbraucherkreislauf.

Die Bauteile und Komponenten dieser Anlagen werden von der Industrie als fertig entwickelte Produkte angeboten. Die Sonnensammelflächen sind vom Architekten an der Außenhülle des Gebäudes in genau vorgegebener Orientierung und Größe zu integrieren. Um wirtschaftlich zu sein, gilt es, eine möglichst hohe Integration zu erreichen (z.B. Doppelnutzung–Sonnenkollektor als Dachhaut). Diese Bauteile sind natürlich auch in der Gebäudegestaltung entsprechend zu berücksichtigen.

Die aktive Sonnenenergienutzung erfolgt meist durch Flachkollektoren oder konzentrierende Kollektoren. Konzentrierende Kollektoren sind Spiegelsysteme mit dem Sonnenstand entsprechend nachführbaren Teilen. Sie sind für Wohnbauten von geringer Bedeutung. Flachkollektoren bestehen aus einem Absorber, der von einem Wärmeträger durchflossen ist und mit einer oder mehreren Abdeckscheiben oder transparenter Wärmedämmung sowie entsprechender Wärmedämmung auf der Rückseite vor Wärmeverlusten geschützt wird. Flachkollektoren werden seit mehr als 40 Jahren in allen Teilen der Erde in großer Zahl verwendet und haben als Kollektortyp eine der industriellen Fertigung entsprechende Verbreitung erfahren. Wegen der großen Oberfläche kommt es bei höheren Temperaturen zu hohen Wärmeverlusten, sodaß Flachkollektoren mit ausreichendem Wirkungsgrad nur im Niedertemperaturbereich eingesetzt werden. Der Flachkollektor kann daher nur Wärme von ca. $50\,°C - 80\,°C$ liefern. Hochleistungs-Kollektoren aus

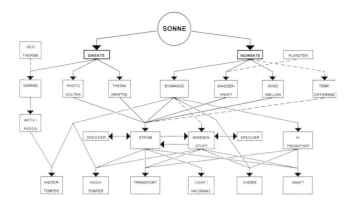

Abb. 9.1: Pfade der Sonnenenergienutzung

evakuierten Glasröhren oder Vakuumpaneelen liefern Wärme mit Temperaturen bis zu 150 °C und Kunststoffkollektoren aus nicht abgedeckten Absorbermatten Wärme mit Temperaturen um 25 °C–40 °C (für Freischwimmbäder). Auslegung und Prüfung von Flachkollektoren sind in ÖNORM M 7701 und M 7702 geregelt.

Gebäudeintegration von Flachkollektoren
Die Form des Flachkollektors, 10–20 cm dicke Platten verschiedener Größe, ermöglicht einen problemlosen Einbau auf Dach- und Wandflächen der Gebäude. Sonnenkollektoren können auf Flachdächern mit Gestellen in richtiger Neigung und Orientierung aufgeständert werden. Auf Steildächern können fertige Flachkollektoren mit Einhaltung eines Abstandes auf die Dachhaut aufgesetzt werden oder mit entsprechenden Randverblechungen in die Dachhaut integriert werden. Bei großen Kollektorflächen sind vollintegrierte Kollektordächer, bei denen die Absorberpaneele auf die ohnehin erforderliche wärmegedämmte Dachkonstruktion des ausgebauten Dachbodens aufgesetzt und mit Glas abgedeckt werden, am formschönsten und am wirtschaftlichsten (Doppelnutzung Wärmedämmung für Kollektor und Wohnraum, Doppelnutzung Glasabdeckung als Dachhaut) (Abb. 9.2). Integrierte Kollektordächer sind auch in Holzbauweise möglich [9.1]. Flachkollektoren können als Fassadenkollektoren senkrecht in Gebäudefassaden integriert werden, wie auch neueste Beispiele aus der Schweiz zeigen [9.2].

Eine Kombination von Flachkollektoren und beweglichen, wärmegedämmten Fensterläden, die auch im Sommer als Sonnenschutz ausgeklappt werden können, ist möglich. Das erlaubt eine Nachführung des Flachkollektors im Winter (vertikal) und im Sommer (horizontal). Diese Konstruktion ist als horizontal und vertikal verschiebbarer Fensterladenkollektor möglich (Abb. 9.3), [9.3].

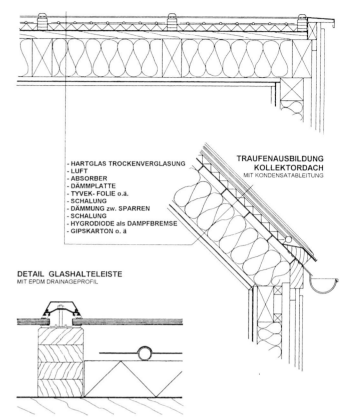

Abb. 9.2: Sonnenkollektordach Waagschnitt Ortgang und Traufe

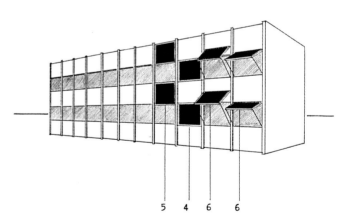

Abb. 9.3: Vertikal verschiebbare Fensterladen-Sonnenkollektoren in Wintertagstellung (5), Winternachtstellung (4), Sommertagstellung–Sonnenschutz (6).

Anwendung Schwimmbadheizung
Sonnenkollektoren für die Beheizung des Badewassers von Freibädern im Sommer sind die wirtschaftlichste Anwendung und amortisieren sich kurzfristig. Es sind dafür auch nur billige Kunststoffkollektoren ohne Abdeckung, die horizontal oder gering nach Süden

geneigt aufgestellt werden können, erforderlich. Bis Ende 1995 wurden in Österreich 1,240.500 m² mit einem (Öl-)Einsparäquivalent von ca. 62.030 Tonnen Öl pro Jahr (ca. 372 GWh/a) installiert.

Anwendung Brauchwassererwärmung

Die gebräuchlichste Anwendung von üblichen Flachkollektoren ist die Brauchwassererwärmung, wobei pro Haushalt 4–8 m² Sonnenkollektorfläche, ca. 40°–55° nach Süden geneigt, erforderlich sind. 1 m² Kollektorfläche bringt einen thermischen Ertrag von ca. 350 kWh/Jahr. Bei Hochleistungskollektoren ist der Ertrag entsprechend höher und die erforderliche Kollektorfläche bei einem höheren Preis pro m² kleiner. Je größer der Brauchwasserbedarf ist und je größer der Pufferspeicher ausgelegt werden kann (Gemeinschaftsspeicher), desto wirtschaftlicher ist die Anlage. Daher sollten Flachkollektoren bei Heimen, Hotels, Sportzentren, Schwimmbädern und dgl. bei geeigneter Lage eingesetzt werden, bzw. sind Gemeinschaftsspeicher auch bei Geschoßwohnbauten zu empfehlen. Bis Ende 1992 wurden in Österreich–vorwiegend für Brauchwassererwärmung – 419.940 m² Standardkollektoren mit einem Öl-Einsparäquivalent von 47.452 Tonnen Öl pro Jahr (147 GWh/a) und 6.960 m² Vakuumkollektoren mit einem Öl-Einsparäquivalent von 1.238 Tonnen Öl pro Jahr (3,8 GWh/a) installiert.

Anwendung Raumheizung

Flachkollektoren mit Wärmeträgerflüssigkeit zur Raumheizung sind bei den derzeitigen Energiepreisen nicht wirtschaftlich, da die größten Sonnenenergiegewinne vor allem im Sommer erzielt werden, zu einer Zeit, wo kaum Heizbedarf besteht (Abb. 9.4). Es ist daher ein relativ großer Speicher erforderlich (z.B. Einfamilienhaus – 60% Solardeckungsgrad, bei 40 m² Kollektorfläche ca. 28 m³ Wasserspeicher). Die Wirtschaftlichkeit einer Solaranlage für Raumwärme steigt mit der Größe des Langzeitspeichers für mehrere Wohnungen bzw. bei Fernwärme. Wirtschaftliche Anlagen hierfür gibt es in Schweden, Finnland, Kanada und in der Schweiz. Flachkollektoren mit Luft als Wärmeträger (Luftkollektoren) lassen sich günstig mit passiven Raumheizungssystemen kombinieren.

Bei Niedrigenergiehäusern ist der Einsatz von Luftkollektoren besonders vorteilhaft, da Luftkollektoren für den verbliebenen Wärmebedarf nur Warmluft auf niedrigem Temperaturniveau bereitstellen müssen. Luft benötigt jedoch im Vergleich zu flüssigen Wärmeträgern große Kanalquerschnitte, da sich die Wärmekapazität und die Dichte wesentlich unterscheiden. Baulich integrierte Konzepte ergeben Anlagenschaltungen mit Ventilatoren, die weniger Antriebsleistung benötigen als Pumpen in Flüssigkeitssystemen mit

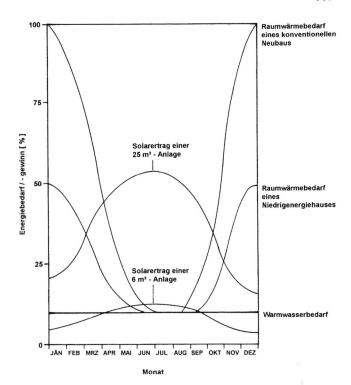

Abb. 9.4: Heizenergiebedarf und verfügbare Sonnenenergie

gleichem thermischen Wärmetransport. Bei der Speichermasse kann auf Kiesbettspeicher und ähnliches verzichtet werden, wenn Innenwände massiv ausgeführt werden und eine eventuelle Luftdurchströmung vorgesehen ist, die eine Be- und Entladung ermöglicht. Diese Art eines baulich integrierten solaren Luftheizungs-Speicherkonzeptes setzt eine Berücksichtigung des solaren Wärmeversorgungskonzeptes in der frühesten Planungsphase voraus.

9.2. Photovoltaikanlagen

Solarzellen wandeln die Energie der Sonnenstrahlen (Photonen) direkt in elektrischen Gleichstrom um. Als Basismaterial für Solarzellen wird heute hauptsächlich der Halbleiterwerkstoff Silizium (Si) verwendet. Das Prinzip der Stromerzeugung geht auf den photovoltaischen Effekt zurück. Dabei setzen die Photonen im Inneren der Solarzelle Elektronen in Bewegung. Es entsteht eine elektrische Spannung, und Strom kann über Metallkontakte abgenommen werden. Man unterscheidet je nach Kristallstruktur des Siliziums monokristalline (Wirkungsgrad ca. 16%), polykristalline (Wirkungsgrad ca. 13%) und amorphe Solarzellen (Wirkungsgrad ca. 6%). Photovoltaikanlagen können im Inselbetrieb mit Hilfe von Batterien oder im Netzbetrieb durch Kopplung mit dem öffentlichen

Abb. 9.5: Photovoltaik-Fassadenelement

Photovoltaik-Dachelemente
Integrierte PV-Dachelemente müssen neben der Gewinnung der elektrischen Energie zugleich eine dichte Dachhaut bilden, die auch ästhetisch ansprechend ist. Es besteht die Möglichkeit, größere PV-Paneele ähnlich Dachschindeln sturmsicher auf einer entsprechenden Unterkonstruktion anzubringen. In großflächige Gläser eingebettete PV-Elemente können auch entsprechend der erprobten Technologie der kittlosen Dachverglasungen verlegt werden. Diese Konstruktion kann auch mit wärmegedämmten Dachschrägen kombiniert werden. Vorteilhaft läßt sich dabei die aus Gründen der Dachkonstruktion ohnehin häufig verwendete Hinterlüftung der Dachhaut (Flugschnee- und Kondenswasserableitung etc.) mit PV-Dachelementen verbinden. Die verhindert, daß sich PV-Elemente zu stark erwärmen und der Wirkungsgrad der Stromgewinnung sinkt.

Photovoltaik-Fassadenelemente
Es besteht die Möglichkeit, durchscheinende, teilweise transparente oder undurchsichtige Fassadenelemente zu verwenden. PV-Elemente können problemlos in her-

Stromnetz über einen Wechselrichter betrieben werden. Im städtischen Raum ist nur der Netzbetrieb mit entsprechendem Rückspeisetarif interessant. Photovoltaikanlagen sind zur Zeit noch nicht wirtschaftlich, aber ökologisch sinnvoll, da eine Solarzelle je nach Orientierung drei- bis fünfmal soviel Strom produziert, wie an Energie für die Herstellung benötigt wird.

Möglichkeiten der Gebäudeintegration von Photovoltaik-Elementen
Es besteht die Möglichkeit, Photovoltaikelemente als technisch unabhängige Bauteile an der fertigen Hülle eines Gebäudes anzubringen. Aus Gründen der Einfachheit wird zur Zeit meist dieser Weg gewählt, jedoch sind die Ergebnisse keineswegs zufriedenstellend. Besser ist eine funktionale, gestalterische und konstruktive Integration in Fassaden und Dächer. Durch die Gebäudeplanung ist dann eine optimale Orientierung der PV-Elemente vorzusehen. Die Mehrfachnutzung dieser Elemente läßt eine höhere Wirtschaftlichkeit erwarten. In dieser Richtung ist noch entsprechende Entwicklungsarbeit zu leisten.

Photovoltaik-Elemente können in das Dach integriert, als Fassadenelemente ausgebildet oder als funktionelle eigenständige Bauteile, wie Sonnenschutz oder Vordächer, an das Gebäude angegliedert werden [9.4], (Abb. 9.5).

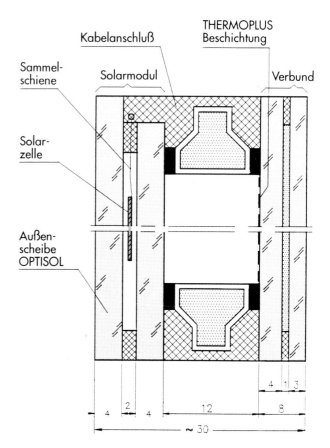

Abb. 9.6: Isolierverglasung mit integrierten Photovoltaikelementen

kömmliche mehrschichtige Gebäudefassaden integriert werden. Es kann hier die erprobte Technologie der vorgehängten Fassade (Curtain Wall) angewendet werden. Die in Glastafeln eingegossenen PV-Elemente bilden eine ästhetisch ansprechende und dauerhafte Fassadenoberfläche. Je nach Bedarf können diese PV-Fassadenplatten auch hinterlüftet werden.

Durchscheinende Fassadenelemente
Die Fa. FLAGSOL (Flachglas-Solartechnik GesmbH) hat das Optisol-PV-Element entwickelt, das aus einer Isolierverglasung besteht, in deren äußere Verbundglasscheibe Solarzellen integriert sind. Die Außenscheibe dieser Verbundglasscheibe besteht aus einer Optisol-Weißglasscheibe (eisenarmes Kalknatronglas), die eine besonders hohe Strahlendurchlässigkeit für die dahinterliegenden Solarzellen gewährleistet (Abb. 9.6). Diese Scheibe kann in herkömmliche Verglasungskonstruktionen von Fassadenelementen eingesetzt werden. Die Lichtdurchlässigkeit der Scheibe kann auf Bestellung durch größere Abstände zwischen den Solarpaneelen bis zu 20% variiert werden.

Undurchsichtige Fassadenelemente
Undurchsichtige Fassadenelemente können als hinterlüftete Verbundgläser wärmegedämmten Wandelementen vorgesetzt werden. Die Fa. SCHÜCO hat ein entsprechendes Fassadensystem, die „Synergie-Fassade", entwickelt.

Funktionell eigenständige Bauteile
Gebäudehüllen moderner Gebäude sind oft mit funktionellen Bauteilen wie Sonnenschutzelementen, Fluchtbalkonen, Vordächern u.a.m. versehen. Es gibt hier eine Vielzahl von Möglichkeiten, sinnvoll PV-Elemente zu integrieren. Vor allem im Bereich des feststehenden Sonnenschutzes gibt es bereits mehrere Beispiele der Integration von PV-Elementen.

9.3. Wärmepumpen

Die Wärmepumpentechnik ermöglicht die Transformation von Wärme von einem niedrigeren auf ein höheres Temperaturniveau. Das Prinzip ist nicht neu; es wird seit langem bei jedem Kühlschrank angewendet. Bei der Nutzung für Raumheizung und Warmwassererzeugung mit Wärmepumpen wird einem Medium mit geringem Temperaturniveau Wärme entzogen und diese auf ein höheres „gepumpt". So läßt sich Umgebungs- und Abwärme verwerten, die sonst nicht nutzbar ist. Für den Einsatz einer Wärmepumpe sind zwei Energiequellen erforderlich:

1. Ein Medium auf niedrigem Temperaturniveau, dem Wärme entzogen werden soll;
2. die notwendige „Pump"-Energie.

Das Verhältnis dieser Energiemengen wird als Leistungszahl bezeichnet. Sie hängt vom Temperaturunterschied zwischen Kalt- und Warmseite ab und erhöht sich bei geringeren Temperaturdifferenzen. Es sind dabei Werte von 3 bis 4 erreichbar, d.h. die durch Transformation nutzbare Wärmeenergie ist drei- bis viermal so hoch wie die dafür benötigte Pumpenergie.

Die Wärmepumpe basiert vor allem auf zwei physikalischen Gesetzen:

1. Gase erwärmen sich bei Kompression und kühlen bei Expansion wieder ab.
2. Bei der Verdampfung von Flüssigkeiten wird latente Wärme aufgenommen (Verdampfungswärme), die bei Verflüssigung wieder abgegeben wird (Kondensationswärme).

Nach diesen Prinzipien arbeiten unterschiedliche technische Systeme, von denen die für die Wärmepumpe üblichen Lösungen das Kompressionsverfahren und das Absorptionsverfahren sind.

Wärmepumpensysteme
Übliche Wärmepumpensysteme sind die Kompressorwärmepumpe und die Absorberwärmepumpe. Die Kompressorwärmepumpe, die am meisten verbreitet ist, arbeitet nach dem Kompressionsverfahren, demzufolge Gase sich bei Kompression erwärmen und bei Expansion wieder abkühlen. Ein Kältemittel, das bei sehr niedriger Temperatur (z.B. 2°C) verdampft, entzieht seiner Umgebung Wärme. Mit dieser latent gespeicherten Wärme wird das verdampfte Kältemittel im Kompressor verdichtet, wodurch sich seine Temperatur erhöht (z.B. 60°C). Diese gespeicherte Wärme wird dann mit einer höheren Temperatur dem Heizkreislauf zugeführt. Kompressorwärmepumpen werden zumeist elektrisch betrieben. Zur Berechnung des Gesamtwirkungsgrades ist der Kraftwerkswirkungsgrad bei der kalorischen Stromerzeugung (ohne Fernwärmenutzung ca. 30% bis 40%) zu berücksichtigen. Bei größeren Anlagen kann der Kompressor mit einem Gasmotor betrieben werden, wobei die Wärmeverluste des Motors genutzt werden können und sich ein hoher Primärenergie-Wirkungsgrad (ca. 180%) ergibt. Die Gasmotorwärmepumpen erfordern aber einen nicht zu unterschätzenden Betreuungs- und Wartungsaufwand. Die Absorberwärmepumpe besitzt den Vorteil, allein mit Wärmeenergie und nahezu ohne bewegliche Teile auszukommen und hat daher eine hohe Lebensdauer. Das Kältemittel, hier meist Ammoniak, verdampft im

Verdampfer unter normalem Druck und entzieht dabei dem umgebenden Medium Wärmeenergie. Im Absorber wird dieser Dampf einem Lösungsmittel, meist Wasser, zugeführt, das den Ammoniakdampf auflöst (absorbiert). Diese konzentrierte Ammoniaklösung gelangt in einen weiteren Behälter (Kocher), wo durch Wärmezufuhr (>100 °C) der Ammoniakdampf wieder ausgetrieben und unter erhöhtem Druck dem Verflüssiger zugeführt wird. Dort gibt er seine Verdampfungswärme sowie die aus dem Kocher mit aufgenommene Wärmeenergie an den Heizungskreislauf ab. Die Ammoniak-Flüssigkeit wird über ein Expansionsventil entspannt und dem Verdampfer zugeleitet. Als Austriebsenergie wird zumeist Gas verwendet, es sind aber auch alle anderen Wärmequellen möglich.

Wärmequellen für Verdampfer
Als Wärmequellen für den Verdampferteil der Wärmepumpe (nicht für den Antrieb der Absorberwärmepumpe) sind alle billigen Energiequellen auf niedrigem Temperaturniveau geeignet. Prinzipiell sollte für die Wärmegewinnung im Gebäude der Umgebung nur dort Wärme entzogen werden, wo sie nicht von anderen Organismen benötigt wird bzw. anderen Kreisläufen fehlt, sodaß die in der einen Hinsicht positive Maßnahme auf andere Weise Schäden verursacht, wie es z.B. bei übermäßigem Wärmeentzug aus dem Erdreich oder aus Gewässern der Fall sein kann.

Folgende Wärmequellen sind nutzbar:

- Sonne: Sonneneinstrahlung
- Luft: Abluft, Außenluft, Kellerluft usw.
- Wasser: Abwasser, Oberflächenwasser, Grundwasser usw.
- Boden: Oberflächenwärme, Erdwärme, geothermische Quellen usw.
- Feuerstätten und Krafterzeugung: Abgas, Abwärme, usw.

Wärme aus der Luft wird zumeist durch Wärmetauscher mit Ventilatoren entzogen. Sie kann auch mit Absorberdächern oder Wandverkleidungen sowie mit Massivabsorbern (Betonbauteile mit eingelegten Wärmeträgerrohren) gewonnen werden [9.5]. Diese Absorberbauteile sind somit Bestandteil der Außenbauteile von Gebäuden und bei der Planung entsprechend zu berücksichtigen. Alle Absorber an der Außenhülle des Gebäudes haben den gravierenden Nachteil, daß sie die äußere Oberfläche beträchtlich hinunterkühlen. Dadurch strömt trotz wirksamer Hinterlüftung mehr Wärme von innen nach, es muß mehr Wärme durch weiteres Hinunterkühlen aufgebracht werden, usw. Es ergibt sich eine ungünstige Rückkoppelung, bei der zum Teil sinnlos Energie vergeudet wird. Zusätzlich verschärfen sich bauphysikalische Probleme durch die kältere Außenoberfläche.

In den letzten Jahren wurde die Massivabsorbertechnik zu integrierten Solargebäuden mit Sonnenkollektordächern, Geschoßdecken-, Fundamentplatten- und Erdspeichern weiterentwickelt. Ein Gebäude nach dem „ISOLAR-Wärmeversorgungs- und Speichersystem" benötigt zur Energieversorgung für Heizwärme und Warmwasser eine thermische Kollektorfläche von 15–20% der beheizten Nutzflächen. Die gewonnene Sonnenenergie wird in mehreren Temperaturebenen, beginnend mit einer herkömmlichen Brauchwasserversorgung über Heizkreise, Innenwände, Geschoßdecken bis zur Fundamentplatte und im darunterliegenden Baugrunderdspeicher abgeladen, wobei das Wärmeträgermedium stark abgekühlt wieder dem Flachkollektor zugeführt wird. Dies garantiert einen hohen Wirkungsgrad der Sonnenkollektoranlage. Mit einer monovalenten Wärmepumpe, die bei richtiger Auslegung mit hohen Leistungszahlen von 4–5 laufen kann, wird die Wärme aus den diversen Speichersystemen genutzt und auf das gewünschte Temperaturniveau angehoben. Ein Regelcomputer mit entsprechender Steuersoftware garantiert den optimalen Betrieb auch an sonnenschwächeren Tagen und bei Nacht. Zumeist sind Erdspeicher, Bodenplatten und Geschoßdeckenspeicher ausreichend, sodaß auf die Nutzung von Massivabsorbern in Innenwänden und Außenbauteilen, die bauphysikalisch problematisch sind, verzichtet werden kann. Dadurch sind kostengünstigere Lösungen möglich. Durch die Verwendung von Holzspan-Mantelbeton und recycelten Baustoffen, durch die Berücksichtigung erdmagnetischer Veränderungen und die Nutzung von weitgehend aus erneuerbarer Energie (wie Wasser und Windkraft) erzeugtem elektrischem Strom für die Wärmepumpe sind baubiologisch unbedenkliche ökologische Lösungen möglich. Insbesondere für energetisch weitgehend unerschlossene Standorte, die nur durch elektrischen Strom aufgeschlossen sind, werden heute schon für dieses eher aufwendige System wirtschaftlich interessante Kenndaten erreicht. Dem ISOLAR-System können bei preiswert industriell hergestellten Komponenten und der entsprechenden Anzahl erfolgreicher Referenzgebäude durchaus gute Entwicklungschancen gegeben werden [9.6].

Unabhängig von den Gebäuden gibt es noch eine Fülle von anderen technischen Vorrichtungen zur Gewinnung von Umgebungswärme wie, z.B. Bohrpfahlabsorber oder Erdsonden und flach verlegte Rohrabsorber (Verlegungstiefe 2,5 m) zur Gewinnung von Erdwärme oder Asphaltabsorber auf Sportplätzen, die im Winter als Kunsteisplatz genutzt werden können.

Sind bei zumeist höheren Gebäuden wie Bürohochhäusern aus statischen Gründen Pfahlfundamente erforderlich, so können mit geringen Mehrkosten „Erdpendelspeicher" für Wärmepumpenheizung und Sommerkühlung errichtet werden. Die Fundamentpfähle, ob sie nun als Bohrpfähle oder Fertigteilrammpfähle ausgeführt werden, müssen nur mit entsprechenden Sole-Leitungen versehen werden und können den Erdkörper unter dem Gelände in der gesamten Fundierungstiefe (bis 30 m und mehr) als riesigen Wärmespeicher nutzen. Dabei sind Erdbodenzusammensetzung und Grundwasserströme zu berücksichtigen. Ausgeführte Beispiele, wie das im Abschnitt 7.5.4 erwähnte Gebäude der Hessischen Landesbank in Frankfurt, bestätigen die hohe Wirtschaftlichkeit dieser Strategie. Sehr gebräuchlich sind Brauchwasserwärmepumpen, die gleichzeitig den Keller kühlen. Für Brauchwasserwärmepumpen im Winterbetrieb gilt ähnliches wie für Absorberdächer und -wände. Ein großer Teil der Wärmemenge, die Innenräumen durch Brauchwasserwärmepumpen entzogen wird, muß durch die Heizung wieder nachgeliefert werden.

Wärmepumpen haben vor allem dort ihre Anwendungsberechtigung, wo niedrige Temperaturunterschiede hohe Leistungsziffern (höher als 4) ermöglichen oder sie auch zur Kühlung eingesetzt werden können. Ein Beispiel für den ersten Fall ist die Nutzung von Abwärme auf relativ hohem Temperaturniveau (>12 °C) für eine Niedertemperaturheizung (>40 °C), wie z.B. bei der Abwärmerückgewinnung aus Abwässern.

Als Beispiel für die Nutzung von Überschußwärme aus Wintergärten kann die Beheizung des von Kaiser Bautechnik geplanten „Bürozentrums am Airport" in Düsseldorf dienen [9.7]. Das sehr gut gedämmte und mit passiven Solarbauteilen, wie transparenter Wärmedämmung und Sonnenatrium, ausgestattete Bürogebäude wird mit Wärmepumpen über Erdsonden beheizt. Dadurch wird im Winter die Erdtemperatur auf +2 °C bis +4 °C abgesenkt. Wenn in der Übergangszeit oder im Sommer das Bürogebäude wegen der inneren Wärmequellen (Büro- und EDV-Geräte) abgekühlt werden muß, wird zuerst nur über den Sole/Wasserwärmetauscher die Kühlenergie aus dem Erdreich entzogen und dieses langsam erwärmt. Bei erhöhtem Kühlbedarf für das Gebäude können die Wärmepumpen durch reversibles Umschalten auch als Kälteaggregate genutzt werden. Bei dieser Betriebsweise entziehen die Wärmepumpen dem Gebäude die Überschußenergie. Die anfallende Kondensatorwärme wird über die Erdsondenanlage direkt ans Erdreich abgegeben. Hierdurch wird das Erdreich weiter erwärmt. Am Ende der Kühlperiode ist das Erdreich wieder auf Temperaturen von 13 bis max. 15 °C erwärmt. Es sind somit wieder optimale Ausgangsbedingungen für die Heizperiode geschaffen.

Anhand dieser kurzen Systembeschreibung wird deutlich, daß das Erdreich als „Saisonalspeicher" genutzt wird. Zwischen Heiz- und Kühlperiode (Frühjahr-Sommer) dient es als „Kältespeicher" und zwischen Kühl- und Heizperiode (Herbst-Winter) als „Wärmespeicher".

9.4. Blockheizkraftwerke mit Abwärmenutzung und Fernwärme

Eine wirtschaftliche und energiesparende Möglichkeit zur Erzeugung von Elektrizität und Wärme sind Blockheizkraftwerke. Wenn der verbliebene, durch diverse zuvor beschriebene Energiesparmaßnahmen reduzierte Elektrizitätsbedarf nicht aus erneuerbarer Energie gedeckt werden kann, sollte die Energie in kleineren, dezentralen Kraftwerken innerhalb städtischer Ballungsräume erzeugt werden, deren Abwärme als Fernwärme für ein Nahwärmeversorgungsnetz genutzt wird. Diese Kraft-Wärme-Kopplungsanlagen ermöglichen eine bessere Nutzung der Primärenergie mit einem Energienutzungsgrad bis zu 90%. Die Heizkraftwerke mit einer entsprechend ausgereiften Schadstoffilterung könnten nach und nach ältere kalorische Kraftwerke ersetzen. An das städtische Fernwärmenetz müssen dann auch alle Betriebe angeschlossen werden, die Abwärme in größerem Umfang erzeugen, wie Industrie- und Müllverbrennungsanlagen (soweit sie nicht durch Kompostierungs- und Biogasanlagen ersetzt sind). Heizkraftwerke sind jedoch nur in dem Maß sinnvoll, wie lokale Elektrizität benötigt wird. Unter der Voraussetzung der Realisierung intensiver Energiesparmaßnahmen ist das Areal, das elektrisch versorgt werden kann, wesentlich größer als das Areal, das thermisch versorgt werden kann. Eine planerische Abstimmung der Lage von Heizkraftwerken zur elektrischen und thermischen Versorgung in stärker verdichteten Stadtgebieten mit angrenzenden, weniger dichten Randgebieten ist erforderlich. In den Randgebieten bestehen bessere Möglichkeiten zur Gewinnung von Sonnenwärme. Daher müssen diese Gebiete nur mit dem elektrischen Strom aus den Heizkraftwerken versorgt werden. In den Stadtgebieten kann Sonnenwärme aufgrund gegenseitiger Beschattung der Gebäude nur in geringerem Ausmaß gewonnen werden, andererseits ist der Anschluß an das Fernwärmenetz eines Heizkraftwerkes wirtschaftlicher.

Daß Blockheizkraftwerke dieser Art auch schon bei den heutigen niedrigen Energiepreisen wirtschaftlich sind, zeigt das Beispiel des neuen Flughafens München „Franz Josef Strauß" im Erdinger Moos. Das Gebäudevolumen von rund 7,5 Mio m³ entspricht einer Stadt mit 50.000 Einwohnern. Der jährliche Stromverbrauch beträgt 120.000 MWh bei einer maximalen Stromleistung von 30 MW. Der jährliche Wärmeverbrauch beträgt 85.000 MWh bei einer maximalen Leistung von 54 MW. Der jährliche Kühlbedarf beträgt 10.500 MWh bei einer maximalen Kühlleistung von 15 MW. Ein Blockheizkraftwerk produziert Strom für den Grundlastbereich, das öffentliche Netz deckt den restlichen Bedarf ab und dient gleichzeitig als „Schnellersatzanlage" bei Ausfall der Eigenversorgung. Parallel dazu deckt das Blockheizkraftwerk aber auch die Wärmegrundlast für die Bereiche Heizung und Kühlung ab. Zur Bereitstellung der Mittellast in diesem Versorgungssegment wird Fernwärme aus dem vorhandenen Netz des Kraftwerkes Zolling bezogen. Für eventuelle Lastspitzen steht dann wiederum eine flughafeneigene Kesselanlage zur Verfügung. Im Blockheizkraftwerk stehen 7 langsam laufende Dieselaggregate, bestehend aus je 16 Zylindern mit Abgas-Turbolader und Ladeluftkühlung, 180 l Hubraum und einer Drehzahl von 1000 Umdrehungen pro Minute. Der Wirkungsgrad bei paralleler Produktion von elektrischer und thermischer Energie beträgt gut 80%. Das Blockheizkraftwerk dient zugleich als Notstromaggregat für den Flughafen (Landebahnbefeuerung etc.). Die Abgasreinigung erfolgt über Filter und Katalysator. Der Start dieser Dieselaggregate erfolgt mit Dieselbetrieb und wird nach wenigen Minuten auf Gas umgeschaltet. Die Leistung jedes Motors beträgt 1,65 MW mechanisch bzw. 1,58 MW elektrisch und 1,73 MW thermisch. Die Kälteproduktion wird im Grundlastbetrieb durch 2 Absorptionskältemaschinen mit je 1,82 MW Kälteleistung und wäßriger Lithium-Bromidlösung als Kältemittel, die von der Motorabwärme im Sommer betrieben werden, durchgeführt. Für den Spitzenbedarf an extrem heißen Tagen stehen 3 elektrisch betriebene Turbokompressions-Kältemaschinen mit je 3,8 MW Leistung bereit, die lediglich nach Bedarf stundenweise zum Einsatz kommen sollen. Durch ein computergesteuertes Leitsystem wird ein optimaler energiesparender Betrieb garantiert [9.8]. Ähnliche Blockheizkraftwerke, die auch mit Hackschnitzel oder Stroh befeuert werden können, wären auch für größere Siedlungen und entlegene Stadterweiterungsprojekte zu überlegen.

9.5. Intelligente Steuerungen für Haustechnik

In letzter Zeit werden immer öfter die Schlagwörter „intelligentes Gebäude" oder „intelligentes Bauen" verwendet. Früher war es der Benutzer des Gebäudes, ohne den das Haus weder funktionieren konnte noch eine eigene Intelligenz besaß. Ein anschauliches Beispiel dafür sind die bekannten Fensterläden, die eine Kontrolle über Akustik, Beleuchtung, Temperatur und Belüftung bieten, vor unerwünschten Eindringlingen schützen und einen Sichtschutz bieten. Der Fensterladen ist also eine intelligente Erfindung und arbeitet, allerdings erst durch Eingreifen des Benutzers, wie ein intelligentes Gebäude der Zukunft arbeiten sollte. Die Mikroelektronik macht heute Gebäude oder Gebäudeteile möglich, die zu Diagnose und Selbstanalyse fähig sind und sich selbst „lernfähig" überwachen und steuern – wie ein Organismus. Eine dynamische Gebäudehülle, welche so intelligent reagiert wie der Mensch, die sich zeitweilig verschatten und sich öffnen läßt, würde eine dem Menschen natürlich angepaßte, gesunde Behaglichkeit ermöglichen. Diese dynamische Gebäudehülle besteht aus Komponenten, die zuvor erwähnt wurden, wie z.B. transparente Wärmedämmung, Hochleistungsfenstern, und wird von einem intelligenten Gebäudeleitsystem gesteuert [9.9].

Die intelligente Steuerung besteht meist aus einem herkömmlichen Personalcomputer der Reihe 386 oder 486, der über ein Netzwerk nicht nur die Gebäudehülle und die Heizung, sondern auch alle elektrischen Geräte steuert. Ebenso eingebunden ist ein perfektes Sicherheits- und Überwachungssystem. So sollen beispielsweise Bewegungsmelder dem Heizungssystem melden, daß die Bewohner das Haus bzw. einzelne Räume verlassen haben – daraufhin senkt die Heizung die Raumtemperatur; bei automatischem Öffnen der Rolläden reduziert die hauseigene Stromversorgung die Beleuchtungsstärke der Lampen in den Zimmern, um Energie zu sparen. Das Haus der Zukunft ist voll auf Sicherheit ausgelegt: Sensoren an Fenstern, Türen und im Raum sollen vor Dieben, Feuer oder Wasserschäden warnen und sofort entsprechende Gegenmaßnahmen einleiten. Per Fingerdruck schlüsselt der Rechner den gesamten Energieverbrauch des Hauses auf. Diese wird versehen mit Empfehlungen, wo und wie sich kostbare Energie einsparen läßt. Die größeren Verbraucher wie Waschmaschine, Trockner und Geschirrspüler werden vom Computer so programmiert, daß sie die billigsten Stromtarife ausnutzen. Da alle Haushalts- und Unterhaltungsgeräte kompatibel in das Netzwerk eingebunden sein müssen, bietet dieses Steuerungssystem der Industrie die Möglichkeit zur Erschließung eines großen Marktes von aufeinander abgestimmten Haushalts- und Unterhaltungsgeräten. Dies wurde schon zu Beginn der 80er Jahre erkannt und war der Grund zu großen Forschungsprogrammen der führenden Industriemächte [9.10].

Bereits 1984 gründeten japanische Fachleute das sogenannte TRON-Projekt (TRON = The Real Time Operating-System Nucleus). Hinter dem Kürzel verbirgt sich das Konzept eines einheitlichen Betriebs- und Kommunikationssystems. Zwei Jahre nach dem Projektstart schlossen sich acht führende japanische Computer-Unternehmer zur TRON-Association zusammen. Erstes Ergebnis der gemeinsamen Bemühungen: ein computerisiertes Haus im Herzen Tokios, in dem rund 300 Prozessoren unzählige technische Funktionen überwachen – vom Küchenherd bis zur Toilettenspülung.

Auch die Amerikaner arbeiten bereits seit einiger Zeit am elektronisch gesteuerten Haus der Zukunft: Auf einer Spezialmesse für Bauherren in Detroit wurde im Frühjahr 1991 von der Firma Detroit Edison ein „computerisiertes Haus der Zukunft" vorgestellt.

Seit Ende 1985 unterstützt die Europäische Gemeinschaft (EG) die Entwicklung „intelligenter Häuser" im Rahmen des sogenannten ESPRIT-Programms (ESPRIT = Europäisches Strategisches Programm für Forschung und Entwicklung auf dem Gebiet der Informationstechnologie). Den Anfang machte das sogenannte Eureka-Forschungsprojekt mit dem Titel „Integrierte Heimsysteme". Dieses Projekt sollte den amerikanischen und japanischen Entwicklungen Paroli bieten. Führende europäische Unternehmen entwickelten zunächst einen gemeinsamen Multimedia-Standard für Heimsysteme. Auf dieser Basis startete Anfang 1989 das ESPRIT-II-Projekt „Heimsysteme". Dabei übernahm die EG 50% der Entwicklungskosten, die bei elf Unternehmen – darunter AEG, British Telecom, Philips, Siemens, Thomson und Thorn EMI – beim Forschen auf dem Gebiet der „intelligenten" Heimsysteme anfielen. Insgesamt kostete das Projekt 35 Millionen DM. Die Ziele des Projekts: die Entwicklung von Standards und Anwendungen für integrierte elektronische Heimsysteme sowie der Bau von Musterhäusern. Das ESPRIT-Projekt wurde im Januar 1990 abgeschlossen. Kurz darauf lief die Fortsetzung „Integriertes interaktives Haus" an, um konkrete Anwendungen zu entwickeln. Ein Nebenprodukt des ESPRIT-Forschungsprojektes war die Gründung der „European Home Systems Association" (EHSA). Diese Organisation mit Sitz im niederländischen Eindhoven soll die Zusammenarbeit der Firmen fördern, die integrierte Heimanwendungen erforschen. Darüber hinaus soll die EHSA den Bau kommunikationsfähiger Geräte in Schwung bringen.

Das Hauptproblem bei der Entwicklung von kostengünstigen „intelligenten" Haussystemen sind derzeit die fehlenden Standards. Fast alle Geräte sind inkompatibel. Deshalb gehört es zu den wichtigsten Aufgaben des Home-Systems-Projektes, Normen für elektronische Heimsysteme zu schaffen. Im Januar 1991 wurden in Amsterdam auf einer Konferenz mit Teilnehmern aus ganz Europa erste Standards vorgestellt: Elf Firmen hatten gemeinsam den europäischen „Home-Bus" entwickelt, der unterschiedliche Übertragungsmedien wie Infrarot, Hochfrequenz, 230-Volt-Installationsnetz, Vierdrahtleitung, Koaxialkabel und Kunststoff-Lichtwellenleiter vorsieht.

Amerikanische Firmen entwickelten ihren eigenen Standard (Consumer-Electronics-BUS/CE), ebenso die japanischen Firmen. Jedoch wurde im Bereich der Unterhaltungselektronik gemeinsam von Philips und dem japanischen Elektronik-Konzern Matsushita der „Domestic-Digital-BUS" (D2B) vorgestellt, der als Norm bereits international anerkannt ist und mit dem europäischen „Home-Bus" kompatibel ist.

Während die Entwicklung der „Home Systems" noch in den Kinderschuhen steckt, schreitet die Automatisierung von Fabriks- und Verwaltungsgebäuden schnell voran. Zahlreiche Firmen präsentierten Konzepte für „intelligente Gebäude" – diese Gebäude-Leitsysteme steuern jeweils die verschiedensten Funktionen im Haus. Sie verbinden über ein einheitliches Leitungssystem im Gebäude ohne Unterschied Heizungen und Klimaanlagen, Aufzüge, Lampen und Notstromaggregate, Gefahrenmeldesysteme und Alarmanlagen, Zutrittskontroll- oder Zeiterfassungssysteme sowie beliebige Schalter, Sensoren oder Regler. Auch hier haben sich mittlerweile erste zaghafte Standards herausgebildet. So haben 70 mittelständische Firmen aus mehreren europäischen Ländern den „European Installation Bus" (EIB = Europäischer Installationsbus) entwickelt. Temperaturregler, Lichtschalter, Bewegungsmelder oder Lüftungsanlagen sind dabei nicht mehr wie bisher über eigene Kabel mit der Steuerzentrale verbunden, sondern alle Geräte des Systems können ihre Daten und Informationen über ein einziges Adernpaar austauschen. Es wird dazu keine Steuerzentrale benötigt, da die EIB-Geräte so intelligent sind, daß sie über sogenannte Adressen direkt miteinander kommunizieren können. Voraussetzung für den reibungslosen Datenaustausch ist die Ausstattung der unterschiedlichen Geräte mit den passenden Schnittstellen für den Datenaustausch.

Verschiedene Firmen – darunter die wichtigsten Anbieter von Gebäudeleitsystemen – haben einen weiteren Standard geschaffen, den sogenannten Profibus. Das Profibus-Konzept legt fest, auf welche Weise Daten von einem Teilnehmer zum anderen über das Netz geschickt werden. Der Standard definiert etwa die benötigte Hardware, das Übertragungsformat einzelner Datenbytes oder ganzer Datenpakete, die mögliche Länge dieses Paketes oder die Art und Weise der Fehlerprüfung bei der Datenübertragung.

Bei fortschreitender Entwicklung schwindet der Unterschied zwischen „intelligenten" Haussystemen für Privatwohnungen und der Gebäudeleittechnik in

Fabriks- und Verwaltungsgebäuden zunehmend. Vermutlich werden sich zuerst noch einige nebeneinander existierende „Standards" herausbilden; in einem späteren Stadium kann es einem Marktleader vielleicht gelingen, eine de facto Standardisierung über die natürlichen Marktmechanismen durchzusetzen. Es ist zu hoffen, daß „intelligente Steuerungen" nicht nur in den Dienst der Bequemlichkeit und Unterhaltungselektronik gestellt werden, sondern verstärkt das energiesparende, energiegewinnende und umweltfreundliche Haus steuern. Eine sinnvolle Auswahl aus der Vielzahl der zuvor erwähnten aktiven und passiven Solarenergie- und Energiesparkomponenten, wie Hochleistungssonnenkollektoren und Photovoltaikpaneele, Wintergärten, transparente Wärmedämmung und Hochleistungsfenster, Be- und Entlüftungsanlagen mit Wärmerückgewinnung u.a.m., könnten, wenn diese durch das intelligente Steuersystem aufeinander abgestimmt sind, in ihrem Einsatz optimiert werden. Durch dieses Zusammenwirken wäre es zudem möglich, Minimalenergiehäuser, die ca. 5–10% des heute im Neubau üblichen Energieverbrauchs aufweisen, mit hoher Wirtschaftlichkeit zu bauen.

10. Förderungen für solares und energiesparendes Bauen in Österreich, Deutschland und der Schweiz

Die Autoren weisen darauf hin, daß die nachfolgenden Angaben den Stand 10/97 widerspiegeln. Da laufend Änderungen von den zuständigen Institutionen vorgenommen werden, um den aktuellen Erfordernissen gerecht zu werden, können die Autoren keine Gewähr für die Richtigkeit und Vollständigkeit der Angaben übernehmen.

10.1. Förderungsmaßnahmen in Österreich

Bundesland: Burgenland

Anlaufstelle:
Amt der Burgenländischen Landesregierung
Wohnbauförderungsstelle Abt. VIII/2
Freiheitsplatz 1
A-7000 Eisenstadt
Fon: 02682/600-2537
Fax: 02682/600-2060

Förderungsnehmer:
Natürliche Personen, welche die österreichische Staatsbürgerschaft besitzen, oder Ausländer, soweit sie aufgrund des Gesetzes oder des EWR-Rechts Inländern gleichgestellt sind, wie Gemeinden, gemeinnützige Bauvereinigungen, juristische Personen und Personengesellschaften, Körperschaften, Anstalten und Stiftungen.

Förderungsgegenstand:
Für die Errichtung von Alternativenergieanlagen, wie z.B. solargestützte Heizanlagen, kann ein nicht rückzahlbarer Beitrag im Ausmaß von 30% der Gesamtbaukosten der Anlage gewährt werden, wobei der Förderungsbeitrag bei

- Einzelalternativ-Energieanlagen (z.B. zur Warmwasserbereitung) mit ATS 20.000,–,
- Alternativ-Energieanlagen mit Einbindung in eine Heizungsanlage mit ATS 30.000,–,
- kombinierten Alternativ-Energieanlagen mit ATS 20.000,– je Anlage begrenzt ist.

Bundesland: Kärnten

Anlaufstelle:
Amt der Kärntner Landesregierung
Abteilung 9 – Wohnbauförderung
Mießtaler Straße 6
A-9020 Klagenfurt
Fon: 0463/536-30901
Fax: 0463/536-30900

Förderungsnehmer:
Natürliche Personen, die seit mindestens zwei Jahren ihren Hauptwohnsitz und den Mittelpunkt der Lebensinteressen in Kärnten haben.

Förderungsgegenstand:
Für die Errichtung von Anlagen zur alternativen Energiegewinnung (z.B. Solarheizung) kann ein Erhöhungsbeitrag der Wohnbauförderung von ATS 40.000,– gewährt werden.

Bundesland: Niederösterreich

Anlaufstelle:
Amt der NÖ Landesregierung
Abteilung 2F-A
Landhausplatz 1/Haus 7A
A-3190 St. Pölten
Fon: 02742/200-0
Fax: 02742/5800

„die Umweltberatung"
Schießstattring 25/2
A-3100 St. Pölten
Fon: 02742/71829
Fax: 02742/71829

Förderungsnehmer:
Ein Ansuchen um Förderung können einbringen: Eigentümer, Miteigentümer, Wohnungseigentümer, Bauberechtigte, Mieter und Pächter.

Förderungsgegenstand:
1. ÖKO-Eigenheimförderung: Die ÖKO-Eigenheimförderung besteht aus einem unverzinslichen Darlehen mit einer Laufzeit von 25 Jahren. Die Höhe der Förderung richtet sich nach der thermischen Qualität der Gebäudehülle (berechnet durch die Energiekennzahl EKZ) und nach ökologischen Kriterien (Punktesystem). Durch die Einbindung der bereits bestehenden alternativen Heizungsförderung, der Förderung für solare Systeme und Wärmepumpenanlagen, können

bis zu ATS 178.000,– an Zusatzförderung erreicht werden. Die ÖKO-Eigenheimförderung setzt sich aus zwei Teilsummen zusammen:

- Berechnete Energiekennzahl EKZ:

Bei der Berechnung der Energiekennzahl wird die Heizlast nach ÖNORM B 8135 ermittelt und auf die Energiebezugsfläche (= beheizte Bruttogeschoßfläche) bezogen. Die Förderungssumme staffelt sich linear von ATS 380,– bei einer EKZ von 41,9 W/m^2 bis ATS 49.400,– bei einer EKZ von 29,0 W/m^2.

- Punktesystem zur Bewertung der technischen Ausführung des Gebäudes:

Aufgrund einer technischen Bauteilbeschreibung durch befugte Personen wird aus der angeschlossenen Tabelle (Punktesystem) die zweite Teilsumme der Zusatzförderung ermittelt. Pro erreichtem Punkt wird ein Betrag von ATS 3.000,– festgesetzt. Durch die errechnete Energiekennzahl wird das Gebäude einer von vier Wärmeschutzklassen zugeteilt. Das bedeutet, daß eine niedrige Energiekennzahl zu einer größeren Punkteanzahl bei gleicher technischer Ausführung der nachfolgend aufgeführten Maßnahmen führt (= höhere Förderung). Punkte werden u.a. vergeben für: passive Solarenergienutzung, winddichte Bauweise, kontrollierte Wohnraumlüftung, Niedrigtemperaturheizung. Zusätzlich wird eine Erdwärmeheizung mit ATS 60.000,– und eine solare Warmwasserbereitung mit ATS 20.000,– gefördert.

Die ÖKO-Eigenheimförderung ist an die Basisförderung für Eigenheime gekoppelt. Die Förderungssätze gelten für alle im Rahmen der Eigenheimförderung bewilligten Objekte (z.B. Einfamilienhäuser, Reihenhäuser etc.). Bei Zweifamilienhäusern werden für die zweite und jede weitere Wohnungseinheit 50% des ermittelten Förderungsbetrages als Darlehen zuerkannt. Das gleiche gilt für Wohnungen sowie für Umbauten, Einbauten, Vergrößerungen, Zubauten, soweit sie mit dem Eigenheimpauschalbetrag gefördert werden können.

2. Solaranlagen: Bei Solaranlagen beträgt die Förderungshöhe 30% der anerkannten Investitionskosten je Anlage. Sie wird begrenzt für:

- Solaranlagen zur Warmwasserbereitung mit ATS 20.000,–,
- Solaranlagen zur Warmwasserbereitung und Zusatzheizung mit ATS 30.000,–,
- Photovoltaikanlage mit ATS 30.000,–.
- Das Gesamtausmaß der Förderung darf jedoch ATS 30.000,– nicht überschreiten. Bei einem Eigenheim und sonstigen Wohnhäusern mit mehr als einer Wohnung erhöhen sich diese Beträge um ATS 5.000,– für jede weitere Wohnung, wenn die Anlage auch diese Wohnungen versorgt.

Bundesland: Oberösterreich

Anlaufstelle:
Amt der OÖ Landesregierung
Abt. Wohnungs- und Siedlungswesen
Harrachstraße 16a
A-4010 Linz
Fon: 0732/7720-4143
Fax: 0732/7720-4395

OÖ Energiesparverband
Landstraße 15
A-4020 Linz
Fon: 0732/6584-4380
Fax: 0732/6584-4383

Förderungsnehmer:
Natürliche Personen, welche die österreichische Staatsbürgerschaft besitzen, oder Ausländer, soweit sie aufgrund des Gesetzes oder des EWR-Rechts Inländern gleichgestellt sind, Gemeinden, gemeinnützige Bauvereinigungen, juristische Personen und Personengesellschaften, Körperschaften, Anstalten und Stiftungen.

Förderungsgegenstand:

1. Einfamilienhäuser: Das „oberösterreichische Energiesparhaus" wird mit ATS 50.000,– gefördert. Voraussetzung für diese Förderung ist der Nachweis über die energiesparende Bauweise. Als Bewertungskriterium wird der Energiebedarf für die Raumheizung in Form einer zu ermittelnden Nutzheiz-Energiekennzahl (NEZ) herangezogen. Das Berechnungsverfahren berücksichtigt Transmissionswärmeverluste und solare Gewinne. Bei den Lüftungswärmeverlusten wird nur die Fensterfugenlüftung miteinbezogen, die inneren Wärmegewinne werden vernachlässigt. Das Ergebnis dieser Bilanz wird auf die Energiebezugsfläche des Gebäudes bezogen. Der Grenzwert der Nutzheiz-Energiekennzahl für die erhöhte Wohnbauförderung liegt bei derzeit 65 kWh/m^{2}a. Für jedes im Rahmen der „erhöhten Wohnbauförderung für energiesparende Bauweise" berechnete Gebäude wird ein EU-konformer Energieausweis ausgestellt. Dieser stellt einen „Typenschein" für das Gebäude dar und liefert den Bewohnern zusätzlich zur verpflichtenden Energieberatung wichtige Informationen.

2. Mehrfamilienhäuser: Mehrfamilien- und Reihenhäuser sowie Wohnheime erhalten bis zu ATS 1.000,–/m^2 WNF Zusatzförderung, wenn vom Bauwerber nachgewiesen werden kann, daß die gesetzlich vorgeschriebenen Anforderungen hinsichtlich einer energie-

sparenden oder emissionsmindernden Bauweise erheblich überschritten werden. Der abhängig vom Oberflächen-Volumsverhältnis festgesetzte Grenzwert der Nutzheiz-Energiekennzahl entspricht – gemittelt über verschiedene Gebäudetypen und Gebäudegrößen – einer Reduktion des Heizwärmebedarfs von ca. 25% gegenüber einer Ausführung nach den gesetzlichen Mindestanforderungen der OÖ Bautechnikverordnung 1994. Diese Grenzwerte liegen zwischen 30 und 65 kWh/m^{2}a.

Dieses zusätzliche Förderungsdarlehen setzt sich aus einem Sockelbetrag, einem Nutzheiz-Energiebonus und einer Anlagenförderung zusammen. Der Sockelbetrag berücksichtigt die mittleren Baumehrkosten gegenüber einer Bauweise nach den gesetzlichen Mindestanforderungen zur Erreichung des Grenzwertes der Nutzheizenergiekennzahl. Da die Baumehrkosten je nach der Größe des Bauobjektes (A_B/V_B-Wert) und Außenwandaufbau beträchtlich differieren, wird der Sockelbetrag in Abhängigkeit dieser beiden Parameter abgestuft. Jede weitere, über die Grenzwerte hinausgehende Energieeinsparung durch verbesserte Wärmedämmung oder technische Anlagen, die den Heizwärmebedarf des Gebäudes verringern (Abluft-Wärmerückgewinnung, solare Raumheizung, etc), wird mit dem Energiebonus gefördert. Die Höhe des Bonusbeitrages beträgt ATS 30,– je zusätzlich eingesparter Kilowattstunde an Heizwärmebedarf, bemessen nach der Nutzheiz-Energiekennzahl.

Mit der Anlagenförderung werden Mehrausgaben für fortschrittliche Technologien betreffend Warmwasserbereitung und Heizungstechnik gefördert. Die Warmwasser-Solaranlage wird mit ATS 700,–, multipliziert mit dem Wert des Jahresdeckungsgrades, gefördert.

Die wesentlichsten Ergebnisse des beschriebenen Nachweises (Nutzheiz-Energiekennzahl usw.) werden unter Berücksichtigung der lokalen Klimadaten in einem Energieausweis zusammengestellt.

3. Solaranlagen (Einzelmaßnahmen): Die Förderung bei Einzelmaßnahmen besteht in der Gewährung eines einmaligen, nicht rückzahlbaren Zuschusses. Der Zuschuß beträgt für Warmwasserbereitungsanlagen bzw. für Heizungen mit Unterstützung durch alternative Energien:

- bei einer Wärmepumpe ATS 5.000,–,
- bei einer Kombination Solaranlage-Wärmepumpe oder einer „reinen" Solaranlage ATS 10.000,– als Sockelbetrag und zusätzlich ATS 1.000,– pro m^2 Standard-Kollektorfläche bzw. ATS 1.500,– pro m^2 Vakuum-Kollektorfläche.

Die Kollektorgesamtfläche muß in beiden Fällen mindestens 4 m^2 betragen. Die Höhe der Förderung ist mit ATS 30.000,– begrenzt.

Bundesland: Salzburg

Anlaufstelle:
Amt der Salzburger Landesregierung
Abteilung 15
Alpenstraße 48
A-5020 Salzburg
Fon: 0662/8042-4158
Fax: 0662/8042-4168

Förderungsnehmer:
Österreichische Staatsbürger oder EWR-Bürger, die seit mindestens zwei Jahren ihren Hauptwohnsitz im Land Salzburg haben.

Förderungsgegenstand:

1. Neubau: Bei Neubauten wird ein Punktesystem verwendet, bei dem gestaffelt nach der spezifischen Heizlast des Gebäudes (W/m^2 BGF) und der Gebäudekategorie Punkte für die Wärmedämmung vergeben werden. Dazu kommen Punkte für weitere Maßnahmen, wie aktive Solarnutzung, Niedrigtemperaturheizung, Wärmerückgewinnung etc. Die Fördersumme ist das Produkt aus Gesamtpunktezahl und förderbarer Wohnfläche multipliziert mit ATS 200,–.

2. Sanierung: Sanierungsmaßnahmen werden gefördert bei:

- Wohnungen und Häusern, die bereits zehn Jahre bewohnt sind und die einen Hauptwohnsitz darstellen,
- Schüler-, Lehrlings- und Studentenheimen.

Folgende Sanierungsmaßnahmen werden gefördert:

- Instandsetzung oder Umgestaltung von Fassaden und Dächern bei gleichzeitiger Verbesserung des baulichen Wärmeschutzes und sonstige Maßnahmen auf dem Gebiet des Wärmeschutzes,
- Errichtung von Anlagen zur Nutzung alternativer Energiequellen,
- Errichtung von Wintergärten.

Förderungsansuchen können eingereicht werden vom:

- Eigentümer (Miteigentümer, Baurechtseigentümer) der Wohnung,
- Mieter der Wohnung mit schriftlicher Einverständniserklärung des Vermieters, wenn der Mietvertrag mindestens auf Förderungsdauer abgeschlossen ist,
- Heimträger.

Die Förderung besteht in der Gewährung eines zinsenlosen Landesdarlehens mit einer Laufzeit von fünf Jahren. Die maximale Darlehenshöhe beträgt:

- Bei einer Verbesserung des baulichen Wärmeschutzes ATS 130.000,–, wenn folgende k-Werte eingehalten bzw. unterschritten werden: Außenwand $0{,}35\,\mathrm{W/m^2 K}$, Kellerdecke $0{,}4\,\mathrm{W/m^2 K}$, oberste Geschoßdecke/Dachschräge $0{,}2\,\mathrm{W/m^2 K}$.

- Zuschlag von ATS 20.000,– wird gewährt, wenn der k-Wert der Außenwand mind. $0{,}28\,\mathrm{W/m^2 K}$ beträgt. Wenn dieser k-Wert mind. $0{,}24\,\mathrm{W/m^2 K}$ beträgt, wird ein Zuschlag von ATS 40.000,– gewährt.
- Bei einer Verbesserung der Wärmedämmung von Fenstern und Außentüren ATS 4.000,–/Stück (k-Wert: $1{,}9$–$1{,}7\,\mathrm{W/m^2 K}$), ATS 5.000,–/Stück (k-Wert: $1{,}7$–$1{,}0\,\mathrm{W/m^2 K}$), ATS 6.000,–/Stück (k-Wert $<1{,}0\,\mathrm{W/m^2 K}$).
- Bei Errichtung einer Aktiv-Solaranlage zur Warmwasserbereitung und/oder teilsolaren Raumheizung ATS 120.000,–.

Bundesland: Steiermark

Anlaufstelle:
Steiermärkische Landesregierung
Rechtsabteilung 14
Dietrichsteinplatz 15
A-8011 Graz
Fon: 0316/877-3713
Fax: 0316/877-3780

Landesenergieverein Steiermark
Burggasse 9/II
A-8010 Graz
Fon: 0316/877-3389

Förderungsnehmer:
Natürliche Personen, welche die österreichische Staatsbürgerschaft besitzen, oder Ausländer, soweit sie aufgrund des Gesetzes oder des EWR-Rechts Inländern gleichgestellt sind, Gemeinden, gemeinnützige Bauvereinigungen, juristische Personen und Personengesellschaften, Körperschaften, Anstalten und Stiftungen.

Förderungsgegenstand:

1. Einfamilienhäuser: Wenn bei der Errichtung eines Eigenheimes die Einhaltung einer Raumwärme-Energiekennzahl von $65\,\mathrm{kWh/m^2 a}$, bezogen auf 3800 Heizgradtage ($20/12\,^\circ\mathrm{C}$), nachgewiesen wird, kann das Förderungsausmaß um ATS 50.000,– erhöht werden. (Dafür ist ein positives Gutachten des Landesenergievereines erforderlich.) Bei der Erweiterung eines Einfamilienhauses zu einem Zweifamilienhaus ist der Zuschlag nur dann möglich, wenn das gesamte Haus den Erfordernissen entspricht. Zusätzlich zur Wärmedämmqualität ist unter anderem auch die Wahl des Standortes oder die Ausrichtung des Gebäudes wesentlich. Vor Beginn der Planung ist daher grundsätzlich die Beratung durch den Landesenergieverein zu empfehlen.

2. Solaranlagen: Gefördert wird auch die Errichtung von Solaranlagen für Raumheizung und Brauchwassererwärmung. Die Förderung umfaßt sämtliche Anlagenteile mit Ausnahme der Kollektoren. Für die Kollektoren ist eine Förderung von Seiten der örtlichen Gemeinde und der Rechtsabteilung 7 des Amtes der Steiermärkischen Landesregierung vorgesehen.

Bundesland: Tirol

Anlaufstelle:
Energie Tirol
Adamgasse 4
A-6020 Innsbruck
Fon: 0512/589913-0
Fax: 0512/589913-30

Förderungsnehmer:
Natürliche Personen, welche die österreichische Staatsbürgerschaft besitzen, oder Ausländer, soweit sie aufgrund des Gesetzes oder des EWR-Rechts Inländern gleichgestellt sind, Gemeinden, gemeinnützige Bauvereinigungen, juristische Personen und Personengesellschaften, Körperschaften, Anstalten und Stiftungen.

Förderungsgegenstand:
Die Förderung für das „Tiroler Niedrig-Energiehaus" erfolgt als Zuschuß, der nicht zurückgezahlt werden muß. Im Rahmen des Fördermodelles werden je nach der energetischen Qualität des Gebäudes und den zusätzlich getätigten Energiesparmaßnahmen Punkte vergeben. Das Modell ist so ausgelegt, daß die entstehenden Mehrkosten für diese energiesparende Bauweise in etwa abgedeckt werden. Hierbei wird zwischen Grundpunkten und Zusatzpunkten unterschieden. Die Grundpunkte werden in Abhängigkeit von der spezifischen Heizlast nach ÖNorm ($\mathrm{W/m^2}$ BGF) und der Gebäudekategorie vergeben. Bei Erreichen der Grundpunkte werden Zusatzpunkte für zusätzliche Maßnahmen (z.B. Südorientierung, kontrollierte Wohnraumlüftung, Wärmepumpenheizung etc.) vergeben. Die Fördersumme ist das Produkt aus Gesamtpunktezahl und förderbarer Wohnfläche multipliziert mit ATS 100,–. Die maximale Förderung pro Wohnung beträgt ATS 110.000,–.

Bundesland: Vorarlberg

Anlaufstelle:
Energieinstitut Vorarlberg
Stadtstraße 33/CCD
A-6850 Dornbirn
Fon: 05572/31202-0
Fax: 05572/31202-4

Förderungsnehmer:
Natürliche Personen, welche die österreichische Staatsbürgerschaft besitzen, oder Ausländer, insoweit sie aufgrund des Gesetzes oder des EWR-Rechts Inländern gleichgestellt sind, Gemeinden, gemeinnützige Bauvereinigungen, juristische Personen und Personengesellschaften, Körperschaften, Anstalten und Stiftungen.

Förderungsgegenstand:
Zusätzlich zur Förderung wird ein Darlehen gewährt, wenn der rechnerische Heizenergiebedarf bei einem Wohnhaus zwischen 25 und 55 kWh/m^{2}a beträgt. Voraussetzung für die Zusatzförderung sind außerdem folgende Kriterien, die über eine Bewertungszahl berücksichtigt werden:

- der Wirkungsgrad bei der Umsetzung der Energie (Jahresnutzungsgrad des Heizkessels, Arbeitszahl der Wärmepumpe),
- der Bereitstellungsaufwand für die verwendete Energieform (Primärenergie-Einsatzfaktor),
- die Umweltbelastung durch die Emissionen der Wärmeerzeuger (Emissionsfaktor),
- der Aufwand bei der Warmwasserbereitung.

Die genannten Faktoren ergeben zusammen mit dem Heizenergiebedarf die maßgebliche Bewertungszahl, welche folgende Werte nicht übersteigen darf:

- bei einem Einfamilien- und Reihenhaus: 100,
- bei einem Mehrwohnungshaus: 105.

Der Förderungssatz beträgt bei einem Heizenergiebedarf von 55 kWh/m^{2}a für Einfamilien- und Reihenhäuser ATS 600,–/m^2, für Mehrwohnungshäuser ATS 400,–/m^2. Ausgehend von diesem Heizenergiebedarf werden für jede kWh-Unterschreitung bis zu einem Heizenergiebedarf von 40 kWh/m^{2}a ATS 10,– und bis zu einem Heizenergiebedarf von 25 kWh/m^{2}a ATS 15,– pro m^2 und kWh zum Förderungssatz addiert.

Für Objekte mit besonders niedrigen Bewertungszahlen und bautechnisch innovativen Merkmalen besteht darüber hinaus die Möglichkeit zur Einstufung in eine Sonderkategorie. Das zusätzliche Förderungsdarlehen hierfür beträgt ATS 300,– pro m^2 Nutzfläche.

Solaranlagen zur Warmwasserbereitung werden mit einem Betrag gefördert, der das Produkt aus einem Vervielfachungsfaktor und dem Grundbetrag ist. Dieser Vervielfachungsfaktor ist ein Zehntel des solaren Deckungsgrades und der Personenzahl. Vor der Errichtung der Solaranlage hat eine Beratung zwecks Optimierung der projektierten Anlage zu erfolgen.

Bundesland: Wien
Anlaufstelle:
Magistratsabteilung 25

Rathausstraße 4
A-1082 Wien
Fon: 01/4000-25

Förderungsnehmer:
Natürliche Personen, welche die österreichische Staatsbürgerschaft besitzen, oder Ausländer, soweit sie aufgrund des Gesetzes oder des EWR-Rechts Inländern gleichgestellt sind, Gemeinden, gemeinnützige Bauvereinigungen, juristische Personen und Personengemeinschaften, Anstalten und Stiftungen.

Förderungsgegenstand:
Im Bundesland Wien sind grundsätzlich drei Fälle zu unterscheiden. Fördermittel für energiesparendes Bauen werden grundsätzlich nur für Einfamilien-, Zweifamilien- und Reihenhäuser einerseits und in sehr eingeschränktem Umfang für Mehrfamilienwohnhäuser mit max. 25 Wohnungen gewährt. Größere Bauvorhaben bekommen keine Zusatzförderung, sie werden aber bei Bauträgerwettbewerben von der jeweiligen Jury, ansonsten von einem Grundstücksbeirat der Stadt Wien unter anderem auch auf Energieverbrauch und Wärmeverlust beurteilt. Voraussetzung für eine positive Beurteilung sind Qualitäten eines Niedrigenergiehauses.

1. Einfamilien-, Zweifamilien- und Reihenhäuser: Förderungen für energiesparende Maßnahmen werden gewährt, wenn der volumsbezogene Transmissionswärmeverlust (W/m^{3}K) einen je nach Anforderungsklasse (gestaffelt nach dem Gebäudevolumen) festgesetzten Maximalwert erreicht bzw. unterschreitet. Die Nutzung der passiven Solarenergie fließt über Abminderungsfaktoren für transparente Bauteile (äquivalenter k-Wert – nach Himmelsrichtung differenziert) in die Berechnung des Transmissionswärmeverlustes ein.

Für eine Antragstellung sind folgende Unterlagen erforderlich:

- Rechnerischer Nachweis des äquivalenten volumsbezogenen Transmissions-Wärmeverlustes nach ÖNORM B 8135 und den Richtlinien der MA 25.
- Prüfbericht einer akkreditierten Prüfstelle über den Wärmedurchgangskoeffizienten von Fenstern und Türen.

Bei Erreichen bzw. Unterschreiten des höchstzulässigen Transmissionswärmeverlustes kann bei einem Einfamilien-, Zweifamilien- und Reihenhaus ein nicht rückzahlbarer Baukostenzuschuß als Fixbetrag in der Höhe von ATS 25.000,– gewährt werden. Bei einer Kleingartenwohnhausanlage kann ein Annuitätenzuschuß zu einem Darlehen in der Höhe von ATS 25.000,– gewährt werden.

2. „Kleinere" Mehrfamilienwohnhäuser: Mehrfamilienwohnhäuser mit weniger als 25 Wohnungen werden

mittels auf das Volumen bezogene Transmissions-Wärmeverluste und Anforderungsklassen beurteilt. Bei Niedrigenergiehäusern erhöht sich das Förderdarlehen um ATS 600,–/m² WNF.

3. Solaranlagen: Darüber hinaus werden besondere Einrichtungen zur Nutzung umweltschonender Energieformen gefördert. Hierzu zählen z.B. thermische Solaranlagen und Photovoltaikanlagen. Für eine Antragstellung sind folgende Unterlagen erforderlich:

- detaillierter Kostenvoranschlag,
- Produkt- bzw. Systembeschreibung des Herstellers.

Die Umsetzung dieser Förderungsmaßnahme wird durch das von der MA 50 zu bestellende Bauaufsichtsorgan überwacht.

10.2. Öffentliche Finanzmittel für solares und energiesparendes Bauen in Deutschland

Von *Matthias Ruchser*, Forum für Zukunftsenergien, Bonn

In Deutschland gibt es zahlreiche öffentliche Förderprogramme für die rationelle Energienutzung und die Nutzung erneuerbarer Energien. Durch die föderale Struktur Deutschlands stehen Förderprogramme sowohl vom Bund, den 16 Bundesländern als auch von Kommunen zur Verfügung. Darüber hinaus gibt es zusätzliche Fördermöglichkeiten durch Stadtwerke sowie Banken und Sparkassen, um nur einige zu nennen.

Die im folgenden präsentierten Förderprogramme beziehen sich vor allem auf das solare und energiesparende Bauen und stellen nur eine Auswahl und einen Teilaspekt der zur Verfügung stehenden Programme dar. Eine detaillierte Übersicht der öffentlichen Finanzhilfen in Deutschland für den Einsatz erneuerbarer Energiequellen und der rationellen Energieverwendung bietet die „Förderfibel Energie", die vom Forum für Zukunftsenergien, Bonn, und dem Informationsdienst BINE des Fachinformationszentrums Karlsruhe herausgegeben wird. Die Förderfibel wird ständig aktualisiert und gibt eine komplette Übersicht, gegliedert nach Förderprogrammen der EU, des Bundes, der Länder, Gemeinden sowie der EVUs. Vertrieben wird die Förderfibel Energie vom Deutschen Wirtschaftsdienst, Marienburger Str. 22, D-50968 Köln; Fax +49 (0)221 9376399 zum Preis von 36,80 DM.

10.2.1. Bund

- ERP-Umwelt- und Energiesparprogramm

Anlaufstelle:
Deutsche Ausgleichsbank
Wielandstraße 4
D-53170 Bonn
Tel: 0228/831 2103
Fax: 0228/831 2559

Förderungsnehmer:
Unternehmen der gewerblichen Wirtschaft (bevorzugt kleine und mittlere Unternehmen).

Förderungsgegenstand:
Aus Mitteln des ERP-Sondervermögens können Darlehen für die Finanzierung u.a. von Investitionen gewährt werden für die thermische und photovoltaische Nutzung der Sonnenenergie. Insbesondere werden solche Investitionen gefördert, mit denen bereits die Entstehung von Umweltbelastungen vermieden oder wesentlich vermindert werden.

Zinsgünstige Darlehen bis zu 50% der förderungsfähigen Kosten. Eine Kumulation mit anderen öffentlichen Mitteln ist erlaubt.

- KfW-Programm zur CO_2-Minderung

Anlaufstelle:
Kreditanstalt für Wiederaufbau (KfW)
Postfach 11 11 41
D-60046 Frankfurt/M.
Tel. 069/7431 0
Fax 069/7431 2944

Förderungsnehmer:
Bauherren (Private und Unternehmen) in den alten Bundesländern und Berlin (West).

Förderungsgegenstand:
Maßnahmen zur CO_2-Minderung und Energieeinsparung, z.B. solarthermische Anlagen, Verbesserung des Wärmeschutzes der Gebäudeaußenhülle einschließlich des Daches sowie der Einbau von Wärmeschutzfenstern. Zinsverbilligte Darlehen mit einer Laufzeit von 15 Jahren bei 3 tilgungsfreien Jahren; Zinssatz von 5% für die ersten 10 Jahre fest; Darlehenshöchstbetrag je m² Wohnfläche: 300,– DM.

- Gesetz zur Förderung ökologischer Maßnahmen im Rahmen der Wohneigentumsförderung

Anlaufstelle:
Örtliche Finanzämter.

Förderungsnehmer:
Unbeschränkt Steuerpflichtige i.S.d. Einkommensteuergesetzes.

Förderungsgegenstand:
Inanspruchnahme der Eigenheimzulage im Jahr der Fertigstellung oder Anschaffung und in den sieben

folgenden Jahren. Die Eigenheimzulage umfaßt den Fördergrundbetrag von 5%, jedoch höchstens 5.000 DM bei Neubauten und bis zu 2.500 DM bei Altbauten sowie die Kinderzulage. Bei bereits installierten Solaranlagen erhöht sich der Fördergrundbetrag jährlich um 2%, höchstens um 500 DM.

- Stromeinspeisegesetz

Anlaufstelle:
Jeweiliges Energieversorgungsunternehmen.

Förderungsnehmer:
Betreiber von Stromerzeugungsanlagen.

Förderungsgegenstand:
Die Vergütung von Strom u.a. aus Sonnenenergie mit mindestens 90% des Durchschnittserlöses je kWh aus der Stromabgabe der EVU an alle Letztverbraucher. Für 1998 beträgt die Vergütung für Strom aus Sonnenenergie 16,79 Pf/kWh.

- Agrarinvestitionsförderprogramm (AFP)

Anlaufstelle:
Bundesministerium für Ernährung, Landwirtschaft und Forsten
Postfach 14 02 70
D-53107 Bonn
Tel. 0228/529 4153

Förderungsnehmer:
Landwirtschaftliche Betriebe.

Förderungsgegenstand:
Investitionen im Rahmen von zinsverbilligten Krediten zur gezielten Energieeinsparung im Wirtschaftsteil landwirtschaftlicher Betriebe: z.B. Solaranlagen, Wärmepumpen, etc.

10.2.2. Bundesländer

⇒ Baden-Württemberg

- Darlehen zur Solarnutzung

Anlaufstelle:
Landeskreditbank Baden-Württemberg
Friedrichstraße 24
D-70174 Stuttgart
Tel. 0711/122 2517

Förderungsnehmer:
Natürliche und juristische Personen des privaten Rechts; Unternehmen bis 30 Mio. DM Vorjahresumsatz; kirchliche oder mildtätige Organisationen.

Förderungsgegenstand:
Die Errichtung und Anschaffung von Anlagen zur photovoltaischen Solarnutzung mit einer Mindestleistung von 1 kW_P durch ein Darlehen bis zu 18.000 DM/kW_P mit bis zu 4% verbilligtem Zins über eine Laufzeit von 15 Jahren und einem Maximaldarlehen von 100.000 DM.

Die Errichtung und Anschaffung von Anlagen zur thermischen Solarnutzung. Bei Ein- und Zweifamilienhäusern wird die Darlehenshöhe pauschal auf 10.000 DM festgesetzt mit bis zu 3% verbilligtem Zins über eine Laufzeit von 10 Jahren.

- Agrarinvestitionsförderprogramm

Anlaufstelle:
Ministerium für Ländlichen Raum, Ernährung, Landwirtschaft und Forsten
Postfach 10 34 44
D-70029 Stuttgart
Tel. 0711/126 0
Fax 0711/126 2255

Förderungsnehmer:
Haupt- und Nebenerwerbslandwirte.

Förderungsgegenstand:
Investitionen im Rahmen von zinsverbilligten Krediten zur gezielten Energieeinsparung im Wirtschaftsteil landwirtschaftlicher Betriebe: z.B. Solaranlagen, Wärmepumpen, etc.

⇒ Bayern

- Nutzung erneuerbarer Energien

Anlaufstelle:
Bayerisches Staatsministerium für Wirtschaft, Verkehr und Technologie
Prinzregentenstraße 28
D-80538 München
Tel. 089/2162 2230
Fax 089/2162 2485

Förderungsnehmer:
Natürliche und juristische Personen; Gemeinden; Unternehmen, Private.

Förderungsgegenstand:
Solarkollektoren: Für Investitionskosten über 10.000 DM wird ein Pauschalbetrag von 1.500 DM gezahlt, für Investitionskosten unter 10.000 DM wird ein Pauschalbetrag von 1.000 DM gezahlt. Die Bagatellgrenze wird generell auf 1.000 DM herabgesetzt. Kombination mit anderen öffentlichen Fördermitteln nicht zulässig.

⇒ Berlin

- Wohnraummodernisierung/-instandsetzung (ModInstRL 93)

Anlaufstelle:
Investitionsbank Berlin

Abt. VI A 1
Bundesallee 210
D-10719 Berlin
Tel. 030/2125 4660
Fax 030/2125 4646

Förderungsnehmer:
Eigentümer, Verfügungsberechtigte.

Förderungsgegenstand:
Gefördert werden u.a. Photovoltaikanlagen mit einer Nennleistung von mind. 5 kW$_P$ mit einem Zuschuß von 50%, jedoch max. 25.000 DM pro Wohnung sowie Sonnenkollektoren mit einem Zuschuß von 30%, jedoch max. 25.000 DM pro Wohnung.

⇒ Brandenburg

- Rationelle Energieverwendung/erneuerbare Energiequellen (REN-Programm)

Anlaufstelle:
Investitionsbank des Landes Brandenburg
Abt. Wirtschaftsförderung
Referat 502
Steinstraße 104-106
D-14480 Potsdam
Tel. 0331/660 0

Förderungsnehmer:
Natürliche und juristische Personen des öffentlichen und privaten Rechts mit Ausnahme des Bundes.

Förderungsgegenstand:
Thermische Solaranlagen zur Brauchwassererwärmung, zur Raumheizung sowie zur Bereitstellung von Prozeßwärme, sowie Photovoltaikanlagen einschließlich der für die Nutzung erforderlichen Speicher und Umformeinrichtungen. Antragsstopp: 31.12.1998.

- Immissionsschutz und Begrenzung energiebedingter Umweltbelastungen

Anlaufstelle:
Investitionsbank des Landes Brandenburg
Steinstraße 104-106
D-14480 Potsdam
Tel. 0331/660 0
Fax 0331/660 1717

Förderungsnehmer:
Eigentümer; Gemeinden; natürliche und juristische Personen des öffentlichen Rechts oder des privaten Rechts.

Förderungsgegenstand:
Förderbar sind u.a. ökologische Musterbauten in Niedrigenergiebauweise mit einem Zuschuß von max. 50%, Konzepte und Maßnahmen zur Energieeinsparung mit einem Zuschuß von max. 50% sowie Anlagen der dezentralen Kraft-Wärme-Kopplung bis zu einer elektrischen Leistung von 5 MW$_{el}$ ebenfalls mit einem Zuschuß von max. 50%.

⇒ Bremen

- Kraft-Wärme-Kopplung/Abwärmenutzung

Anlaufstelle:
Senator für Frauen, Gesundheit, Jugend, Soziales und Umweltschutz
Energieleitstelle
Hanseatenhof 5
D-28195 Bremen
Tel. 0421/361 44 14
Fax 0421/361 108 75

Förderungsnehmer:
Gebäude-/Grundstückseigentümer; Mieter und Pächter mit Zustimmung der Eigentümer; Unternehmen.

Förderungsgegenstand:
Neuerrichtung und Erweiterung von Kraft-Wärme-Kopplungsanlagen, Umrüstung von Wärmeerzeugungsanlagen ohne Auskopplung elektrischer Energie auf KWK-Anlagen. Die Bemessung der Zuschußhöhe erfolgt nach standardisierter Wirtschaftlichkeitsprüfung. Die Obergrenze der Förderung beträgt 30% der förderfähigen Kosten.

⇒ Hamburg

- Solaranlagen zur Brauchwassererwärmung

Anlaufstelle:
Hamburgische Wohnungsbaukreditanstalt
Postfach 10 28 09
D-20019 Hamburg
Tel. 040/24846 0
Fax 040/24846 432

Förderungsnehmer:
Eigentümer, Mieter.

Förderungsgegenstand:
Der Einbau von Solaranlagen in Wohngebäuden mit einer aktiven Absorberfläche von 4–10 m^2 bei Flachkollektoren mit einer Förderung von 500 DM pro m^2 bzw. 3–7 m^2 bei Vakuumröhren-Anlagen mit 650 DM pro m^2. Zur Funktionsprüfung der Solaranlage ist ein Wärmemengenzähler zu installieren, der mit einem Zuschuß von max. 400 DM gefördert wird.

- Niedrigenergiehäuser

Anlaufstelle:
Umweltbehörde Hamburg
Fachamt für Energie und Immissionsschutz

Billstraße 84
D-20539 Hamburg
Tel. 040/7880 2724

Förderungsnehmer:
Bauherren; Haus-/Wohnungseigentümer.

Förderungsgegenstand:
Neuvorhaben nach dem Niedrigenergiehaus-Standard werden mit einem Zuschuß von pauschal 6.000 DM gefördert. Für eine Winddichtigkeitsprüfung wird ein zusätzlicher Zuschuß von 1.025 DM gewährt.

- Wohnungsmodernisierung

Anlaufstelle:
Hamburgische Wohnungsbaukreditanstalt
Postfach 10 28 09
D-20019 Hamburg
Tel. 040/24846 0
Fax 040/24846 432

Förderungsnehmer:
Haus-/Wohnungseigentümer.

Förderungsgegenstand:
Modernisierung von Gebäuden, die mind. zu zwei Dritteln Wohnzwecken dienen. Gefördert werden Maßnahmen zur Energieeinsparung, u.a. Maßnahmen zur Wärmedämmung, sowie der Einbau von Anlagen zur Sonnenenergienutzung bei der Brauchwassererwärmung. Zuschüsse werden prozentual gewährt, bezogen auf die als förderungsfähig anerkannten Kosten; für Modernisierung max. 28.000 DM sowie 20.000 DM bei Instandsetzung.

⇒ Hessen

- Hessisches Energiegesetz

Anlaufstelle:
Hessisches Ministerium für Umwelt, Energie, Jugend, Familie und Gesundheit
Abteilung Energie
Postfach 31 09
D-65021 Wiesbaden
Tel. 0611/815 0
Fax 0611/815 1666

Förderungsnehmer:
Natürliche und juristische Personen; Private; Unternehmen; Kommunen.

Förderungsgegenstand:
Maßnahmen zur rationellen Energienutzung und Nutzung erneuerbarer Energien, insbesondere zur Errichtung von: Anlagen zur thermischen Nutzung von Solarenergie mit einem Zuschuß von 20% bis max. 2.000 DM für Einfamilienhäuser bzw. 1.000 DM für Zwei- oder Mehrfamilienhäuser sowie Photovoltaikanlagen mit einem Zuschuß von 30% bis max. 17.000 DM. Eine Kombination mit Förderung aus nicht-hessischen Mitteln ist zulässig.

- Thermische Solaranlagen in Wohngebäuden

Anlaufstelle:
Landestreuhandstelle der Landesbank Hessen
Girozentrale
Postfach 11 08 33
D-60297 Frankfurt/M.
Tel. 069/132 2526

Förderungsnehmer:
Eigentümer von Gebäuden oder Grundstücken; Mieter; Wohnungsbaugesellschaften;

Förderungsgegenstand:
Solarthermische Anlagen zur Brauch- und Beckenwassererwärmung in Wohngebäuden. Es wird ein Zuschuß von 20% der förderfähigen Investitionsausgaben gewährt, bei Einfamilienhäusern max. 2.000 DM pro Anlage, bei Zweifamilien- und Mehrfamilienhäusern max. 1.000 DM je Wohnung.

⇒ Mecklenburg-Vorpommern

- Erneuerbare Energien

Anlaufstelle:
Wirtschaftsministerium des Landes Mecklenburg-Vorpommern
Referat 431
Johannes-Stelling-Straße 14
D-19048 Schwerin
Tel. 0385/588 5431
Fax 0385/588 5871

Förderungsnehmer:
Private Haushalte; kleine und mittlere Unternehmen; Kommunen und eingetragene Vereine.

Förderungsgegenstand:
Das Ziel ist eine breite Anwendung und Akzeptanz sowie die Weiterentwicklung der Anlagentechnik und -technologie zur Nutzung erneuerbarer Energien. Gefördert werden u.a. Vorhaben zur Nutzung der Photovoltaik bis zu 40% der zuwendungsfähigen Gesamtausgaben, die thermische Solarenergienutzung bis 20%, max. 2.000 DM pro EFH, sowie Wärmepumpentechnologie bis zu 25%, max. 3.000 DM pro EFH.

⇒ Niedersachsen:

- Erneuerbare Energien

Anlaufstelle:
Niedersächsisches Ministerium für Wirtschaft, Technologie und Verkehr
Postfach 101
D-30001 Hannover
Tel. 0511/120 2140
Fax 0511/120 6430

Förderungsnehmer:
Natürliche und juristische Personen.

Förderungsgegenstand:
Netzgekoppelte Photovoltaikanlagen mit einer Spitzenleistung von mind. 2 kW$_P$ bei Anlagenkosten bis max. 17.000 DM/kW$_P$ installierter Leistung mit einem Darlehen als Festbetragsfinanzierung in Höhe von 70% der zuwendungsfähigen Ausgaben sowie Solarkollektoranlagen mit einem Darlehen in Höhe von bis zu 50% der zuwendungsfähigen Ausgaben. Der Zinssatz beträgt jeweils 2,5% p.a. und hat eine Laufzeit von max. 15 Jahren bei bis zu 2 tilgungsfreien Anlaufjahren. Eine vorzeitige Tilgung ist jederzeit möglich.

⇒ Nordrhein-Westfalen

- Rationelle Energieverwendung/Nutzung unerschöpflicher Energiequellen (REN-NRW)

Anlaufstelle:
Landesinstitut für Bauwesen
Außenstelle Dortmund
Postfach 10 25 43
D-44025 Dortmund
Tel. 0231/5415 301
Fax 0231/5415 302

Förderungsnehmer:
Natürliche und juristische Personen des öffentlichen und privaten Rechts; Vereinigungen.

Förderungsgegenstand:
Die Errichtung, Reaktivierung oder der Ausbau von u.a.: Solarkollektoranlagen, die mit 1.000 DM je Anlage bezuschußt werden, zuzügl. 200 DM pro m² installierter Solarkollektorfläche, sowie von netzgekoppelten Photovoltaikanlagen mit 1–10 kW$_P$, die mit 6.800 DM/kW$_P$ installierter Leistung bezuschußt werden. Bei Vorhaben mit zuwendungsfähigen Ausgaben über 1 Mio. DM bestehen gesonderte Regelungen in Form von zinsgünstigen Krediten. Die Kombination mit Mitteln, die nicht aus Programmen des Landes NRW stammen, ist zulässig, wenn sie eine Gesamtförderhöhe der zuwendungsfähigen Ausgaben nicht überschreitet.

- Energieeinsparung in Wohnungen

Anlaufstelle:
Ministerium für Bauen und Wohnen
Postfach 11 03
D-40190 Düsseldorf
Tel. 0211/3843 443

Förderungsnehmer:
Natürliche und juristische Personen als Eigentümer.

Förderungsgegenstand:
Maßnahmen zur nachhaltigen Einsparung von Heizenergie in Wohnungen durch z.B. Verbesserung des Wärmeschutzes durch Dämmung der Außenwände, der Kellerdecke, des Daches oder durch wärmegedämmte Fenster und Außentüren, sowie Verbesserung vorhandener Heizsysteme oder Erneuerung alter Heizsysteme gemäß Standard der Wärmeschutzverordnung 1995. Es werden zinslose Darlehen gewährt für einen Zeitraum von 10 Jahren. Danach ist mit 6% zu verzinsen. Das Darlehen ist mit jährlich 4% zu tilgen.

⇒ Rheinland-Pfalz

- Erneuerbare Energien

Anlaufstelle:
Ministerium für Wirtschaft, Verkehr, Landwirtschaft und Weinbau
Postfach 32 69
D-55022 Mainz
Tel. 06131/16 0
Fax 06131/16 2100

Förderungsnehmer:
Natürliche und juristische Personen des privaten und öffentlichen Rechts.

Förderungsgegenstand:
Solarthermische Anlagen bei 3 bis 10 m² Kollektorfläche pauschal mit 1.500 DM, für jeden weiteren m² 150 DM, bei Absorberanlagen bis zu 15% der förderfähigen Kosten, sowie Photovoltaikanlagen mit 1 bis 5 kW mit bis zu 40% der förderungsfähigen Kosten, max. 7.000 DM/kW. Antragsstopp: 31.12.1999.

- Förderung der Modernisierung von Wohnungen

Anlaufstelle:
Ministerium der Finanzen des Landes Rheinland-Pfalz
Postfach 33 20
D-55023 Mainz
Tel. 06131/16 0
Fax 06131/16 4331

Förderungsnehmer:
Eigentümer von Wohngebäuden.

Förderungsgegenstand:
Bauliche Maßnahmen zur Modernisierung von Wohnungen, die den Gebrauchswert der Wohnungen nachhaltig erhöhen, sowie Maßnahmen zur Nutzung

erneuerbarer Energien. Hierzu zählen u.a. Solaranlagen für die Brauchwassererwärmung, solare Wandsysteme zur Raumbeheizung sowie Wärmepumpen zur Wärmegewinnung aus Umgebungsluft, Abluft, Oberflächen- oder Grundwasser. Die Förderung erfolgt als Projektförderung durch Investitionszuschüsse in Höhe von 30% der förderungsfähigen Kosten von mind. 4.000 DM/Wohnung bis zu 60.000 DM je fremdvermieteter Wohnung oder bis zu 30.000 DM für eine vom Eigentümer selbstgenutzte Wohnung.

⇒ Saarland

- Saarländisches Zukunftsenergieprogramm

Anlaufstelle:
Ministerium für Umwelt, Energie und Verkehr
Referat F/2
Halbergstraße 50
D-66121 Saarbrücken
Tel. 0681/501 00
Fax 0681/501 4521

Förderungsnehmer:
Natürliche und juristische Personen.

Förderungsgegenstand:
Gefördert werden Solarkollektoren zur Brauchwassererwärmung für EFH und ZFH mit mind. 3 m² Vakuum- bzw. 4 m² Flachkollektoren mit 2.500 DM sowie für MFH bei mind. 8 m² Vakuum- bzw. 10 m² Flachkollektoren mit 5.500 DM und bei mind. 14 m² Vakuum- bzw. 18 m² Flachkollektoren mit 8.000 DM. Netzgekoppelte Photovoltaikanlagen zur Stromerzeugung mit einer Leistung ab 1 bis 3 kW werden mit 6.000 DM/kW gefördert, Anlagen mit einer Leistung bis 5 kW mit 5.000 DM/kW. Demonstrationsprojekte, wie z.B. Photovoltaik-Fassaden sowie größere Solarkollektoren und solare Nahwärmesysteme, werden ebenfalls gefördert.

⇒ Sachsen

- Vorhaben des Immissions- und Klimaschutzes einschl. der Nutzung erneuerbarer Energien

Anlaufstelle:
Forschungszentrum Rossendorf e.V.
Projektträger Umwelt und Energie
Postfach 51 01 19
D-01314 Dresden
Tel. 0351/26034 71
Fax 0351/26034 86

Förderungsnehmer:
Natürliche und juristische Personen des öffentlichen oder privaten Rechts.

Förderungsgegenstand:
Die Errichtung von Sonnenkollektoranlagen wird bis zu einer Kollektorfläche von 20 m² mit 300 DM/m² bezuschußt bis max. 50.000 DM.

⇒ Sachsen-Anhalt

- Thermische Sonnenenergienutzung

Anlaufstelle:
Regierungspräsidium Dessau
Dezernat 33
Kühnauer Straße 161
D-06842 Dessau
Tel. 0340/65068 58
Fax 0340/65068 77

Regierungspräsidium Halle
Dezernat 33
Willy-Lohmann-Straße 7
D-06114 Halle/Saale
Tel. 0345/514 1542
Fax 0345/514 1455

Regierungspräsidium Magdeburg
Dezernat 33
Olvenstedter Straße 4-5
D-39108 Magdeburg
Tel. 0391/567 2346
Fax 0391/567 2695

Förderungsnehmer:
Natürliche und juristische Personen.

Förderungsgegenstand:
Anlagenkomponenten zur aktiven Nutzung der Sonnenenergie zum Zwecke der Warmwasserbereitung. Es wird ein Zuschuß von bis zu 30% der zuwendungsfähigen Kosten gewährt, bei Ein- und Zweifamilienhäusern max. 6.000 DM/Anlage, bei MFH oder größeren Anlagen max. 60.000 DM/Anlage.

- Modernisierung/Instandsetzung von eigengenutztem Wohnraum und Modernisierung durch Mieter

Anlaufstelle:
Landesförderinstitut Sachsen-Anhalt
Harnackstraße 3
D-39104 Magdeburg
Tel. 0391/589 1777
Fax 0391/589 1709

Förderungsnehmer:
Natürliche Personen als Eigentümer.

Förderungsgegenstand:
Bauliche Maßnahmen zur Modernisierung von Wohnungen, die den Gebrauchswert der Wohnungen nachhaltig erhöhen. Dazu zählen Vorhaben zur Verbes-

serung der Beheizung, der Energieversorgung und der Wasserversorgung. Maßnahmen zur Einsparung von Heizenergie oder zur Schadstoffminderung. Dazu gehören u.a. Vorhaben zur Verbesserung der Wärmedämmung, Verminderung des Energieverlustes und Energieverbrauchs sowie die Umstellung auf umweltfreundliche Energieträger. Die Zuwendung beträgt 12,5% der zuwendungsfähigen Kosten, jedoch höchstens 3.000 DM je Wohnung.

⇒ Schleswig-Holstein

- Erneuerbare Energiequellen – Photovoltaik

Anlaufstelle:
Investitionsbank Schleswig-Holstein
Organisationsstelle WING
Dänische Straße 3-9
D-24103 Kiel
Tel. 0431/9805 900
Fax 0431/9805 950

Förderungsnehmer:
Natürliche und juristische Personen des privaten Rechts; Pächter und Mieter.

Förderungsgegenstand:
Die Errichtung und Erweiterung von Anlagen zur photovoltaischen Solarnutzung ab 1 kW$_P$ elektrischer Leistung. Förderfähig sind alle Investitions- und Planungskosten. Ab 1 kW bis 5 kW beträgt der Fördersatz 4.000 DM pro kW$_P$ bis max. 49% der förderfähigen Kosten.

- Ressourcensparendes Bauen und Wohnen

Anlaufstelle:
Investitionsbank Schleswig-Holstein
Umwelt- und Energieförderung
Fleethörn 29–31
D-24103 Kiel
Tel. 0431/900 3672
Fax 0431/900 3653

Förderungsnehmer:
Natürliche und juristische Personen des privaten Rechts als Eigentümer von Grundstücken oder Gebäuden.

Förderungsgegenstand:
Mehrkosten ökologischer Baumaßnahmen zur Erfüllung des Niedrigenergiehaus-Standards beim Neubau von Wohnungen, umfassende Verbesserung des Wärmeschutzes sowie Errichtung von Anlagen zur aktiven Nutzung der Solarenergie. Die Zuwendung erfolgt in Form eines Zuschusses als Projektförderung. Der Zuschuß beträgt bis zu 50% der förderungsfähigen Mehrkosten, max. 15.000 DM für die erste und max. 7.000 DM für jede weitere selbständige Wohneinheit innerhalb eines Objektes.

- Konzepte zur Nutzung erneuerbarer Energien

Anlaufstelle:
Ministerium für Finanzen und Energie
Adolf-Westphal-Straße 4
D-24143 Kiel
Tel. 0431/988 0
Fax 0431/988 4232

Förderungsnehmer:
Gemeinden; Städte; Kreise; Ämter; Zweckverbände.

Förderungsgegenstand:
U.a. Untersuchungen und Studien zur Nutzung der Solarenergie in Form der Solarthermie und Photovoltaik zur Versorgung von Regionen, auch in Verbindung mit den notwendigen Verteilsystemen.

⇒ Thüringen

- Rationelle und umweltfreundliche Energieverwendung und Nutzung von erneuerbaren Energien

Anlaufstelle:
Thüringer Aufbaubank
Energie- und Technologieförderung
Postfach 129
D-99003 Erfurt
Tel. 0361/7447 0

Förderungsnehmer:
Natürliche Personen; juristische Personen des privaten Rechts sowie Körperschaften und Anstalten des öffentlichen Rechts.

Förderungsgegenstand:
Die Errichtung von Photovoltaikanlagen bis 2 kW mit 8.500 DM pro kW und 7.500 DM bei Anlagen über 2 kW, max. 150.000 DM, sowie solarthermische Anlagen bis 10 m^2 mit 400 DM pro m^2 bzw. 300 DM über 10 m^2, jedoch max. 50.000 DM.

- Modernisierung und Instandsetzung von Mietwohnungen

Anlaufstelle:
Thüringer Landesverwaltungsamt
Carl-August-Allee 2 A
D-99423 Weimar
Tel. 03643/587 277

Förderungsnehmer:
Natürliche und juristische Personen des privaten und öffentlichen Rechts als Eigentümer von Wohngebäuden.

Förderungsgegenstand:
Bauliche Maßnahmen zur Modernisierung von Wohnungen, die den Gebrauchswert der Wohnungen nachhaltig erhöhen. Dazu zählen Vorhaben zur Verbesserung der Beheizung, der Energieversorgung und der Wasserversorgung. Maßnahmen zur Einsparung von Heizenergie oder zur Schadstoffminderung. Dazu gehören u.a. Vorhaben zur Verbesserung der Wärmedämmung, Verminderung des Energieverlustes und Energieverbrauchs sowie die Umstellung auf umweltfreundliche Energieträger. Es wird ein zinsverbilligtes Darlehen von i.d.R. 40.000 DM gewährt.

10.3. Fördermaßnahmen der Schweiz 1997

Von Dipl.-Arch. ETH *Annuscha Gassler-Schmidt*
HBT Solararchitektur ETH Hönggerberg, Zürich

10.3.1. Pilot- und Demonstrationsanlagen

Ein Projekt gilt als ein P+D-Objekt, wenn ein Novitätscharakter der am Bau angewendeten Technologien und ein in sich schlüssiges und konsequentes Konzept vorliegen.

Die Pilot- und Demonstrationsanlagen (P+D-Anlagen) bilden ein wichtiges Bindeglied zwischen der Energieforschung und der kommerziellen Anwendung neuer Energietechniken. Sie sollen den Durchbruch zur Marktreife begünstigen. Während bei den Pilotanlagen die Erprobung der technischen Machbarkeit im Vordergrund steht, ist es bei den Demonstrationsanlagen die wirtschaftliche Machbarkeit.

Gemäß Energienutzungsbeschluß Art. 10, Absatz 2 kann der Bund Pilot- und Demonstrationsanlagen unterstützen, namentlich solche zur Nutzung der Sonnenenergie, der Umgebungswärme und der Geothermie. Die Finanzhilfen betragen in der Regel 27 bis 45% und werden von der Abteilung Energietechnik des BFE vollzogen. P+D-Anlagen werden auch von einzelnen Kantonen unterstützt.

Die Definition von Pilot- bzw. Demonstrationsanlagen nach „Energie 2000" lautet wie folgt:

„Pilotprojekte dienen der technischen Systemerprobung. Sie werden in einem Maßstab gebaut, der die Bestimmung wissenschaftlicher, technischer und wirtschaftlicher Daten oder das Sammeln von Erfahrungen mit aussichtsreichen neuen Organisationsformen erlaubt, welche im Laborversuch nicht gewonnen werden können. Pilotprojekte stellen eine notwendige Stufe in der Entwicklung industrieller Produkte und Verfahren dar.

Demonstrationsprojekte dienen der Markterprobung. Sie werden im Maßstab 1:1 erbaut und ermöglichen eine strenge technische und wirtschaftliche Beurteilung im Hinblick auf eine erhoffte kommerzielle Einführung. Insbesondere geben sie Antworten auf Fragen von Wartungs- und Unterhaltsaufwand. Sie machen potentielle Anwender auf die neue Technologie oder das neue Produkt aufmerksam. Zu berücksichtigen sind auch wirtschaftlich-gesellschaftliche Folgen der Technikanwendung."

Bezüglich der Anforderungen an P+D-Projekte gelten folgende Muß-Kriterien:

- Das Projekt muß der oben genannten Definition entsprechen oder es muß sich um eine Vorstudie derselben handeln; insbesondere müssen die Aspekte der Neuheit und Zukunftsorientierung gegeben (betreffend Technik, Anwendung oder Organisationsform) und die Belange des Umweltschutzes miteinbezogen sein.
- Das Projekt muß zu einem im folgenden Abschnitt definierten Förderungsschwerpunkt gehören und mindestens eine Zielsetzung von rationeller Energienutzung, Anwendung erneuerbarer Energien oder reduzierte Umweltbelastung aufweisen. Ebenfalls Bedingung ist ein genügend großes Anwendungspotential für die Weiterentwicklung.
- Das Projekt muß eine genügend große Erfolgswahrscheinlichkeit haben; d. h. das Know-how und die finanzielle Grundlage der Beteiligten für eine Weiterentwicklung müssen erfolgversprechend sein.
- Das Projekt muß im öffentlichen Interesse sein; d. h. das zu erprobende Produkt oder Verfahren muß ökologisch und volkswirtschaftlich sinnvoll sein.
- Das Projekt muß mit der Energieplanung und dem Energiekonzept der Standortgemeinde, der -region oder des -kantons vereinbar sein.
- P+D-Anlagen müssen hinreichend instrumentiert und ausgemessen werden; die Auswertung der Meßdaten muß sichergestellt sein.
- Pilot- und Demonstrationsprojekte zur Untersuchung wirtschaftlich-gesellschaftlicher Bedingungen und Folgewirkungen von energiepolitischen Maßnahmen, Strategien und Energieanwendungen müssen qualitative und/oder quantitative Resultate zu ökonomischen und politikwissenschaftlichen Fragestellungen liefern.
- Es muß eine überzeugende Vorgehensplanung mit klarer Fragestellung, Systemabgrenzung, Verantwortungszuordnung und Terminen vorliegen.

Die Förderungsschwerpunkte im Bereich der P+D-Projekte sind rationelle Energienutzung bei Industrie und Gewerbe, Gebäude, Verkehr und Geräte. Ebenfalls wichtig in diesem Zusammenhang sind Umgebungs- und Abwärmenutzung als Energiequelle und Wärmespeicherungsanlagen. Emissionsarme und rationelle

Verbrennungs- und Umwandlungsmethoden bei fossilen Brennstoffen bilden nebst Methoden der Nutzung von erneuerbaren Energien, wie Solarwärme, Photovoltaik, Biomasse, Geothermie und Wind, einen weiteren Schwerpunkt.

Anlaufstelle:
Bundesamt für Energie
3003 Bern, Tel. 031/322 56 11, Fax 031/323 25 00.

Über die realisierten Pilot- und Demonstrationsprojekte erfolgt eine systematische Berichterstattung durch das Pressebüro Othmar Humm, Zürich, Tel. 01/312 09 09, Fax 01/312 05 40. Neben Fachartikeln und Kurzinformationen in Zeitungen und Zeitschriften verfaßt das beauftragte Büro Informationsblätter in der Serie „Energie-Innovation" des Aktionsprogramms Energie 2000. Die Informationsblätter und eine Reihe kopierter Fachartikel können bezogen werden bei:

E2000, P+D, c/o Nova-Energie Aarau, Tel. 062/834 03 03 / Fax 062/834 03 23.

10.3.2. Förderbeiträge des Bundes an Solaranlagen

Im Rahmen des Aktionsprogramms Energie 2000 werden die erneuerbaren Energien aktiv gefördert. Als Teil der Fördermaßnahmen erhalten Besitzer von Solaranlagen künftig Beiträge an die Investitionskosten. Hauptpfeiler des Programms sind die Solarenergie, die Biomasse (v.a. Holz) und die Nutzung der Umgebungswärme.

Je nach ihrem Wärmeertrag werden Solarkollektoranlagen ab 4 m^2 mit 275 bis 650 Fr. je Anlage und zudem 50 bis 117 Fr. je m^2 Kollektorfläche unterstützt. Photovoltaik-Anlagen zur solaren Stromerzeugung von 1 bis 100 kWp (Kilowatt Spitzenleistung) erhalten 3.000 Fr. je kWp. Diese Ansätze orientieren sich an den in diesem Jahr für neue Solaranlagen zur Verfügung stehenden gut 5 Mio Fr. und am geschätzten Verkaufsvolumen von gegen 50 Mio Fr. für rund 25.000 m^2 Kollektoren und ca. 600 kW Photovoltaik. Nicht zuletzt bilden diese Investitionen einen willkommenen Beitrag zur Erhaltung von Arbeitsplätzen.

Anlaufstelle:
Zweigstelle Romandie von SWISSOLAR
Postfach 9
2013 Colombier
Tel. 032/843 49 90.

10.3.3. Förderbeiträge des Bundes für energetische Sanierungen

Private Eigentümer können den Energieverbrauch ihrer Liegenschaft jetzt auf besonders preisgünstige Art senken. Belohnt wird auch, wer auf erneuerbare Energien umstellt. Möglich macht es das Investitionsprogramm Energie 2000.

Unterstützt werden vier Arten von Sanierungen bestehender Bauten:

Gebäudehülle:
Einsatz hochisolierender Fenster, Wärmeschutz der Außenwände, Isolation von Dach, Estrichboden und Kellerdecke. Der Beitrag wird pauschal pro m^2 sanierte Fläche erteilt, wenn die Konstruktion die vorgeschriebenen Werte erreicht.

Pauschaler Beitrag/m^2:

	k-Wert	Fr./m^2
Obligatorisch:		
Fenster	≤ 1.5	75.–
Wände gegen Außenluft	≤ 0.3	30.–
Zusätzlich fakultativ:		
Dach	≤ 0.3	20.–
Estrichboden	≤ 0.3	5.–
Boden gegen Außenluft	≤ 0.3	30.–
Wand, Boden gegen unbeheizt oder Erdreich	≤ 0.4	5.–

Wärmerückgewinnung:
Nachrüstung haustechnischer Anlagen, Betriebsoptimierung (pro jährlich eingesparten kWh Elektrizität). Der minimale jährliche Rückgewinnungs- bzw. Deckungsgrad soll 55%, der elektrothermische Verstärkungsfaktor mindestens 20% betragen. Die Beitragsberechnung basiert auf dem Mittelwert aus Zu- und Abluft-Volumenstrom (m^3/h) der Anlage im Auslegungspunkt.

Pauschaler Beitrag pro m^3/h:

die ersten 5.000 m^3/h	Fr. 800.–/1.000 m^3/h
weitere 1.000 m^3/h	Fr. 180.–/1.000 m^3/h

Zusätzlich fakultative Betriebsoptimierung:

5 Rp./kWh jährlich eingesparte Elektrizität

Beleuchtung:
Ersatz ineffizienter Beleuchtungsanlagen, Betriebsoptimierung. Es werden Pauschalen pro ersetzte Leuchte (entsprechend der Lux-Zahl) bezahlt. Dabei sind Grenzwerte für die spezifische Anschlußleistung gemäß der Beleuchtungsstärke einzuhalten. Ein Beitrag an der Betriebsoptimierung (Ein-/Aussteuerung über Sensor- bzw. Zeitsteuerung oder kontinuierliche tageslichtabhängige Regelung) kann fakultativ geleistet werden.

Obligatorisch:

Nennbeleuchtungsstärke	Fr./Leuchte
≤ 250	30.–
> 300	60.–

Zusätzlich fakultative Betriebsoptimierung:
Nennbeleuchtungsstärke   Fr./Leuchte
≤ 250   10.–
> 300   20.–

Erneuerbare Energien:
Ersatz bestehender Elektrospeicher-, Öl- oder Gasheizungen und alter Holzkessel durch Sonnenenergie (geprüfte Kollektoren), Wärmepumpen (Luft/Wasser- und Wasser/Wasser-Wärmepumpen) oder einen Anschluß an regenerierbare Fernwärme (sofern bestimmte technische Minimalanforderungen erfüllt werden).

Solare Wärme:
Fr. 500.–/Anlage + Fr. 90.–/m^2 × Kollektorqualitätsfaktor (0.5–1.3).

Wärmepumpe:
Fr. 250.–/kWh Wärmeleistung (teilweise durch EW) max. Fr. 25.000.–/Objekt.

Ein realisiertes Paket berechtigt zu einem Beitrag für eine neue Photovoltaikanlage, Unterstützung mit 3.000.–/kWp, falls einer der vier Punkte von oben erfüllt wird.

Bonus: Der gesamte Bundesbeitrag wird um 20% angehoben, falls eine der folgenden drei Bedingungen erfüllt wird:

- zwei von den vier oben erwähnten Bedingungen werden erfüllt
- bei Reduktion des gesamten Energieverbrauchs (Strom und fossile Energie) um mehr als 50% (separater Nachweis nach SIA notwendig)
- MINERGIE-Sanierungsstandard (Minimum-Energie-Standard).

MINERGIE-Kennzahlen Wärmeerzeugung:
Neubauten
    45 kWh/m^{2}a (160 MJ/Bruttowohnfläche m^{2}a)
Altbauten vor 1990
    90 kWh/m^{2}a (320 MJ/m^{2}a) (= 9 l Heizöl).

MINERGIE-Kennzahl Haushaltselektrizität:
Alle Bauten zusätzlich
    17 kWh/m^{2}a
    (60 MJ/m^{2}a).

Anlaufstelle:
Energie 2000 Bearbeitungszentrum
Postfach 3067
8021 Zürich
oder an eine kantonale Energiefachstelle.

Mit den genannten Maßnahmen werden Einsparungen an konventionellen Energien (Wärme und Strom) von mindestens 30%, im Durchschnitt 50%, erzielt. Um einen einfachen Vollzug sicherzustellen, werden Pauschalbeiträge pro m^2 isolierte Fläche, Sonnenkollektoren usw. entrichtet. Der Förderbeitrag von Energie 2000 beläuft sich im Durchschnitt auf 10% der anrechenbaren Kosten, die aber mindestens 50.000 Franken betragen müssen. Mehrfachleistungen aufgrund kantonaler Programme oder des Energienutzungsbeschlusses des Bundes sind möglich. (Über die zusätzliche Solarförderung informiert die SWISSOLAR, Zweigstelle Romandie, Postfach 9, 2013 Colombier, Tel. 032/843 49 90.)

10.3.4. Förderung durch die Kantone

Es gibt große Unterschiede bei den Anstrengungen zur Realisierung der Ziele von Energie 2000 auf kantonaler Ebene. Bei einer Reihe von Kantonen (SZ, OW, NW, GL, ZG, SH, AI, AG, VD, JU) gibt es kein klar definiertes Konzept zur Verwirklichung der Ziele, dennoch sind Fortschritte erzielt worden in Hinblick auf die Produktionsziele mit erneuerbaren Energien: z.B. Nutzung der Holzenergie (SZ, OW, SH, AI, AG und JU), Grundwasser-Wärmepumpen (NW, ZG) oder Ausbau der Wasserkraft (OW, GL, AG). Andere Kantone haben zur Verwirklichung von Energie 2000 klar definierte Programme (ZH, BE, LU, SO, BL, SG, GR, TI, VS, NE und GE) oder Regierungsrichtlinien (FR, BS, TG).

Die Kantone haben demzufolge auch unterschiedliche Anstrengungen bei den Förderprogrammen. 24 Kantone unterstützen nur Projekte mit Pilot- und Demonstrationscharakter und 10 Kantone darüber hinaus noch Anlagen und Maßnahmen ohne Pilot- und Demonstrationscharakter. Die kantonalen Energiefonds haben grundsätzlich zwei Finanzierungsmodelle. Bei den Kantonen BL, NE, GE, ZG, FR, TI, VD und GR werden die Fonds aus dem allgemeinen Haushalt finanziert. Bei den Kantonen BS und BE werden die Fonds mittels eines Zuschlags auf den Elektrizitätspreisen finanziert.

Liste der kantonalen Energiefachstellen im Anhang.

Beispiel 1: Der Kanton Zürich
Der Kanton Zürich fördert ausschließlich Pilot- und Demonstrationsprojekte im Sinne des Bundes. Seit 1984 hat der Kanton Zürich rund 5 Millionen Franken in P+D-Projekte investiert. Das Amt für technische Anlagen und Lufthygiene des Kantons Zürich hat unabhängig von kantonalen Fonds ein Konzept mit dem Titel MINERGIE-Häuser (Minimum-Energie-Häuser). Das Konzept basiert auf einfachen Bauvolumina mit verstärkter Wärmedämmung und kontrollier-

ten, mechanischen Lüftungsanlagen. Die MINERGIE-Häuser fanden große Beachtung, und ihre Energiewerte werden neu auch als Zulassungskriterium bei den Fördermaßnahmen von „Energie 2000 Invest" zitiert.

Die Elektrizitätswerke des Kantons Zürich (EKZ) werden ab dem 1. Oktober 1997 eine Solarstrombörse einführen, im gleichen Stil wie die EWZ der Stadt Zürich (seit Nov. 1996). Zur Zeit liegt der kantonale Solarstromanteil bei 0.003%, und somit dreimal tiefer als im schweizerischen Durchschnitt. Die Solarstrombörse kauft Solarstrom von Produzenten ab zu 1 Fr./kWh und verkauft ihn im Abonnement an Kunden zum Preis von 1.20 Fr./kWh weiter.

Beispiel 2: Der Kanton Basel-Land
Der Kanton Basel-Land hat sich in den letzten 10 Jahren als vorbildlicher Kanton in bezug auf Förderung erneuerbarer Energiequellen ausgezeichnet. In der Verordnung über Förderungsbeiträge nach dem Energiegesetz vom 28. März 1995 wurde die Art und Höhe der Beiträge festgelegt.

Das Geld für die Beiträge wird teils aus dem Fonds für Wirtschaftsförderung und teils aus Steuergeldern finanziert.

Der Kanton kann Förderungsbeiträge nach kantonalem Energierecht zuweisen für:

- Projekte und Anlagen mit neuer Technologie (Pilotanlagen, Demonstrationsanlagen), im Sinne einer Starthilfe;
- Wasserkollektoranlagen und Photovoltaik;
- größere Vorhaben, wenn der Ertrag an eingesparter Energie oder eingesetzter erneuerbarer Energie hoch ist und die Realisierung ohne staatlichen Beitrag kaum möglich wäre;
- Vorhaben, die der Erprobung und Beurteilung von Energietechniken und der Erfassung und Auswertung von Daten dienen (Analysen, Feldversuche und dergleichen).

Die Förderung geschieht in der Regel in Form eines einmaligen Beitrages in der Höhe von 10 bis 40% der Investitionsmehrkosten im Vergleich zu einer konventionellen Lösung neuerer Bauart.

Bei Sonnenkollektoranlagen wird in der Regel ein einmaliger Beitrag von 1 Fr. pro jährlich nutzbarer Kilowattstunde Sonnenenergie ausgerichtet, jedoch höchstens 20% der Investitionsmehrkosten. Anlagen zur Erwärmung von Freiluftbädern sind nicht beitragsberechtigt. Über Beiträge bis 5.000 Fr. entscheidet das Amt für Umweltschutz und Energie. Die Bau- und Umweltschutzdirektion entscheidet über größere Beiträge.

10.3.5. Förderung durch Städte

Beispiel 1: Die Stadt St. Gallen
Der Große Gemeinderat von St. Gallen hat im Jahre 1992 die Schaffung eines Energiefonds beschlossen, der jährlich mit bis zu 2% des Ertrages aus dem Elektrizitätsverkauf finanziert wird. Die Fondsmittel und die zusätzlichen Investitionen aller Förderungsnehmer kommen größtenteils dem Gewerbe und der Industrie in Stadt und Region zugute. Die Förderung beschränkt sich nicht ausschließlich auf P+D-Projekte, sondern berücksichtigt auch generell ökologisch sorgfältig konzipierte und energiegerechte Bauten.

Die förderungswürdigen Maßnahmen lassen sich in vier Bereiche einteilen:

- *Wärmedämmung an bestehenden Bauten:*
  Die Förderung soll im Rahmen einer energetisch und ökonomisch optimalen Gesamtsanierung eingesetzt werden. Punktuelle Maßnahmen werden nur unterstützt, wenn eine Energiebilanz nach SIA 380/1 über die gesamte Gebäudehülle erstellt wird. Ebenfalls müssen über die gesetzlich vorgeschriebenen Grenzwerte hinaus zusätzliche Einsparungen erreicht und nachgewiesen werden. Der resultierende Heizenergiebedarf muß die im Energiegesetz vorgeschriebenen Werte um mindestens 10% unterschreiten. Da bei Neubauten bereits gesetzliche Anforderungen bestehen und diese meist freiwillig übertroffen werden, besteht dort kein Anlaß für zusätzliche finanzielle Anreize.

- *Rationelle Nutzung von Elektrizität:*
  Die Optimierung oder Erneuerung von elektrischen Antrieben, Beleuchtungs- und Regelungsanlagen stehen hier im Vordergrund. Um sich für eine Förderung zu qualifizieren, muß eine gesamte Elektrizitätseinsparung von mehr als 3.000 kWh pro Jahr nachgewiesen werden. Die Höhe des Beitrags wird aus der eingesparten Elektrizitätsmenge und dem Basisbeitragssatz berechnet, welcher aus dem Vergleich der Projektvariante mit einer Vergleichsvariante resultiert. Die Vergleichsvariante bei Sanierungen ist der durchschnittliche Elektrizitätsverbrauch der letzten drei Jahre, bei Neubauten Kennwerte gemäß aktuellem Stand der Technik (z.B. SIA 380/4).

  Ebenfalls wird bei speziellen Aktionen der Ersatz alter, energetisch nicht optimierter Geräte und Apparate zu Spezialtarifen ermöglicht.

- *Energieerzeugung aus erneuerbaren oder bisher nicht genutzten Energiequellen:*
  Die Förderungsschwerpunkte in diesem Fall sind Sonnenkollektoranlagen, Wärmepumpenanlagen, Anlagen zur Abwärmenutzung und Wärmerückge-

winnung, Holzschnitzelfeuerungen mit mehr als 100 kW Leistung, Wasserkraftwerke, Biogasanlagen und Photovoltaikanlagen.

Prinzipiell werden in diesem Sektor Vorhaben nur soweit gefördert wie nichterneuerbare Energie eingespart wird. Dies bedeutet, daß die Differenz zwischen Energieeinsparungen und der dafür benötigten konventionellen Betriebsenergie die relevante Zahl darstellt. Der Förderbeitrag resultiert aus der gegenüber einer vergleichbaren konventionellen Energieerzeugung eingesparten nichterneuerbaren Energiemenge multipliziert mit dem Basisbeitragssatz. Vergleichswerte für eine konventionelle Wärmeerzeugung werden aus einer mit fossiler Energie betriebenen Heizkesselanlage mit einem Jahresnutzungsgrad von 85% oder einer elektrischen Widerstandsheizung abgeleitet. Als Vergleichsobjekt für die konventionelle Energieerzeugung wird ein mit nicht erneuerbarer Energie betriebenes Kraftwerk mit einem elektrischen Wirkungsgrad von 50% betrachtet.

Sonnenkollektoranlagen werden mit einem Pauschalbetrag pro m^2 installierter Kollektorfläche gefördert, welcher einen Teil der Investition deckt. Bedingungen: Die Anlagen dürfen nicht ausschließlich als Schwimmbadheizung eingesetzt werden und müssen verglaste Kollektoren von mindestens 4 m^2 aufweisen.

Photovoltaikanlagen werden ab 1 kW Leistung mit einem Pauschalbeitrag pro kW installierter Leistung unterstützt. Bei Wärmepumpen wird die Anlage individuell geprüft. Bei Abwärmenutzung und Wärmerückgewinnung gelten solche Maßnahmen als förderungswürdig, welche eine gesamte Energieeinsparung von mehr als 6.000 kWh pro Jahr erreichen. Nur schnitzelbefeuerte Holzenergieanlagen mit mehr als 100 kW Leistung werden unterstützt. Da diese Anlagen ohnehin wirtschaftlich sind, erfolgt ein reduzierter Basisbeitragssatz.

- Ebenfalls werden im Bereich *Beratung (Grobanalysen), Ausbildungs- und Informationsveranstaltungen und Schulungen* zur rationellen Energienutzung Förderbeiträge gewährt (hier nicht relevant).

Der Förderungsbeitrag setzt sich aus zwei Teilen zusammen:

1) Pauschalbeiträge (nur bei Sonnenkollektoren und Photovoltaikanlagen).
2) Weiterer Bestandteil, der sich aus Basisbeitragssatz x eingesparte Energiemenge ergibt.

Die Pauschalbeiträge sind wie folgt zusammengesetzt:

Sonnenkollektoranlagen in Neubauten:
300.– Fr. pro m^2 Kollektor- bzw. Absorberfläche.

Sonnenkollektoranlagen in bestehenden Bauten:
Wenn Warmwasser oder Heizung bisher im Sommer/ im Winter rein elektrisch erfolgte:
600.– Fr. pro m^2 Kollektor- bzw. Absorberfläche in übrigen Fällen:
300.– Fr. pro m^2 Kollektor- bzw. Absorberfläche.

Photovoltaikanlagen:
1000.– Fr. pro kW installierter Leistung.

Alle anderen Beiträge werden mit dem Basisbeitragssatz berechnet. Dafür zählt man die einzelnen Summen an jährlich eingesparter oder erneuerbar produzierter Energie am ganzen Bau in allen Teilbereichen zusammen.

Dieses Total an jährlich eingesparter Energie wird multipliziert mit dem Basisbeitragssatz in Höhe von 0.45 Fr./kWh, welcher eine Nutzungsdauer der Investitionen von 15 Jahren voraussetzt.

Die höhere Wertigkeit von Elektrizität gegenüber nicht erneuerbarer Energie wird mit einer Verdoppelung des Basisbeitrags berücksichtigt. Dies resultiert daraus, daß Elektrizität in der Schweiz zum großen Teil aus Wasserkraft generiert wird und somit weniger umweltbelastend als atomare oder nicht erneuerbare Energie ist.

Grundsätzlich werden die Förderbeiträge nicht an den Mehrinvestitionen gemessen, sondern an der Menge der eingesparten Energie. Die Beitragshöhe ist in der Regel auf maximal die Hälfte der nicht amortisierbaren Mehrkosten begrenzt.

Dieses System ist sehr detailliert und aufwendig, hat aber den Vorteil, daß Beiträge unabhängig von den Kosten und statt dessen leistungsabhängig gewährt werden. Dies verstärkt den Wettbewerb unter den einzelnen Anbietern hinsichtlich leistungsfähigerer Produkte.

Die leistungsabhängigen Ersparnisse fallen viel stärker ins Gewicht, wenn Kosten für Bauarbeiten sehr tief liegen, und erhöhen somit die Bereitschaft, z.B. in eine Nachisolation zu investieren.

Anlaufstelle:
Energie-Beratung der St. Galler Stadtwerke
Schützengasse 4
9000 St. Gallen

Beispiel 2: Die Stadt Zürich
Der Gemeinderat der Stadt Zürich hat am 16. Nov. 1994 Richtlinien über die finanzielle Förderung von Baumaßnahmen beschlossen, die der rationellen Elektrizitätsverwendung sowie der Nutzung erneuerbarer Energiequellen zum Zwecke der Stromerzeugung dienen.

Die Beiträge werden nur für Anlagen und Maßnahmen gewährt, die auf dem Gebiet der Stadt Zürich erstellt bzw. ergriffen werden. Insbesondere fördert die Stadt Anlagen und Maßnahmen von privaten Personen.

Die Mittel zur Finanzierung stammen aus dem Stromsparfonds des Elektrizitätswerks der Stadt Zürich (EWZ) und sollen im Sinne einer Vorfinanzierung die Investition in energiesparende Baumaßnahmen erleichtern. Der Stromsparfond des EWZ bezieht 10% des jährlichen Reingewinns des Stromverkaufs, jedoch nicht mehr als 10 Mio. Fr.

Objekte und Projekte, die sich für einen Beitrag qualifizieren können, sind:

- Anlagen, die Strom aus erneuerbaren Energiequellen erzeugen;
- Anlagen oder Maßnahmen, die den Elektrizitätsverbrauch vermindern, z.B. Erneuerung von elektrischen Beleuchtungsanlagen, Verbesserung von elektrischen Antrieben;
- Anlagen und Geräte, die die Elektrizität besonders sparsam nutzen;
- Anlagen, welche die Umgebungs- und Abwärme nutzen, z.B. Sonnenkollektoranlagen, Wärmepumpen, Wärmerückgewinnungsanlagen;
- Analysen von Haushalten, Betrieben und Anlagen, die Aufschluß geben über sinnvolle Strom- bzw. Energiesparmaßnahmen;
- Forschungs- und Entwicklungsarbeiten zum Thema der rationellen Elektrizitätserzeugung und -verwendung.

Die Höhe des Beitrags wird aus der Differenz der Kosten zwischen der beitragsberechtigten Anlage und einer gleichwertigen konventionellen Lösung berechnet. Der Beitrag beträgt höchstens 50% der entstehenden Mehrkosten, soweit sie nicht durch den Wert der erzeugten oder eingesparten Energie gedeckt werden. Beiträge an Forschungs- und Entwicklungsarbeiten betragen bis zu 100% der anfallenden Kosten.

Pauschalbeiträge werden bei Sonnenkollektoranlagen gezahlt: pro m^2 Kollektorfläche 400 Fr. Beitrag. Für Photovoltaikanlagen kann grob geschätzt 1/3 der Entstehungskosten übernommen werden, das heißt pro kWh Elektrizitätsleistung 5.000 Fr.

Beitragsgesuche sind mit den nötigen Unterlagen an das Elektrizitätswerk Zürich zu richten.

Innovativ ist auch die vom EWZ lancierte Solarenergiebörse (EWZ Tel. 01/319 49 67). Das EWZ kauft Solarstrom zu den Gestehungskosten von ca. 1 Fr. pro kWh von Privatpersonen bzw. Firmen und verkauft diesen in einem Abonnement zu 1,20 Fr. pro kWh an ökologisch bewußte Firmen und Einzelpersonen weiter, welche bereit sind, dafür den siebenfachen Strompreis zu zahlen (vgl. mit Netzstrom). Je nach Kaufpreis der Photovoltaikanlage kann dies die Amortisationszeit erheblich verkürzen. Das Angebot gilt nur für Anlagen ab 3 kWp (Mindestgröße zur Deckung des gesamten Strombedarfs eines Einfamilienhauses bei optimalen Bedingungen).

10.3.6. Förderung durch Banken, insbesondere Kantonalbanken

Durch das Projekt Energie 2000 und dessen DIANE-Projekte (Durchbruch innovativer Anwendungen neuer Energietechnologien) wurden diverse Banken motiviert, energiegerechtes Bauen mit besseren Hypothekarzinskonditionen zu honorieren. Die Idee fand vor allem bei den Kantonalbanken Anklang, die wichtigsten Kreditgeber auf dem Liegenschaftsmarkt. Alle drei Schweizer Großbanken zeigen nach eigener Umfrage kein Interesse, Ökokredite zu gewähren. Dies, obschon alle Großbanken sich der UNO-Charta für eine langfristig tragfähige Entwicklung der Internationalen Handelskammer (ICC) und der Erklärung „Banking and Environment: A Statement by Banks on the Environment and Sustainable Development" der UNO-Umweltorganisation verpflichtet haben, welche beide auf ein umweltbewußtes Management der Banken selbst ausgerichtet sind und keine Kredite für potentielle Umweltrisikogeschäfte erlauben. Ebenso wird verlangt, umweltschonende Betriebe/Geschäfte zu fördern, in welchem Umfang bzw. Rahmen, wird nicht angegeben.

Die SBG hat als einzige Großbank eigene Energieleitbilder und seit 1978 eine Energie- und Umweltfachstelle. Neu bei der SBG ist auch, daß sie bei ihren eigenen Liegenschaften auf energiegerechtes Bauen setzt; 1997 wurde ein mustergültiges neues Verwaltungsgebäude in Suglio-Lugano fertiggestellt mit 80% weniger Betriebsenergie als herkömmlich projektierte Gebäude. Diese Energieleitsätze haben sich jedoch nicht in einer entsprechenden Hypothekargeschäftspolitik niedergeschlagen.

Beispiel 1: Die Zuger Kantonalbank
Die Zuger Kantonalbank war eine der ersten Kantonalbanken, die ein Öko-Bonuspunktsystem eingeführt haben. Ein Teil der Gelder aus Anlage- und Sparkonten wird zu zinsgünstigen Darlehen für ökologisch sinnvolle Renovationen und Neubauten verwendet. Während bei Bund und Kantonen nur Umbauten als förderungswürdig gelten, gibt es bei den Öko-Darlehen sowohl bei Neubauten wie auch bei Renovationen zinsgünstige Darlehen.

Beim Öko-Darlehen richtet sich der zinsgünstige Finanzierungsbetrag nach den erreichten Punkten gemäß Punktetabelle. Für jeden Ökopunkt werden Fr. 10.000,– als variable Neuhypothek mit einer Zinsvergünstigung von 1% während zwei Jahren zur Verfügung gestellt. Das Öko-Darlehen beträgt aber maximal die

Hälfte der mit der Renovation bzw. dem Neubau gewährten Neufinanzierung und max. Fr. 250.000,– pro Objekt.

Die Punktetabelle basiert auf einem einfachen, überschaubaren System und erlaubt schnelle Berechnungen. Es gibt 5 Punktekategorien: Wärmehaushalt Gebäude, Heizsystemtechnik, Materialien, Wasser, Verkehr sowie die Möglichkeit, andere sinnvolle Maßnahmen zu berücksichtigen, welche nicht in diesen Kategorien aufgeführt sind.

Bei Neubauten werden Punkte ab 215 MJ pro m^2 (60 kWh/m^2) Heizung (ohne Warmwasser) verteilt, was einem verhältnismäßig niedrigen k-Wert entspricht. Bei den Heizsystemen werden mit Ausnahme einer effizienten Gasheizung nur Systeme mit erneuerbaren Energien berücksichtigt. Lüftungsanlagen mit Wärmerückgewinnung wie auch Photovoltaikanlagen sind nicht unter den genannten Kategorien aufgeführt. Bei den Materialien entscheidet das Gesamtkonzept, wichtig in diesem Zusammenhang sind einheimische und naturbelassene Materialien – lösungsmittelfrei und evtl. rezykliert. Beim Wasser lassen sich Punkte erzielen durch Einsatz eines Regenwasserretentionsbeckens oder durch ein Konzept zur Versickerung des Regenwassers. Beim Stichwort Verkehr sind die Kriterien standortabhängig und größtenteils nicht von den Bauherren beeinflußbar; demzufolge erscheint es fraglich, ob man hier mit Punkten bewerten soll. Die Gewichtung der einzelnen Fachbereiche setzt einen Schwerpunkt beim Wärmehaushalt bzw. Heizenergiebedarf mit maximal 6 erreichbaren Punkten, Heizsysteme haben max. 5 Punkte, Materialien maximal 4 Punkte und Wasser 5 erreichbare Punkte.

Beispiel 2: Die Zürcher Kantonalbank
Die Zürcher Kantonalbank hat ein spezielles Umweltangebot eingerichtet, um auf ökologisch sensible Kundenwünsche einzugehen. Das Angebot umfaßt Umweltsparkonten und Umweltdarlehen. Die Inhaber von Umweltsparkonten verzichten auf einen Teil ihrer Zinsen; der Zinsverzicht wird in Form von zinsermäßigten Umweltdarlehen zur Förderung von ökologisch sinnvollen Vorhaben weitergegeben. Die Anzahl Umweltdarlehen ist abhängig vom ökologischen Bewußtsein der Kontoinhaber und nicht definiert durch einen Prozentsatz vom jährlichen Umsatz der Bank. Die Kantonalbank agiert lediglich als Vermittler zwischen Interessenten.

Die Zinsvergünstigung beträgt 1% gegenüber einer variablen Hypothek und wird auf maximal 5 Jahre befristet; die Höhe des Darlehens berechnet sich aus Beiträgen in Abhängigkeit der erbrachten Energiesparleistung, welche mit dem sogenannten Zinsdifferenz-Faktor multipliziert werden. Das System ist weniger übersichtlich als bei der Zuger Kantonalbank, und es berücksichtigt weniger Aspekte.

Für ein Umweltdarlehen gelten nebst den üblichen Bonitätsforderungen spezielle Kriterien.

Zur Beurteilung zugelassen werden nur Projekte aus dem Kanton Zürich. Umweltdarlehen müssen in jedem Fall Gesetzesmindestvorschriften übertreffen und eines der folgenden Ziele berücksichtigen:

Ressourcen schonen, Emissionen und Abfälle vermeiden oder vermindern oder Risikominimierung betreffend Arbeit, Umwelt und Gesundheit.

Bei Gebäuden wird die Höhe des Beitrages über folgende Kriterien bestimmt:

- verstärkte Wärmedämmung der Gebäudehülle, Fassade, Dach, Boden,
- energiesparende Fenster,
- Wärmepumpen,
- Holzfeuerungen (monovalent) und Holzfeuerungszentralen,
- Lüftungsanlagen mit Wärmerückgewinnung in Wohnbauten,
- Sonnenkollektoren,
- Photovoltaikanlagen.

Reine Bürobauten werden nicht unterstützt.

Die Zürcher Kantonalbank hat zusammen mit dem ATAL (Amt für technische Anlagen und Lufthygiene des Kantons Zürich) ein komplexes Berechnungsmodell erarbeitet. Es wird ein Faktor aus Leistungen der alternativen Energiequellen und k-Werte/Flächen der Außenverkleidung gebildet; dieser wird dann mit dem Zinsdifferenzfaktor multipliziert. Die Tabelle ist für einen Laien nur schwer verständlich. Die Beiträge fallen etwa im gleichen Rahmen aus, wie bei der Zuger Kantonalbank; der Zinsdifferenzfaktor gleicht die Unterschiede zwischen den verschiedenen möglichen Laufzeiten aus, d.h. ein kurzfristiger Kredit hat eine höhere Kreditsumme als ein auf 5 Jahre laufender Vertrag.

Es werden keine Beiträge bemessen für ökologisch sorgfältige Materialkonzepte oder für Sparmaßnahmen beim Wasserhaushalt, wie Regenwasserretention, Versickerung usw.

Bei der Zürcher Kantonalbank sind in Zukunft große Änderungen zu erwarten; die Umweltfachstelle der ZKB entwirft in Zusammenarbeit mit der ATAL ein neues Bewertungssystem nach MINERGIE-Kriterien, welches im Herbst 1997 eingeführt wurde. Provisorische Unterlagen sind erhältlich; es hat sich gezeigt, daß eine starke Vereinfachung angestrebt wird mit einem Pauschalbeitrag pro EFH/Wohnung.

Der MINERGIE-Standard baut auf drei Voraussetzungen auf: dichter Hülle, dicker Wärmedämmung und einem guten Belüftungssystem.

Er wird an zwei Punkten bemessen, nämlich der Anzahl kWh/m² Energie aus Brennstoffen, direkt nutzbarer Fernwärme und der zugeführten Elektrizität für die Wärmeerzeugung und Belüftung (wird doppelt berechnet) einerseits und der Haushaltselektrizität andererseits. (MINERGIE-Kennzahlen vgl. Kapitel 10.3.3.)

Die provisorischen Beträge der ZKB für MINERGIE-Bauten sind (Zinsreduktion 1% gegenüber der normalen Hypothek während einer Laufzeit von 5 Jahren):

Neubauten:
EFH   Fr. 150.000,– pauschal
Wohnungen in MFH
bis 100 m² EBF   Fr. 100.000,– pauschal
über 100 m² EBF   Fr. 150.000,– pauschal
maximal   Fr. 500.000,–

Umbauten:
EFH   Fr. 125.000,– pauschal
Wohnungen in MFH
bis 100 m² EBF   Fr. 75.000,– pauschal
über 100 m² EBF   Fr. 100.000,– pauschal
maximal   Fr. 500.000,–

Holzfeuerungszentralen mit Nahwärmenetzen:

Umweltdarlehen von Fr. 100.000,– bis max. Fr. 500.000,– für Anlagen von 100 kW bis 1000 kW Heizleistung.

Photovoltaikanlagen:

Umweltdarlehen von Fr. 20.000,– pro kWpeak Leistung, maximal jedoch Fr. 150.000,–, allerdings nur, wenn nicht in Kombination mit dem MINERGIE-Standard für Umbauten/Neubauten (siehe oben).

Übrige Investitionen werden gemäß Investitionsnachweisen und nach zusätzlicher Prüfung durch den Umweltbeirat der Zürcher Kantonalbank gewährt bis maximal Fr. 500.000,–.

10.3.7. Zusätzliche finanzielle Vorteile durch Steuerersparnisse

Je nach Kanton und Gemeinde können die Investitionen und Unterhaltskosten bei der Berechnung der Einkommensteuer abgezogen werden. In den meisten Fällen gilt dies nur für Umbauten und nicht für Neubauten, und es muß sich bei dem Auftraggeber um eine Privatperson handeln.

Seit dem 1. 1. 1995 ist die Abzugsquote beim Bund einfach geregelt:

In den ersten 5 Jahren nach Anschaffung der Liegenschaft beträgt die Abzugsquote 50%, nachher 100%. Das heißt, wenn die Sanierung innerhalb der ersten 5 Jahre nach Erwerb vorgenommen wird, kann die Hälfte der totalen energetischen Sanierungskosten in diesem Jahr vom Einkommen abgezogen werden (nur einmal möglich – nicht jedes Jahr). Eine spätere Sanierung kann zu 100% im betreffenden Jahr vom Einkommen abgezogen werden. Bezugsberechtigt sind alle Ausgaben für rationelle Energieverwendung und zur Nutzung von erneuerbaren Energiequellen.

Abzugsberechtigte Investionen bei der direkten Bundessteuer (nur Umbauten) beinhalten:

Gebäudehülle:
  Boden-, Wand-, Dach-, Deckenisolation,
  Fensterersatz durch energetisch bessere
  Fugendichtungen,
  Einrichten von unbeheizten Windfängen,
  Ersatz von Jalousieläden, Rolläden.

Haustechnik:
  Ersatz Heizanlage,
  Ersatz Wassererwärmer (ausgenommen Ersatz von
  Durchlauferhitzern durch zentrale Wassererwärmer),
  Anschluß an Fernwärme,
  Einbau von Wärmepumpen, BHKW, Sonnenkollektor, Photovoltaik, usw.

Regelung, Steuerung, VHKA:
  Regelungen, Thermostatventile, Umwälzpumpen,
  Ventilatoren, Isolation, Leitungen, Armaturen,
  Heizkessel,
  Meßeinrichtungen,
  Installation verbrauchsabhängiger Heiz- und Wasserkostenabrechnung (VKHA).

Energietechnische Analysen, Konzepte.

Wärmerückgewinnungsanlage.

Ersatz von Haushaltsgeräten mit großem Stromverbrauch: Kochherd, Backöfen, Kühlschränke, Tiefkühler, Geschirrspüler, Waschmaschine.

Der Steuerwert der Liegenschaft kann aber durch die Investition steigen, in der Regel nicht mehr als 20%.

Bei fast allen Kantonen können bei der Staats- und Gemeindesteuer Investitionen in energiesparende Maßnahmen zumindest teilweise als Unterhalt bei der Berechnung der Einkommensteuer in Abzug gebracht werden. Die Abzugsquote schwankt zwischen 33% bis 100% und kann bei der jeweiligen kantonalen Steuerverwaltung nachgefragt werden.

Jedes Jahr kann eine Pauschale von 20% des Eigenmietwertes für Unterhaltsarbeiten abgezogen werden, außer in der Steuerperiode der Sanierung, falls die Sanierungskosten bereits von der Steuer befreit wurden. Diese Pauschale gilt auch für nicht energetisch sanierte Gebäude.

Beim Kanton Thurgau beispielsweise können Investitionen in Umweltschutz und Energiesparmaßnahmen in den ersten 4 Jahren nach Erwerb der Liegenschaft zu 50% abgesetzt werden, danach zu 100%. Dank dieser indirekten Subvention sind beispielsweise Kompaktsolaranlagen heute schon wirtschaftlich im Vergleich zu Elektroboilern.

Ein Beispiel zeigt den Variantenvergleich einer Warmwasseraufbereitungsanlage für ein Einfamilienhaus.

Die resultierenden Kosteneinsparungen hängen stark von der Grenzsteuerbelastung des Kantons, dem Bruttoarbeitseinkommen und dem Zivilstand des einzelnen ab.

10.3.8. Sieben gute Gründe, um sofort zu handeln

1. Auf dem Sanierungsmarkt herrschen als Folge der schwachen Konjunktur tiefe Preise.
2. Die Finanzierungskosten sind niedrig: Tiefe Hypothekarzinsen, neue Möglichkeiten für Leasing von rentablen Energiesparanlagen, Contracting als Investitionsart zur Energiegewinnung oder zur Nutzung erneuerbarer Energien und Öko-Baukredite der Banken.
3. Die Bundeshilfe deckt noch bis Ende 1998 (Projektanmeldung) durchschnittlich 10 Prozent der Investitionskosten.
4. In allen Kantonen und bei der Bundessteuer können Steuererleichterungen für energiesparende Investitionen und solche in erneuerbare Energien geltend gemacht werden.
5. Der Energieverbrauch sinkt und mit ihm die Stromrechnung und/oder die Heizkosten. Energetische Sanierungen bezahlen sich somit mittelfristig selber.
6. Weniger Energieverbrauch bedeutet weniger Umweltbelastung. Davon profitieren alle.
7. Wer jetzt Aufträge vergibt, verkürzt die Wartezeit bis zum Ende der Rezession.

10.3.9. Steuerersparnis

Annahme: Familie mit zwei Kindern und einem jährlichen Bruttoeinkommen zwischen 90.000 Fr. und 100.000 Fr.

	Kompakt-Solaranlage mit elektr. Heizansatz 6 m² Kollektorfläche	Einbau eines neuen Elektroboilers
Nutzenergie pro Jahr	3.500 kWh	3.500 kWh
Investition	10.500.- Fr.	2.800.- Fr.
Lebensdauer	20 Jahre	15 Jahre
einmalige Steuerersparnis	2.300.- Fr.	610.- Fr.
Durchschnittliche jährliche Kosten:		
Kapitalkosten (Zins 5%)	840.- Fr.	290.- Fr.
Unterhaltskosten	130.- Fr.	130.- Fr.
Energiekosten	200.- Fr.	630.- Fr.
Steuerersparnis jährlich	− 300.- Fr.	− 90.- Fr.
Total	870.- Fr.	960.- Fr.
Wärmegestehungskosten	0.25 Fr./kWh	0.29 Fr./kWh

Übersicht Förderbeiträge Schweiz

	Umbau	Neubau
Bund:	Energie 2000 Invest – Beiträge gemäß m² und Leistung – Privatpersonen und Firmen	P + D-Projekte mit Kanton – wesentliche finanzielle Beteiligung des Gesuchstellers vorausgesetzt – nur nicht amortisierbare Mehrkosten
Kanton:	Große Unterschiede → Kantonale Energiefachstellen	P + D-Projekte mit Bund Photovoltaikanlagen (meistens)
Stadt:	Große Unterschiede (meist großzügiger als Kantone) Schwerpunkt Sanierungen: Beiträge nach eingesparter Energiemenge oder Differenz der Mehrkosten gegenüber konventionellen Lösungen → Elektrizitätswerke der Stadt → Städtische Energieberatung	
Banken:	Kantonalbanken: Öko-Kredite mit Zinssenkung um 1% für best. Anteil der Baukosten	Kantonalbanken: Öko-Kredite mit Zinssenkung um 1% für best. Anteil der Baukosten
Steuern:	Umbau in den ersten 5 Jahren nach Erwerb: – 50% Baukosten von Einkommensteuer abziehbar Umbau nach 5 Jahren: – 100% Baukosten von Einkommensteuer abziehbar Pro Jahr Pauschale von 20% des Eigenmietwertes als Unterhalt abziehbar → Kantonale Steuerverwaltung	

11. Ausgeführte Beispiele der Solararchitektur

Im vorangegangenen, theoretischen Teil dieses Buches wurde versucht, einen möglichst umfassenden Überblick über die geschichtliche Entwicklung, die städtebauliche Bedeutung und die technisch wissenschaftlichen Grundlagen des solaren Bauens zu vermitteln. Als eine notwendige Ergänzung soll nun eine Auswahl praktischer Beispiele einen anderen Annäherungsweg an das Thema aufzeigen. Die Vielfalt der gestalterischen Lösungen zeigt, daß bei konsequenter Integration von solartechnischen Komponenten in den Gebäudeentwurf ästhetisch ansprechende, zukunftsweisende Ergebnisse erzielt werden können. Die technischen Erkenntnisse eröffnen neue Möglichkeiten und fordern die Kreativität der Planer, Gebäude zu schaffen, die auch den Anforderungen künftiger Generationen gerecht werden. Eine Voraussetzung dafür ist das Verständnis der Grundlagen des solaren Bauens und das Wissen um deren Konsequenzen. Beides wird nicht zuletzt am Studium von praktischen Beispielen geschult. Daß die technischen Entwicklungen auf diesem Gebiet sehr weit fortgeschritten sind, beweisen die vielen Beispiele von Niedrigenergiehäusern, von Passivhäusern und von Nullenergiehäusern. Nullenergiehäuser sollen autark, ohne Energiezufuhr, betrieben werden können. Sie demonstrieren den jeweils letzten Stand des technisch Möglichen. Aufgrund der im Vergleich zu den Energieeinsparungen hohen Kosten der Versuchshäuser ist an eine breite Anwendung nicht zu denken. Wesentlich relevanter sind die sogenannten Niedrigenergiehäuser und Passiv- oder Minimalenergiehäuser, deren energiesparende Hauskonzepte die in den diversen Vorschriften geforderten Werte weit übertreffen, ohne unvertretbare Mehrkosten zu verursachen [11.1]. Sie stellen somit langfristig wirtschaftliche Lösungen dar. Nullenergiehäuser und Niedrigenergiehäuser dienen heute noch hauptsächlich wissenschaftlichem Interesse. Die ausgeführten Experimentalbauten bleiben daher auch auf kleinere Bauaufgaben, wie Ein- und Zweifamilienhäuser, beschränkt.

11.1. Niedrigenergiehäuser und Passivhäuser

Während 1973 der Verbrauch an Heizöl pro m² Fläche und Jahr im Mittel für ein Ein- und Zweifamilienhaus 40 l oder 400 kWh und für Mehrfamilienhäuser 35 l oder 350 kWh betrug, sank der Durchschnittsverbrauch im Jahre 1986 auf 26 l/m²a oder 260 kWh/m²a bzw. 21 l/m²a oder 210 kWh/m²a. Erreicht wurde dieser rückläufige Energieverbrauch durch verbesserte Brenner, Heizkessel und Regelsysteme sowie durch zusätzliche Wärmedämmaßnahmen bei Außenwänden und Decken und den Einbau von dichten Isolierglasfenstern. Diese unterschiedlichen Energiesparmöglichkeiten wurden durch staatliche Fördermaßnahmen unterstützt. Neubauten, die den Richtlinien für den erhöhten Wärmeschutz entsprechen, weisen eine höhere Wärmedämmung auf. Dadurch verbrauchen heute Einfamilienhäuser ca. 14 l/m²a oder 140 kWh/m²a und Mehrfamilienhäuser ca. 10 l Heizöl pro m² Wohnfläche und Jahr oder 100 kWh/m²a. Von einem Energiesparhaus spricht man, wenn bei gleichem oder besserem Heizkomfort der Brennstoffverbrauch auf weniger als 7 l oder 70 kWh/m²a verringert werden kann. Bei einem Niedrigenergiehaus liegt dieser Wert bei weniger

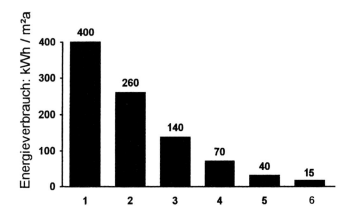

1. Durchschnittsverbrauch 1973
2. Durchschnittsverbrauch 1986
3. Haus nach Wärmeschutzverordnung 1995 gebaut
4. Niedrigenergiehaus
5. Minimalenergiehaus
6. Passivhäuser

Abb. 11.1: Energieverbrauch von Ein- und Zweifamilienhäusern im Vergleich

als 4 l oder 40 kWh/m²a. Das sind weniger als 1/10 des Verbrauchs des zuvor erwähnten Hauses aus 1973 (1 l Öl entspricht ca. 1 m³ Erdgas bzw. 10 kWh) (Abb. 11.1). Passivhäuser weisen einen Heizwärmeverbrauch unter 15 kWh/m²a oder 1,5 l Heizöl auf.

Passivhäuser erfordern bereits einen erhöhten baulichen Aufwand. Neben einer sehr hohen Wärmedämmung (k-Werte 0,1–0,2 W/m²K) und einer auf passive Sonnenenergiegewinnung ausgerichteten Gebäudekonzeption wird Lüftung und Heizung durch eine Be- und Entlüftungsanlage mit Wärmerückgewinnung und beheizter Zuluft erfolgen, meistens werden auch aktive Solarsysteme erforderlich sein. Bei einem wirtschaftlichen Passivhaus kann der bauliche Mehraufwand bei 10% der Baukosten und darüber liegen. Je geringer der Energieverbrauch wird, desto höher wird der zusätzliche Aufwand sein [11.2]. Ein Wirtschaftlichkeitsvergleich nach der Barwertmethode (0,05 Euro/kWh, Realzins 4% p.a.) von einem Reihenmittelhaus mit 156 m² ergab für die Bauweise nach der Wärmeschutzverordnung 1995 bzw. für die gültigen Bauordnungen (Energiekennwert 100 kWh/m²a) den ungünstigsten Wert. Die höchste Wirtschaftlichkeit wurde für die Niedrigenergiebauweise (Energiekennwert 40 kWh/m²a) erreicht. Diese waren um 30% günstiger. Das Energiesparhaus (Energiekennwert 60 kWh/m²a) war um 21%, das Passivhaus (Energiekennwert 15 kWh/m²a) noch um 10% günstiger als die herkömmliche Neubau-Bauweise [11.3].

11.1.1. Niedrigenergiehäuser

Niedrigenergiehäuser, deren Heizenergieverbrauch sich von 30 kWh/m²a bis 50 kWh/m²a bewegt, sind bei durchdachter Planung und genauer Beachtung der Grundsätze der Solararchitektur auch ohne bauliche Mehrkosten zu verwirklichen. Das im Kostenrahmen des sozialen Wohnbaus errichtete Mehrfamilienhaus in Purkersdorf, Wintergasse 75, weist einen Energieverbrauch von ca. 40 kWh/m²a auf (Beispieldokumentation mehrjährige Verbrauchsmessungen). Niedrigenergiehäuser stellen die wirtschaftlichste Form von energiesparenden Gebäuden dar und sollten durch entsprechende Vorschriften und Förderungen noch weiter verbreitet werden. Für Energiesparhäuser gibt es bereits seit einiger Zeit entsprechende Förderungen. Die aus dem Jahr 1988 stammende Schweizer Norm SIA 380/1 sieht für Einfamilienhaus-Neubauten einen Zielwert für den Heizenergiebedarf von 78 kWh/m²a (Grenzwert 92 kWh/m²a) und für Mehrfamilienhaus-Neubauten als Zielwert 70 kWh/m²a (Grenzwert 83 kWh/m²a) vor [11.4]. Die Vorarlberger Neubauförderungsrichtlinien, 1997, sehen als Grenzwert für förderungswürdige Energiesparhäuser (§ 10) einen maximalen rechnerischen Heizenergiebedarf von 55 kWh/m²a vor [11.5].

In einer vom deutschen Bundesforschungsministerium geförderten Untersuchung wurde aufgezeigt, welche Einsparergebnisse bewohnte Solarhäuser wirklich erbringen. Es wurden zwölf Häuser des Solarhaus-Architekten-Wettbewerbs Landstuhl, zehn vergleichbare Solarhäuser auf dem Gebiet der BRD und drei konventionelle Referenzhäuser, alles Einfamilienhäuser, untersucht. Es liegen Messungen über zwei Heizperioden und eine Sommerperiode vor. Die Ergebnisse zeigen, daß die untersuchten Gebäude einen deutlich niedrigeren Heizenergieverbrauch aufweisen als Gebäude, die gerade die Anforderungen an den gesetzlich vorgeschriebenen energiesparenden Wärmeschutz erfüllen [11.6]. In der Untersuchung wurde ein gewinnmaximierendes Solarhaus (mit größtmöglichem passivem Solargewinn ohne Rücksicht auf Wärmeverluste) und ein verlustminimierendes Solarhaus (mit durch Gebäudeform und Zonierung minimierten Wärmeverlusten und hoher Wärmedämmung) verglichen [11.6, 11.7].

Das verlustminimierende Solarhaus weist den halben Energieverbrauch des gewinnmaximierenden Solarhauses auf. Das Ergebnis bestätigt, daß eine effektive Solarenergienutzung nur in Verbindung mit einem guten Wärmeschutz funktionieren kann. Ein hoher Wärmedämmstandard ermöglicht einen größeren Freiraum in der architektonischen Gestaltung, zum Beispiel durch sinnvolle energetisch überlegte Einbeziehung großflächiger Verglasungselemente bei Einhaltung eines niedrigen Heizenergieverbrauchsniveaus.

Aufbauend auf den beschriebenen Untersuchungen der 22 Solarhäuser in Deutschland wurde das Demonstrationsprojekt Niedrigenergiehäuser Heidenheim, das fünf Doppelhäuser umfaßt, gebaut. Die Doppelhäuser sollen einen Energieverbrauch von 40 bis 60 kWh/m²a erreichen, wobei der mittlere Wärmedurchgangskoeffizient k der Gebäudehülle unter 0,4 W/m²K liegen soll. Für die einzelnen Häuser wurden unterschiedliche Energiesparkonzepte erstellt. Leider wurde bei den Niedrigenergiehäusern wenig Gewicht auf ein ausgeprägtes Solarkonzept gelegt. Ein Referenzhaus nach heute üblichem Standard wurde ebenso gebaut. Die Häuser wurden meßtechnisch und rechnerisch untersucht [11.8].

Das Niedrigenergiehaus wird bald zum neuen Standard für Neubauten werden [11.9]. Die Zielwerte der Niedrigenergiehäuser lassen sich auch auf andere Gebäudegruppen übertragen. In Tabelle 11.1 [11.4] sind Grenzwerte und Zielwerte für die Standardnutzung verschiedener Gebäude aufgezählt.

Tabelle 11.1. Grenz- und Zielwerte für den Heizenergiebedarf von Gebäuden bei Standardnutzung und 500 m ü.M. in kWh/m²a

Gebäudekategorie	Beispiele	ÖNORM M 5020	Grenzwert kWh/m²a	Zielwert kWh/m²a
I	Einfamilienhäuser, Zweifamilienhäuser	55	92	78
II	Mehrfamilienhäuser, Alterswohnungen, Hotels, Herbergen, Heime	50	83	70
III	Verwaltungsbauten, Schulen, Bibliotheken, Betriebsgebäude, einfache Läden, Museen	45	75	61

11.1.2. Passivhäuser

Als Bindeglied zwischen dem Niedrigenergiehaus und dem Nullenergiehaus hat sich das Passivhaus mit einem Heizwärmeverbrauch von ca. 15 kWh/m²a etabliert. Der Begriff Passivhaus wurde von Feist und Adamson geprägt [11.10, 11.11] und definiert ein Haus, in dem hohe Behaglichkeit im Winter und im Sommer ohne ein herkömmliches Heizsystem oder eine Klimaanlage erreicht wird – das Haus „heizt" und „kühlt" sich eben rein „passiv", ohne „aktive" Haustechnik. Dieses Ziel wird mit passiven Komponenten, wie sehr gutem Wärmeschutz, passiver Sonnenenergienutzung mit hochdämmenden Verglasungen in entsprechenden Fensterrahmenkonstruktionen und hochwirksamer Wärmerückgewinnung aus der Abluft erreicht. Der noch benötigte geringe Wärmebedarf wird durch erwärmte Zuluft dem Haus zugeführt. Bald wurde erkannt, daß eine alleinige Beschränkung der Energieoptimierung auf die Heizwärme nicht sinnvoll ist: Vielmehr muß der gesamte Energieverbrauch von allen Haushalts- und Unterhaltungsgeräten gering gehalten werden. Passivhäuser sind daher Gebäude, die alle heute üblichen Wohnqualitäten mit einem Gesamtenergiekennwert ≤ 22 kWh/m²a bereitstellen (Haushaltsstrom, Warmwasser und Restheizung).

Zur Vorbereitung des Baus der ersten Passivhäuser in Hessen wurde eine wissenschaftliche Arbeitsgruppe gegründet, die vom Institut „Wohnen und Umwelt" geleitet und von der Hessischen Landesregierung finanziert wurde. Die Ergebnisse der bauvorbereitenden Forschungsprojekte flossen unmittelbar in den Bau des ersten Passivhauses ein. Frühzeitig hatte die Stadt Darmstadt ihr Interesse an der Realisierung im Rahmen des ausgewiesenen „Experimentellen Wohnungsbaus Darmstadt Kranichstein K7" bekundet. Eine private Bauherrengemeinschaft beauftragte die Architekten Bott/Ridder/Westermeyer mit der Planung eines Vierfamilienhauses mit reihenhausähnlich angeordneten

Abb. 11.2: Südseite des Passivhauses Darmstadt Kranichstein 1991, Arch. Bott, Ridder, Westermeyer

Wohnungen. Für das Passivhaus wurde eine Reihe von Baukomponenten weiterentwickelt, deren Vorläufer sich bereits in Niedrigenergiehäusern bewährt haben (Abb. 11.2).

Erst die Kombination aller Maßnahmen führt dazu, die ehrgeizige Zielsetzung eines nahezu verschwindenden Energiebedarfs zu erreichen. Der Schwerpunkt der Maßnahmen liegt beim Passivhaus bei der Wärmebewahrung: Das Haus hat einen extrem guten Wärmeschutz und eine hocheffiziente Wärmerückgewinnung (80–90%). Die Wärmeversorgung erfolgte über Warmwasser-Vakuum-Flachkollektoren, die Nachheizung über eine Erdgas-Brennwerttherme. Das Gebäude mit vier Wohnungen wurde im Oktober 1991 fertiggestellt und ist seither von vier Familien bewohnt. Bei den im Innenraum verwendeten Baustoffen wurde auf möglichst geringe Belastung der Innenluft geachtet. Für gleichbleibend ausreichende Frischluftzufuhr sorgen kontinuierlich betriebene wohnungsweise Lüftungsanlagen mit Wärmerückgewinnung und Erdreichwärmetauscher.

Alle Außenbauteile des Passivhauses sind sehr gut wärmegedämmt (Mindestdämmstoffdicke Wand 25 cm, Dach 40 cm). Eine Besonderheit stellen die eigens gefertigten Spezialfenster mit Dreischeiben-Krypton-Wärmeschutzverglasung und einem hochdämmenden Polyurethanschaum-Rahmen dar. Die Konstruktionen wurden wärmebrückenfrei und luftdicht zusammengefügt. Die Lüftungsanlage mit Zuluft in Wohn- und Schlafräumen und Abluft aus Küche und Bädern ist mit hocheffizienten Gegenstrom-Luft-Luft-Wärmetauschern mit gemessenen Rückwärmezahlen über 80% ausgestattet.

Nach der Auswertung von vier Meßjahren (Meßdaten von Oktober 1991 bis September 1995) erfüllt das Haus die Erwartungen in bezug auf die Energieeffizienz. Gegenüber dem Durchschnitt deutscher Wohngebäude ist der gemessene Heizenergieverbrauch auf ungefähr ein Zwanzigstel gesenkt.

Der Endenergieverbrauch für Heizung liegt dabei unter 8 kWh/m²a. Wie in der Zielsetzung angestrebt, ist der gesamte Energieverbrauch im Passivhaus geringer als allein der Haushaltsstromverbrauch in durchschnittlichen deutschen Gebäuden [11.12]. Damit ist der Gesamtendenergiekennwert des Passivhauses um fast 90% geringer als in vergleichbaren bestehenden Einfamilienhäusern. Dies kann insoweit als bedeutender Erfolg gelten, da das Haus normal bewohnt wird. In einer ausführlichen Untersuchung wurde der Einfluß der Bewohner auf den Energieverbrauch analysiert. So würde z. B. ein einziges dauernd gekipptes Fenster in der Heizperiode den vorhandenen Energiekennwert von 15 kWh/m²a um 49 kWh/m²a vergrößern [11.13].

Das realisierte Passivhaus in Darmstadt-Kranichstein hat noch abgerechnete Mehrkosten von ca. 20% der Baukosten verursacht. Aufgrund der Erfahrungen beim Bau und während der Nutzung dieser ersten Passivhäuser wurde mit Hilfe des „Arbeitskreises kostengünstige Passivhäuser", koordiniert vom Passivhaus-Institut in Darmstadt, die Idee und die Umsetzung dieser neuen Bauweise konsequent weiterentwickelt. Eine Gruppe von Herstellern von Bauteilen und Baukomponenten, wie z.B. Fenstern und Lüftungsgeräten, hat sich gebildet und ist bemüht, durch Weiterentwicklung und Kleinserienfertigung der Komponenten diese effizienter zu konstruieren und billiger anbieten zu können. Architekten, Bauträger und Haustechnikplaner, die Passivhäuser planen und bauen, werden komplett beraten. Mehrere Passivhäuser und Passivhaussiedlungen der 2. Generation wurden vor kurzem fertiggestellt und sind kostengünstig ohne konventionelles Heizsystem ausgestattet. Wie erwähnt, hat eine Wirtschaftlichkeitsberechnung nach der Barwertmethode für das Passivhaus der 1. Generation trotz höherer Herstellungskosten

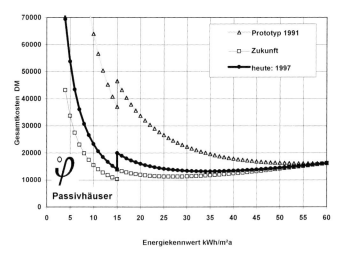

Abb. 11.3: Vergangener (1991), gegenwärtiger (1997) und künftiger (= 2005) Verlauf der Gesamtkostenkurve über dem Energiekennwert. Hält der Trend zu einer weiteren Kostenreduktion bei den wärmetechnischen hochwertigen Bauteilen an, wird das Passivhaus schon in absehbarer Zeit das betriebswirtschaftlich günstigste Hauskonzept sein

einen langfristig um 10% günstigeren Wirtschaftlichkeitsvergleich mit einem herkömmlichen Neubau nach der Wärmeschutzverordnung ergeben.

Die Passivhäuser der 3. Generation sollten in absehbarer Zeit eine weitere Senkung der Mehrinvestitionskosten auf ca. 28 Euro/m²WNFL ermöglichen, wenn auf das Passivhaus zugeschnittene Baukomponenten und vereinfachte Haustechnik in ausreichendem Umfang am Markt verfügbar sind. Durch Energieeinsparung und Reduzierung der Wartungskosten wäre das Passivhaus der 3. Generation ca. doppelt so günstig wie ein herkömmlicher Neubau und insgesamt das wirtschaftlichste Hauskonzept, auch im Vergleich mit dem Energiesparhaus und dem Niedrigenergiehaus [11.4] (Abb. 11.3).

11.1.2.1. Das Passivhaus, der Weg zu mehr Behaglichkeit

Das Passivhaus kann also mit großer Wahrscheinlichkeit als das Haus der Zukunft angesehen werden. Gegenüber einem herkömmlichen Haus und auch gegenüber einem Niedrigenergiehaus weist es eine größere Behaglichkeit auf. Durch die sehr gute Wärmedämmung von Dach, Außenwänden und Fenstern gibt es im Winterhalbjahr keine den Innenraum umschließenden Bauteile mit einer unangenehm niedrigen Oberflächentemperatur. Selbst Fenster haben bei $-10\,°C$ Außentemperatur und $+20\,°C$ Innentemperatur an der inneren Scheibe $+15\,°C$ und im Rahmenbereich $+17\,°C$ bis $+19\,°C$. Es ist daher auch unter großen Fenstern kein Heizkörper mehr erforderlich. Man fühlt sich wohl, da es in den Innenräumen keine Bauteile mehr gibt, die unangenehme Kälte abstrahlen oder kalte Zugluft verursachen.

Für eine gute Luftqualität der Innenräume zu allen Tages- und Nachtzeiten sorgt die Be- und Entlüftungsanlage, die auch den Restheizbedarf durch erwärmte Zuluft abdeckt [11.14]. Eine derart hohe gleichbleibende Luftqualität kann durch herkömmliche Fensterlüftung im Winterhalbjahr nie erreicht werden. Fensterlüftung wird nur mehr im Sommer und bei zusätzlichem Frischluftbedarf (z.B. angebrannte Speisen etc.) eingesetzt. Dieses Lüftungskonzept setzt eine luftdichte Gebäudehülle voraus. Durch eine entsprechende Auswahl von Baustoffen wird ein gesundes, baubiologisch unbedenkliches Innenraumklima erreicht [11.15].

Während Nullenergiehäuser in der nächsten Zeit immer in Form von wenigen aufwendigen Gebäuden die Grenzen unserer Bautechnologie aufzeigen werden, erlauben Passivhäuser ein wirtschaftlich erfolgversprechendes, völlig neues Gebäudegesamtkonzept.

Passivhäuser der 3. Generation erreichen gleichzeitig die drei Hauptziele moderner Bautechnik: hohe Behaglichkeit und Wohnqualität, weitgehend umweltschonendes Bauen – der Energieverbrauch und die Schadstoffemissionen werden im Vergleich mit herkömmlichen Neubauten nahezu um 90% reduziert – und langfristig große Wirtschaftlichkeit. Das Passivhaus bietet eine Chance für einen Durchbruch beim Klimaschutz, denn es ist relativ einfach, kostengünstig und heute schon allgemein einsetzbar.

11.2. Nullenergiehäuser

Während die Architekten als Praktiker eher an wirtschaftlich vertretbaren, allgemein anwendbaren, energiesparenden Hauskonzepten interessiert sind, liegt seit Jahren ein Schwerpunkt des Interesses der Wissenschafter in der Erstellung von Konzepten für energieautarke Häuser, sogenannte Nullenergiehäuser. Diese sind vorwiegend reine Versuchs- und Demonstrationsbauten; die Kriterien der Bewohnbarkeit und deren Auswirkungen werden eher sekundär beachtet. Es sollen damit die Grenzen der technischen Anwendbarkeit getestet und neue Technologien entwickelt und erprobt werden. Wie Neuentwicklungen im Automobilbau häufig zuerst bei Formel 1 Rennautos erprobt werden, bevor diese von Serienautos übernommen werden, so sind Nullenergiehäuser das Experimentierfeld für Entwicklungen von Solarkomponenten und -systemen.

Bei älteren Nullenergiehäusern, wie dem M.I.T.-Haus Solar I (1939–1941), versuchte man, die entstehenden Wärmeverluste primär durch die Gewinnung und Speicherung aktiver Sonnenwärme auszugleichen. Bei dem Nullenergiehaus in Lyngby, Dänemark (1973-1975), wurden neben dem aktiven Solarsystem auch passive Komponenten, wie ein Wintergarten und wärmedämmende Fensterläden, vor leider zu kleinen Südfenstern eingebaut [11.16, 11.17].

Jüngere Nullenergiehäuser, wie das Saskatchewan-Haus in Kanada (1977), sind neben der sehr hohen Wärmedämmung und einer Be- und Entlüftung mit Wärmerückgewinnung bereits mit ausgeprägten passiven Solarkomponenten, wie Sonnenfenstern mit gedämmten Fensterläden, ausgestattet. Durch den Einsatz von Hochleistungssonnenkollektoren ist die Kollektorfläche viel kleiner [11.18].

Ein Vergleich von Nullenergiehäusern mit verschiedenem Baualter zeigt, daß mit fortschreitender Entwicklung das Ausmaß der aktiven Nutzung der Sonnenwärme zugunsten der passiven Nutzung immer mehr reduziert wurde (Abb. 11.4). So konnte das Verhältnis Kollektorfläche zu Wohnfläche von 0,72 (M.I.T.-House 1941) auf 0,10 (Saskatchewan-House 1977) und das Verhältnis Wasserspeichervolumen zu Hausvolumen von 0,72 auf 0,028 reduziert werden [11.18].

Das „energieautarke Solarhaus" in Freiburg
Das Beispiel des 1992 fertiggestellten „energieautarken Solarhauses" des Fraunhofer Institutes für Solare Energiesysteme in Freiburg zeigt die Entwicklung eines energetisch optimierten und technisch ausgereiften Hauskonzeptes, das ohne konventionelle Energieträger das Auslangen findet. Neben der Verbesserung einzelner

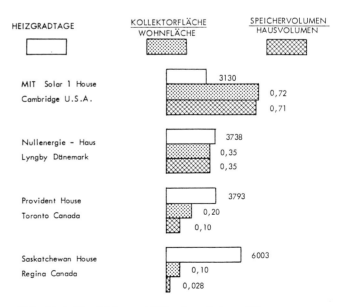

Abb. 11.4: Vergleich von 100% solar geheizten Häusern

Abb. 11.5: Das energieautarke Solarhaus Freiburg

Systemkomponenten und dem Einsatz von effizienten Solarsystemen steht die Minimierung des Gesamtenergiebedarfes im Vordergrund. Durch den vollständigen Verzicht auf konventionelle Energieträger muß im gesamten Haus auf sparsamsten Umgang mit Energie geachtet werden [11.19] (Abb. 11.5).

Von der konventionellen Wärmedämmung bis zum Meßwertaufnehmer muß die energetisch optimale Lösung gefunden werden. Dadurch werden die Ergebnisse des Vorhabens über die Sonnenenergienutzung hinaus von Bedeutung sein.

Das Gesamtprojekt hat vier thematische Schwerpunkte:

1. Synthese von Architektur und Technik,
2. Anwendung fortschrittlichster Techniken zur rationellen Energieverwendung,
3. Demonstration anwendungsnaher Solarsysteme,
4. Entwicklung und Erprobung neuer Solartechnologien.

Grundidee des Solarhauskonzepts war die konsequente Verwendung transparenter Wärmedämmung, an deren Entwicklung und Erprobung an diesem Institut schon seit Jahren gearbeitet wird. Ausgangspunkt war die Erkenntnis, daß in Mitteleuropa die jährliche horizontale Sonneneinstrahlung das Drei- bis Vierfache des wohnflächenbezogenen Energiebedarfs der Bevölkerung für Heizung, Warmwasser und Elektrizität beträgt. Mit über 80% dominiert der Heizenergiebedarf. Selbst an strahlungsarmen Wintertagen ist die Einstrahlung auf die vertikale Fassade eines beheizten Hauses vergleichbar mit den Transmissionswärmeverlusten dieser Fassade. Es trifft also jährlich auf jede Hausoberfläche mehr als das Vierfache der Energie auf, die in diesem Haus jährlich verbraucht wird. Je nach Anwendungsfall kann pro Heizperiode mit Energiegewinnen von 100 bis über 200 kWh/m^2 TWD-Fassade gerechnet werden. Zusammen mit konventionellen Maßnahmen zur Heizenergiereduzierung sollte es damit möglich sein, ein Haus ausschließlich durch TWD-Fassaden zu beheizen. In einer Simulationsrechnung wurde die optimale Gebäudeform eines zweigeschossigen Hauses, dessen Süd-, Ost- und Westfassade als TWD-Wände ausgebildet sind, ermittelt. Das Haus mit dem niedrigsten restlichen Heizenergiebedarf von 249 kWh/a bzw. ca. 1,5 kWh/m^{2}a ist langgestreckt und hat einen kreissegmentartigen Grundriß mit einer langgestreckten Südfassade (Abb. 11.6, 11.7).

Die West-, Ost- und Südflächen werden mit 10 cm dicker transparenter Wärmedämmung und einer Wandstärke von 30 cm ausgeführt. Die gesamte TWD-Fassadenfläche beträgt 80 m^2. Die Fenster, die für sonnige Innenräume ausreichend groß sind, haben einen k-Wert von 0,5 W/m^{2}K. Die Nordseite des Hauses wird opak mit einem k-Wert von 0,1 W/m^{2}K gedämmt. Zur Be- und Entlüftung wird ein Lüftungssystem mit hocheffizienter Wärmerückgewinnung (Wirkungsgrad 90%) eingebaut. Dieses ist nur in Betrieb, wenn die Wärmeverluste durch Fensterlüftung über die transparente Wärmedämmung nicht ausgeglichen werden können. Wegen der großen, südorientierten TWD-Fläche berechnet sich für den langgestreckten Grundriß trotz des schlechteren Oberflächen/Volumenverhältnisses ein niedriger Wärmebedarf. Somit entspricht das „energieautarke Solarhaus Freiburg" der gewinnmaximierenden Solarstrategie.

Ein Latentspeichermaterial mit einer Schmelztemperatur von 20 °C auf den Oberflächen der Innenwände

		Heizenergiebedarf (kWh/a)
□	TWD: Ost-, Süd- und Westfassade 10 x 10 x 5 m³	444
▭	TWD: Ost-, Süd- und Westfassade 12,5 x 8 x 5 m³	359
▭	TWD: Ost-, Süd- und Westfassade 16 x 6,25 x 5 m³	294
◠	TWD: Halbkreis r = 8 m, h = 5 m	304
◠	TWD: Kreissegment 148 r = 9,85 m, h = 5 m	249

Abb. 11.6: Simulationsergebnisse für den Heizenergiebedarf von Gebäuden mit unterschiedlichen Grundrissen

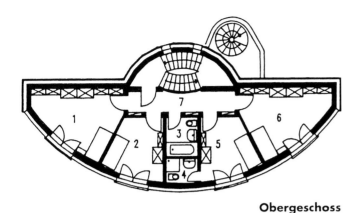
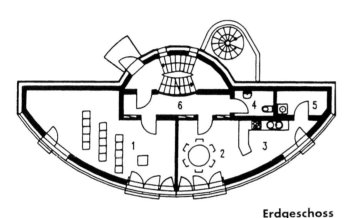

Abb. 11.7: Das energieautarke Solarhaus (Planwerkstatt)

ermöglicht einen höheren Energieertrag. Solche Latentspeichermaterialien, wie z.B. Glaubersalz mit Natriumchlorid zur Verringerung des Schmelzpunktes, sind verfügbar. Die Einbindung des Materials in die Wandoberfläche wurde untersucht. Da diese Systeme noch zu aufwendig und unsicher sind, wurde eine konventionelle Speicherwand ausgeführt. Den Simulationsrechnungen folgend wird das Haus ohne Heizungssystem gebaut. Nur im Lüftungssystem wird eine Nachheizung der Zuluft und in den Bädern eine Kleinstwärmequelle in Betracht gezogen.

Neu entwickelte Flachkollektoren mit transparenter Wärmedämmung decken mit einer solaren Deckungsrate von 90% den Warmwasserbedarf des 4-Personenhaushalts. Die Zusatzenergie von 400 kWh wird hauptsächlich im Dezember und Januar benötigt. In einem hochgedämmten Speicher werden 1000 l Wasser gespeichert.

Für den hochexergetischen Energiebedarf wurden 40 m^2 Solarzellen auf dem Dach und in der Fassade des Hauses installiert. Eine Bleibatterie dient als Kurzzeitspeicher zum Ausgleich einstrahlungsbedingter Lei-

stungsschwankungen. Die saisonale Speicherung der hochexergetischen Energie erfolgt mit Hilfe von Wasserstoff- und Sauerstoffgas. Ein alkalischer Druckelektrolyseur spaltet Wasser in Wasserstoff und Sauerstoff. Die Gase werden verlustfrei in einfachen Gastanks aufbewahrt. Bei Bedarf werden katalytisch Hoch- und Niedertemperaturwärme oder mit einer Brennstoffzelle wieder Elektrizität erzeugt. Durch die zusätzliche Sauerstoffspeicherung kann das System geschlossen ohne Schadstoffabgabe an die Umwelt betrieben werden. Das Wasser, das in der Brennstoffzelle und bei der katalytischen Verbrennung entsteht, wird zum Elektrolyseur zurückgeleitet.

Ein Prozeßleitsystem mit integrierter Meßdatenerfassung und Sicherheitsbatterie steuert und überwacht das Gesamtsystem. Diese und weitere Komponenten der Gesamtanlage, wie Pumpen, Ventilatoren, Ventile etc., werden direkt mit Gleichspannung versorgt; 700 kWh/a werden als Verbrauch veranschlagt. Die Bewohner können über einen vollelektronischen Wechselrichter insgesamt 700 kWh/a mit energiesparendsten Wechselstromgeräten verbrauchen. Selbstverständlich werden Geschirrspülmaschine und Waschmaschine über die Sonnenkollektoranlage mit Warmwasser versorgt. In Tabelle 10.2 wird der Verbrauch des Solarhauses an elektrischem Strom mit dem bundesdeutschen Durchschnitt verglichen [11.19].

Hochtemperaturwärme zum Kochen wird katalytisch direkt über Wasserstoff und Sauerstoff erzeugt; auch hierfür werden 700 kWh/a kalkuliert. Die restliche Gasmenge steht für das Warmwassersystem, die Nacherwärmung der Zuluft und die eventuelle Badheizung zur Verfügung. Das bewohnte Haus wird seit 1992 in einer dreijährigen Meßphase eingehend beobachtet. Die Gesamtbaukosten ohne Entwicklungskosten der Komponenten sind mit ca. 2,6 Mio. DM etwa dreimal so hoch wie die eines konventionellen Hauses ähnlicher Größe, wobei Installations- und Betriebstechnik mit 1,07 Mio. DM teurer waren als

Tabelle 11.2. Stromverbrauch von Haushaltsgeräten

	Energieautarkes Solarhaus (kWh/a)	Bundesdeutscher Durchschnitt (kWh/a)
Beleuchtung	88	380
Kühlschrank	110	530
Gefriertruhe	110	780
Waschmaschine	146	380
Spülmaschine	62	380
Fernseher	28	220
Kleingeräte	155	600
Summe	699	3270

die Baukonstruktion, da es sich hier großteils um Prototypen gehandelt hat. Schon ein entsprechendes zweites energieautarkes Solarhaus würde weniger als die Hälfte kosten, bei Kleinserien wären noch größere Einsparungen erzielbar [11.20].

Das Haus wurde vom 22. 10. 1992 bis 10. 03. 1994 von einem Physiker und seiner Familie im energieautarken Betrieb bewohnt und 3 Jahre meßtechnisch untersucht. Durch die hohe Wärmedämmung und die Speichermasse war die Innentemperatur bei fehlender Sonnenstrahlung sehr träge. Bei längerem Leerstehen der Wohnung (z.B. Winterurlaub) und stark verminderten inneren Wärmequellen kühlte das Haus auf bis 16 °C ab. Die Erfahrungen sind ausführlich dokumentiert [11.20]. Es ist zu hoffen, daß sich das Konzept des Hauses mit dem Schwerpunkt TWD praktisch bewährt und bald wirtschaftlich einsetzbar ist.

11.3. Beispiele der Solararchitektur in der Objektplanung

Wie bereits erwähnt, finden die Ideen der Solararchitektur hauptsächlich im Einfamilienhausbau Anwendung. Eine Verbreitung in allen Bereichen der Objektplanung wäre wünschenswert; nicht nur aufgrund der energietechnischen Verbesserungsmöglichkeiten, sondern vor allem auch wegen der größeren Nutzungsqualität (speziell bei Kindergärten, Krankenhäusern und Altenheimen). Die folgende Objektdokumentation zeigt ausgeführte Beispiele aller Gebäudearten, wobei eine Einteilung nach einer in der Gebäudelehre üblichen Typologie vorgenommen wurde. Die Kriterien für die Auswahl der Projekte waren ein überzeugendes Solarkonzept und eine entsprechende Qualität der architektonischen Gestaltung, wobei auch Beispiele der klassischen Moderne ausgewählt wurden, die durch eine bewußte Ausrichtung zur Sonne Vorbildwirkung haben.

Wohnbau

Der Wohnbau stellt das herkömmlichste Anwendungsgebiet der Solararchitektur dar. Ein wichtiger Grund dafür ist der Umstand, daß das Bauen mit der Sonne die Wohnqualität wesentlich verbessert. Da im Wohnbau ein großer Anteil des gesamten nationalen Energieverbrauchs gebunden ist, stellt energiesparendes Bauen nach solararchitektonischen Gesichtspunkten in diesem Bereich ein wichtiges ökologisches und volkswirtschaftliches Anliegen dar.

Es gibt eine Vielzahl von vorbildhaften Einfamilienhäusern, auch der klassischen Moderne (Abb. 3.27, 3.28, 3.30), bei denen die Integration der Sonne oberstes Entwurfsprinzip war. Es sind jedoch gerade im Bereich des Einfamilienhausbaues aufgrund der ungünstigen Oberflächen-Volumsverhältnisse denkbar schlechte Voraussetzungen für energiesparendes Bauen gegeben. Verdichtete Flachbauten bieten weitaus bessere Bedingungen und erlauben darüber hinaus einen sparsameren Umgang mit dem Bauland.

In dieser Gebäudegruppe konnten viele positive Erfahrungen im Partizipationswohnbau mit Planungsbeteiligung gesammelt werden. Die Bewohner, die ihr Haus mitplanten und selbst bestimmten, brachten der passiven Nutzung der Sonnenenergie viel Verständnis entgegen. Auch bei der Nutzung und Handhabung der Solar-Systeme, die die Bewohner mitgeplant hatten, waren in dieser Bauherrngruppe die wahren „Energiesparmeister" zu finden. Diese Bauform hat sicherlich viel Zukunft und sollte immer mit der Solararchitektur kombiniert werden. Leider haben in Österreich aus falschem Konkurrenzdenken die Wohnbaugenossenschaften durch die Durchsetzung ungünstiger Förderungsmodelle dem Partizipationswohnbau sehr geschadet – es ist zu hoffen, daß sich dieser Zustand nicht mehr lange halten wird.

Heime

Eine Sonderform der Wohnbauten stellen Heime dar. Da ihre Bewohner zum Teil spezielle Versorgungseinrichtungen oder Betreuung benötigen, werden in bezug auf die Nutzungsqualität mitunter sogar größere Anforderungen gestellt. Gerade bei älteren und kranken Menschen wirkt sich der Aufenthalt in der Sonnenwärme der Wintergärten sehr positiv auf das Wohlbefinden und die Gesundheit aus. Dies ist auch erforderlich, da ältere und kranke Menschen oft nicht mehr die Kraft haben, sich im Winter längere Zeit im Freien aufzuhalten. Leider gibt es erst wenige Solar-Altersheime. Da alte Menschen ihre Wünsche schwer durchsetzen und ihre Heimplätze kaum aussuchen können, werden weiterhin übliche „Grundrisse von der Stange" gebaut.

Kindergärten

Der Einsatz passiver Solarenergie durch Wintergärten und große Südfenster sowie die konsequente Ausrichtung nach Süden ist wegen der damit erreichten langen Besonnungszeiten vor allem für das Wohlbefinden und die physiologische Entwicklung der Kinder sehr wichtig. Nicht zuletzt kann auch ein ökologisches Konzept durchaus eine „pädagogische" Bedeutung haben: Kinder, die mit offenen Augen die Natur erleben lernen, werden auch später harmonisch mit unserer Welt leben können. Die betonte Öffnung zur Sonne und zur Natur soll eine derartige Entwicklung fördern.

Schulen
Auch im Schulbau ist es durch eine Reihe von Maßnahmen möglich, den Energieverbrauch auf ein Minimum zu senken. Diese Minimierung des Primärenergieverbrauches wird nicht nur aus rein wirtschaftlichen Gründen positiv gesehen, sondern auch aus Gründen des Umweltschutzes und vor allem aus didaktischen Gründen. Der Jugend soll in ihrem Schulgebäude ein Weg zur Nutzung der Umweltenergie gezeigt werden, der hilft, die Umweltprobleme des nächsten Jahrtausends zu lösen. Die einzelnen, aufeinander abgestimmten Prozesse der Energiegewinnung und -verwendung werden durch das Miterleben im Schulgebäude für die Kinder transparent (Erfahrung der unterschiedlichen Wettersituation und ihrer Auswirkungen auf das Gebäude, entsprechende Anbringung und Sichtbarmachung der Steuerungsvorgänge – Energiemanagement u.a.).

In den 20er und 30er Jahren entstand eine große Anzahl von Schulgebäuden des „Internationalen Stils" und des „Funktionalismus", die konsequent zur Sonne ausgerichtet waren. Aus medizinischen Gründen wurde großer Wert auf einen möglichst langen Aufenthalt der Schüler im Sonnenlicht gelegt – die Kinder trugen im Unterricht Sonnenbrillen, wie alte Fotos der Freiluftschule in Amsterdam belegen.

Hochschulgebäude
Als Stätten der freien und zukunftsorientierten Forschung und Lehre sind Hochschulgebäude das ideale Anwendungsgebiet der innovativen Solararchitektur. Im Zusammenhang mit der Entwicklung einer neuen Architektur mit neuen Baukomponenten könnten diese Bauten – soweit vertretbar – auch einen teilweise experimentellen Charakter haben.

Krankenhäuser, Sanatorien
Seit dem 19. Jahrhundert wird von der Medizin aus therapeutischen Gründen für Menschen mit gewissen Erkrankungen der Aufenthalt im Sonnenlicht gefordert. Über die heilende Wirkung der Sonnenstrahlung wurde bereits ausführlich berichtet. Daher war in den Pflegetrakten die Besonnung der Krankenzimmer schon immer wichtig. Die Möglichkeiten der Energieeinsparung werden allerdings erst in den letzten Jahren beachtet.

Bürogebäude
Ein Großteil der erwerbstätigen Menschen hält sich tagsüber in Büros auf. Bürogebäude, die nach den Grundsätzen der Solararchitektur geplant sind, können die Qualität des Büroplatzes wesentlich verbessern. Erwartungsgemäß steigt damit die Produktivität der zufriedenen Mitarbeiter. Dies ist ein Hauptmotiv für Firmen, sonnige, freundliche Bürogebäude zu bauen. Damit werden die zur Zeit noch unwirtschaftlichen Glasdoppelfassaden begründet (s. 7.5.5. Die doppelte Fassadenhaut). Der Aspekt der Energieeinsparung, die durch solche Gebäude erreicht wird, ist wegen der heute niedrigen Energiekosten im Bürobau eher aus Werbegründen als aus finanziellen Gründen wichtig. Zukunftsweisende, im Sinne der Solararchitektur gebaute Bürogebäude sind ein wichtiger Bestandteil der Corporate Identity moderner Firmen. Dies belegen das höchste Hochhaus Europas – das neu errichtete Verwaltungsgebäude der Commerzbank AG (Architekt Sir Norman Foster) – und viele andere neue Verwaltungsgebäude mit aufwendigen Glasdoppelfassaden.

Handelsbauten und Warenhäuser
Großzügig glasüberdeckte Passagen und Atrien prägen die Warenhäuser und Geschäftsviertel zu Ende des 19. Jahrhunderts. Allein in Paris gab es damals mehr als 300 Geschäftspassagen, von denen noch viele erhalten sind, wie die Galerie Colbert, die Galerie du Grand Cerf, die Passage des Panoramas, die Passage Jouffroy, die Passage Verdeau, die Passage du Grand Cerf u.a.m. Ähnliche Passagen gibt es in London (Burlington Arcade, Royal Arcade), Mailand (Galeria Vittorio Emanuele II), Brüssel (Galeries St. Hubert), Wien (Ferstel-Passage) und in vielen anderen Städten. Auch die Kaufhäuser des 19. Jahrhunderts hatten große, verglaste Innenhöfe und Bereiche, wie z.B. in Paris die Galeries Lafayette, Printemps und in Moskau die Gum. Zielsetzung dieser Gebäude war es, dem Trend der großen öffentlichen Palmenhäuser und Gewächshäuser folgend, einen angenehmen, witterungsgeschützten Erlebnisbereich zu schaffen. Dies ist auch die Devise der neuen Einkaufszentren und Einkaufspassagen, die Ende der 70er Jahre modern wurden. Vor allem in den skandinavischen Ländern sind diese Einkaufspassagen mit ihrem angenehmen Innenklima sehr verbreitet. Durch die glasüberdeckten Zonen wird im Sinne einer verlustminimierenden Solarstrategie einerseits Sonnenenergie gewonnen und andererseits das Oberflächen/Volums-Verhältnis wesentlich verkleinert. Durch ausgeklügelte Haustechnikkonzepte mit Abluftwärmerückgewinnung und Wärmepumpen werden die neuen Einkaufspassagen sehr energiesparend und wirtschaftlich zum Großteil schon von der Abwärme der Beleuchtung beheizt. Einkaufszentren an der Peripherie verursachen viel Mobilitätsenergie (Verkehr) und können daher trotz Passagenkonzept nicht als energiesparend angesehen werden. Einkaufspassagen in Stadtzentren dagegen tragen überdies zu deren Belebung bei und verhindern Verslumung.

11.4. Die Sanierung von Altbauten nach solararchitektonischen Gesichtspunkten

Die energetische Sanierung des Gebäudebestandes nach solartechnischen Gesichtspunkten, die in den nächsten Jahrzehnten sicherlich durchgeführt werden muß, kann aufgrund des Umfangs der möglichen Energieeinsparung einen größeren Beitrag für die Umwelt leisten, als dies allein im Neubausektor möglich ist. Das Energieeinsparungspotential bei Altbauten liegt nach dem heutigen Stand der Technik bei 50% bis 75%. Berücksichtigt man die stetige Entwicklung der technischen Möglichkeiten in bezug auf Energieeinsparung und die Nutzung erneuerbarer Energiequellen und bezieht dies auf die konsequente Verbesserung des Gebäudebestandes, so ist in 30 Jahren eine Energieeinsparung im gesamten Gebäudebereich von 75–80% möglich. Für mitteleuropäische Länder mit hohem Anteil an Wasserkraft und Biomasse ist dieses Szenario im Gebäudebereich Voraussetzung für einen weitgehenden Verzicht auf fossile Brennstoffe in 3 bis 4 Jahrzehnten.

Für Altbauten wird durchschnittlich ein Bestandsalter von 80 Jahren angesetzt. Gerade aus Gründen der Energieeinsparung wäre ein frühzeitiger Ersatz von energieverschwendenden Altbauten durch energiesparende Neubauten vor Ablauf der wirtschaftlichen Bestandsdauer der Altbauten widersinnig, wenn die Möglichkeit einer energetischen Sanierung besteht, da durch Abbruch und Neubau viel Energie gebraucht wird, eine hohe Umweltbelastung und ein großer Verbrauch an anderwärtigen Ressourcen entsteht. Es sollten daher vor dem Abbruch eines Gebäudes immer alle Möglichkeiten für die Erneuerung und Sanierung genau geprüft werden.

Gründe für die Sanierungsbedürftigkeit sind neben der natürlichen Alterung auch die umweltbedingte Alterung, wie z.B. verstärkte Korrosion durch Schadstoffe oder ein nicht mehr dem Verkehrslärm entsprechender Schallschutz, sowie die funktionelle Alterung, wie z.B. zu kleine Wohnungen oder fehlender Komfort. Die Gebäudesanierung soll dann den entsprechenden Fehlbedarf beheben. Ein funktioneller und räumlicher Fehlbedarf kann durch Wohnungszusammenlegungen, Balkonverglasungen und Zubauten gedeckt werden. Der energetische und heizungstechnische Fehlbedarf wird durch eine entsprechende energietechnische Sanierung behoben. In den meisten Fällen besteht jedoch auch ein ästhetischer Fehlbedarf. Durch eine ideenreiche und architektonisch gelungene Sanierung können gesichtslose Altbauten zu modernen Gebäuden werden und so der Wohnwert aber auch die Identifikation und Wohnzufriedenheit der Bewohner wesentlich gesteigert werden. Dies wird in den folgenden Beispielen von sanierten Wohnbauten und am Beispiel des sanierten Bürogebäudes der Bayerischen Vereinsbank in Stuttgart gezeigt. Der von der EU und der Universität Dublin (John Goulding) 1995 veranstaltete Sanierungswettbewerb, an dem 139 Architekten und 125 Architekturstudenten aus Europa und den Nachfolgestaaten der Sowjetunion teilgenommen haben, zeigt eine Fülle von Ideen, wie gesichtslose Plattenbauten energieoptimiert neu gestaltet und saniert werden können [11.21].

Eine rein thermische Sanierung wird in den meisten Fällen nicht sinnvoll sein. Aufgrund der niedrigen Energiepreise und da das Produkt Haus in bezug auf seinen Energieverbrauch nicht (wie beispielsweise das Auto) deklariert werden muß, ist eine derartige Sanierung zumeist auch nicht wirtschaftlich. Häufig ist die Sanierung mit der Behebung von Schäden, aber auch mit einer funktionellen oder räumlichen und ästhetischen Verbesserung verbunden, wobei es sinnvoll ist, möglichst alle o. a. Aspekte abzudecken.

Die Sanierung eines Mehrfamilienhauses selbst erfordert folgende Schritte: Zunächst muß eine Bestandsaufnahme des Gebäudes und sämtlicher Mängel durchgeführt werden. Der Zustand des Gebäudes, die wirtschaftlichen und rechtlichen Rahmenbedingungen und das Sozialgefüge werden untersucht und dokumentiert.

Danach folgt eine Problemanalyse und die Formulierung der Ziele sowie einer Sanierungsstrategie: Wie lange wird der Umbau dauern? Soll etappenweise umgebaut werden? Wie stark sind die Bewohner vom Umbau betroffen? Müssen die Bewohner ausziehen – z.B. in temporäre Wohncontainer, die in der Nähe des Gebäudes bereitgestellt werden – oder ist ein Wohnen während der Umbauphase zumutbar?

Gleichzeitig mit der anschließenden Ausarbeitung von Plänen und Ausführungsunterlagen sowie der Kostenermittlung ist ein begleitendes Sozialprojekt für die Bewohner, das Antwort auf alle die Bewohner betreffenden Fragen gibt, zu erstellen. Erst nach Abschluß dieses Sozialprojektes kann mit dem letzten Schritt, der Durchführung, begonnen werden [11.23].

Zielformulierung und Sanierungsstrategie sollten zu einem möglichst umfassenden und zukunftsweisenden Gesamtsanierungskonzept führen. Es ist wichtig, daß das Gesamtsanierungskonzept aus Einzelmaßnahmen besteht, die gut aufeinander abgestimmt sind. In den Fällen, wo eine Gesamtsanierung z.B. aus finanziellen oder organisatorischen Gründen nicht sofort verwirklicht werden kann, ist es möglich, vorerst erste Einzelmaßnahmen, die wie Bausteine in das Sanierungskonzept passen, durchzuführen und in mehreren Schritten das Ziel zu erreichen.

Durch technisches Erneuern, Umbauen, Erweitern, Abreißen oder Neubauen kann das Sanierungsziel erreicht werden. Technische Erneuerungen betreffen zumeist die Verbesserung der bauphysikalischen Qualität, wie Wärmeschutz und Schallschutz, bzw. die Erneuerung der haustechnischen Installation. Das Umbauen verändert nur das Innere eines Gebäudes – der Wohnungsgrundriß wird verändert, oder Wohnungen werden zusammengelegt. Das Erweitern vergrößert das Gebäudevolumen durch Anbauten, neue Schichten von Pufferräumen, wie Balkonverglasungen oder Aufstockungen. Durch Rückbauen können störende oder nicht mehr funktionstüchtige Gebäude bzw. Gebäudeteile entfernt werden. Enge Hinterhöfe können entkernt werden, sodaß wieder Licht und Sonne für die verbleibenden Häuser zur Verfügung steht. Alte Gebäudeteile können durch neue ersetzt werden. Neubauen meint dabei nicht den Ersatz sondern das gezielte Hinzufügen weiterer in der Größe vergleichbarer Bauten, um die Gesamtqualität einer Siedlung zu heben.

Die Möglichkeiten der energietechnischen Sanierung von Gebäuden lassen sich grob in vier Hauptgruppen unterteilen: die Verbesserung der Wärmedämmung der gebäudeumschließenden opaken und transparenten Bauteile, den Zubau von verglasten Pufferräumen und Wintergärten, die Anbringung von TWD-Fassaden und die Erneuerung der Haustechnik.

Bei der Verbesserung der Wärmedämmung der gebäudeumschließenden Wände und Fenster sind ausreichend Erfahrungen und viele bewährte Produkte vorhanden. Unter Berücksichtigung einer Haustypologie des Gebäudebestandes mit seiner für die jeweiligen Baualtersklassen charakteristischen Bauweise kann die wirtschaftlichste Dämmaßnahme gefunden werden [11.23]. Wenn möglich, ist es sinnvoll, die nachträgliche Wärmedämmung an der Außenseite der Wände anzubringen, nur bei stark gegliederten, historischen Fassaden ist eine Innendämmung zweckmäßiger. Leider gibt es kein problemloses atmendes Innendämmsystem, das preiswert angeboten wird. Am besten haben sich Korkplatten mit einem in Kunststoffgewebe gebetteten Gipskalk-Dünnputz und Foamglas bewährt. Bei der Fenstererneuerung sollte immer überlegt werden, ob nicht in diesem Zusammenhang eine Vergrößerung der südseitigen Fenster möglich ist. Das Ersetzen der bestehenden Verglasungen durch Wärmeschutzgläser stellt eine der wirtschaftlichsten energietechnischen Sanierungsmaßnahmen dar.

Sehr bewährt hat sich der nachträgliche Zubau von Wintergärten an Altbauten. Oft können hier primär funktionelle Verbesserungen, Vergrößerungen bestehender Kleinwohnungen und wesentliche Verbesserungen der Wohnqualität erreicht werden, und es wird sekundär Energie gespart. Der Einsatz von hochdämmenden Verglasungssystemen für den Wintergarten und die Abstimmung auf die im Gebäudebestand zumeist ausreichend vorhandene Speichermasse ermöglichen in Zusammenhang mit einer Verbesserung der Wärmedämmung auch beträchtliche Energieeinsparungen.

Durch den Zubau der Glasvorbauten bekommt das Haus auch ein „neues Gesicht" und wird stark aufgewertet. Die schalldämmende Wirkung von Glasvorbauten garantiert bei Häusern an Hauptverkehrsstraßen allein schon eine wesentliche Verbesserung. Für den in Frage kommenden deutschen Gebäudebestand wurden in Hinblick auf die Möglichkeiten für nachträglich angebaute Wintergärten Untersuchungen angestellt und eine Typologie entwickelt [11.24].

Das vom Autor betreute Beispiel der Loggienverbauungen Wohnhausanlage Robert-Uhlir-Hof zeigt, daß das Verglasen der Loggien ein wichtiger Wunsch der Bewohner ist, um die Qualität der Wohnungen zu verbessern.

Bei dieser 1978 erbauten Miet-Wohnhausanlage der Gemeinde Wien mit 552 Wohnungen gibt es 533 Loggien, die größtenteils südwest- oder südostorientiert sind. 73 dieser Loggien wurden von den Mietern bereits verglast (Abb. 11.8).

Von Seiten der Mietervertretung wurde die Idee geboren, statt einer Sanierung der Holzständerwände zwischen Loggia und Wohnung und der brüchigen Oberfläche der Betonbrüstungen die Loggien zu verglasen und als Wintergärten auszubilden. Bei vergleichbaren Kosten könnte so ein Pufferraum gewonnen werden, der als zeitweise nutzbarer zusätzlicher Wohnraum dient und überdies ein Element der passiven Sonnenenergienutzung darstellt. Durch den Pufferraum, in dem die Temperaturen aufgrund der guten Dämmung der Verglasung nie unter 0 °C sinken, werden die Wärmeverluste der alten Holzständerwand reduziert. Die Verglasung wirkt auch als Wind- und Regenschutz. Bei entsprechendem Sonnenschein dient der Wintergarten als Wärmequelle. Die im Wintergarten gewonnene Warmluft kann durch Öffnen der Fenster oder auch durch Ventilatoren in den Wohnraum gebracht werden. Überdies bietet der Schallschutz der geschlossenen Loggia eine Verbesserung der Wahrung der Intimsphäre beim Aufenthalt im Wintergarten, da Gespräche in den Nachbarloggien nicht mehr gehört werden können. Dieses Argument war den Mietern sehr wichtig, was bei der dichten Bebauung auch verständlich ist. Durch das Öffnen aller Elemente ist die Loggia wie bisher nutzbar. Geplant ist eine Verbauung mit wärmegedämmten Aluprofilen und Isolierverglasungen mit einem k-Wert von 1,1 W/m²K. Wichtig ist dabei die Wärmedämmung der verbleibenden Außenflächen, also der Brüstungs- und Seitenwände,

Böden und Decken, sofern die anschließenden Loggien nicht ebenfalls verbaut werden. Eine optimale Lösung stellt nur die Verglasung sämtlicher Loggien dar, da so ein über die gesamte Fassade reichender Pufferraum entsteht.

Bei der Umsetzung eines derartigen Vorhabens ist die soziale Vorarbeit von besonderer Wichtigkeit. Zunächst wurden die entsprechenden Detaillösungen ausgearbeitet und die technische und wirtschaftliche Machbarkeit überprüft. Das Projekt wurde bei einer Mieterversammlung vorgestellt, und es wurde beschlossen, in einer der leerstehenden Wohnungen eine Musterloggienverglasung nach den erarbeiteten Plänen durchzuführen. Diese Musterloggia wurde von den Mietern besichtigt. Zur Information wurden Ausstellungstafeln gestaltet, und die Mitglieder des Mieterbeirates haben sich bereit erklärt, an zwei Tagen pro Woche die Besichtigung zu betreuen und Fragen zu beantworten. In der anschließenden Abstimmung haben sich 422 Mieter für eine Verbauung der Loggien nach dem Beispiel der Musterloggia ausgesprochen, wobei 72 davon bereits verbaute Loggien besitzen. 62 Mieter haben mit nein gestimmt, und 49 Mieter haben an der Befragung nicht teilgenommen. Durch persönliche Beratung dieser dem Projekt noch ablehnend gegenüberstehenden und unentschlossenen Mieter wurde anschließend doch erreicht, daß weitgehend alle Loggien verglast wurden.

Die Analyse von nachträglich verglasten Balkonen bei wärmegedämmten Gebäuden zeigt, daß bei guter Verglasungsqualität (2-Scheiben-Wärmeschutzverglasung) und optimaler Bedienung ca. 15% des ursprünglichen Energieverbrauches eingespart werden können. Ist die Balkonverglasung immer geschlossen, so werden ca. 13% eingespart, und ist sie immer geöffnet, so gibt es keine Energieeinsparung. Die Wirtschaftlichkeitsuntersuchung ergibt, daß sich die Amortisationszeiten im Bereich üblicher Sanierungsmaßnahmen bewegen und umso besser ausfallen, je besser die Verglasungsqualität und je breiter der Balkon ist. Durch die Balkonverglasung wird auch ein Mehrwert geschaffen. Während der Verkehrswert eines offenen Balkones nur 1/4 der Wohnnutzfläche beträgt, erhöht sich der Wert eines doppelt verglasten Balkones auf ca. 70% der Wohnnutzfläche. Allerdings kann es bei kontraproduktivem Benutzerverhalten beim Bedienen der Türe zwischen verglastem Balkon und Wohnraum und einer schlechten Wärmedämmung der Balkonverglasung auch zu einer Erhöhung des Energieverbrauches der Wohnung kommen. Ein interessanter Vorschlag ist der Einbau eines Türsummers, der jedesmal anspringt, wenn diese Türe geöffnet ist und die Temperatur im verglasten Balkon unter jener des Wohnraumes liegt [11.25].

Seit der Entwicklung der transparenten Wärmedämmung bietet sich eine neue, interessante Sanierungs-

Abb. 11.8: Muster-Loggia Engerthstraße in voll geöffnetem, teilweise geöffnetem und geschlossenem Zustand mit Sonnenschutz

variante. Bei der energietechnischen Sanierung eines Gebäudes kann neben dem Zubau von Wintergärten und der nachträglichen Wärmedämmung auf alle ausreichend besonnten süd-, ost- und westorientierten Fassadenflächen statt einer opaken Wärmedämmung eine transparente Wärmedämmung aufgebracht werden. Dadurch werden Wärmeverlustflächen zu Wärmegewinnflächen. Die Anwendungsmöglichkeiten der transparenten Wärmedämmung (TWD) im Gebäudebestand wurde in einer umfassenden Studie untersucht [11.26].

Für die TWD-Eignung von Gebäudeteilflächen sprechen: Süd-, Ost-, oder Westorientierung, geringe Verschattung, flächige und regelmäßige Fassadengliederung, das Vorhandensein geeigneter Sonnenschutzelemente und hohe Wärmeverluste. Bei vollflächiger TWD-Belegung mit hocheffizienten Systemen und automatischer Verschattung kann durch die transparente Wärmedämmung ein Großteil des Wärmebedarfs gedeckt werden. Teilflächige Belegung mit weniger effizienten Systemen bedeutet den Verzicht auf maximale Effizienz bei tendenziell besseren architektonischen Integrationsmöglichkeiten. TWD wird dann nur zur Unterstützung des konventionellen Heizsystems eingesetzt.

Zur Zeit gibt es noch wenige Beispiele von Gebäuden, die mit TWD-Elementen saniert wurden. Es bleibt abzuwarten, ob sich die hohen Erwartungen über das mögliche Marktpotential dieser Sanierungsart erfüllen werden.

Die 4. Hauptgruppe der energietechnischen Sanierung betrifft die Erneuerung der Haustechnik und ist wie bei der Solarstrategie den anderen Maßnahmen nachgeordnet. Durch die 3 vorgereihten Maßnahmen, wie Balkonverglasungen, Einsatz von transparenter Wärmedämmung, Verbesserung der Wärmedämmung der Gebäudehülle und Zubau von Glasvorbauten, konnte passive Sonnenenergie genutzt und konnten die Wärmeverluste vermindert werden. Für die Erneuerung der Heizungsanlage ist daher bereits ein wesentlich reduzierter Heizwärmebedarf maßgeblich. Dadurch ist es möglich, auch die Kosten der neuen Heizungsanlage um ca. 30% zu senken [11.27].

Durch eine entsprechende Regelung werden die passiven Wärmegewinne genutzt. Wärmerückgewinnungsgeräte für Abluft und Abwasser helfen, den Wärmebedarf weiter zu reduzieren. Der Einbau einer kontrollierten Entlüftung oder einer Be- und Entlüftung mit Wärmerückgewinnung und auch mit Vorwärmung der Frischluft stellt in den meisten Fällen eine Reduzierung des Lüftungswärmebedarfes sicher. Wenn sich bei den heutigen Energiepreisen auch diese Investitionen nicht kurzfristig amortisieren, so ist bemerkenswert, daß sogar die Besitzer von Lüftungsanlagen, deren energetische Effizienz nicht nachgewiesen werden konnte, aufgrund der guten Luftqualität nicht auf diese Anlagen verzichten wollen [11.23].

Für die Bereitstellung der restlichen Heizwärme sind Brennwertkessel und Wärmepumpen empfehlenswert. Bei größeren Wohnhausanlagen können kleinere Blockheizkraftwerke auch wirtschaftlich interessante Alternativen bieten [11.23].

Ein letzter Schritt, der nicht vergessen werden sollte, ist eine Erfolgskontrolle mit Soll-Ist-Vergleich nach abgeschlossener Sanierung. In vielen Fällen ist eine ergänzende Energieberatung, die gezielt auf den individuellen Energieverbrauch und auf die Veränderung der persönlichen Wohnsituation nach der Sanierung eingeht, empfehlenswert.

11.5. Beispieldokumentation

Wohnbauten — Einfamilienhäuser und Reihenhäuser:
Doppelhaus in Bregenz
    Walter Unterrainer   S. 164, 165
Haus Hafner
    Martin Treberspurg   S. 166, 167
Gruppenwohnprojekt Wintergasse 53
    Georg W. Reinberg, Jörg Riesenhuber   S. 168, 169
Gruppenwohnprojekt Wintergasse 75
    Martin Treberspurg, Georg
    W. Reinberg   S. 170, 171
Wohnanlage Castel Schmitten
    Martin Wagner, David u. Samuel
    Spycher   S. 172, 173
Gruppenwohnprojekt Eching
    Reinhold Tobey   S. 174, 175
Wohnsiedlung „Naturnahes Wohnen"
    Martin Treberspurg   S. 176, 177
Wohnsiedlung Kamillenweg
    G. Reinberg, M. Treberspurg, E. Raith S. 178, 179

Wohnbauten — Mehrfamilienhäuser und Siedlungen:
Wohnhausanlage Ganghofer Str.
    C. Raupach, G. Schurk   S. 180, 181
Ökohaus Pariser Straße
    Per Krusche, Rudolf Maissner   S. 182, 183
Solarhaus Lützowstraße
    G. Hillmann, H. Schreck, J. Nagel   S. 184, 185
Wohnbebauung Lewishamstraße
    Jürgen Sawade   S. 186, 187
Wohnbauten Georg-Kempf-Str.
    ZANONI Architekten   S. 188, 189
Wohnhausanlage Loretohöhe
    Geiger Architekten   S. 190, 191
Wohnhausanlage Marostica
    Cooprogetto s.c.r.l.   S. 192, 193
Wohnhausanlage Brünner Straße—Empergerg.
    G. Reinberg, M. Treberspurg,
    E. Raith   S. 194, 195

Sanatorien und Heime:
Sanatorium in Paimio
    Alvar Aalto   S. 196, 197
Sanatorium Zonnestraal
    Jan Duiker   S. 198, 199
Seniorenwohnheim in Straßwalchen
    M. Pernthaler, W. Schwarzenbacher,
    R. Tinchon   S. 200, 201
Altenwohnheim De Overloop
    Hermann Hertzberger   S. 202, 203
Altersheim Marie v. Boschan Aschrott
Stiftung
    Otto Häsler, Karl Völker   S. 204, 205
Studentenwohnheim Universität
Kaiserslautern
    Heinrich Eissler   S. 206, 207
Jugendbildungsstätte Windberg
    Thomas Herzog   S. 208, 209

Kindergärten, Schulen und Hochschulen:
Kindergarten Antonio Sant'Elia
    Giuseppe Terragni   S. 210, 211
Schopfloch Kindergarten
    Bela Bambek   S. 212, 213
Schule und Kindergarten in Dafins
    H. Kaufmann, W. Unterreiner,
    S. Larsen   S. 214, 215
Freiluftschule Cloistraat
    Jan Duiker   S. 216, 217
St. George's School, Wallasey
    Edward Morgan   S. 218, 219
Sektion f. unfallchirurgische Forschungen
    LOG-ID   S. 220, 221

Cité Scolaire Internationale
   Francoise Jourda, Gilles Perraudin   S. 222, 223

Büro und Geschäftsbauten:
Technologiepark Duisburg HDW
   Norman Foster Ass.   S. 224, 225
Ökologischer Gewerbehof Kühl-KG
   Eble & Sambeth   S. 226, 227
Landis & Gyr-Haus Zug
   Werner Sutter   S. 228, 229
Hauptverwaltung agiplan
   Sir Norman Foster + Partners   S. 230, 231
Umbau Bürogebäude der Bayerischen Vereinsbank in Stuttgart
   Behnisch, Sabatke, Behnisch   S. 232, 233

Büro- u. Gewerbehaus Schwerzenbacherhof
   Rolf Lüthi   S. 234, 235
Hauptverwaltung Commerzbank Frankfurt a. M.
   Sir Norman Foster + Partner   S. 236, 237
Technologiezentrum Umweltschutz in Oberhausen
   Reichen + Robert U. Dratz   S. 238, 239
Unilever Bürogebäude
   Neumann & Partner   S. 240, 241
SAS Hauptverwaltungsgebäude
   Niels A. Torp   S. 242, 243
Taubenmarktarkade Linz
   G. Schönfeld, Team M, G. Reinberg, M. Treberspurg, E. Raith   S. 244, 245

Doppelwohnhaus in Bregenz

Planung: Walter Unterrainer

Das Gebäude, das als Niedrigenergiehaus konzipiert ist, steht in einem Villenvorort von Bregenz. Grundvoraussetzungen für ein Niedrigenergiehaus ohne großen technischen Aufwand sind k-Werte von unter 0,15 W/m²K, minimierte Fensterflächen und unbeheizte Pufferräume nach Norden, sowie die Vermeidung von Wärmebrücken und optimierte Winddichtheit. Die Südfassade der Holzriegelkonstruktion ist mit hochwertigen Wärmeschutzgläsern (k = 0,7 W/m²K) ausgefacht. Der außenseitig angebrachte Sonnenschutz aus Aluminiumlamellen beugt einer Überhitzung vor. Die im oberen Teil der Fassade angebrachten Sonnenkollektoren dienen der zentralen Warmwasseraufbereitung.

Die Ost- und Westfassade sowie die opaken Teile der Südfassade erhielten eine wärmegewinnende Hülle aus 15 cm starken Kartonwaben in Kombination mit 4 cm Kork-Wärmedämmung. Im Gegensatz zum Prinzip der transparenten Wärmedämmung – mit Wärmeleitung ins Rauminnere – herrscht in den stehenden Luftsäulen der Waben lediglich eine innenraumgleiche Temperatur, die verhindert, daß ein Wärmefluß von innen nach außen stattfindet. Obwohl der k-Wert ohne Berücksichtigung von solaren Gewinnen mit 0,2 W/m²K relativ hoch ist, geht der äquivalente k-Wert über das Jahr gesehen durch Einstrahlungsgewinne gegen Null.

Als Witterungsschicht wird Industriedrahtglas verwendet, das in Gewächshausprofilen fixiert ist. Die Glasabdeckung ist mit 3 cm Abstand hinterlüftet – ein Sonnenschutz ist aufgrund der gemäßigten Aufheizung nicht erforderlich! Die im Vergleich zum konventionellen Haus höheren Kosten für große Dämmstärken und unkonventionelle Materialverwendung mußten durch wirtschaftliche Konstruktion und Herstellung kompensiert werden. Die vorgefertigte Gebäudehülle wurde in zwei Tagen montiert, wobei auch das größte Fertigteil mit 10,5 × 2,8 m fertig verglast geliefert und eingebaut wurde.

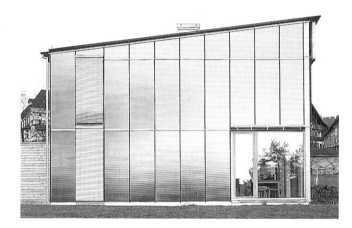

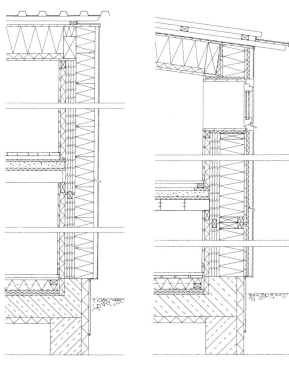

Bauherr:	Familie Hoch/Familie Riedmann
Planung:	Walter Unterrainer, Feldkirch
Ort:	Bregenz/A
Funktion:	Doppelwohnhaus
Energietechnik:	Aschauer Energiesysteme
Fertigstellung:	1996
Wohnfläche:	2 × 130 m²
Energiekonzept:	Südseitige Verglasung, Solarkollektoren, „gewinnendes" Wärmedämmsystem aus Kartonwaben

Haus Hafner in Wien

Planung: Martin Treberspurg

Das Wohnhaus, das formal auf die Wiener Architekturtradition Bezug nimmt, steht in einem Gebiet mit großteils mehrgeschossiger Villenverbauung aus dem 19. Jahrhundert. Das Grundstück fällt nach Süden leicht ab und wird von der erhöht liegenden Straße über Treppen erschlossen.

Das Haus reagiert auf diesen Geländesprung mit einer dreigeschossigen, geschlossenen Nordfassade, die einerseits ein "Versinken" des Hauses verhindern soll, andererseits auch Schutz gegen die kalten Nordwinde bietet. Nach Süden ist der Baukörper terrassenförmig abgestuft, sodaß fast allen Wohnräumen eine Südterrasse vorgelagert ist. Die erdgeschossige Terrasse ist direkt mit dem Garten verbunden. Auch das Untergeschoß steht mit dem Garten in Beziehung, der in diesem Bereich muldenförmig vertieft ist.

Das Haus wird durch zwei tragende Mittelmauern in drei Bereiche gegliedert. Den mittleren Bereich beherrscht ein zweigeschossiger Wintergarten, der sich über dem Wohnbereich befindet. Er ist direkt mit der dreigeschossigen Eingangshalle verbunden. Die Halle wird über ein Glasdach belichtet, das zusammen mit dem Wintergarten eine formale und konstruktive Einheit bildet.

Wintergarten, Wohnraum und Terrassen sind nach Süden, zum Garten, zur Sonne aber auch zur Aussicht orientiert. Durch die völlig verglaste Mittelzone gelangen Tageslicht und Sonne aber auch in die übrigen Räume.

Das Haus ist als massiver Ziegelbau mit außenliegender 10 cm dicker Wärmedämmung gebaut, die Mittelmauern sind aus 30 cm dicken, schweren Schallschutzziegeln. Der Wintergarten und das Glasdach bestehen aus einer schlanken Stahlkonstruktion mit aufgesetzter Sprossenkonstruktion aus wärmegedämmten Aluminiumprofilen. Als Außenverglasung wurde Wärmeschutz-Isolierglas (k = 1,3 W/m²K) verwendet.

Das passive Sonnenwärmesystem beruht auf einer wirkungsvollen Kombination von Sonnenfenstern, Wintergarten und Atrium in Verbindung mit den massiven Wänden und Decken, die als Speichermasse fungieren. Durch ein temperaturdifferenzgesteuertes Klappensystem zwischen Wohnräumen und Wintergarten gelangt die im Wintergarten gewonnene Warmluft in alle Räume des Hauses. Ausreichend dimensionierte Lüftungsklappen im Glashaus sowie Außenjalousien, der als Puffer dienende Wintergarten und die schwere, wärmespeichernde Baukonstruktion verhindern im Sommer ein Überhitzen des Hauses.

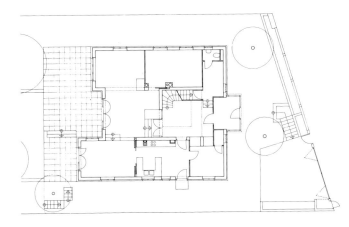

Bauherr:	Fam. Hafner
Planung:	Martin Treberspurg, Wien
Ort:	Wien 19 / A
Funktion:	Einfamilienhaus
Energietechnik:	Wilhelm Hofbauer, Wien
Fertigstellung:	1990
verbaute Fläche:	223 m²
umbauter Raum:	1.870 m³
Energiekonzept:	Südorientierung, Wintergarten, Atrium, Speichermassen

Gruppenwohnprojekt Wintergasse 53, Purkersdorf

Planung: Georg W. Reinberg, Jörg Riesenhuber

Das Gemeinschaftswohnprojekt wurde auf einer schmalen, langgestreckten Parzelle an einem Südhang des Wienerwaldes verwirklicht. Das Grundstück weist zwar günstige Besonnungsverhältnisse auf, war aber durch seinen Zuschnitt schwierig zu erschließen. Eine im südlichen Teil gelegene alte Villa wurde renoviert und das Dachgeschoß vollständig erneuert. Es dient heute als Gemeinschaftshaus, mit Aufenthaltsräumen, Kindergruppenraum und Sauna. Auch die Wohnung im alten Pförtnerhaus blieb erhalten. Am Hang hinter der alten Villa entstanden zwei Gebäudekomplexe, in denen insgesamt 9 Wohneinheiten untergebracht sind. Die gestaffelte Anordnung der beiden ähnlichen Baukörper, die trotz konstruktiver Vorgaben sehr unterschiedliche Grundrisse aufweisen, läßt zwei Hofbereiche entstehen, die vom gemeinsamen Erschließungsweg tangiert werden.

Es wurde eine Gebäudeform gewählt, die – begünstigt durch die Hanglage – möglichst große Besonnungsflächen bei möglichst geringer Beschattung des Grundstücks zuläßt.

Von einem gemeinsamen Eingangsbereich werden je vier 2- bis 3-geschossige Wohneinheiten erschlossen, von denen je zwei übereinander geschachtelt sind, sodaß jede Wohnung möglichst viele südorientierte Räume erhält. An der Nordseite befinden sich Nebenräume und Abstellflächen. An den hohen Südfassaden wurden den Häusern große angelehnte Glashäuser vorgelagert, die als bewohnbarer Luftkollektor dienen und jeweils von zwei Familien gemeinsam benutzt werden. Jede Wohnung verfügt aber auch über einen separaten Eingang und die Glashäuser sind ebenfalls direkt mit den Terrassen und Freiflächen verbunden.

Die Außenwände bestehen aus Ziegelmauerwerk mit hinterlüfteter Holzfassade. Als Wärmedämmung wurden 2 × 4 cm Korkplatten verwendet. Die Glashäuser sind zimmermannsmäßige Holzkonstruktionen mit eingefrästen Stahlsprossen als Glasauflagen.

Die Baukörper sind so konzipiert, daß thermische Zonenbereiche für das gesamte Gebäude entstehen. Die Kompaktheit der Baumassen entspricht dem energiesparenden System. Die Heizung besteht aus einer Kombination aus Gas-Zentralheizung, Einzelöfen und passiver Sonnenenergienutzung. An den Speicher des zentralen Heizkessels von 4 der 10 Wohneinheiten wurden in einer weiteren Ausbauphase Sonnenkollektoren angeschlossen.

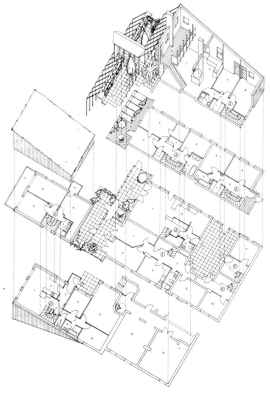

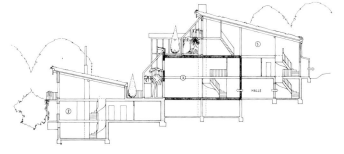

Bauherr:	"Verein Projekt alternatives Wohnen e.V."
Planung:	Georg W. Reinberg / Jörg Riesenhuber, Purkersdorf
Ort:	Purkersdorf, NÖ / A
Funktion:	Gemeinschaftswohnanlage mit 10 Wohneinheiten
Fertigstellung:	1984
verbaute Fläche:	1.071,50 m²
umbauter Raum:	8.100 m³
Energiekonzept:	Südorientierung, Wintergärten, Speicherwände, Vorbereitung für späteren Einbau von Sonnenkollektoren

Wohnprojekt Wintergasse 75–77 in Purkersdorf

Planung: Martin Treberspurg, Georg W. Reinberg

Das Gruppenwohnprojekt für 7 Wohneinheiten steht auf einem annähernd rechteckigen Grundstück, auf einem steilen Südhang am Rande des Wienerwaldes. Es wurde als Partizipationsprojekt unter großer Einflußnahme der Bewohner geplant. Grundgedanke war die Zusammenfassung durchaus verschiedener Wohneinheiten zu einem kompakten Baukörper mit einheitlichem Erscheinungsbild.

Der großvolumige Baukörper wurde in die Mitte des Grundstücks plaziert. An der Straßenfront befinden sich die überdeckten Abstellplätze, von denen aus die Anlage über eine Freitreppe erschlossen wird. Sechs mehrgeschossige Wohneinheiten und eine Garconniere gruppieren sich um einen glasüberdachten Innenhof, der das Kernstück der Anlage bildet. Der begrünte Hof dient als Spielbereich für die Kinder, als Besucherraum oder erweiterter halböffentlicher Bereich für diverse Feste und steht in direkter Verbindung mit den Gemeinschaftsräumen. Alle 7 Wohneinheiten werden von diesem Hof aus erschlossen, jedes Haus verfügt aber auch über einen direkten, individuellen Ausgang zum Garten.

Begünstigt durch die Hanglage staffeln sich zwei Einheiten mit je drei Wohnungen übereinander, sodaß jede Wohnung möglichst viel südorientierte Fassadenfläche erhält. Durch die Anordnung der Anlage in Grundstücksmitte kann jeder Wohnung ein individueller Grünbereich zugeordnet werden. Über dem Zentralbereich bzw. über dem mittleren südlichen Haus gibt es noch eine Dachterrasse, die zum Teil auch gemeinschaftlich genutzt wird.

Durch die kompakte Anordnung der Einheiten weist die gesamte Anlage relativ kleine Abkühlungsflächen auf. Die Außenwände besitzen eine gute Wärmedämmung (k = 0,3 W/m² K). Die Ziegelwände, auch im Inneren, bieten viel Speichermasse. Große Südfenster und ein großer Wintergarten je Haus sorgen für passive Sonnenenergiegewinne. Die Wintergärten sind zweigeschossig und ermöglichen so eine optimale Luftzirkulation. Temperaturdifferenzgesteuerte Ventilatoren unterstützen die Luftumwälzung. Um die in den Glashäusern gewonnene Wärme auf eine möglichst große Speichermasse zu übertragen und für das gesamte Haus nutzbar zu machen, wird die Warmluft durch Lüftungskanäle in den Ziegelsplitt-Hohlkörperdecken in die tiefer liegenden Gebäudeteile geblasen. Auch die Wärme aus dem glasüberdachten Hof kann so genutzt werden.

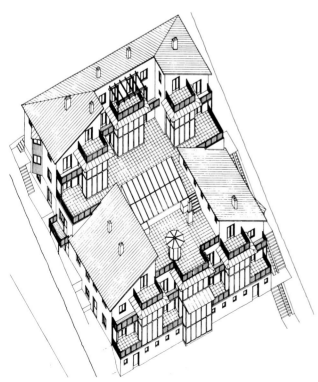

Bauherr:	„Verein Wohnprojekt Purkersdorf" e.V.
Planung:	Arge Reinberg / Treberspurg, Wien
Ort:	Purkersdorf, NÖ / A
Funktion:	Gemeinschaftswohnanlage mit 7 Wohneinheiten
Energietechnik:	Wilhelm Hofbauer, Wien
Fertigstellung:	1987
verbaute Fläche:	625 m²
umbauter Raum:	3.084 m³
Energiekonzept:	Südorientierung, Wintergärten, Atrium als Luftkollektor, Speichermassen

Wohnanlage „Castel Schmitten" in Freiburg

Planung: Martin Wagner, David und Samuel Spycher

Die Niedrigenergie-Wohnhausanlage „Castel Schmitten" liegt an einem Südhang zwischen zwei bestehenden Straßen. Die Zufahrt für Autos erfolgt über die nördliche Straße. Dort bilden die Garagen und Stellplätze den Abschluß des Komplexes. Vom Dorf oder vom Bahnhof kommend wird die Anlage von Süden her erschlossen. Über einen Vorplatz und die Eingangspergola gelangt man in die zentrale, glasüberdachte Passage, die achsial bis zum nördlichen Ausgang bei den Garagen führt. Von hier aus werden alle 14 terrassenförmig gestaffelten Häuser erschlossen. Die Passage dient aber auch als öffentlicher Aufenthaltsraum, als Luftschleuse für die Hauseingänge und als Wintergarten.

Durch die Anordnung der Häuser und Gärten auf 7 paarweise symmetrischen Terrassen können alle Bewohner gleichermaßen den Ausblick über die freie Landschaft genießen.

Die gesamte Anlage bildet mit der Südfassade der untersten Häuser, mit den Garagen und den Gartenhäusern nach außen einen geschlossenen Komplex mit vier Fassaden, nach innen wird sie durch klar definierte Architekturräume gegliedert.

Der Komplex entspricht der verlustminimierenden Solarstrategie. Ein Minimum an Außenfassaden zusammen mit der gemeinsamen glasüberdachten Passage als Kollektor wirkt sich vorteilhaft auf die Energiebilanz der Häuser aus. Eine 2,5 kW starke Wärmepumpe genügt, um ein am verglasten Passagenraum gelegenes Haus bei −10 °C Außentemperatur auf +20 °C zu heizen.

Die beiden südlichen Häuser haben direkte Südfenster, alle anderen Häuser verfügen über nach Süden gerichtete Glasdächer über dem Stiegenhaus, die nicht nur die umliegenden Räume belichten, sondern zusätzlichen Sonnenwärmegewinn ermöglichen.

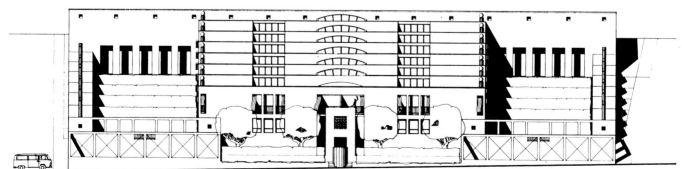

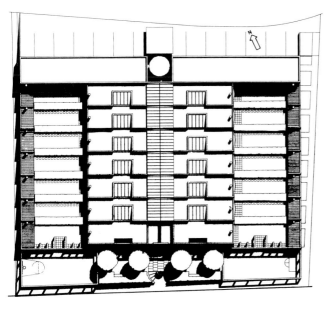

Bauherr:	Baukonsortium Hagnet
Planung:	Martin Wagner, Carona
	David & Samuel Spycher, Schmitten
Ort:	Schmitten, FR / CH
Funktion:	Reihenhaus-Wohnanlage mit 14 Wohneinheiten
Energietechnik:	Arnold Amsler, Zürich
Fertigstellung:	1989
verbaute Fläche:	1.800 m²
Energiekonzept:	Atrium als Klimapuffer, minimierte Außenwandfläche

Gruppenwohnprojekt Eching in München

Planung: Reinhold Tobey

Die Gruppenwohnanlage für fünf Familien liegt am Ortsrand Echings, einer Zuzugsgemeinde an der Peripherie Münchens. Die Vorgaben durch den Bebauungsplan, sowie die ungünstige Lage an einer S-Bahntrasse im Norden bestimmen die äußere Form des Baukörpers. Die in einen Lärmschutzwall im Norden integrierte Häuserzeile mit südorientierten Reihenhäusern wird von Süden erschlossen. Dem gemeinsamen Eingang folgt ein zweigeschossiger, glasgedeckter Erschließungsbereich an der Nordseite. Die schottenversteifte Nordwand ist in den schallabsorbierenden Erdwall integriert. Zwischen den Schotten befinden sich Abstellräume und kleine Höfe. Zu den über den Abstellräumen gelegenen Veranden gelangt man über Stege, jeweils von den Wohneinheiten aus.

Eine Wendeltreppe im Erschließungsbereich führt zu den Haustechnikräumen, die sich über dem Eingang befinden. Von hier aus werden über eine in Höhe der Erdgeschoßdecke geführte Installationstrasse Heizungswasser, Brauchwasser, Elektroleitungen, usw. durch die Stege in die einzelnen Häuser geleitet.

Abgesehen von Stützwandkonstruktion, Fundamenten und Heizraum besteht die Hauszeile aus einer Großtafel-Pfosten-Riegelkonstruktion aus Holz. Ein Baukastensystem für Innenwände und Schiebetüren in werkstattfertigen Holz- und Holzwerkstoffelementen wurde eigens für die Selbstmontage entwickelt. Die Elemente wurden nach Montageanleitungen von den Bauherren selbst aufgestellt.

Die energetisch optimierte Gesamtkonstruktion mit transparenten Strahlungsgewinnflächen, stark gedämmten Opakflächen, temperaturgestuften Raumzonen, Baustoffen mit hohem Wärmeleitwiderstand, abgestimmter Mindestspeichermasse, Beschattungs-einrichtungen und Niedertemperaturheizungen entspricht den Entwurfsvorgaben eines ökonomischen Baus mit sparsamer Konstruktions- und Materialwahl und der Möglichkeit der Kosteneinsparung durch Selbsthilfe.

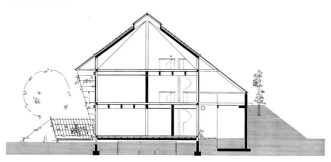

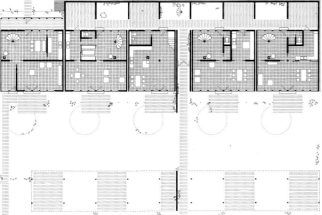

Bauherr:	M + G Aigner, B de Siano, W. Matschke, C + J Pschierer, B + G Reichel
Planung:	Reinhold Tobey, München
Ort:	München-Eching / D
Funktion:	Reihenhauswohnanlage mit 5 Wohneinheiten
Fertigstellung:	1987
verbaute Fläche:	552 m²
Energiekonzept:	Südorientierung, große Verglasungsflächen im Süden, nordseitige Pufferzone

Wohnsiedlung „Naturnahes Wohnen", Wien

Planung: Martin Treberspurg

Diese Wohnhausanlage der Gemeinde Wien liegt in der Umgebung des Nationalparks Lobau-Donauauen. Das Grundstück ist Teil eines Einfamilienhausgebietes, das im Süden vom Mühlwasser, einem Seitenarm der Donau, und im Norden von den Wohnblöcken des anschließenden Stadterweiterungsgebietes begrenzt wird.

Die Anlage besteht aus zwei- bzw. dreigeschossigen Reihenhäusern mit max. 6 Einheiten. Die Häuser sind entsprechend der gewinnmaximierenden Solarstrategie ausschließlich nach Süden orientiert. Der Abstand der Zeilen ist dabei so gewählt, daß einerseits eine optimale Besonnung im Winter gewährleistet ist, andererseits aber auch eine dem Grundstück angemessene Dichte erreicht wird (GFZ: 0,58).

Mit einem Wärmeverbrauch von weniger als 40 kWh/m^{2}a entsprechen die einzelnen Häuser den Anforderungen für Niedrigenergiehäuser. Obwohl die Wohnhausanlage im engen finanziellen Rahmen des sozialen Wohnbaus realisiert wurde, war es durch eine wirtschaftlich optimierte Baukonstruktion möglich, solartechnische und bauökologische Maßnahmen umzusetzen.

Was die innere Raumaufteilung betrifft, so teilt prinzipiell eine Mittelmauer die Reihenhäuser in zwei Zonen. Im Norden befinden sich Küchen, Naßräume und diverse Abstell- bzw. Schrankräume. Im Süden sind Wohn- und Schlafräume situiert. Den beiden Zonen vorgelagert sind zweigeschossige Wintergärten und mit Glastafeln geschützte Loggien. Wintergärten und große Südfenster ermöglichen passive Sonnenenergiegewinne, die Mittelmauer aus schwerem Ziegel dient als Wärmespeichermasse.

Bei einer Musterzeile aus 5 Wohneinheiten sind solartechnische Maßnahmen ausgeführt, die bisher im Gemeindewohnbau noch nie eingesetzt wurden und durch deren erstmaligen Einsatz die Gemeinde Wien als Bauherr Langzeiterfahrungen für künftige Bauvorhaben gewinnen möchte. Neben drei verschiedenen Systemen der transparenten Wärmedämmung sind dies diverse Hochisolationsgläser mit entsprechenden Rahmenkonstruktionen und ein Lichtlenkelement bei einem der Lichtsheds.

Die Glasdächer über den Loggien dienen auch der Beschattung der dahinterliegenden Fenstertüren. Beidseitig versetzt aufgebrachte Siebdruckstreifen bewirken, daß die steile Sommersonne reflektiert wird, die flacheren Sonnenstrahlen im Frühjahr und Herbst hingegen ungehindert einfallen können.

Ein wesentliches Kriterium bei der Auswahl der verwendeten Baustoffe war, daß diese in Produktion und Entsorgung umweltfreundlich, bauphysikalisch und baubiologisch einwandfrei sind, eine entsprechende Lebensdauer aufweisen und in der Produktion wenig Energie benötigen. Die Wärmedämmung der Außenwände besteht aus 14 cm dickem Kork. Als Deckschicht dient ein diffusionsoffener mineralisierter Putz, der entsprechend dem differenzierten Farbkonzept eingefärbt ist.

Beheizt wird die Siedlung über Fernwärme; die Gartenbewässerung und WC-Spülung werden mit Brunnenwasser über eine separate Brauchwasserleitung versorgt.

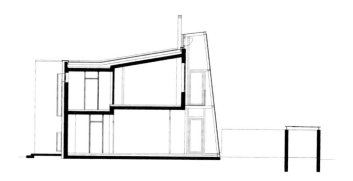

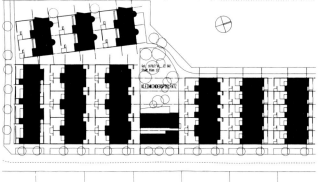

Bauherr:	Gemeinde Wien, Magistratsabt. 24
Planung:	Martin Treberspurg, Wien
Ort:	Wien 22/A
Funktion:	Reihenhausanlage, 41 Wohnungen
Energietechnik:	Wilhelm Hofbauer, Wien
Fertigstellung:	1996
verbaute Fläche:	6254 m²
umbauter Raum:	21.214 m³
Energiekonzept:	Südorientierung, Wintergärten, Speichermassen, Lichtlenkelement, Transparente Wärmedämmung, Hochisolationsgläser

Wohnsiedlung Kamillenweg in Wien-Stadlau

**Planung: Georg W. Reinberg,
Martin Treberspurg,
Erich Raith**

Entsprechend seiner Umgebung in einem weithin unbebauten Stadterweiterungsgebiet in den Wiener Donauauen, das hauptsächlich von Kleingartenstrukturen geprägt wird, stellt das Projekt eine kleine, gut bewohnbare Siedlung von einfachen Reihenhäusern dar.

Die Häuser gruppieren sich in drei verschieden langen, aufgelockerten Zeilen um einen zentralen Freibereich, der den Mittelpunkt der Siedlung darstellt. Alle Häuser sind nach Süden orientiert. Die Abstände zwischen den Zeilen garantieren eine optimale Besonnung im Winter. Ein kleiner vorhandener Teich im Zentrum der Anlage wurde als Biotop in das Konzept integriert, das vom Restregenwasser der Grasdächer gespeist wird. Über dem Biotop befindet sich die Terrasse des Gemeinschaftshauses, dem die üblichen Funktionen, wie Hobbyraum, Kindergruppenraum und Sauna zukommen. Die gesamte Westfassade des Gemeinschaftshauses ist verglast. An der Ostseite befinden sich Lagerräume und die PKW-Abstellplätze für die nur fußläufig erschlossene Siedlung.

Die 10 Reihenhäuser werden von überdachten Wegen an der Nordseite erschlossen. Das begrünte Pultdach steigt nach Süden an. Eine massive Mittelmauer teilt die Häuser in zwei Zonen. Im Norden befinden sich Erschließungswege und untergeordnete Räume, die Südzone bilden die Wohn- und Schlafräume. Ihnen vorgelagert ist eine dritte Zone mit zweigeschossigen Wintergärten.

Wintergärten und große Südfenster sorgen für passive Sonnenenergiegewinne, die Mittelmauer dient als Speichermasse. Die Luft, die im Wintergarten aufsteigt gelangt in die Schlafräume und kann über die Stiegenräume an der Nordseite zirkulieren. Zur Be- und Entlüftung der Glashäuser wurde eine spezielle Lüftungswalze entwickelt. Durch ein einfaches Klappensystem kann die erwärmte Luft aus dem Glashaus im Winter in die Wohnräume und im Sommer direkt ins Freie gelenkt werden. Zur richtigen Bedienung nicht nur dieser Einrichtung, sondern des gesamten Sonnenhauses wurde den Mietern eine Benutzerfibel mitgeliefert.

Die massiven Außenmauern wurden gut gedämmt, mit einer Holzverschalung versehen und farbig gestrichen. Einer einheitlich blaugrauen Nordfassade stehen bunt gestrichene Südansichten gegenüber, die wesentlich zur Belebung der Anlage beitragen.

Bauherr:	„Neues Leben", gemeinnützige Bau-, Wohn- und Siedlungsgenossenschaft
Planung:	Arge Architekten Reinberg – Treberspurg – Raith, Wien
Ort:	Wien 22 / A
Funktion:	Reihenhausanlage mit 10 Wohneinheiten
Energietechnik:	W. Hofbauer, W. Pokorny, Wien
Fertigstellung:	1991
verbaute Fläche:	1.328 m²
umbauter Raum:	6.351 m³
Energiekonzept:	Südorientierung, Wintergärten, Speichermassen

Wohnhausanlage Ganghoferstraße, München

Planung: Christian Raupach, Günther F. Schurk

Das innerstädtische Grundstück im Stadtteil Sendling blieb aufgrund der schwierigen Lagebedingungen jahrzehntelang unbebaut. Es liegt im Schnittpunkt einer stark befahrenen S- und Eisenbahnlinie und einer mit über 47.000 Fahrzeugen pro Tag belasteten Ein- und Ausfallstraße.

Ziel der Wohnungsbaugesellschaft war es, trotz intensiver Ausnutzung des Grundstückes gute Wohnqualität im öffentlich geförderten Wohnungsbau zu erreichen. Sinnvolle Maßnahmen gegen die vorhandenen Lärm- und Schadstoffemissionen bei niedrigen Herstellungskosten und die Belange des ökologischen Bauens waren wichtige Parameter der Planung.

Der Entwurf der Architekten Raupach & Schurk sieht eine für dieses Quartier typische Blockbebauung vor. Sie bildet hufeisenförmig den südlichen Abschluß der vorhandenen Gebäude. Dadurch entsteht ein ruhiger Innenhof, der die großzügigen Spielflächen für Kinder aufnimmt. Das differenzierte Wohnungsangebot wird von einer in das Wohngebäude eingefügten Kindertagesstätte ergänzt.

Die drei Gebäude der Wohnanlage sind in Stahlbetonschotten-Konstruktion mit gleichen Achsabständen konstruiert. Somit können die Außenwände als nicht tragend ausgeführt werden. Sie bestehen überwiegend aus vorgefertigten Fassadenelementen in hochwärmegedämmter Holzständerbauweise.

Auf die Vermeidung von Kältebrücken wurde größte planerische Sorgfalt gelegt. Bei der Auswahl und Verwendung aller Baumaterialien wurde auf ökologische Verträglichkeit und Langlebigkeit geachtet.

Das energetische Gesamtkonzept des Niedrigenergiegebäudes wurde in enger Zusammenarbeit mit dem Fraunhofer Institut für Bauphysik in Stuttgart entwickelt. Basis des Energiekonzeptes sind aufeinander abgestimmte gestalterische, konstruktive und bauphysikalische Elemente, verbunden mit der verstärkten Nutzung der Sonnenenergie. Bei der Auswahl der Maßnahmen wurde darauf geachtet, daß für die künftigen Mieter keine finanziellen Mehrbelastungen entstehen.

Im einzelnen sind dies der sehr kompakte Baukörper mit einem Oberflächen-Volumen-Verhältnis von 0,41, die wärmedämmtechnisch hochwertige Gebäudehülle, innovative Fenstersysteme mit Wärmeschutzverglasung, die Immissionsschutzwand aus Glasfaltelementen und die Solaranlage für die Brauchwassererwärmung. Im Attikageschoß kommen zudem vier verschiedene Systeme von hybriden Solarheizungen und zwei unterschiedliche transparente Wärmedämmsysteme zum Einsatz. Bei 3 Systemen der Solarheizung wird die Sonnenstrahlung über Luftkollektoren, bei einem 4. System über Wasserkollektoren zur Substitution der Heizenergie herangezogen.

In 2 Wohnungen sind die Wohntrennwände als durchströmte Betonhohlkörper ausgebildet. In einer Wohnung wird das erwärmte Wasser nach dem Prinzip einer Fußbodenheizung durch ein Rohrleitungssystem an den Wohnungstrennwänden geführt. In einer vierten Wohnung wird die durch die Sonnenenergie erwärmte Luft über regulierbare Deckenauslässe direkt der Wohnung zugeführt.

Unter den verschiedenen Maßnahmen zur Energieeinsparung nimmt die Immissionsschutzwand des Südgebäudes eine Sonderstellung ein. Sie ist in einem Abstand von 2 m vor das Gebäude gestellt und schafft so eine unbeheizte Pufferzone vor den Wohnungen. Da die Pufferzone – ähnlich einer Loggia – von den Wohnungen aus zugänglich ist, entsteht hier zusätzlich attraktiver Wohnraum. Die Immissionsschutzwand besteht aus einzelnen Glasflächen, die von den Wohnungen aus geöffnet, gefaltet und verschoben werden können. Das Bauvorhaben wurde im Rahmen des sozialen Wohnbaus errichtet und öffentlich gefördert. Mehraufwendungen zur Reduzierung des Energieverbrauchs konnten durch einen Mietzuschlag finanziert werden, der die Warmmiete nicht erhöht.

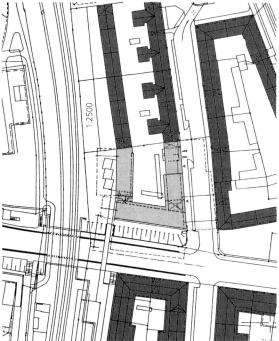

Bauherr:	Gemeinnützige Wohnstätten- und Siedlungsgesellschaft, München
Planung:	Christian Raupach, Günther Schurk, München
Ort:	München/D
Funktion:	Mehrfamilienhaus mit 79 Wohnungen
Energietechnik:	Fraunhofer Institut für Bauphysik
Fertigstellung:	1996
Energiekonzept:	Kompakter Baukörper, Immissionsschutzwand, hohe Wärmedämmung, Solarkollektoren

„Ökohaus Pariser Straße" in München

Planung: Arche Nova – P. Krusche, R. Maissner

Der ökologisch sanierte Mietwohnungsbau ist Bestandteil eines Blocks mit typisch gründerzeitlicher Bebauung. Durch den Abbruch von Hofeinbauten und den Bau von Tiefgaragen sowie die Zusammenlegung der Höfe sind großräumige Freiflächen für Mietergärten, Spielflächen und Gemeinschaftseinrichtungen entstanden.

Im Haus selbst wurden 7 Wohnungen saniert sowie, durch den Ausbau des Dachgeschosses, 2 weitere Wohnungen geschaffen. Die Mieter waren an den Planungsüberlegungen beteiligt, sodaß auf die Bedürfnisse der Bewohner eingegangen werden konnte. Alle Wohnungen haben große, nach Süden orientierte Wohnküchen mit vorgelagerten, teilweise verglasten Balkonen, die einen durch die Einfachverglasung schnell reagierenden Klimapuffer darstellen. Die Erdgeschoßwohnung mit direkter Verbindung in den Garten wurde behindertengerecht ausgeführt.

Alle Fenster wurden mit Wärmeschutzglas verglast, straßenseitig sollen Kastenfenster zur weiteren Energieeinsparung beitragen. Zur aktiven Sonnenenergienutzung wurden auf dem Dach Sonnenkollektoren angebracht, die zur Brauchwassererwärmung dienen. Über einen Wärmetauscher im Keller wird dem Wasch- und Badeabwasser Wärme entzogen, die zur Vorwärmung des Brauchwassers verwendet wird. Der Abluft aus Bad, Küche und dem Klimapuffer wird über Gas-Absorptionswärmepumpen Wärme entzogen, die der Raumheizung oder zur Erwärmung des Brauchwassers dient. Ein zusätzlicher, konventioneller Gas-Heizkessel wurde für Spitzenbelastungen installiert.

Das im Wärmetauscher abgekühlte Abwasser soll über eine Scheibentauchtropfkörper-Anlage gereinigt und in einem Aktivkohlefilter von letzten organischen Verunreinigungen befreit werden.

Die Naßmüllkompostieranlage verwandelt organischen Abfall auf natürliche Weise in Kompost, der zum Düngen der Gärten und Balkonkästen verwendet wird. Anorganischer Restmüll wird getrennt gesammelt und der Wiederverwertung zugeführt.

Das „Ökohaus Pariser Straße" stellt als Modellsanierung ein Pilotprojekt dar. Technische Daten der einzelnen Energiesparmaßnahmen werden aufgezeichnet, um Erfahrungen für weitere Projekte zu gewinnen.

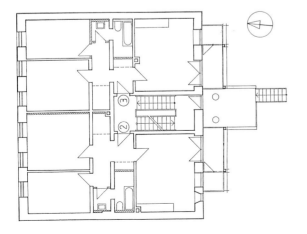

Bauherr:	Münchner Gesellschaft für Stadterneuerung mbH MGS
Planung:	Arche Nova – Per Krusche, Rudolf Maissner, München
Ort:	München – Haidhausen / D
Funktion:	Mehrfamilienhaus (Sanierung) mit 9 Wohneinheiten
Energietechnik:	Fraunhofer Institut für Bauphysik, Stuttgart
Fertigstellung:	1989
verbaute Fläche:	200 m²
umbauter Raum:	3.879 m³
Energiekonzept:	südorientierte, verglaste Loggien als Klimapuffer, Sonnenkollektoren, Wärmerückgewinnung aus Abluft und Abwasser

Solarhaus Lützowstraße in Berlin

Planung: G. Hillmann, H. Schreck, J. Nagel

Das Gebäude wurde im Rahmen des Forschungsprojektes „Hybride und passive Solarsysteme für Energiespargebäude" als Forschungs- und Demonstrationsprojekt entwickelt und stellt eine Kombination von aktiven und passiven Systemen dar. Das 1988 fertiggestellte Wohnhaus steht im Tiergartenviertel, einem Gebiet mit mehrgeschossiger Blockbebauung. Auf 7 Ebenen sind insgesamt 31 Split-Level Wohnungen untergebracht. Im Untergeschoß befinden sich Tiefgarage, Keller und Versorgungsräume.

Die Wohnungen in den unteren Geschossen werden wie Reihenhäuser über separate Eingänge erschlossen. Alle anderen Wohnungen erreicht man über ein zentrales Treppenhaus und zwei an der Nordseite gelegene Laubengänge.

Die Wohnungen im 1. und 4. Abschnitt werden konventionell beheizt. Im 2. und 3. Abschnitt befinden sich ein- und zweigeschossige Wohnungen, die mit hybriden und passiven Sonnenenergiegewinnsystemen ausgestattet sind. Den Abschluß bilden Wohnungen mit Atrium und Dachterrasse im 5. Abschnitt.

Der horizontalen Zonierung entspricht die Grundrißeinteilung mit nördlicher Erschließung, Wohn-Eßräumen und Wintergärten im Süden sowie Küchen und Bädern im warmen Kernbereich. Die Aufsplittung der Grundrisse ermöglicht eine Besonnung der tieferliegenden nördlichen Bereiche bei flach einfallender Wintersonne.

Die Wohnungen des 2. und 3. Abschnittes besitzen 1- oder 2-geschossige, allseitig verglaste Wintergärten, die vom Wohn-Eßraum umschlossen werden. Der aus der Fassade herausragende Teil des Wintergartens kann mittels geschoßhohen, gedämmten Schiebepaneelen abgetrennt werden, um einen temporären Sonnen- oder Wärmeschutz zu bieten. Die Paneele sind manuell zu bedienen und können tagsüber in Taschen hinter den Sonnenkollektorflächen der Fassade untergebracht werden, wo sie zur Verbesserung des Wärmeschutzes beitragen. Die zweifachverglasten Fassaden-Luftkollektoren, die zwischen den Wintergärten angeordnet sind, liefern Warmluft, die über Ventilatoren durch die Hohlkörperdecken geschickt werden kann. Zeitversetzt kann die Solarenergie durch Strahlung über die Betondecke den Nordräumen zugeführt werden, was zur Reduzierung der Heizlasten beiträgt. Die Kollektoren sind nur während der Heiz- und Übergangsperiode in Betrieb.

Die Belichtung und Besonnung der Dachgeschoßwohnungen erfolgt über verglaste Atrien. Über eine kleine Galerie im Atrium gelangt man auf die Dachterrasse. Als Wärmeschutz- sowie Beschattungsmaßnahme können die einzelnen Kastenfensterelemente bei Bedarf mit Styroporkügelchen gefüllt werden. Diese können ebenso individuell steuerbar wieder abgesaugt werden.

Das Wohngebäude ist an das Fernwärmenetz der Stadt Berlin angeschlossen. Die Übergabestation befindet sich im Keller. Die Wärmeabgabe erfolgt über Radiatoren. Auch die Erwärmung des Brauchwassers erfolgt über das Fernwärmenetz.

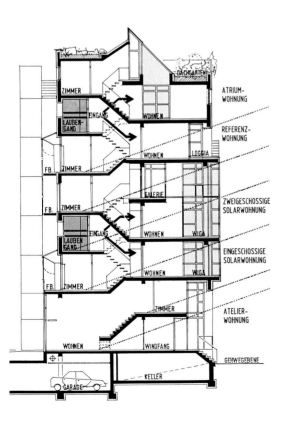

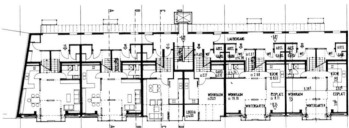

Bauherr:	Lützow Wohnen KG, Haberent Grundstücks GmbH
Planung:	IBUS-Institut für Bau-Umwelt- und Solarforschung GmbH- G. Hillmann, H. Schreck, J. Nagel, Berlin
Ort:	Berlin-Tiergartenviertel / D
Funktion:	Mehrfamilien-Wohnhaus mit 32 Wohneinheiten
Energietechnik:	Frauenhofer Institut für Bauphysik, Stuttgart
Fertigstellung:	1988
verbaute Fläche:	503 m²
umbauter Raum:	12.608 m³
Energiekonzept:	Wintergärten und Atrien, Fassaden-Luftkollektoren

Wohnbebauung Lewishamstraße in Berlin Charlottenburg

Planung: Jürgen Sawade

Die Wohnbebauung in der Lewishamstraße stellt einen Versuch dar, die von einem neuen Straßenzug brutal durch den alten Baublock aus den 60er Jahren geschlagene Bresche städtebaulich zu sanieren. Sie besteht aus vier 6-geschossigen Eckbauten mit insgesamt 60 Wohneinheiten, die den verbliebenen Rest des Wohnblocks zur Straße hin abschließen und komplettieren. Baufluchten, Traufhöhen und Altbaufassaden wurden in Proportion und Erscheinungsbild berücksichtigt. Die zur Lewishamstraße gerichteten Fassaden erhielten vorgelagerte Wintergärten, die als effektiver Schallschutz, aber auch als Klimapuffer fungieren und, im klaren Kontrast zu den übrigen Fassaden, als einheitliches Erscheinungsbild der vier Gebäude, auch zur gestalterischen Sanierung des Blocks beitragen. Den Ausgleich für die fehlenden Grünflächen in Straßenebene bilden die begehbaren Dachterrassen. Hier gibt es Pergolen und überdachte Spiel- und Sitzbereiche. Ein bepflanzbares abgeschrägtes Gitter als Abschirmung soll dem Gebäude ein grünes Dach verleihen.

Konstruktiv bestehen die vier Häuser aus vorfabrizierten Stahlbetonschotten mit Massivdecken und vorgehängten Stahlbeton-Sandwich-Fertigteilen. Die Außenwand des Wintergartens ist eine wärmegedämmte Aluminium-Glas-Vorhangfassade mit 2-facher Thermoplus-Verglasung. Die Innenwand des Wintergartens besteht aus einer Holzkonstruktion mit Einfachverglasung.

Der Luftpolster zwischen diesen beiden Verglasungsebenen vermindert den Straßenlärm um 3/5 und bildet gleichzeitig einen Wärmepuffer, der etwa 10% an Heizkosten einspart.

Die Frischluft aus dem Wintergarten wird über einen schallgedämmten Verbindungskanal unterhalb der Decke in den Wohnraum geführt. Der Wintergarten selbst wird über eine Nachstromöffnung belüftet, die bei niedriger Außentemperatur geschlossen werden kann. Im Sommer werden alle Klappen geöffnet und der Wintergarten durch die Kaminwirkung automatisch entlüftet.

Die Wintergärten stellen eine flexible Zone vor den Aufenthaltsräumen dar, die zum Beispiel als Pflanzbereich, Sitzplatz oder erweiterter Spielbereich Verwendung finden.

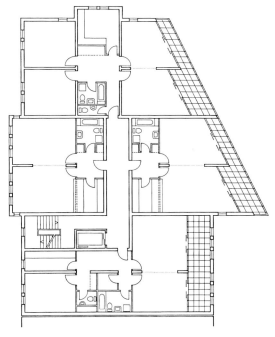

Bauherr:	Südwest Boden GmbH & Co
Planung:	Jürgen Sawade, Berlin
Ausführung:	Otremba Baubetreuung GmbH
Ort:	Berlin-Charlottenburg / D
Funktion:	4 Mehrfamilienhäuser mit insg. 60 Wohneinheiten
Fertigstellung:	1981
Nutzfläche:	5,402 m²
umbauter Raum:	28.074 m³
Energiekonzept:	Wintergärten als Wärme- und Schallpuffer

Sanierung der Wohnbauten Georg-Kempf-Straße, Zürich

Planung: ZANONI Architekten

Die Wohnbauten der Georg-Kempf-Straße wurden 1968 in einem Neubauquartier in Zürich-Affoltern errichtet. Die attraktive Lage am Rande der Bauzone ermöglicht einen sehr schönen Weitblick in das unmittelbar angrenzende Naherholungsgebiet.

Die damals gewählte Bau- und Konstruktionsweise führte dazu, daß sich die Gebäudehülle vor der Erneuerung in sehr unbefriedigendem Zustand befand. Die Energieverluste beim Betrieb des Gebäudes waren beträchtlich und nicht weiter verantwortbar. Zudem waren alle Sichtbetonteile sanierungsbedürftig.

Der gut durchmischte Wohnungsschlüssel und die Grundrißqualitäten waren ansprechend, weshalb auf eine Gesamterneuerung mit Eingriffen in die innere Raumstruktur verzichtet wurde. Aufgrund dieser Ausgangslage realisierten die Architekten eine vollständige Erneuerung der Gebäudehülle mit konstruktiv differenzierten Lösungen für die verschiedenen Fassaden.

Die Wohnbauten wurden mit Ausnahme der Westseite in der gewohnten Erscheinungsform belassen. Ost-, Nord- und Südfassaden erhielten eine Außenwärmedämmung aus mineralischer, dampfdiffusionsoffener Wärmedämmung und einem mineralischen Dreischichtputz.

Im Westen verleiht die prägnante Erneuerung dem Gebäude ein attraktives Erscheinungsbild. Die durchgehenden Wärmebrücken bei den Balkonen wurden eliminiert, indem die Verglasung auf der gesamten Westfassade vorgehängt wurde. Die oberste und die unterste Balkonplatte wurde konsequenterweise ebenfalls gedämmt. Durch diese Konstruktion entsteht ein zusätzlicher, zeitlich begrenzt nutzbarer Raum. Dieser wird durch die Sonneneinstrahlung und die Gebäudewärme temperiert. Bei sachgerechter „Benutzung" kann ein wesentlicher Energiespareffekt erzielt werden. Ungefähr die Hälfte der Fensterflächen ist als Fixverglasung ausgebildet, während der Rest mittels Parallel-Hebe-Schiebeflügel zu öffnen ist. Dadurch kann der Wintergarten zum offenen Balkon umgewandelt werden.

Als Grundkonstruktion des neuen Wintergartens dienen feuerverzinkte Metallschwerter, die jeweils an der Deckenstirn der bestehenden Balkonplatten befestigt sind. Mit dieser Sekundärstruktur wird einerseits die Geometrie des Gebäudes aufgenommen, andererseits werden auch die beträchtlichen Maß-Ungenauigkeiten des Baukörpers ausgeglichen. Zwischen diesen Schwertern ist die ganze Fassade in Form addierter, immer gleicher Elemente befestigt.

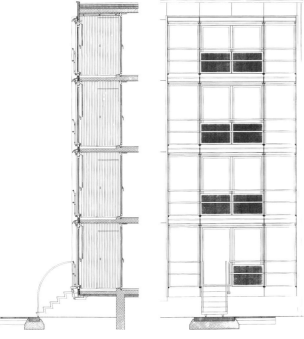

Bauherr:	Pensionskasse der Cosatec AG
Planung:	ZANONI Architekten, Zürich
Ort:	Zürich/CH
Funktion:	Mehrfamilienwohnhaus, 28 Wohnungen
Energietechnik:	Raymond Osterwalder, Dübendorf
Fertigstellung:	1995
verbaute Fläche:	2544 m^2
umbauter Raum:	8006 m^3
Energiekonzept:	Wintergärten verbesserte Wärmedämmung

Umbau und Sanierung der Wohnhausanlage Loretohöhe, Zug

Planung: Geiger Architekten

Nicht weit vom Zentrum der Stadt Zug, und doch fast schon im Grünen gelegen, bietet der Wohnbau aus dem Jahre 1971 einiges an Wohnqualität.

Eine Sanierung sollte nicht nur die offensichtlichen Bauschäden beheben, sondern auch den veränderten Bedürfnissen Rechnung tragen.

Der Energieverbrauch war ungefähr dreimal so hoch wie der in der SIA Norm 380/1 definierte Zielwert (70 kWh/m^{2}a). Im Balkonbereich bestanden Wärmebrücken, die neben einem beträchtlichen Energieverlust auch zu großen Feuchtigkeitsschäden geführt hatten. Zusammen mit den beigezogenen Spezialisten wurde ein Sanierungskonzept im Sinne eines „neuen Kleides" entwickelt.

Die Stirnfassaden wurden mit einer zusätzlichen Dämmung und einer neuen Außenhaut aus Aluminiumlamellen verkleidet. Neue Fenster und eine zusätzliche Verkleidung heikler Übergänge an Ost- und Westfassade garantieren einen Heizenergieverbrauch, der deutlich unter 83 kWh/m^{2}a liegt.

Die Mieter wurden von Anfang an in den Bauprozeß miteinbezogen. Bei Informationsmeetings stellten Architekt und Bauherr ihr Konzept vor und nahmen auch Anregungen und Wünsche von Seiten der Mieter auf.

Der ursprünglich ungenügenden Belichtungssituation von Eßplatz und Wohnzimmer wurde mit der neuen Westfassade gebührend Rechnung getragen. Die Eßzimmer sind um Balkontiefe erweitert. Die restlichen Balkonflächen sind mittels Glasfaltwänden aus hochwärmedämmendem Glas zu Wintergärten umgewandelt. Das somit erhöhte Nutzungspotential stellte für die Mieter eine entscheidende Wohnwertsteigerung dar.

Das architektonische Konzept sah vor, die bestehenden räumlichen Qualitäten sowie das Erscheinungsbild einer gestaffelten Bauweise zu verstärken und nur dort räumlich und konstruktiv zu ergänzen, wo es notwendig schien. Der feingliedrige Aufbau der Westfassade findet seinen Abschluß in neuen Vordächern, welche die einzelnen Volumina nach oben räumlich abschließen. Die Glasschiebewände der Balkonverglasung sowie bunte Stoffstores, mit denen die Glasflächen beschattet werden können, geben den Mietern die Möglichkeit, das Raumklima des Wohnraumes zu regulieren. Gleichzeitig geben diese unterschiedlichen Einstellmöglichkeiten jeder Wohnung ihren individuellen Charakter. Auf der Eingangsseite wurde versucht, die markante Vertikalteilung der Fassade beizubehalten und mit neuen Verkleidungen unterschiedlicher Färbung zu betonen.

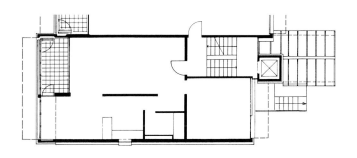

Bauherr:	Jacques Nauer, Zug
Planung:	Geiger Architekten, Steinhausen/CH
Ort:	Zug/CH
Funktion:	Mehrfamilien-Wohnhaus mit 29 Wohnungen
Fertigstellung:	1996
Wohnfläche:	2690 m²
Energiekonzept:	Südfenster, verglaste Veranda

Wohnhausanlage in Marostica, Italien

Planung: COOPROGETTO s.c.r.l.

Die Wohnhausanlage steht in einem Neubaugebiet in Marostica, in der Nähe von Vicenza. An einem leichten Südhang sind drei zweigeschossige und ein viergeschossiger Riegel hintereinander gestapelt. Der Abstand zwischen den Zeilen sowie die Dachform erlauben eine optimale Besonnung der Südfassaden auch im Winter. Der viergeschossige Riegel im Norden beinhaltet 16 Geschoßwohnungen, die drei Zeilen insgesamt 24 Reihenhäuser.

Die tragenden Längswände sind aus Stahlbeton. Auf ihnen liegen vorgefertigte Hohldeckenelemente, die teilweise mit Polystyrol gefüllt sind. Das kupfergedeckte Dach ruht auf Stahlträgern.

Küchen und Nebenräume sind nach Norden orientiert, Wohn- und Schlafräume nach Süden. Die Südfassade besteht ausschließlich aus Fenstern und Paneelen mit transparenter Wärmedämmung, die beide in rotem Stahl gefaßt sind. Die Paneele bestehen aus einer äußeren Einfachverglasung, einem Luftraum und schwarz gefärbten Aluminiumteilen. Ein zweiter Luftraum trennt sie von den wärmegedämmten Stahlbetonwänden. In den Hohldielendecken befinden sich Rohre zur Verteilung der Warmluft aus diesen Luftkollektoren. Im Kollektor gibt es pro Geschoß jeweils innen- und außenliegende, obere und untere Klappen, die je nach Jahreszeit miteinander kombiniert werden können.

Im Winter werden die oberen Klappen zwischen Deckenhohlraum und Kollektor geöffnet und die Decke wird erwärmt, bevor die Warmluft über Öffnungen an der Nordseite ins Innere gelangt. Durch Öffnen der inneren, unteren Rücklaufklappen an der Südseite kann die Luft zirkulieren. In der Nacht werden die Klappen geschlossen und es wird die Wärmestrahlung der Decken genutzt.

Im Sommer bleiben die inneren Klappen geschlossen. Durch Öffnen der äußeren Klappen kann die Warmluft entweichen und das System wirkt als Solarkamin.

Da jede der Wohnungen sowohl über Süd- als auch Nordfenster verfügt, ist eine optimale Belüftung gewährleistet. Alle Fenster sind 2-fach verglast und mit außenliegendem Sonnenschutz ausgestattet. Als Erker ausgebildete Wintergärten im viergeschossigen Riegel erhöhen die passiven Sonnenenergiegewinne.

Jede Wohnung verfügt über eine eigene, gasbetriebene Zusatzheizung. Die Heizkörper werden raumweise über Thermostate gesteuert. Sonnenkollektoren an der Südseite der Dächer dienen der Warmwasserbereitung.

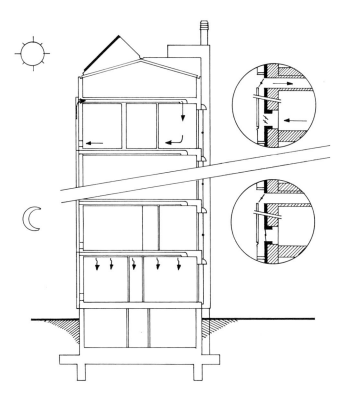

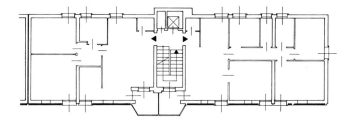

Bauherr:	Co.Ve.Co. Cooperativa Marostica
Planung:	Cooprogetto s.c.r.l. Ing. T. Constantini, Vicenza / I
Ort:	Marostica / I
Funktion:	Wohnsiedlung mit 40 Wohneinheiten
Fertigstellung:	1984
verbaute Fläche:	ca. 3.328 m²
Energiekonzept:	Südorientierung, Wintergärten, Fassaden-Luftkollektoren, Sonnenkollektoren

Wohnhausanlage Brünner Straße–Empergergasse

Planung: **Georg W. Reinberg, Martin Treberspurg, Erich Raith**

Die Niedrigenergie-Wohnhausanlage mit insgesamt 215 Wohneinheiten ist Teil eines größeren Stadterweiterungsgebietes im Norden Wiens. Das langgestreckte Grundstück liegt direkt an einer stark befahrenen Ausfallsstraße. Eine geschlossene, riegelartige, 5-geschossige Bebauung schirmt das Grundstück nach Westen ab. Dieser Riegel wird im Norden durch einen Ausleger, im Süden durch einen ausgeschwenkten Kopfbau abgeschlossen.

Im Osten befinden sich, in schall- und windgeschützter Lage, zehn 3-geschossige Zeilenbauten mit je 4 Maisonetten und darüberliegenden Garconnieren. Diese sind – der gewinnmaximierenden Solarstrategie entsprechend – südorientiert und mit Sonnenfenstern und zweigeschossigen Wintergärten ausgestattet. Das geschoßweise Vorspringen der Südfassade bewirkt im Sommer einen ausreichenden Sonnenschutz für die unteren Geschosse, ohne die Sonneneinstrahlung im Winter zu beeinträchtigen.

Sämtliche Wohnungen des Riegels sind nach Osten, zum Garten orientiert und besitzen große Loggien mit nach Süden ausgeschwenkten Sonnenerkern. An der Straßenseite ist den Wohnungen eine verglaste Laubengangzone vorgelagert, die als Schallschutz und als Klimapuffer dient. Ein begrüntes Rankgerüst soll schließlich einen zusätzlichen Filter zur Straße hin bilden. Die Wohnungen des Riegels, die aufgrund des Laubenganges nicht quergelüftet werden können, werden mit einer Be- und Entlüftungsanlage mit Wärmerückgewinnung und Frischluftvorwärmung versorgt.

Auch das südlich gelegene Kindertagesheim besitzt einen großen Wintergarten und ist konsequent nach Süden orientiert.

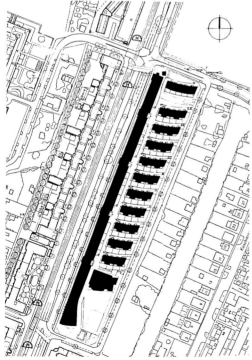

Bauherr:	Gesiba – Gemeinnützige Siedlungs- und Bau AG
Planung:	Arge Architekten Reinberg–Treberspurg–Raith, Wien
Projektleitung:	Martin Treberspurg, Friedl Mühling
Ort:	Wien 21, Brünner Straße
Funktion:	Wohnhausanlage mit 215 WE
Energietechnik:	Techn. Büro Schmidt Schwelch, Wilhelm Hofbauer
Fertigstellung:	1995
verbaute Fläche:	9.228 m²
umbauter Raum:	107.055 m³
Energiekonzept:	Riegel: Pufferzone, Wärmerückgewinnung Zeilen: südorientiert, Wintergärten

Tuberkulosesanatorium in Paimio

Planung: Alvar Aalto

Dem Gebäude liegt ein Entwurf zugrunde, mit dem Alvar Aalto den 1928 ausgeschriebenen Wettbewerb gewonnen hatte. Die architektonische Grundidee bestand darin, ein harmonisches Nebeneinander von Ruhezonen für Patienten und funktionellen Arbeitsbereichen für das Personal zu ermöglichen. Die Orientierung der Krankenzimmer nach Süden soll die Wirkung des Sonnenlichtes in den Heilungsprozeß miteinbeziehen.

Die Anlage gliedert sich in drei Teile. Der große, 6-geschossige Bettentrakt ist nach Südosten, zu Wald und Garten hin orientiert. An der Nordseite liegen die Flure. Am Ostende befinden sich große Liegeterrassen und Balkone. Ein reiner Verkehrstrakt verbindet den Bettentrakt mit den Gemeinschaftsräumen. Hier sind Speisesäle, Unterhaltungsräume, Hobbyzimmer und eine Bibliothek sowie Untersuchungszimmer, Therapie- und Ordinationsräume untergebracht. Die Küchen liegen in einem weiteren, im Norden angrenzenden Block.

Für Ärzte und Angestellte des Sanatoriums gibt es zwei Gruppen von Reihenhäusern, etwas abseits und ohne Verbindung zu den Hauptgebäuden. Auch die Zimmer des Pflegepersonals sind so gelegen, daß die Angestellten so wenig wie möglich an der Sanatoriumsatmosphäre leiden.

Der Tagesablauf des Patienten und sein Erleben des Krankenzimmers bestimmen wesentlich das Konzept. Der Ruhe wegen wurden nur Zweibettzimmer ausgeführt. Die Decken sind in ruhigen, dunklen Farben, die Wände in hellen Tönen gestrichen. Große Fensterflächen sorgen für eine freundliche Atmosphäre. Eine Spezialkonstruktion der Fenster erlaubt ein natürliches Vorwärmen der frisch einströmenden Luft. Die kalte Außenluft strömt diagonal durch den Fensterkasten, wobei die Einfallsöffnungen möglichst vom Patienten entfernt liegen. Ein kleines Fenster unterhalb des Parapets ermöglicht dem liegenden Patienten den Ausblick in die Landschaft.

Die Heizplatten der Deckenstrahlheizung sind so gerichtet, daß die Fußenden der Betten intensiv bestrahlt werden, die Kopfenden aber weitgehend von direkter Strahlung geschützt bleiben.

Da zu helle Stellen im Zimmer die Patienten irritieren, sind alle Beleuchtungskörper für die Patienten unsichtbar angebracht.

Durch Schalldämmaßnahmen an den Flurwänden sollen die üblichen Krankenhausgeräusche ausgeschaltet werden.

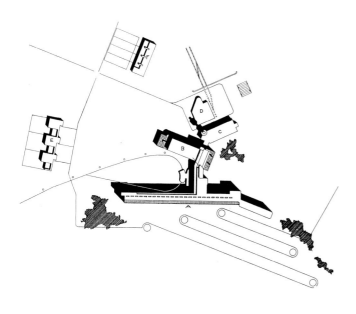

Bauherr:	Stadt Paimio
Planung:	Alvar Aalto, Helsinki
Ort:	Paimio / SF
Funktion:	Sanatorium
Fertigstellung:	1933
verbaute Fläche:	ca. 1.200 m²
Energiekonzept:	Südorientierung, nordseitige Pufferzone, Sonnenfenster

Sanatorium Zonnestraal in Hilversum

Planung: Jan Duiker

Das 1928 errichtete Sanatorium Zonnestraal geht auf eine Initiative des Amsterdamer Diamantenarbeiters Jan van Zutphen zurück, der nach einem Weg suchte, seinen an TBC erkrankten Kollegen zu helfen. Um Geld für seine Bemühungen zu organisieren gründete er den „Copper-Rods-Fonds" und wurde schließlich Präsident der Zonnestraal-Gesellschaft, deren Ziel es war, auf einem neu erworbenen Grundstück in Hilversum ein Sanatorium für TBC-Erkrankte zu errichten.

Wichtige Aspekte dabei waren nicht nur die Behandlung der Patienten, sondern vor allem vorbeugende Maßnahmen sowie eine Beschäftigungstherapie und die Integration der heilenden Wirkung von Sonne und Luft in das Konzept.

Das von Jan Duiker in weißem Beton, Stahl und Glas errichtete Sanatorium besteht, den Bedürfnissen entsprechend, aus mehreren südwest- und südostorientierten, flachen Pavillons. In den beiden Flügeln dieser Pavillons sind auf jeweils zwei Ebenen je 25 Patienten untergebracht. Den Krankenzimmern sind 1,5 m breite, zur Sonne hin orientierte Balkone vorgelagert.

Das Hauptgebäude mit einem Hospital für 28 Patienten beherbergt in drei parallelen Flügeln das medizinische Zentrum im Norden, Terrassen, Bad und Boilerhaus im Süden und die Küche und Labors in der Mitte. Die Auffahrt zum Haupteingang läuft parallel zu den Achsen. Im Obergeschoß befindet sich der Speisesaal.

Das Sanatorium ist für Patienten gedacht, die nur wenige Stunden am Tag aufstehen, in dieser Zeit aber umhergehen und sogar arbeiten dürfen. Ein wichtiger Aspekt ist daher die Orientierung zur Sonne, die die Gliederung der Baumassen, die Freiraumplanung und die äußere Form der Gebäude entscheidend beeinflußt.

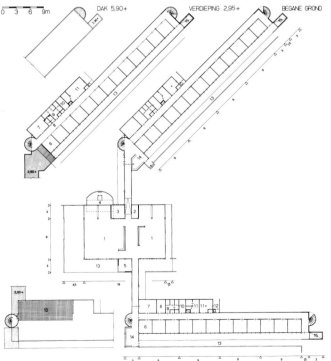

Bauherr:	Zonnestraal Gesellschaft
Planung:	Jan Duiker, DK
Ort:	Hilversum, DK
Funktion:	Sanatorium
Fertigstellung:	1928
verbaute Fläche:	ca. 3100 m²
Energiekonzept:	Südorientierung, nordseitige Pufferzone, Sonnenfenster

Seniorenwohnheim in Straßwalchen

Planung: Markus Pernthaler,
Wolfgang Schwarzenbacher,
Reinhold Tinchon

Das Seniorenwohnheim liegt am Ortsrand der Marktgemeinde Straßwalchen im Bundesland Salzburg. Die Umgebung ist gekennzeichnet durch eine heterogene Ansammlung von Einfamilien- und Reihenhäusern ohne spezifische Prägung.

Hier bildet das Seniorenwohnheim einen neugeschaffenen Fixpunkt, der von einer konvexen, rund 130 m langen Südfassade geprägt wird. Sie verleiht dem Gebäude ein relativ kompaktes Erscheinungsbild. Die der Wirtschaftlichkeit verpflichtete Großform ist durch ihre Krümmung nie zur Gänze sichtbar, d.h. ihre volle Dimension wird in dieser kleinmaßstäblichen Umgebung nicht sofort erfaßbar.

Wesentlich für dieses Erscheinungsbild ist das bei diesem Gebäude verwendete Energiekonzept, das geschickt die Sonneneinstrahlung ausnützt und dabei eine gleichwertige Orientierung aller Wohneinheiten von Südost nach Südwest erlaubt. Die vollflächig verglaste Südfassade wird von breiten, jeweils zwei Zimmern zugeordneten Loggien und einem dazwischen liegenden Wandabschnitt gegliedert. Diese massiven Teile beinhalten die Naßzellen und dienen als Wärmespeichermassen, die direkt hinter der äußeren Glasschicht angeordnet sind.

Die Loggien können mit einfach zu bedienenden, geschoßhohen Glaspaneelen geschlossen und zu Pufferräumen umgebildet werden. Somit kann der Lebensraum für betagte Menschen, deren Mobilität eingeschränkt ist, auf einfache Weise entscheidend erweitert werden, da selbst an kalten sonnigen Tagen die Temperaturen für den Aufenthalt in diesen Pufferräumen ausreichend hoch sind.

Darüber hinaus trägt die solar vorgewärmte Luft dazu bei, den bei Altenwohnheimen besonders hohen Lüftungswärmebedarf zu senken. Die Dachfläche des Technikgeschosses bilden 130 m² Sonnenkollektoren, die zur Deckung des Warmwasserbedarfes beitragen.

In Ergänzung zu den besonnten Wohnräumen entstand eine Folge von Gemeinschafts- und Begegnungszonen mit unterschiedlichen Qualitäten, die den Bewohnern und ihren Gästen komplexe Bewegungs- und Erlebnisräume bieten. Die Grundrißtypologie spiegelt sich auch in der Gestaltung der Fassaden wider; der großen Geste der geschwungenen Südfassade steht eine kubisch gegliederte Fassade im Norden gegenüber.

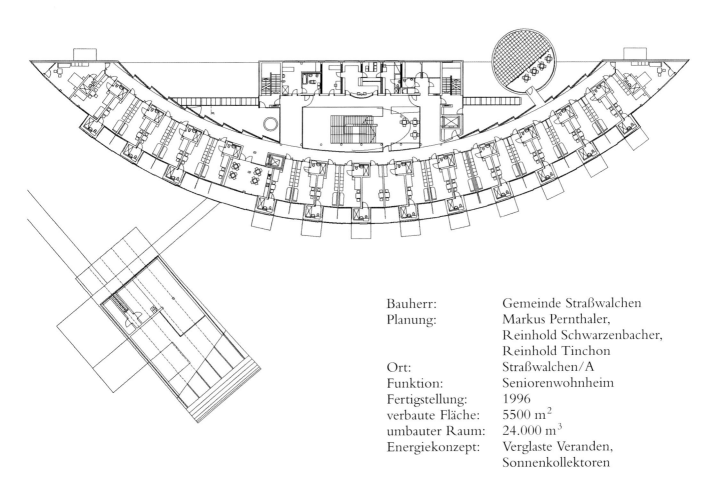

Bauherr:	Gemeinde Straßwalchen
Planung:	Markus Pernthaler, Reinhold Schwarzenbacher, Reinhold Tinchon
Ort:	Straßwalchen/A
Funktion:	Seniorenwohnheim
Fertigstellung:	1996
verbaute Fläche:	5500 m²
umbauter Raum:	24.000 m³
Energiekonzept:	Verglaste Veranden, Sonnenkollektoren

Altenwohnheim „De Overloop" in Almere Haven

Planung: Hermann Hertzberger

Das Altenwohnheim liegt am Rande von Almere, einer Satellitenstadt von Amsterdam. Das Grundstück wurde durch einen künstlichen Damm vom Ijsselmeer getrennt, auf das man von den oberen Geschossen einen imposanten Ausblick genießen kann. Im Osten befindet sich eine große Parkgarage, zu der vom Altersheim eine Verbindung geschaffen wurde.

Das Heim gliedert sich im wesentlichen in zwei voneinander getrennte Gebäudekomplexe. Im drei- bis fünfgeschossigen Hauptgebäude befinden sich 84 Einzimmerwohnungen für alleinstehende Personen und 8 Zweizimmerwohnungen für Ehepaare. Im äußeren, östlichen Flügel sind 20 Zweizimmereinheiten für je zwei Einzelpersonen untergebracht. Der zweite Gebäudekomplex besteht aus 18 Bungalows mit je einer Dreizimmereinheit für zwei Personen. Die Bungalows sind U-förmig angeordnet und bilden die südlichen Begrenzung des Hofes, der an der Nordseite vom Hauptgebäude umschlossen wird. Er stellt mit Wasserbecken und bepflanzter Pergola einen behaglichen Grünbereich dar, in dem man vor dem oft starken Wind Schutz findet.

Das Heim wird von Norden erschlossen. Zu allererst betritt man die zentrale Halle, um die alle gemeinschaftlichen Einrichtungen gruppiert sind und die ein Versammlungsort für diverse Aktivitäten ist. Der Hallenraum führt über alle Stockwerke bis hinauf zum Gemeinschaftsraum mit Aussichtsterrasse, die den höchsten Punkt des Gebäudes darstellt. In der Halle befinden sich auch Lifte und die Haupttreppe. Sie führt von Geschoß zu Geschoß an verschiedenen Stellen entsprechend den günstigsten visuellen Beziehungen, und trägt damit zur Belebung der Halle bei. An den beiden Enden der Wohntrakte gibt es weitere Fluchttreppen.

Die Wohnhöfe der Bungalows sind nach Süden orientiert und daher vom Gartenhof, von dem aus die Häuser erschlossen werden, abgewandt. Die Wohnungen des Hauptgebäudes sind ausschließlich nach Süden bzw. Westen, größtenteils zum Hof hin orientiert.

Alle Geschoßwohnungen, die keinen eigenen Ausgang ins Freie besitzen, verfügen über einen Wintergarten oder Balkon, der es den Bewohnern erlaubt, solange wie möglich die Sonne zu nutzen.

Dies ist eines der wenigen bekannten Beispiele für den konsequenten Einsatz von Wintergärten bei Altenwohnheimen.

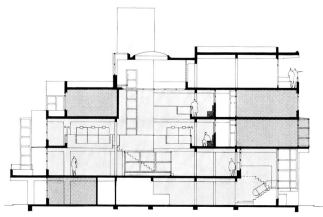

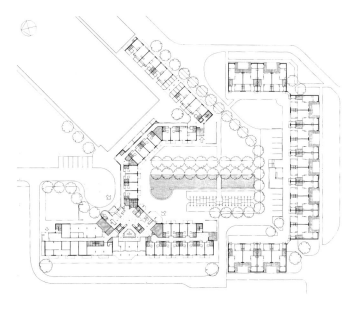

Bauherr:	Nederlandse Centrale voor Huisvesting Bejaarden
Planung:	Hermann Hertzberger, Amsterdam
Ort:	Almere / NL
Funktion:	Altenwohnheim
Fertigstellung:	1984
verbaute Fläche:	7.530 m²
Energiekonzept:	Südorientierung, Wintergärten

Altersheim „Marie von Boschan Aschrott Stiftung" in Kassel

Planung: Otto Häsler, Karl Völker

Der Entwurf zu diesem Altenheim für alleinstehende Damen ist das Ergebnis eines Wettbewerbes, zu dem die bedeutendsten deutschen Architekten der Moderne geladen waren, und den Otto Häsler und Karl Völker 1927 gewonnen hatten.

Das Altenheim besteht aus zwei parallelen fünfgeschossigen Wohnflügeln von ca. 63 m Länge, die sich in Ost-Westrichtung erstrecken. Ein zweigeschossiger Quertrakt verbindet an der Ostseite die beiden Riegel miteinander und ragt an der Südseite aus dem Baukörper heraus. Hier befindet sich der Haupteingang der Stiftung. An der Nordseite des Komplexes sind, in einem weiteren Anbau, von Osten belichtete Räume für Praktikantinnen und Kranke und das Heizhaus angeordnet. Diesem sind drei markante Stahlrohrschornsteine vorgelagert. In den vier oberen Etagen der Wohnflügel sind insgesamt 100 Einzelzimmer untergebracht, die ausnahmslos nach Süden orientiert sind. Großflächig verglaste Südfronten mit vorgelagerten Sonnenbalkonen und Blumenfenstern sorgen für eine optimale Besonnung der Wohnräume. Die an der Nordseite gelegenen Erschließungsgänge werden über regelmäßige, horizontale Fensterbänder belichtet. An den westlichen Enden der Trakte befinden sich verandenartige Gemeinschaftsräume wie Speisesaal, Bibliothek, Musikzimmer, gedeckter Wandelgang sowie die Großküche und, im Kopfbau neben dem Eingang, Büros und Leseräume.

Dem wohldurchdachten klimatischen Konzept entspricht auch die Zonierung der Wohntrakte, die sich in der klaren Gliederung der Einheiten fortsetzt.

Dem eigentlichen Wohnraum sind südseitig ein Sonnenfenster und ein Balkon vorgelagert. An der Nordseite befinden sich ein kleiner Vorraum und eine Schlafnische, die durch einen Vorhang abgetrennt werden kann. Eine Doppeltür zum Balkon sowie das ca. 60 cm breite Blumenfenster mit äußerer und innerer Verglasung bilden eine wärmetechnisch günstige, doppelte, raumhohe Glaswand, die von individuell steuerbaren Markisen beschattet wird.

Die Tragstruktur besteht aus einem fünfgeschossigen Stahlskelett, das in Verbundbauweise ausgemauert und unter Verwendung von Ziegeldrahtgewebe zu einheitlichen Putzflächen zusammengefaßt ist. Die Fenster sind mit Ausnahme der inneren Blumenfensterrahmen aus Holz.

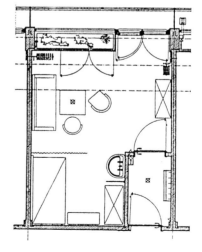

AUSSENMARKISE
BLUMENFENSTER

WOHN / SCHLAFRAUM

SCHLEUSE

FLUR
MASSIVE AUSSENMAUER

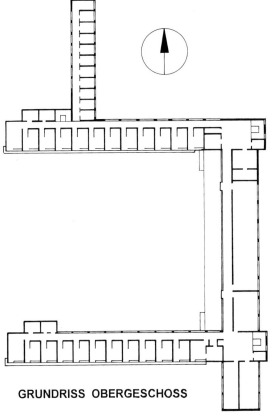

GRUNDRISS OBERGESCHOSS

Bauherr:	Stadt Kassel
Planung:	Otto Häsler, Karl Völker, Kassel
Ort:	Kassel / D
Funktion:	Altenwohnheim
Fertigstellung:	1932
verbaute Fläche:	ca. 1.600 m²
Energiekonzept:	Südorientierung, nördliche Pufferzone, Sonnenfenster

Energiesparendes Studentenwohnheim in Kaiserslautern

Planung: Heinrich Eissler

Das Gebäude steht auf einem süd-südost orientierten Hügel am Gelände der Universität Kaiserslautern. Es wurde als Wohnheim für Studenten der Fachrichtung Architektur im Rahmen des Fachbereiches „Architektur/Raum- und Umweltplanung/Bauwesen" als Selbstbauexperiment bearbeitet.

Das Energiesparkonzept beruht auf dem Haus-im-Haus-Prinzip. Die massiven Bauteile werden in einem als Sonnenkollektor dienenden Glashaus eingeschlossen. Im Inneren befinden sich 20 massiv gebaute Schlafeinheiten (16 davon aus Ziegel, 4 aus Holz), die in drei terrassenförmig gestaffelten Geschossen übereinander angeordnet sind, um eine bestmögliche Sonneneinstrahlung zu garantieren. Eine gemeinsame nordseitige Sanitärzelle befindet sich im Erdgeschoß, darüber liegen die Küche und ein Speiseraum für 20 Personen.

Die äußere Klimahülle schließt einen ganzjährig begrünten Garten mit ein, dem nicht nur als Erweiterung der Wohnbereiche sondern auch wegen der natürlichen Klimaregulierung große Bedeutung zukommt. Die tragenden Teile der Klimahülle bestehen aus Holz. Das Dach ist aus Kunststoff. Die Abdeckungen sind mit Teflonfolien beschichtet. Die beiden Seitenwände sowie die steile Südwand sind aus Glas und mit Lüftungsöffnungen versehen.

Die Nordseite des Gebäudes ist geschlossen und an der Außenseite mit Wellblech verkleidet. An der Innenseite wirkt eine aluminiumbeschichtete Plastikfolie als Reflektor für Wärmestrahlung und Tageslicht.

Die Belüftung der Wohneinheiten erfolgt über die Klimahülle mit vortemperierter Frischluft. Das Glashaus verfügt über Lüftungsklappen in der schrägen Südwand und der Nordwand, die über Außenthermostate automatisch gesteuert werden. Die Bewässerung der Pflanzen erfolgt ebenfalls automatisch.

Zwei Brennwert-Heizthermen sorgen für Zusatzheizung und Warmwasserbereitung. Die Ziegel- und Betonfertigteile für Wand- und Deckenkonstruktion, in Verbindung mit dem Niedrigtemperatur-Heizsystem, sind Gegenstand eines eigenen Forschungsvorhabens. Zahlreiche Neuentwicklungen wie neuartige Ziegelhohlsteine für hypokaustenartigen Wärmetransport, Ziegel-Wasser-Wärmespeicher, Teflonfolien als UV-durchlässige Abdeckung, und Kunststoffolien für die großflächige Vertikalverglasung waren ebenfalls Gegenstand wissenschaftlicher Untersuchungen.

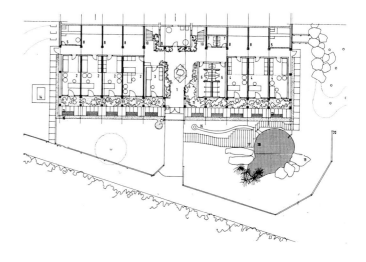

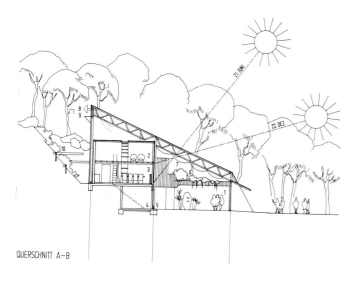

QUERSCHNITT A-B

Bauherr:	Studentenwerk Kaiserslautern e.V.-Fachgebiet Baukonstruktion I u. Entwerfen;
Planung:	Heinrich Eissler u.A.
Ort:	Kaiserslautern / D
Funktion:	Studentenwohnheim
Energietechnik:	Klaus Usemann u. A.
Fertigstellung:	1986
verbaute Fläche:	990 m²
umbauter Raum:	4504 m³
Energiekonzept:	Haus-im-Haus-Prinzip, Glashauskollektor mit Speicherwänden, kollektorunterstützte WW-Bereitung

Bettenhaus der Jugendbildungsstätte Windberg, Niederbayern

Planung: Thomas Herzog

Das in das 12. Jahrhundert zurückgehende Prämonstratenserkloster, das aus der barockisierten Kirche, der ehemaligen Abtei im Südwesten und dem winkelförmigen Konventsbau im Süden besteht, beherbergt seit 1987 eine Jugendbildungsstätte, zu deren Erweiterung das neue Bettenhaus dient.

Das langgestreckte Gebäude wurde entlang einer Geländekante errichtet und nimmt mit seiner Ost-Westerstreckung die Orientierung der Kirche auf. Der Bau wird in seiner Längsrichtung deutlich gegliedert.

Im südlichen Teil befinden sich, zur Sonne und zur schönen Aussicht orientiert, die Wohneinheiten. Sie werden tagsüber nur stundenweise, nachts durchgehend genutzt, dann aber mit relativ niedrigem Temperaturniveau. Die Wände wirken daher als Speichermasse für die tagsüber einstrahlende Sonnenenergie. Die südliche Außenwand ist mit einer transparenten Wärmedämmung versehen. Die zweigeschossigen TWD-Einheiten bewirken zusammen mit den Fensterelementen die Gliederung der Südfassade. Das tagsüber stark aufgewärmte Kalksteinmauerwerk der Südwand gibt mit 5–6stündiger Verspätung die Wärme wieder ab. Ein großer Dachüberstand sowie außenliegende Jalousetten geben Schutz gegen zu hohes Aufheizen in den Sommermonaten. Die beiden Enden beinhalten Aufenthaltsbereiche und Gruppenräume. Den für Rollstuhlfahrer ausgebildeten Räumen im Hanggeschoß sind Arkaden vorgelagert. Die strenge Einhaltung eines modularen Rasters sowie spezielle Möbelsysteme erlauben eine größtmögliche Flexibilität.

Im nördlichen Gebäudeteil befinden sich die Stiegenhäuser und Sanitärzellen, die auf direkte Strahlungsgewinne verzichten können. Die Wände des nördlichen Gebäudeteiles sind als Holzskelettkonstruktion ausgebildet. Schmale Alu-Tropfleisten in der Fassade markieren den Höhenmodul des Baukörpers.

Röhrenkollektoren auf dem südlichen Teil des Daches sorgen für die Warmwasserbereitung. Sie heizen die sechs großen Warmwassertanks im direkt anschließenden, nördlichen Teil des Daches auf. Ebenfalls im Dachbereich befinden sich die beiden gasbetriebenen Kessel der Warmwasserheizung. Sie versorgen schmale Radiatoren im südlichen Teil sowie die Register der Warmluftheizung im nördlichen Teil. Ebenfalls im Dachraum installiert sind Rückgewinnungsanlagen mit Kreuzungswärmetauschern.

Eine Schautafel im Eingang erläutert die Systeme und zeigt die Temperaturverläufe digital an. Installationsverlauf, Solarspeicher und Kollektoren sind im Gebäude sichtbar.

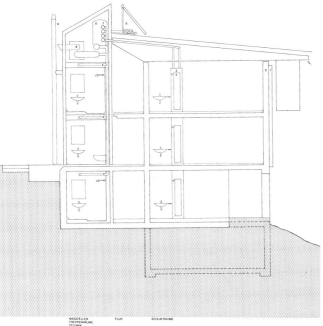
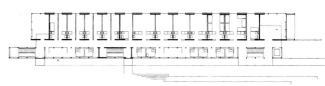

Bauherr:	Prämonstratenserabtei Windberg
Planung:	Thomas Herzog, München, Mitarbeiter P. Bonfig, W. Götz
Ort:	Windberg / D
Funktion:	Jugendwohnheim
Energietechnik:	Inst. f. Solare Energiesysteme der Fraunhofer-Gesellschaft
Fertigstellung:	1991
verbaute Fläche:	660 m²
umbauter Raum:	6000 m³
Energiekonzept:	Südorientierung, Speichermassen, transparente Wärmedämmung Sonnenkollektoren

Kindergarten „Antonio Sant'Elia" in Como

Planung: Gioseppe Terragni

Der 1936/37 für die Stadt Como geplante Kindergarten besteht aus einem nicht unterkellerten, eingeschossigen Gebäude, das auf einem annähernd rechteckigen Grundstück errichtet wurde. Der Kubus des Gesamtkomplexes wird ostseitig durch einen Spielhof eingeschnitten. An der Nordseite ragen der Speisesaal und die Küche über diese Kontur hinaus bis an die Grundstücksgrenze.

Das Gebäude wird von Westen erschlossen. Im Frontteil befinden sich das Atrium und alle Nebenräume, rechts davon die vier nach Süden orientierten Gruppenräume mit vorgelagerten Rasenflächen.

An der Nordseite des Hofes liegt die Turnhalle. Auch sie ist nach Süden hin geöffnet. Die ursprünglich geplante Freirampe auf das Dach der Turnhalle kam nicht zur Ausführung.

Riesige Glasflächen gegen Süden und Westen fangen Licht und Wärme ein. Das Innere des Gebäudes wirkt hell und freundlich, da die Raumbereiche ineinanderfließen.

Den südseitigen Gruppenräumen ist ein Rahmenskelett aus Beton vorgelagert. Zwischen dem Rahmen und dem Baukörper können Sonnensegel gespannt werden, die eine Erweiterung der Gruppenräume ins Freie zulassen und die Beziehung zwischen Innen und Außen verstärken. Sie verhindern auch eine zu starke Überhitzung der südseitigen Räume, die sich an sonnigen Tagen im Sommer leicht aufwärmen.

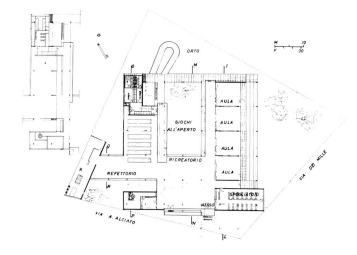

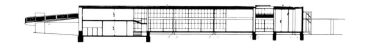

Bauherr:	Stadt Como
Planung:	Giuseppe Terragni, Como
Ort:	Como / I
Funktion:	Kindergarten
Fertigstellung:	1937
verbaute Fläche:	ca. 1800 m²
Energiekonzept:	Südorientierung, Sonnenfenster

Schopfloch–Kindergarten in Leonberg

Planung: Bela Bambek

Der Kindergartenneubau liegt im Zentrum einer großen Freifläche in einem neu erschlossenen Wohngebiet und stellt die Erweiterung eines bestehenden Kindergartens dar, dem er in räumlicher und funktioneller Beziehung zugeordnet ist. Das ebenerdige Gebäude hat einen quadratischen Grundriß. Die beiden Gruppenräume befinden sich im Osten, eine Gymnastikhalle im Westen. Dazwischen liegt das Atrium, das als Eingangshalle, aber auch als Spielfläche an Regentagen dient.

Das Gebäude besteht aus einer Stahlkonstruktion mit vorgefertigten Wandelementen aus Holz. Das Sched am Dach ist aus Stahl. Seine Nordseite ist verglast, die Südseite als Luftkollektor ausgebildet. Ein schwarzer Plastik-Absorber liegt auf 10cm Dämmung auf. Ein 15cm breiter Luftraum sorgt für Zirkulation, die Abdeckung besteht aus einer zweilagigen Folie.

Die großflächigen Fenster dienen der passiven Nutzung der Sonnenenergie. Ein breites Vordach verhindert eine Überhitzung im Sommer. Das Sched versorgt das Atrium mit Tageslicht.

Die aktive Nutzung der Sonnenenergie erfolgt über den Luftkollektor. Ein Steinspeicher nimmt die überschüssige Wärme auf. Die unterschiedlichen Zeiten zwischen Wärmebedarf und Sonneneinstrahlung können so ausgeglichen werden. Zur Verteilung der Warmluft dienen drei Kreisläufe.

Zunächst werden die dafür vorgesehenen Hypokausten mittels der Warmluft aus dem Kollektor direkt beheizt. Eine Warmluft-Fußbodenheizung kann entweder aus dem Kollektor oder über den Heizraum beschickt werden. Schließlich kann aus Bodengittern an den verglasten Außenwänden direkt Warmluft in die Räume geblasen werden. Der so entstehende Wärmeschleier soll Kältestrahlung verhindern. Die Warmluftverteilung erfolgt ebenfalls in Hypokausten des Fußbodens.

Die Restwärme der an den Innenwänden abgesaugten Raumluft wird zum Vorwärmen der Frischluft herangezogen. Diese wird dann durch die Lufterhitzer aufgeheizt und über Kanäle entlang der Außenwände den einzelnen Räumen zugeführt.

Die Anlage kann in den kalten Perioden jeden der drei Kreisläufe zusätzlich mittels eines Gasheizkessels unterstützen. Die optimale Regelung in Abhängigkeit von Raum-, Kollektor- und Speichertemperatur wird über einen Computer gesteuert. Eine individuelle Regelung jedes Raumes ist möglich.

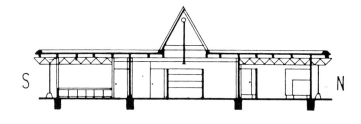

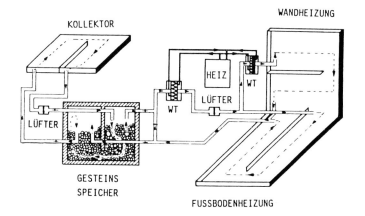

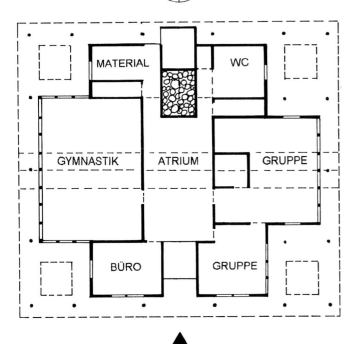

Bauherr:	Stadt Leonberg
Planung:	Bela Bambek, Stuttgart
Ort:	Leonberg-Ezach / D
Funktion:	Kindergarten mit Gymnastikraum
Energietechnik:	Inst. f. Thermodynamik u. Wärmetechnik, Univ. Stuttgart
Fertigstellung:	1988
verbaute Fläche:	270 m²
umbauter Raum:	805 m³
Energiekonzept:	Südfenster, Luftkollektoren, Hypokaustenheizung, Schotterspeicher

Solarvolksschule und Kindergarten in Dafins

Planung: Hermann Kaufmann,
Walter Unterreiner,
Sture Larsen

Der 1990 errichtete Schulbau beherbergt in zwei miteinander verbundenen Gebäudeteilen zwei Volksschulklassen, einen integrierten Kindergarten, eine Turnhalle sowie einen Werkraum. Das ost-westgerichtete Hauptgebäude besteht aus einer leichten, wärmegedämmten Holzkonstruktion. Die unter der Spielfläche in die Erde eingegrabene Turnhalle ist aus Beton.

Die beiden ungleichen Gebäudeteile, Hauptgebäude und Turnhalle, stehen bezüglich Sonnenenergiegewinnung, Konstruktion und Innenklima in Kontrast zu einander. Während das Hauptgebäude mit Luftkollektoren und passiv genutzten Südfenstern zur Sonne gerichtet ist, wird die eingegrabene Turnhalle mit Sonnenenergie aus dem Hauptgebäude versorgt.

Auf der Südseite des Hauptgebäudes sind Dach- und Wandflächen als Luftkollektoren ausgebildet. Hinter der äußeren verglasten Fläche wurde, zur Gewinnung von Wärme aus Sonnenenergie, schwarzes Blech angebracht. Die Luft zwischen der eigentlichen Wand und diesem Kollektor erwärmt sich, steigt zum Dachgiebel auf und wird von dort in einem temperaturdifferenzgesteuerten, ventilatorbetriebenen Primärluftkreislauf zu dem im Keller gelegenen Schotterspeicher geblasen. Die Wärme kann hier über mehrere Tage hindurch gespeichert und bei Bedarf – über Temperaturfühler geregelt – abgerufen werden.

In einem zweiten geschlossenen Kreislauf wird die Warmluft aus dem Speicher mittels Ventilator in die Hohlräume der Decken und Wände transportiert. Die insgesamt 9 Hypokausten sind die einzige Wärmeverteilungsmöglichkeit. Reicht die Wärme aus dem Speicher nicht aus, so kann die Luft in den Hypokausten über Heizregister nachgewärmt werden. Die Zusatzheizung wird mit Öl befeuert. Lufttemperatur und Luftstrom werden je nach Heizbedarf zentral gesteuert. Jeder Raum verfügt über individuelle Steuerungsmöglichkeiten durch Öffnen und Schließen der jeweiligen Hypokauste.

Auch die Warmwasserbereitung nutzt die Energie aus dem Primärkreislauf. Über Wärmetauscher im Bereich zwischen Kollektor und Speicher wird das Brauchwasser vorgewärmt. Durch Nachwärmen mit Strom wird die gewünschte Temperatur erzielt.

Die Solarschule in Dafins ist das erste öffentliche Gebäude Vorarlbergs, das in einem so hohen Maß mit Solarenergie beheizt wird. Die Gemeinde Zwischenwasser wurde unter anderem aufgrund dieses Schulhauses mit dem Vorarlberger Naturschutzpreis 1992 ausgezeichnet.

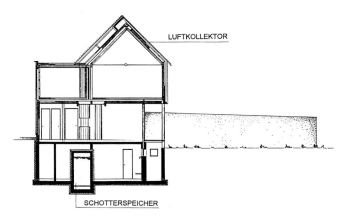

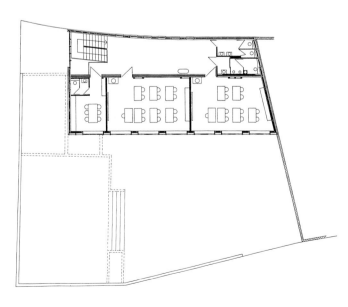

Bauherr:	Gemeinde Zwischenwasser
Planung:	Hermann Kaufmann, Walter Unterrainer, Sture Larsen, Dafins
Ort:	Dafins, Vb. / A
Funktion:	Volksschule und Kindergarten
Energietechnik:	Sture Larsen
Fertigstellung:	1990
verbaute Fläche:	500 m²
umbauter Raum:	3.195 m³
Energiekonzept:	Südfenster, Luftkollektoren, Schotterspeicher, Hypokaustenheizung

Freiluftschule in Cloistraat, Amsterdam

Planung: Jan Duiker

Das spezielle Interesse des Architekten gilt hier den Bedürfnissen tuberkulose- oder rachitiskranker und krankheitsgefährdeter Kinder. Im unhygienischen Klima der üblichen Wohnungen im Amsterdam der Jahrhundertwende konnten sich diese Krankheiten sehr schnell ausbreiten. Wenigstens in den Schulen sollte den Kindern eine gesunde Umgebung mit viel Sonne und frischer Luft geboten werden.

Der Schule in Cloistraat liegt die Überlegung zugrunde, die beim Bau von Erholungsheimen durchaus praktizierten Erkenntnisse auch beim Konzept der Schule anzuwenden, also freundliche und sonnige Klassenräume zu schaffen, die trotzdem vom Wetter unabhängig sind.

Eine weitere Besonderheit stellt die Integration der Schule und ihrer Freiflächen in einen bestehenden Hof mit Blockverbauung dar. Über einen Torbau an der Südseite des Blocks, in dem sich ein Werksaal und Wohnungen für die Schulbediensteten befinden, gelangt man in den Schulhof, von wo aus das Schulgebäude erschlossen wird.

Im Erdgeschoß befinden sich Personalräume, eine Klasse im Südwesten sowie ein aus dem Baukörper hervorragender Turnsaal. In den drei darüberliegenden Geschossen gibt es jeweils zwei Klassenzimmer im Südwesten und Südosten und eine freie Terrasse im Süden, über dem Eingangsbereich. Diese steht mit beiden Klassen in Verbindung und kann bei geeignetem Wetter als Freiluftklasse genutzt werden. Im Norden der zentralen Halle liegt das Stiegenhaus.

Aufgrund der innenliegenden Stützenkonstruktion entsteht ein umlaufendes Fensterband, sodaß die Klassenräume optimal belichtet werden und durch die Südorientierung auch genügend direkte Sonne erhalten.

Sonnenwärme, Licht und vor allem frische Luft sind die grundlegenden Entwurfskriterien, die ein gesundes Lernen in menschenwürdiger Umgebung ermöglichen sollen.

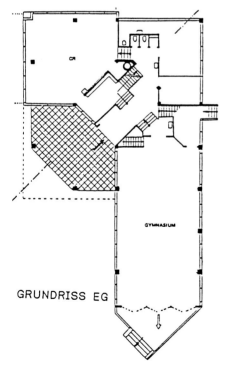

GRUNDRISS EG

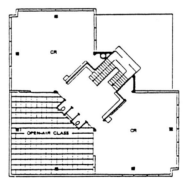

GRUNDRISS OG

Bauherr:	Vereeniging voor Openlucht- scholen voor het gezonde Kind
Planung:	Jan Duiker, Amsterdam
Ort:	Amsterdam / NL
Funktion:	Freiluftschule
Fertigstellung:	1932
verbaute Fläche:	ca. 310m²
Energiekonzept:	Südorientierung, Sonnenfenster

St. George's School in Wallasey

Planung: Edward Morgan

Das 1962 fertiggestellte Schulgebäude in Liverpool ist eines der größten und gleichzeitig eines der ältesten Beispiele für die konsequente Anwendung von passiv-solaren Entwurfsprinzipien. Die ca. 70 m lange und ca. 8 m hohe Südfassade ist zur Gänze verglast und wirkt als ein einziger, riesiger Kollektor. Die Fläche besteht aus zwei Verglasungsebenen im Abstand von ca. 60 cm. Im Luftraum dazwischen befinden sich Rollos, die witterungsabhängig bedient werden können. Die äußere Scheibe ist transparent, die innere Scheibe ist transluzent. Sie soll das einfallende Licht diffus über die gesamten inneren Speichermassen verteilen. Die hellen Oberflächen von Wänden und Decken reflektieren ebenfalls Licht, wobei immer wieder ein Teil der Strahlung absorbiert wird. Die großen transluzenten Flächen entsprechen dem englischen Klima mit oft starker Bewölkung. Bei sehr starker Sonnenstrahlung kann es auch zu Blendung kommen.

Wände und Decken sind aus Beton, mindestens 20 cm dick, um genügend Speichermasse bieten zu können. Die Außenwände und auch das Dach sind mit außenliegender Wärmedämmung versehen.

Das Gebäude wurde nie mit einer Zusatzheizung ausgestattet. Die benötigte Energie kann zu 50% über die Sonnenfenster und die inneren Speichermassen gewonnen werden. Weitere 34% der erforderlichen Heizwärme stammen aus der Abwärme der Beleuchtungskörper. Die restlichen 16% werden von den Schülern als Abwärme erzeugt.

Noch in den 60er Jahren wurde das Gebäude wissenschaftlich untersucht und getestet. Die maximalen Temperaturschwankungen während des Jahres betragen 4 K. Dies ist möglich, da genügend innere Speichermassen zur Verfügung stehen.

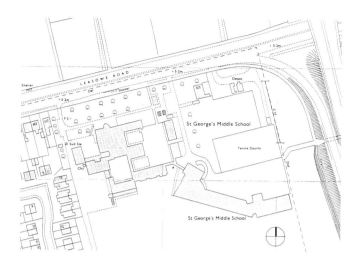

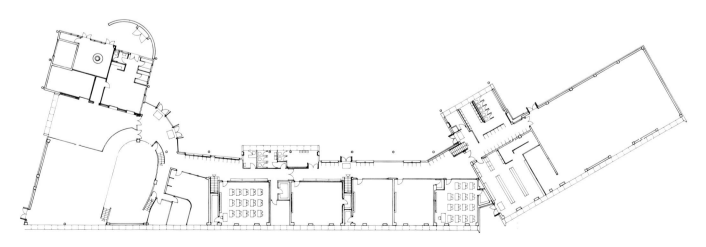

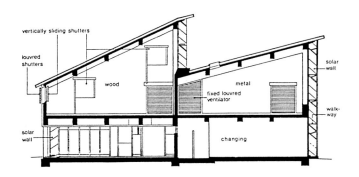

Bauherr:	Stadt Liverpool
Planung:	Edward Morgan, Liverpool
Ort:	Liverpool / GB
Funktion:	Schule
Fertigstellung:	1962
verbaute Fläche:	ca. 1600 m²
Energiekonzept:	Südorientierung, transluzente Südwand

Sektion für unfallchirurgische Forschungen und Biomechanik der Universität Ulm

Planung: LOG-ID

Das für die Caius Burri Stiftung Ulm auf dem Universitätsgelände errichtete Laborgebäude dient der Sektion für unfallchirurgische Forschung und Biomechanik als Forschungsstätte.

Ein gut wärmegedämmtes und temperaturspeicherndes Kerngebäude beherbergt Büros, biomechanische, histologische und Röntgenlabors sowie Mikroskopie, Bibliothek und Aufenthaltsräume. Der U-förmige Baukörper umschließt ein großes, nach Süden orientiertes Glashaus, in dem sich neben dem Auditorium für 60 Personen auch die Küche und einige Besprechungsplätze befinden. Die offene Wendeltreppe im Glashaus verbindet die beiden Ebenen miteinander. Das Gebäude ist nicht unterkellert.

Einen wichtigen Bestandteil des Konzeptes bildet die Begrünung im Glashaus. Die subtropischen Pflanzen sind direkt im Erdsubstrat gepflanzt. Sie bewirken eine bessere Klimaregulierung, produzieren sauerstoffreiche und staubarme Luft und kühlen den Raum.

Der Massivteil ist gemauert und verputzt, die Decken sind aus Beton. Das Glashaus besteht aus einer feuerverzinkten Stahlkonstruktion mit thermisch getrennten Alu-Profilen und hochwärmedämmendem Isolierglas. Die Ziegelböden sind als Speicherflächen ausgerichtet.

Alle Räume sind zum Glashaus hin orientiert und mit großen, von Wand zu Wand gehenden Faltfenstern versehen. Um die Überschußwärme aus dem Glashaus zur Beheizung der Büros und Labors zu nutzen, werden die Faltelemente geöffnet. Zur Unterstützung sind thermostatgesteuerte Ventilatoren in den Oberlichten der Faltelemente eingebaut. Zusätzlich wurde das Gebäude an die Fernwärme angeschlossen. Wenn im Winter keine Sonne scheint, werden die Faltelemente geschlossen und nur die Räume geheizt. Zwei große Deckenventilatoren sorgen für eine Luftumwälzung im Glashaus, thermostatgesteuerte Lüftungsklappen in der Südwand, der Nordwand und im Dachbereich sorgen darüber hinaus an heißen Sommertagen für genügend Luftwechsel.

1992 mußte das Gebäude bereits erweitert werden. Über kreisförmigem Grundriß wurden im Osten, Westen und Norden drei Erweiterungselemente hinzugefügt. Im Erdgeschoß des nördlichen Teiles befinden sich überdachte Stellplätze. Das östliche Segment besteht aus einer Pergola, die ebenfalls Stellplätze beschattet.

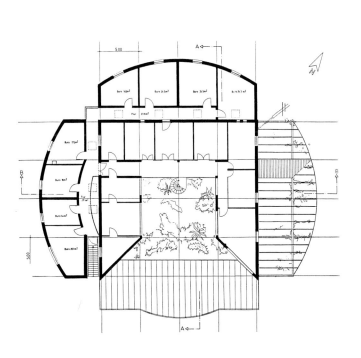

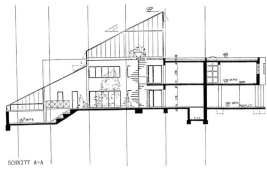

SCHNITT A-A

Bauherr:	Prof. Caius Burri Stiftung
Planung:	LOG ID: D. Schremp, F. Möllring, G. Steiner, Tübingen
Ort:	Ulm / D
Funktion:	Labor und Forschungsstätte
Energietechnik:	Büro PIV S. Hesslinger, Baumgärtner
Fertigstellung:	1989 / Zubau 1992
verbaute Fläche:	690 m² ohne Zubau
umbauter Raum:	3152 m³ ohne Zubau
Energiekonzept:	Südorientierung, Glashaus als Kollektor, Speichermassen

Cité scolaire internationale, Lyon

Planung: Francoise Jourda, Gilles Perraudin

Das internationale Schulzentrum in Lyon soll als multikulturelle Ausbildungsstätte in einem geeinten Europa gelten. Die kühne Architektur ist bewußt zukunftsorientiert, mit einem starken Bezug zwischen Natur und Kultur. Das Zentrum beherbergt eine Volksschule, eine Mittelschule und ein Gymnasium sowie eine Vielzahl von Gemeinschaftseinrichtungen wie Bibliothek, Dokumentationszentrum, Sportstätten, Mehrzweck- und Speisesaal, die sich alle im Kern der Anlage, dem sogenannten Lebenszentrum, befinden.

Um diesen Kernbereich windet sich dynamisch der langgestreckte Klassentrakt. Dieser reduziert sich an seinem südlichen Ende von 7 auf 3 Geschosse. Im Klassentrakt befinden sich die Unterrichtsräume sowie der Verwaltungsbereich und einige Wohnungen für Schulangestellte. Hinter der verglasten Westfront, die sich entlang des Rhone-Ufers schlängelt, befindet sich der gesamte Erschließungsbereich der Schule mit eingeschobenen Serviceblocks. Durch ein System mechanisch steuerbarer Glaslamellen und Öffnungen kann dieser Bereich im Sommer freigelegt und optimal belüftet werden. Er bildet auch im Winter eine Pufferzone zum gedämmten Klassenraum an der Ostseite, in dem die Jahreszeiten und die Natur erlebbar bleiben. Die Schulräume sind nach Osten bzw. Süden zum Lebenszentrum orientiert. Den raumhohen Verglasungen dienen variable, durchscheinende Lamellen aus Aluminiumblech als Sonnenschutz.

Der gesamte Zentralbereich wird von einem abgehängten, doppelt gekrümmten Dach, dessen Höhe zwischen 4 und 12 m variiert, überdeckt. Die Konstruktion besteht im Wesentlichen aus 16 Masten, die über 130 Spannkabel die Last der unterschiedlich geneigten Dachelemente aufnehmen. Durch die Begrünung dieses Daches entsteht eine künstliche Landschaft, auf die man von den Klassen blicken kann. Wesentlich geprägt wird dieser Lebensbereich durch die innere Straße, dem breiten Atrium, das einen Erschließungs- und Aufenthaltsbereich darstellt. Das Glasdach dieses Atriums unterbricht die Fläche des Grasdaches. Es besteht aus insgesamt 800 verschiedenen Glasteilen, die mit speziellen Glashalterungen in die Hängekonstruktion integriert wurden.

Auch das glasgedeckte Atrium ist Teil eines Energiekonzeptes, das mit Pufferräumen in der Nordseite und konsequent südorientierten Klassenzimmern optimale Energiegewinne erzielt.

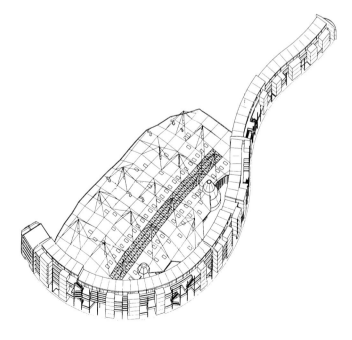

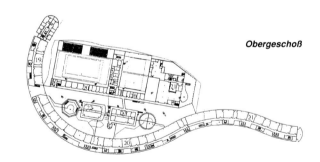

Obergeschoß

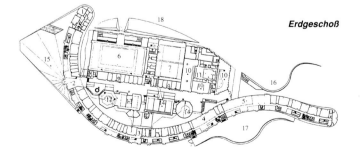

Erdgeschoß

Bauherr:	Region Rhone-Alpes
Planung:	Francoise-Helene Jourda, Gilles Perraudin, Lyon
Ort:	Lyon, F
Funktion:	Schulzentrum
Fertigstellung:	1993
verbaute Fläche:	28 000 m²
Energiekonzept:	Pufferräume, Atrium, Südorientierung

Haus der Wirtschaftsförderung im Technologiepark Duisburg

Planung: Norman Foster Ass., Kaiser Bautechnik mbH.

Das 1993 eröffnete Haus der Wirtschaftsförderung ist der erste fertiggestellte Teil eines größeren Gesamtkonzeptes, das einen gewerblichen Gebäudekomplex für sensible Zukunftstechnologien darstellt. Dieser „Technologiepark Duisburg-Neudorf" gliedert sich in drei Teile: 1. Das runde Telematik-Forum des Technologiezentrums III ist ein Veranstaltungszentrum für den gesamten Bereich Mikroelektronik, Informations- und Kommunikationstechnik.

2. Das eigentliche Mikroelektronikzentrum; der langgestreckte Bau beherbergt über 10 000 m² modernste Büro- und Gewerbeflächen. Er besteht aus fünfgeschossigen Gebäudefingern, die entlang eines Verbindungstraktes aufgereiht sind. Der Raum zwischen den Gebäudefingern ist verglast. Die gemeinsame Dachfläche folgt parabelförmig den versetzten Geschossen des Gebäudes. Die Atrien sind Teil des Klima- und Energiekonzeptes. Die Wände wirken als Speichermassen. Sie sind mit transparenter Wärmedämmung und Kollektoren ausgestattet.

3. Den Eingang des Technologiezentrums flankiert schließlich das Haus der Wirtschaftsförderung. Es ist der Sitz der Duisburger Gesellschaft für Wirtschaftsförderung und beherbergt darüber hinaus spezielle Unternehmen für kommerzielle Dienstleistungen zur Förderung intelligenten Wirtschaftswachstums. Der achtgeschossige, schifförmige Baukörper stellt eine städtebauliche Dominante dar. Die „Structural-Glazing-Fassade" der durchgehenden, gläsernen Hülle ist eine komplizierte rahmenlose Konstruktion mit einer von Kaiser Bautechnik entwickelten transparenten Wärmedämmung. Die Fenster bestehen aus lichtstreuendem TWD-Material, sodaß die Räume blendfrei, tief und gleichmäßig ausgeleuchtet werden.

Die Steuerung der Energieströme erfolgt automatisch bzw. individuell einstellbar mit Hilfe der in die Fassade integrierten Jalousien. Auch die energetisch hocheffiziente Regelung der inneren Klimaverhältnisse gehört zur angewandten Zukunftstechnologie des Gebäudekomplexes. Die Luftqualität wird geregelt durch leichtes Einquellen individuell vorkonditionierter Frischluft im Bodenbereich, die einen Frischluftsee bildet. Durch die Eigenthermik strömt die Luft dann durch den Raum. Durch Strahlungsaustausch mit den wasserdurchströmten Kühldecken wird überschüssige Wärme entzogen.

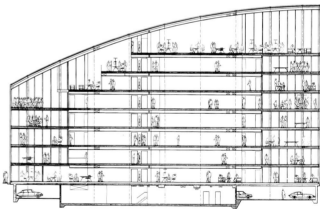

Die Energieversorgung basiert auf einer Kraft-Wärme-Kälte-Koppelung. Ein gasbetriebener Motor erzeugt Strom. Mit der Abwärme wird im Winter geheizt und im Sommer durch einen Absorptionsprozeß gekühlt. Dieser Prozeß wird, weltweit erstmalig, gekoppelt mit solarer Strom- und Wärmeerzeugung mittels PV und TWD-Wasserkollektoren auf dem Dach.

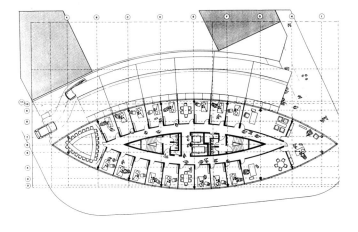

Bauherr:	Kaiser Bautechnik mbH., Duisburg
Planung:	Foster Associates, London, Kaiser Bautechnik mbH., Duisburg
Ausführung:	Kaiser Bautechnik mbH.
Ort:	Duisburg / D
Funktion:	Technologiezentrum der Mikroelektronikindustrie
Energietechnik:	Kaiser Bautechnik mbH.
Fertigstellung:	1992
verbaute Fläche:	560 m²
umbauter Raum:	16.216 m³
Energiekonzept:	solare Kraft-Wärme-Kälte-Koppelung, TWD-Flachkollektoren, Absorptionskältemaschine

Ökologischer Gewerbehof Kühl-KG

Planung: Eble und Sambeth

Das Druckereigebäude besteht aus einem abgewinkelten, 7-geschossigen Langbau, der die wesentlichen Bereiche der Druckerei, Verlage, allgemeine Büroeinheiten, eine Arztpraxis und ein Frauenzentrum beherbergt. Südwestlich schließt die große straßenseitige Glashalle an, die als Klima- und Schallpuffer, als zusätzliche Erschließungsfläche sowie als Aufenthalts- und Erholungsbereich für die Angestellten dient. Im Nordwesten wird diese Halle durch den rampenartigen Vorbau des Bistros abgeschirmt. An der Nordostseite stellt ein zweites, kleineres Glashaus die Verbindung zum zweigeschossigen Nebengebäude her. Hier ist neben der Verwaltung und Teilen der Druckerei auch eine Kindertagesstätte untergebracht. Der Großteil der eigentlichen Druckereiräume liegt an der Nordseite, unter der begrünten Terrasse, und steht in direkter Verbindung zur anschließenden Parkanlage.

Dem passiven Solarkonzept entspricht die Optimierung von Dämmung und Speichermassen. Besonders im Innenausbau kommen raumklimatisch wirksame, baubiologische Materialien zur Geltung. Bei der Auswahl der Materialien wurde überdies auf optimale Umweltverträglichkeit sowohl bei Herstellung als auch bei Verarbeitung und Wiederverwertbarkeit geachtet.

An der Südwestseite führt ein Steg über den südlichen Teich zum Haupteingang und in die begrünte, glasüberdachte Halle. Die Anlieferung erfolgt über Laderampen an der Nordwestseite.

Glashäuser, Teiche und intensive Bepflanzung dienen zur Verbesserung des Mikroklimas. Kühle und durch die Teichbepflanzung gefilterte Luft wird von der Nordseite angesaugt und mit der Luft aus den beiden Glashäusern gemischt. Wasserkaskaden und intensive Bepflanzung erhöhen die Luftfeuchtigkeit auf das für den Druckereibetrieb notwendige und behagliche Maß. Zusätzlich werden die Räume mit einer Luft-Ionisierungs- und Gleichfeldanlage weitgehend staubfrei gehalten. Das Klima in den beiden Glashäusern kann durch Querlüften ausgeglichen werden.

Das Niederschlagswasser der Dächer wird über Pflanzenklärbecken und Gründach natürlich gesäubert, in den Teichen gesammelt und für Spielteich und Wasserkaskaden genutzt. Eine Zisterne im Keller vergrößert die Speicherkapazität. Das Zisternenwasser wird für die Toilettenspülung verwendet.

Eine Wärmerückgewinnungsanlage deckt 90% des Wärmebedarfes. Im Winter kann mit einem gasbetriebenen Brennwertkessel über die Niedrigtemperatur-Fußleistenheizung an den Außenwänden zugeheizt werden.

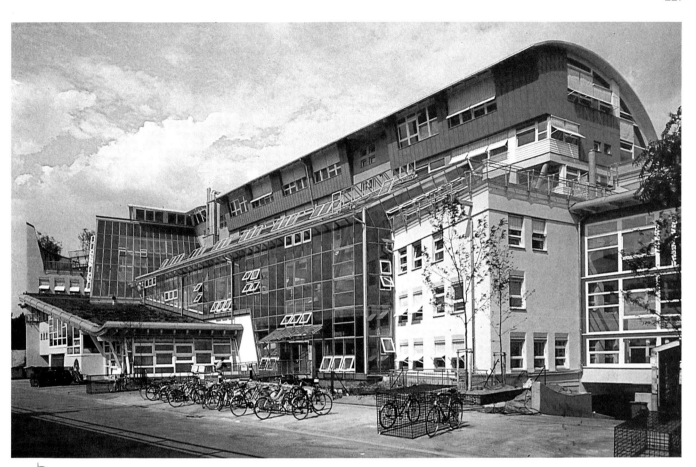

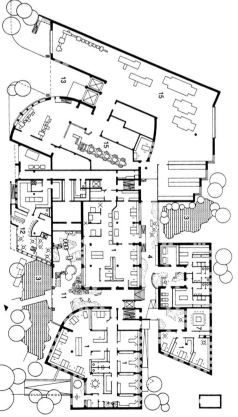

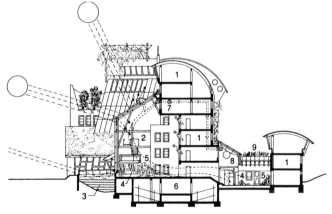

Bauherr:	Kühl KG
Planung:	Eble + Sambeth, Tübingen
	Projektleitung: K. Sonnenmoser
Ort:	Frankfurt / D
Funktion:	Druckerei und Bürogebäude
Energietechnik:	Ing. Büro Scheer, Stuttgart
Fertigstellung:	1992
verbaute Fläche:	3.444 m²
Energiekonzept:	Glashaus als Kollektor, Klimaregulierung durch Glashaus, Teiche und Pflanzen, Wärmerückgewinnung

Landis & Gyr-Haus in Zug

Planung: Werner Sutter

Das 1993 fertiggestellte Geschäftsgebäude bildet den südlichen Abschluß des Landis & Gyr-Betriebsgeländes und stellt gleichzeitig die Verbindung zum Stadtzentrum dar. Die vier Flügel des fünfgeschossigen Hauptgebäudes werden durch einen nordseitigen Erschließungstrakt miteinander verbunden und durch drei große Atrien ergänzt, die an der Südseite in die freischwingende Fassadenflucht eingeschoben sind. Neben der Gliederung des Baukörpers kommt den Wintergärten als Aufenthaltsbereich, aber auch als Klimapuffer und Tageslichtspender große Bedeutung zu. So können alle Büroräume direkt mit Tageslicht versorgt werden und es wird nur dann Strom für künstliche Beleuchtung gebraucht, wenn das Tageslicht nicht mehr ausreicht. Ein großer Teil der Frischluft kommt direkt aus dem aufgewärmten Glashaus. Es wird nur soviel Außenluft zugeführt, wie nötig ist, um eine gute Luftqualität aufrecht zu erhalten. So muß nur wenig Zusatzenergie für die Niedertemperaturheizung aufgewendet werden. Die Energiebereitstellung erfolgt durch einen Gas-Heizkessel im Keller.

Um das Atrium vor Überhitzung zu schützen wurden innenliegende Storeanlagen installiert. Zusätzlich zu dieser Beschattungseinrichtung können im Dach- und Bodenbereich des Atriums große Fensterflächen geöffnet werden, sodaß die Überschußwärme ohne Hilfsenergie durch natürliche Konvektion abgeführt werden kann.

Die Kühlung im Sommer erfolgt über eine „evaporative Kühlung". Dabei wird in der Fortluft Wasser zerstäubt. Durch den natürlichen Kältegehalt des verdunstenden Wassers wird diese bis zum Taupunkt abgekühlt. Über einen Wärmetauscher der Wärmerückgewinnungsanlage wird die Kälte auf die Zuluft übertragen.

Räume mit speziellen Eigenschaften oder Bedürfnissen, wie z.B. Computerräume, sind mit Kühldecken ausgerüstet oder haben separate Kühlaggregate. Das getrennte Leitungssystem der Kühldecken arbeitet mit Seewasser, das aus einer Tiefe von 35 m gewonnen und um ca. 1°–2°C erwärmt wieder in den See zurückgeleitet wird.

Durch den Einbau eines Gebäudeleitsystems werden die dynamischen Systeme des Gebäudes integral geregelt. Über dieses System werden die Lüftung und Heizung, aber auch die Beleuchtung sowie die Zutrittskontrolle und die Brandschutzanlage gesteuert. Es dient zur Betriebs- und Energieoptimierung sowie zu einer langfristigen Erfolgskontrolle im Sinne der Energiebuchhaltung.

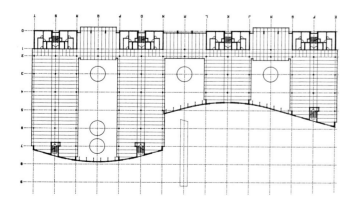

Bauherr:	Landis & Gyr Immobilien AG, Zug
Planung:	Werner Sutter, Bosshard + Sutter, Zug
Ort:	Zug / CH
Funktion:	Bürogebäude
Energietechnik:	Dr. Eicher & Pauli AG, Liestal
Fertigstellung:	1992
verbaute Fläche:	19.000 m²
umbauter Raum:	123.000 m³ incl. Glashaus
Energiekonzept:	Wintergärten als Klimapuffer und Tageslichtspender, solare Vorwärmung der Zuluft, Evaporativkühlung

Hauptverwaltung agiplan, Mülheim

Planung: Sir Norman Foster and Partners

Das bestehende Bürogebäude der agiplan AG war Anknüpfungspunkt für eine Gebäudeerweiterung, deren konzeptueller Gedanke die im Unternehmen gepflegte interdisziplinäre Arbeitsform widerspiegeln sollte.

Das vom Firmengründer W. J. Silberkuhl 1970 entworfene Bürogebäude mit seiner großräumigen Gebäudestruktur hatte sich überaus gut bewährt.

U-förmige Hohlraum-Deckenelemente, die sogenannten UD-Schalen – genau nach der räumlichen Momentenverteilung geformte Doppelschalen –, erlauben stützenfreie Bürogeschosse über die Spannweite von 21,60 m. Jeweils zwei Bürofügel von etwa 470 m² sind über vier Geschosse an einen zentralen Kern gefügt. Die UD-Schalen sind Betonfertigteilelemente, in deren Hohlraum sämtliche haustechnischen Installationen geführt werden können. Die Hohlraumdecke aus im Mittel 8 cm starkem Beton dient zudem als Wärmespeichermasse. Im Sommer werden diese Deckenelemente von kühler Nachtluft durchströmt (free cooling).

Die florierende Geschäftsentwicklung der agiplan AG machte eine Erweiterung der Hauptverwaltung notwendig. Ausgehend von den Vorgaben des Bauherrn entwickelte das Büro Foster & Partners im Rahmen eines geladenen Wettbewerbes die Leitidee eines zentralen offenen Atriums.

Das über 4 Geschosse reichende Atrium dient einerseits der kommunikationsfördernden Verbindung zwischen Altbau und dem neuen Bürofügel, andererseits ist die verglaste Halle ein Lichtspender für die angrenzenden offenen Bürobereiche, die beim Altbau durch Entfernen der Fassaden entstanden sind. Dadurch wird nun auch der Blick auf die hochinteressante Ingenieurkonstruktion des Altbaus frei.

Die Raster- und die Fassadenteilung sowie die Geschoßhöhen des Altbaues wurden für immer noch zeitgemäß befunden und somit beim Neubauflügel weiterverwendet. In Anlehnung an die weitspannende Deckenkonstruktion des Altbaus wurde beim Neubau eine vorgespannte unterzugsfreie Flachdeckenkonstruktion im Stützraster 10,8 × 10,8 m ausgeführt.

Bei der Auswahl und Dimensionierung der Komponenten für Heizung und Lüftung sowie der Baustoffe, insbesondere der Gläser, wurde ein Modell zur Simulation herangezogen. Dies führte zu einigen innovativen Detailkonstruktionen bei den Fassaden.

In Ergänzung zu den transparenten Fensterbändern erhielt die Nordfassade im Bereich der Decken und Brüstungen Paneele mit transluzenter Wärmedämmung. Der textile Blendschutz unterhalb der Dachverglasung des Atriums wird über Fotozellen gesteuert.

Die raumhohen Wärmeschutzverglasungen der Ost- und Südwestfassade enthalten lamellenartige aluminiumbedampfte Reflektoren innerhalb des Scheibenzwischenraumes. Einer unerwünschten Überhitzung kann somit ohne mechanische Verschattungseinrichtungen wirkungsvoll begegnet werden. Darüber hinaus kann über diese Lamellen die Verdunkelung der Konferenzräume gesteuert werden.

Wenige, weitgehend unverkleidete Materialien unterstreichen den ruhigen, verhaltenen Charakter der großzügigen, hellen Räume.

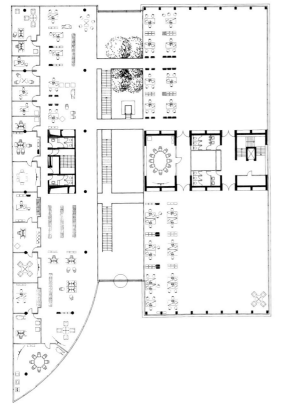

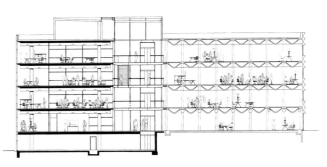

Bauherr:	agiplan AG, Mülheim
Planung Altbau:	W. J. Silberkuhl (1970)
Planung Neubau:	Sir Norman Foster & Partners
Ort:	Mülheim/D
Funktion:	Bürohaus
Energietechnik:	RP & K Sozietät GmbH
Fertigstellung:	1996
Büronutzfläche:	3.100 m²
umbauter Raum:	26.571 m³
Energiekonzept:	Atrium, transluzente Wärmedämmung, Lichtlenklamellen, Hohlschalen als Speichermassen

Umbau des kleinen Bürogebäudes der Bayerischen Vereinsbank in Stuttgart

Planung: Günter Behnisch, Manfred Sabatke, Stefan Behnisch

Das 1969 von Behnisch und Partner gebaute Verwaltungsgebäude in der Stadtmitte von Stuttgart war den aktuellen Bedürfnissen des neuen Besitzers, der Bayerischen Vereinsbank, entsprechend umzuplanen. Die Fassaden des sechsgeschossigen Stahlbetonfertigteilbauwerks waren ursprünglich fix verglast, da das gesamte Gebäude klimatisiert wurde. An der Südost-Fassade befand sich eine vom ersten bis vierten Obergeschoß vorgesetzte zweite Verglasung, die als Schallschutzfassade geplant war, um auf ein mittlerweile aufgegebenes Verkehrskonzept der Stadt Stuttgart zu reagieren. Ein wesentlicher Wunsch des neuen Nutzers war ein Niedrigenergie-Gebäude mit natürlichen Be- und Entlüftungsmöglichkeiten ohne großen technischen Aufwand. Die Planer entschieden sich dafür, das Gebäude auf seine Rohstruktur zurückzubauen und das bestehende Erscheinungsbild der Fassadenseite Kronprinzstraße mit dem Thema „gläserne Haut mit dahinterliegender diffus erscheinender Innenfassade" optisch wieder herzustellen, jedoch unter Berücksichtigung der neuen Anforderungen. Die Doppelfassade, die einen Klimapuffer einschließt, besteht außen aus Einfachglas und innen aus Isolierglas. Für die innere Schale wurden Holzwendefenster verwendet, deren Ansichtsbreiten schmal gehalten sind. Die äußere Gebäudehülle besteht aus öffenbaren Ganzglaslamellen. Durch diese Zweischichtigkeit entstehen je nach Lichteinfall wechselnde Fassadeneffekte.

Die Verkleidung der Fassade im Zwischenraum besteht an der Außenseite aus einer 80 mm dicken Wärmedämmung und einer luftschalldurchlässigen Holzschalung. Dadurch wird sowohl die horizontale als auch die vertikale Schallausbreitung im Klimapuffer unterbunden.

Im Winter bleiben die Klappen der äußeren Hülle in der Regel geschlossen, weil die Frischluftzufuhr über den Klimapuffer erfolgt. Im Sommer kann die Doppelfassade am Tage geöffnet und Frischluft direkt den Räumen zugeführt werden. Nachts muß die äußere Schale aus Sicherheitsgründen geschlossen bleiben, um die erforderliche Durchwurf- und Durchbruchhemmung zu erreichen. In dieser Zeit ist die Frischluftzuführung und Nachtauskühlung durch den von unten versorgten Klimapuffer und die geöffnete innere Schale gesichert.

Der Sonnenschutz liegt im Klimapuffer, sodaß er von atmosphärischen Verschmutzungen und Windbelastungen weitgehend frei ist.

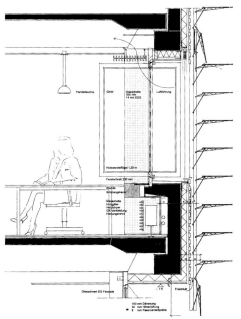

Bauherr:	Bayerische Vereinsbank AG München
Planung:	Günter Behnisch, Manfred Sabatke, Stefan Behnisch, Stuttgart
Ort:	Stuttgart/D
Funktion:	Bürogebäude
Energietechnik:	Ingenieurbüro Langkau, München
Fertigstellung:	1996
Geschoßfläche:	1358 m²
umbauter Raum:	4401 m³
Energiekonzept:	Klimafassade

Büro- und Gewerbehaus „Schwerzenbacherhof" in Zürich

Planung: Rolf Lüthi

Das in 2 Etappen realisierte Projekt besteht aus einer fünfgeschossigen Blockverbauung, die einen verkehrsfreien, begrünten Hof umschließt. Erdgeschoß, 1. und 2. Obergeschoß werden hauptsächlich gewerblich genutzt, im 3. und 4. Obergeschoß sind ausschließlich Büros untergebracht. Das Gebäude ist zweigeschossig voll unterkellert. Der Grundwasserspiegel steigt teilweise bis zur Humusdecke.

Das äußere Erscheinungsbild der gut isolierten Gebäudehülle wird maßgeblich von den fixen Schattierungen und automatisch gesteuerten Storeanlagen geprägt, die eine Überhitzung der Räume im Sommer verhindern.

Eine Ersatzluftanlage saugt Frischluft entweder direkt oder über einen im Grundwasser liegenden Erdregister an und bläst sie über vertikale Einblasöffnungen in der Innenzone der Räume ein. Die Zuluft wird zentral auf konstanter Temperatur gehalten. Die Abluftöffnungen befinden sich in der Fensterzone. Sämtliche Zu- und Abluftrohre sind in den Betondecken verlegt. Die Abluftwärme kann zur Zulufterwärmung der Garage eingesetzt werden.

Die Außenluft wird über einen vertikalen Betonschacht unter die Bodenplatte im 2. Untergeschoß angesaugt und mittels eines horizontalen Betonkanals auf die im Abstand von 1,15 m verlegten Kunststoffrohre (d = 23 cm) verteilt. Die 1 m unter der Bodenplatte verlegten Rohre sind zur Gewährleistung einer guten Wasserdurchspülung (Grundwasser) mit Sickergeröll umgeben. Die über den Erdregister angesaugte Luft ist gut vorgewärmt. Nutzt man die Wärmerückgewinnung aus der Abluft, so muß auch bei Außentemperaturen von bis zu $-11\,°C$ nicht nachgewärmt werden.

Im Sommer kann über die gleiche Anlage eine wirksame Kühlung erzielt werden, die mit der Nachlüftung eine gute Konditionierung der Räume ermöglicht (bis zu 10° weniger als die Außenluft). Diese Vorkühlung der Zuluft ist aufgrund der großen internen Wärmequellen bei Bürohäusern (Personen und Geräte) besonders wichtig.

Die Wärmeerzeugung erfolgt dezentral mit einem kondensierenden Gasheizkessel, die Wärmeabgabe über einzelraumregulierte Radiatoren. Die gut isolierte Gebäudehülle, die kompakte Bauweise und Sonnenschutzmaßnahmen in Verbindung mit der Erdwärmenutzung für Vorwärmung und Kühlung der Luft haben nicht nur einen geringen Energieaufwand für Raumheizung zur Folge, sondern wirken sich insgesamt positiv auf die Raumklimatisierung aus.

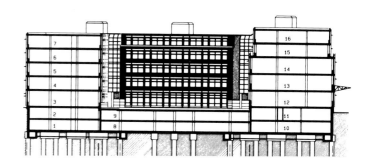

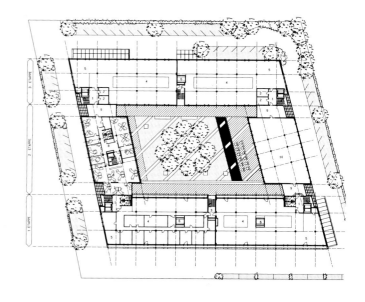

Bauherr:	Wohlgroth-Immobilien AG,
Planung:	Rolf Lüthi, Regensberg
Ort:	Zürich-Schwerzenbach / CH
Funktion:	Bürohaus (Blockverbauung)
Energietechnik:	F. Baumgartner, B. Wick
Fertigstellung:	1989 (1. Etappe)
Nutzfläche:	8.050 m²
Energiekonzept:	große Verglasungsflächen, Ersatzluftanlage mit Zuluft über Erdregister und Free-Cooling im Sommer

**Hauptverwaltung Commerzbank
in Frankfurt am Main**

Planung: Sir Norman Foster and Partners

Das signifikante Erscheinungsbild dieses Bürohochhauses im Frankfurter Bankenviertel resultiert aus einer Planung, bei der Aspekte der Energieversorgung und Innenraumqualität von grundlegender Bedeutung waren.

Der Entwurf basiert auf der Idee, im Inneren des Hochhauses ein über alle Geschosse führendes Atrium zu situieren. Jeweils zwei Segmente des dreieckigen Grundrisses sind mit Büronutzung belegt, das dritte Segment beinhaltet einen vollflächig verglasten „Freiraum". In den Ecken, der vertikalen Tragstruktur, sind Treppen, Aufzüge und Versorgungsleitungen untergebracht. Zwischen diesen „Standbeinen" hängen jene Segmente, die die Büros aufnehmen. Diese sind zu Einheiten zusammengefaßt, die, ergänzt von 4-geschossigen Wintergärten, das Erscheinungsbild wesentlich bestimmen.

Die spiralförmig versetzten Wintergärten bilden thermisch getrennte Pufferzonen mit ausgeglichenem Mikroklima, die in offener Verbindung mit dem zentralen Atrium stehen. Natürliche Belüftung und Belichtung sind somit überall gewährleistet.

Wenn die Verglasung der Wintergärten im Sommer geöffnet wird, strömt Außenluft herein, steigt bzw. sinkt – je nach den im Wintergarten herrschenden Temperaturen und Druckverhältnissen – im Atrium und tritt beim nächsten Wintergarten wieder aus. Während der kalten Jahreszeit ist die Verglasung geschlossen. Dabei wird die eingestrahlte Sonnenenergie in Wärme umgewandelt und eine temperierte Umgebung geschaffen.

Im Abstand von jeweils zwölf Geschossen wird das Atrium von gläsernen Decken unterteilt, um Zug- und Rauchentwicklungen zu unterbinden. Durch die Wintergärten ist es möglich, auch an den Innenseiten der Segmente Arbeitsplätze mit Tageslicht anzuordnen. Darüber hinaus bilden sie visuelle und soziale Treffpunkte. In der Außenfassade bildet eine durchgehende Ganzglashaut mit Luftschlitzen eine thermische Trennebene, in der Sonnen- und Blendschutz witterungsgeschützt geführt werden. Sowohl die atriumseitig als auch die fassadenseitig plazierten Arbeitsplätze verfügen über öffenbare Fenster. Der zwischen äußerer Glashaut und innerer Fassade liegende 20 cm breite Luftspalt ist aus brandschutz- und schalltechnischen Gründen geschoßweise abgeschottet. Temperatur- und Druckdifferenzen zwischen Innenraum, Fassadenzwischenraum und Umgebung erzeugen den Auftrieb für eine effektive Durchlüftung. Mit zunehmender Solarstrahlung nimmt somit auch der Luftwechsel zu. Bei extremen Temperaturen und Sturm werden die Fensteröffnungen von einer übergeordneten EIBUS-Gebäudesteuerung geschlossen, und die Lüftungsanlage schaltet sich ein. Die Kühlung erfolgt über Kaltwasserkühldecken, sodaß Zugerscheinungen durch Kaltluft ausgeschlossen sind. Der berechnete Gesamtenergieverbrauch dieses konsequent umgesetzten Konzeptes ist um ca. 1/3 weniger als bei „konventionellen" Hochhäusern.

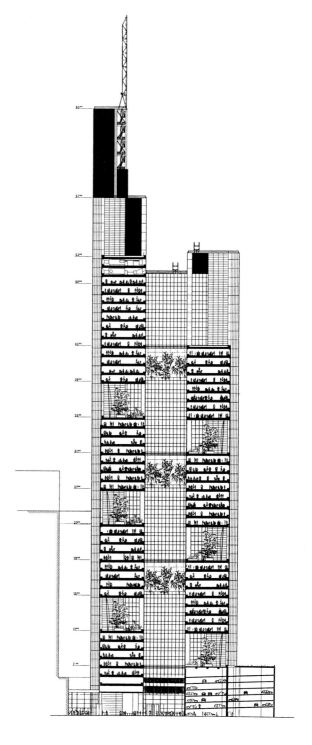

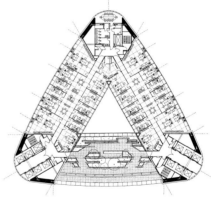

Bauherr:	Commerzbank AG Frankfurt am Main
Planung:	Sir Norman Foster and Partners, London
Ort:	Frankfurt am Main
Funktion:	Bürohochhaus
Energietechnik:	JRP/Petterson + Ahrens
Fertigstellung:	1997
verbaute Fläche:	120.736 m²
umbauter Raum:	538.000 m³
Energiekonzept:	Wintergärten, Klimafassade, Atrium

Technologiezentrum Umweltschutz in Oberhausen

Planung: Reichen + Robert, Uli Dratz

Auf einem ehemaligen Gelände der Oberhausener Großindustrie wollte die Stadt das Projekt einer „Allee der Industriekultur" realisieren. Hier gab es unter anderem ein als Architekturdenkmal geschütztes „Werkgasthaus" der Gutehoffnungshütte, das 1917 errichtet worden war.

Dieses Haus und das an einer Straßenkreuzung gelegene große Grundstück wurde zum Standort des neuen Technologiezentrums bestimmt. Dort sollen sich Unternehmen ansiedeln, die beratend, planend oder produzierend im Umweltschutz tätig sind. Ausgangspunkt für das neu zu erstellende Gebäude war die Annahme, daß das umzubauende Werkgasthaus relativ schnell belegt sein würde.

Die Leitidee beim Neubau basiert auf einer gedachten Spirale, die bogenförmig ein Gewerbegebiet, einen alten Park, das Schloß Oberhausen, den Rhein-Herne-Kanal, den Gasometer und die Neue Mitte der Stadt Oberhausen miteinander verbindet.

Die städtebauliche Anordnung des Gebäudes geht auf Distanz zum Altbau, der als konkurrenzlose Dominante weiterhin den Raum prägt. Die Grundstruktur des geschwungenen und zweigeschossigen Neubaus ergibt sich aus einem Nord- und einem Südgebäude, die durch einen von Transparenz und Offenheit geprägten Lichthof getrennt sind.

Während der konkave Bogen auf die alte Ziegelarchitektur mit einer neuen Ziegelwand reagiert, sind die versetzten konvexen Fassaden weitgehend in Glas und Stahl aufgelöst und lassen somit das Tageslicht weit in die Tiefe der Räume eindringen. Die Beschattung im Sommer erfolgt mittels weit auskragender Vordächer aus mattierten Metallamellen. Ihre scharfen Kanten akzentuieren die gekurvte Form des Neubaus. Charakteristisch für das Gebäude ist der gläserne Rundturm, durch den man das neue Haus betritt, und auch der daran anschließende, längs durch das Gebäude verlaufende „Pflanzgang". Dieser ist sowohl zu den beiden Seitenschiffen als auch zum Himmel völlig verglast, sodaß sich im Laufe der Jahre hier so etwas wie ein botanisches Gewächshaus entwickeln wird.

In den beiden Nutzungsebenen sind vorwiegend Büroflächen untergebracht. Die Konferenz- und Seminarräume befinden sich im Altbau und können von Mietern und Auswertigen gleichermaßen angemietet werden.

Bauherr:	Stadt Oberhausen/ Entwicklungs-GmbH
Planung:	Reichen + Robert, Paris Uli Dratz, Oberhausen
Ort:	Oberhausen/D
Funktion:	Technologiezentrum
Fertigstellung:	1993
verbaute Fläche:	6.120 m²
umbauter Raum:	24.825 m³
Energiekonzept:	Atrium, Südorientierung, Südfenster

Unilever Bürogebäude

Planung: Neumann & Partner

Das neue Bürohaus der Unilever-Österreich sollte den bisher auswärts stationierten Verwaltungsbereich des Konzerns beherbergen. Da auf dem Gelände nur wenig freie Baufläche zur Verfügung stand und außerdem die bestehenden Gebäude (Verwaltungsgebäude und Kantine) sowie die Betriebseinfahrten für PKW und Bahn in das Konzept miteinbezogen werden sollten, entstand die Idee, das Bürohaus als Brückenhaus über die eben erwähnten Einfahrten und Gebäude zu stellen.

Zur Straße ist der Baukörper kreissegmentförmig geschwungen, zum Werksgelände gerade abgeschlossen. Der Brückenbau steht auf zwei zweigeschossigen, massiven Gebäudeteilen an den Enden, in denen sich die Fluchtstiegenhäuser bzw. die Halle befinden und wird in Längsrichtung durch eine leicht geschwungene, aus dem Baukörper seitlich herausragende massive Scheidewand gegliedert. Westlich davon reihen sich entlang eines Ganges die Büroräume. An der Ostseite schließen Nebenräume, Lager und kleine Büros an. Dieser Teil der Brücke ist massiv ausgeführt, während die westlich der Scheidewand gelegenen Teile aus einer Stahlskelettkonstruktion mit leichten Zwischenwänden bestehen. Aus schalltechnischen Gründen wurden den Büroräumen ein Luftraum und eine zweite, verglaste Außenhülle im Abstand von 1,2 m vorgelagert. Hier befinden sich auch die großen Fachwerkträger der Brückenkonstruktion.

Der Luftraum wirkt als Sonnenkollektor und erzeugt an heißen Sommertagen bis zu 50 °C aufgewärmte Luft. Durch Rohre wird ständig kühle Luft eingeblasen, und im oberen Bereich wird die warme Luft abgesaugt. Diese könnte zur Energiegewinnung genutzt werden. Derzeit ist dafür jedoch kein Bedarf, da die bestehenden Betriebsanlagen genug Abwärme erzeugen.

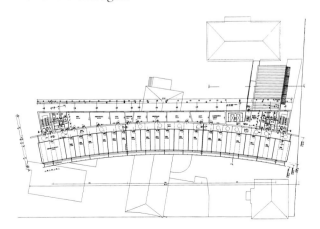

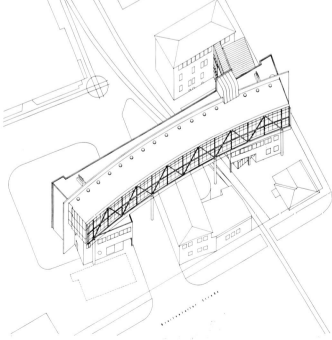

Bauherr:	Österreichische Unilever G.m.b.H.
Planung:	Neumann & Partner, Wien
Ort:	Wien 23 / A
Funktion:	Bürogebäude
Energietechnik:	V. Stehno, Wien
Fertigstellung:	1991
verbaute Fläche:	1.381 m²
umbauter Raum:	16.682 m³
Energiekonzept:	Wintergarten als Pufferzone

SAS Hauptverwaltung in Fronsundavik

Planung: Niels A. Torp

Der Komplex des Hauptverwaltungsgebäudes der SAS in Fronsundavik beherbergt ca. 1450 Büros sowie eine Reihe von Freizeit- und Kommunikationseinrichtungen für alle Mitarbeiter der Fluglinie wie z.B. Auditorien, Restaurants, Schwimmbad, Sporthalle, Reisebüro u.s.w.

Das Konzept des norwegischen Architekten, der den 1984 ausgeschriebenen Wettbewerb gewonnen hat, versucht, dem enormen Raumprogramm einen Rahmen zu verleihen, ohne sich auf eine zu einheitliche Struktur und zu systematische Formen einzulassen. Den verschiedenen Funktionen werden eigene Gebäude zugeordnet, die sich entlang einer künstlichen Straße aufreihen. Die einzelnen Einheiten des Komplexes umschließen ihrerseits wieder hofartige Strukturen, die einerseits eine individuelle Atmosphäre bilden, andererseits eine Verzahnung des Komplexes mit der umgebenden Landschaft darstellen. Unterstützt wird dieser Effekt durch den künstlichen See am Ende der „Straße", um den sich Restaurant und Kaffeehaus gruppieren.

Wie in einer kleinen Stadt unterscheiden sich die Gebäude entlang der Straße voneinander, und ihre Brüstungen, Balkone, Erker, Brücken, Stiegen und Gangways bilden zusammen mit dem einfallenden Tageslicht einen reizvollen Dialog. Das Gefühl der offenen Straße wird mit Niveauunterschieden, Plätzen, mit Laternen und Bepflanzungen wirksam unterstützt. Einen wichtigen Bestandteil des Konzeptes bildet das Glasdach, durch das die Straße ihren eigenen Charakter erhält. Die senkrechten und geneigten Glasflächen des Dachtragwerkes werden von leichten Stahlhohlprofil-Fachwerkbindern getragen. Die Glasscheiben liegen auf Aluminiumrahmen auf. Die Vorhangfassade der leichten Außenwände ist aus speziell angefertigtem Floatglas, das in den ebenen Flächen mit Aluminium kombiniert ist. Sonnenschutzlamellen vor den nach Süden orientierten Fassaden sorgen für eine entsprechende Beschattung der Büroräume.

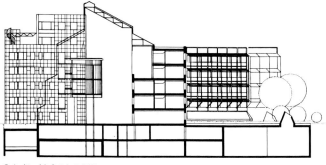

Schnitt Maßstab 1:800

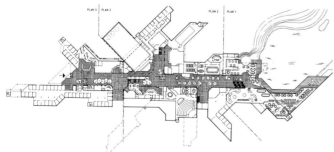

Bauherr:	SAS – Scandinavian Airlines System
Planung:	Niels A. Torp A.S., Oslo
Ort:	Fronsundavik / S
Funktion:	Multifunktionales Bürohaus
Fertigstellung:	1987
verbaute Fläche:	63.500 m²
Energiekonzept:	Atrium als Luftkollektor, minimierte Außenwandfläche

Taubenmarktarkade in Linz

Planung: G. Schönfeld, Reinberg – Treberspurg, Pertlwieser – Steinlechner

Die Arkade ist Teil eines innerstädtischen Baublocks im Zentrum von Linz mit sehr viel historischer Bausubstanz und großteils denkmalgeschützten Gebäuden. Die Planung der Einkaufspassage geht auf einen 1986 durchgeführten Wettbewerb zurück, bei dem die drei Architektenteams als Preisträger hervorgingen. Das tatsächlich gebaute Projekt stellt eine gemeinsame Überarbeitung aller drei Projekte dar.

Von allen vier Straßen, die den Block umgeben, führen Zugänge in das Zentrum der Arkade. Diese Passagenäste nehmen die unterschiedlichen Niveaus der umgebenden Straßen auf und gleichen sie mit sanften Rampen oder Freitreppen aus. Im Schnittpunkt der Passagenäste liegt der mehrgeschossige Zentralbereich der Arkade, der witterungsunabhängig ist und für diverse Veranstaltungen zur Verfügung steht. Ein filigranes, tonnenförmiges Glasdach spannt sich über den Hofbereich und unterstreicht den Eindruck eines gläsernen Himmels in der Tradition der klassischen Passage.

In den oberen Geschossen befinden sich Wohnungen und Büros, in den Untergeschossen ist neben den Flächen für die Anlieferung eine Tiefgarage untergebracht.

Auch die Passagenäste werden über Glasdächer belichtet. Sie lassen sonnendurchflutete öffentliche Stadträume entstehen, die die raumtypologischen Phänomene des historischen Zentrums interpretieren. Galerien und Niveausprünge, die zum Teil in den Geschäftsbereichen weitergeführt werden, bestimmen die Architektur der Passage, die, betont klar gehalten, einen spannungsreichen Dialog zwischen Alt und Neu ermöglicht.

Im Anschluß an das Galeriegeschoß gibt es südlich des Zentralbereiches einen neu geschaffenen, geschützten Platz, der ebenfalls für Märkte oder Veranstaltungen genutzt werden kann. Auch die Erweiterung des benachbarten Schulgebäudes war Bestandteil des Projektes.

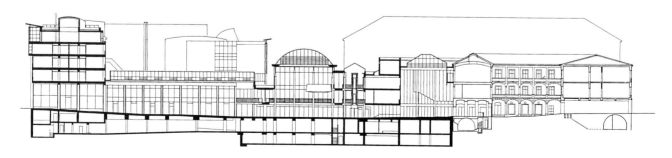

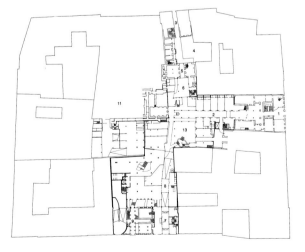

Bauherr:	Sparkassenpassage Linz, Errichtungs- und Vermietungsgesellschaft
Planung:	G. Schönfeld, Wien
	Arge Reinberg – Treberspurg, Wien
	Pertlwieser – Steinlechner, Linz
	Projektleitung: E. Raith, A. Mandic
Ort:	Linz, OÖ / A
Funktion:	innerstädtische Einkaufspassage
Fertigstellung:	1992
verbaute Fläche:	5.700 m²
umbauter Raum:	109.000 m³
Energiekonzept:	Atrium als Luftkollektor, minimierte Außenwandfläche

Beispielhafte Produkte und Systeme

TWD-Profilbauglassystem

Glasfabrik Lamberts GmbH & Co KG

Postfach 560
D-95624 Wunsiedel-Holenbrunn
Fon: ++49/9232605-0
Fax: ++49/9232605-33

Die Glasfabrik Lamberts GmbH & Co KG hat in Zusammenarbeit mit verschiedenen Industriepartnern das Ziel verfolgt, eine kostengünstige technische Möglichkeit zu entwickeln, die in erheblichem Maße zur Deckung des Gesamtenergiebedarfs von Gebäuden beitragen kann. Im Rahmen eines Förderprogramms des Bundesministeriums für Bildung und Forschung (BMBF), Bonn, sowie der wissenschaftlichen Begleitung durch das Fraunhofer Institut für Solare Energiesysteme (FhG-ISE), Freiburg, wurde dieses Konzept erstmals großflächig (6000 m^2) bei der Sanierung einer Industriehalle in Salzgitter, Deutschland, umgesetzt, die als Beispiel für viele andere Industriehallen Deutschlands, Österreichs und der Schweiz angesehen werden kann.

Die Überlegung, daß insbesondere bei Unternehmen mit Ein- oder Zwei-Schicht-Betrieb die solare Energie im Gegensatz zu anderen Speichervarianten ohne zeitliche Verzögerung in das Innere des Gebäudes dringen sollte, führte zum Einsatz eines Direktgewinnsystems: Zwischen zwei LINIT-Profilbauglas-Schalen (Gußglas in U-Form) wird das TWD-Material eingelegt und befestigt. Thermisch getrennte Rahmenprofile mit einer Bautiefe von 83 mm runden das Einbaukonzept ab. Die bekannte Technik der Profilverglasung kann für diese neue Konstruktion zum größten Teil beibehalten werden. Folgende Wirkweisen können dabei erzielt werden:

- Die Solarstrahlung kann in hohem Maße in das Gebäude eindringen, wo sie von den Bauteilen absorbiert und in Wärme umgewandelt wird (diffuse g-Werte bis zu 62%).
- Der zweite Effekt dieser Glasfassade besteht darin, daß die auf diese Weise gewonnene Wärme aufgrund der optimierten Wärmedämmeigenschaften der Profilglaswand in geringerem Maße entweichen kann (k-Werte von 1,5 W/m^{2}K und darunter). Eine Absenkung des Heizenergieverbrauchs und somit der Beheizungskosten ist die Folge.
- Beide Wirkungen führen zu einer verbesserten Gesamtenergiebilanz (k_{eq}-Werte von 0 W/m^{2}K und darunter sind möglich).
- Durch die Kapillareinlage läßt sich zusätzlich eine verbesserte Raumtiefenausleuchtung sowie eine gleichmäßigere Ausleuchtung des Raumes erreichen. Diese erhöhte Tageslichtnutzung senkt Beleuchtungskosten und schafft gleichzeitig ein angenehmeres Raumklima und damit günstigere Arbeitsbedingungen, insbesondere bei filigranen Arbeitsabläufen.
- Die hohe statische Belastbarkeit von Profilbauglas ermöglicht eine Verglasung ohne Quersprossen bis zu einer Höhe von 7 m. Der im Vergleich zu anderen Verglasungssystemen geringe Aluminiumrahmenanteil eröffnet interessante Kostenvorteile.

Ein großes Hemmnis bei der Verbreitung von TWD als innovativer und zukunftsträchtiger bautechnischer Lösung war bis dato der Preis. Das in Salzgitter erprobte TWD-Glassystem weist bei Kosten von ca. 250 DM/m^2 eine äußerst attraktive Kosten-Nutzen-Relation auf.

Dieses neue Konzept der Transparenten Wärmedämmung stellt die jüngste Produktinnovation der Glasfabrik Lamberts dar, die sich als letztes konzernungebundenes, privates Flachglasunternehmen Europas seit nunmehr 110 Jahren mit der Herstellung von Gußglas aller Art befaßt und in ihren Produktbereichen (Ornamentglas, Drahtglas, Solarglas, LINIT-Profilbauglas sowie LINIT-Aluminiumeinbausysteme) immer wieder mit Verbesserungen bzw. neuen Produkten aufwarten kann.

Gerade im Zusammenhang mit TWD dürfte in Zukunft auch der Einsatz von Profilbauglas als Klarglas aufgrund seiner optimierten Lichttransmission und seines höheren g-Wertes besonders interessant werden.

Darauf abgestimmt ergänzen, insbesondere im thermisch getrennten Bereich, neuentwickelte Aluminiumrahmenprofile und hochwertige Aluminiumflügel aller Art das Profilbauglas zu einem kompletten und variablen Einbaukonzept.

Transparente Wärmedämmung (TWD)

StoTherm Solar

Ehrenbachstraße 1
D-79780 Stühlingen
Fon: ++49/7744/57-0
Fax: ++49/7744/2010

Richtstraße 47
A-9500 Villach
Fon: ++43/4242/33133-0
Fax: ++43/4242/34347

Südstraße 14
CH-8172 Niederglatt/ZH
Fon: ++41/1/8515353
Fax: ++41/1/8515300

Nach jahrelanger Forschung und Anwendung ist es der Sto AG gelungen, erstmals die Solarenergienutzung mit Wärmedämm-Verbundsystemen zu verknüpfen. In Zusammenarbeit mit den Fraunhofer Instituten für Bauphysik in Stuttgart und für Solare Energiesysteme in Freiburg wurden dafür die Grundlagen geschaffen. Das neue transparente Wärmedämm-Verbundsystem StoTherm Solar reduziert nicht nur den Energieverbrauch, es bewirkt sogar einen Energiegewinn.

Der Effekt: StoTherm Solar senkt die Heizkosten deutlich. Die völlig schadstofffreie Sonnenenergie ersetzt außerdem wertvolle Rohstoffe wie Erdöl oder Erdgas. StoTherm Solar reduziert die Belastung des Klimakillers CO_2 mit ca. 30 kg/m²a erheblich.

Die auftretenden Lichtstrahlen passieren die Systemoberfläche (Glasputz) und durchdringen je nach Lichteinfallswinkel die transluzente Wärmedämmschicht und werden von der dahinterliegenden, dunkel eingefärbten Oberfläche der Massivwand absorbiert.

Die transluzente Fassadenoberfläche setzt sich aus Glaskugeln im Durchmesser von 2–3 mm zusammen, die in einer lichtdurchlässigen Matrix mit stabilisierendem Glasvlies eingebunden sind. Die Wärmedämmung aus lichtleitendem Polycarbonat in Kapillarstruktur wird werkseitig mit dem „Glasputz" beschichtet und als StoTherm Solar Fassadenelemente auf die Baustelle geliefert. Die Fassadenelemente gibt es in Standarddicken von 8, 10, 12 und 14 cm; die maximale Standardelementgröße beträgt zur Zeit 120 cm × 200 cm. Eine dunkel eingefärbte StoTherm Solar Absorberschicht dient zugleich als Kleber, mit dem das Fassadenelement an der massiven Wandkonstruktion befestigt wird. Die Absorberschicht befindet sich fast immer auf dem höchsten Temperaturniveau im Systemquerschnitt. Die maximal möglichen Temperaturen im Absorber können bei ca. 70 °C liegen. Eine Gefahr der Schädigung von Mauerwerk oder Systemkomponenten ist damit ausgeschlossen.

Um die erforderliche gute Wärmeleitfähigkeit und Speicherwirkung zu erreichen, ist eine massive Wand (z.B. Ziegel, Beton, Kalksandstein) mit einer Rohdichte ≥ 1200 kg/m³ notwendig. Der Untergrund muß klebegeeignet sein oder entsprechend vorbehandelt werden.

StoTherm Solar arbeitet selektiv: Im Winter ist der Wirkungsgrad am höchsten, im Sommer am geringsten. Wenn im Winter die Sonne tief steht, ergibt sich durch den flacheren Einstrahlwinkel eine deutlich höhere Strahlungsintensität gegenüber den Sommermonaten, in denen die steil auftreffenden Sonnenstrahlen in hohem Maße von der Systemoberfläche reflektiert werden. Dadurch kommt es im Sommer nicht zu unangenehm hohen Temperaturen – auf teure Abschattungsanlagen kann verzichtet werden.

Der nutzbare solare Energiegewinn des Systems liegt an der Südfassade, die grundsätzlich für die Verwendung zu bevorzugen ist, durchschnittlich bei ca. 120 kWh/m²a, an der Ost- bzw. Westfassade bei ca. 80 kWh/m²a und an einer Nordfassade immerhin noch bei 30–40 kWh/m²a. Ein detailliertes Berechnungsverfahren zur Abschätzung des nutzbaren Energiegewinnes kann entsprechend der DIN (V) 4108 Teil 6 (Vornorm) angewendet werden.

Wohnanlage „Heimat", Villach-Landskron

Wärmeschutzgläser

Interpane Glas Industrie AG

Sohnreystraße 21
D-37697 Lauenförde
Fon: ++49/5273/809-0
Fax: ++49/5273/8547

Heidegasse 45
A-7110 Parndorf
Fon: ++43/2166/23250
Fax: ++43/2166/232530

Mit den Spitzenprodukten von Interpane lassen sich alle Anforderungen an moderne Verglasungen problemlos erfüllen.

Ständig wachsende Ansprüche an den Baustoff Glas durch Architekten, Planer, Bauherren und nicht zuletzt behördliche Vorschriften erhöhen auch die Ansprüche des Herstellers an seine Produkte. Interpane hat mit Hilfe der unternehmenseigenen Entwicklungs- und Beratungsgesellschaft die Meßlatte kontinuierlich höher angelegt. Mit seinen „Power-Gläsern": z.B. iplus 3C (0,5 W/m^{2}K) und iplus city II (1,0 W/m^{2}K) hält der innovative Glasveredler schon jetzt für jedes architektonische Problem die passende Lösung bereit.

Kontinuierliche Verbesserung

Die Stichworte: Ressourcenschonung, Lichtenergienutzung, Wärmedämmung, Niedrigenergiehaus begleiten den Trend zur immer stärkeren Verwendung des Baustoffes Glas in der modernen Architektur. Innovative Technologien führten zur Entwicklung immer besserer Wärmeschutzgläser. Die Standards setzte das Produkt iplus neutral, das Anfang der 80er Jahre einen k-Wert von 1,3 W/m^{2}K und mit nochmals verbessertem Schichtaufbau 1993 einen k-Wert von 1,1 W/m^{2}K erreichte und somit das erste silberbeschichtete Warmglas am Markt war.

Superwärmedämmung mit Krypton

Maßgeblich für den Wärmeschutz der Verglasung ist der Wärmedurchgangskoeffizient. Eine Spitzenposition erreicht hier iplus 3C, das sich mit einem k-Wert von 0,5 W/m^{2}K wärmetechnisch bereits massiven Wandbaustoffen annähert. Das Warmglas der neuen Generation wurde von Interpane mit dem hochwärmedämmenden und umweltfreundlichen Edelgas Krypton entwickelt. Gründe, die für eine Verglasung mit iplus 3C sprechen, gibt es viele: Durch die Kombination von zwei Wärmefunktionsschichten und zwei Kryptonfüllungen wird maximaler Wärmeschutz erreicht. Die Elementdicke von iplus 3C ist mit 36 mm kaum größer als z.B. die einer Schallschutz-Isolierglas-Einheit, d.h. es paßt problemlos in alle modernen Fensterrahmen und erfordert keine Sonderkonstruktionen. iplus 3C eignet sich aufgrund seiner hervorragenden energetischen Eigenschaften insbesondere für ökologische und zukunftsorientierte Anwendungen im Glasbaubereich – Stichwort: Niedrig- bzw. Nullenergiehaus.

iplus C: der „schlanke Bruder"

Auch der schlanke Bruder von iplus 3C, das Superwarmglas iplus C, leistet mit einem k-Wert von 1.0 W/m^{2}K deutlich mehr als herkömmliches beschichtetes Zweifachisolierglas. Mit einer Einbaudicke von nur 20 mm eignet es sich hervorragend für die Denkmalpflege.

Das Multifunktionsglas iplus city II

Mit iplus city II hat Interpane die iplus-Familie um einen neuen Multifunktionstyp erweitert. Neben exzellentem Wärmeschutz bietet das moderne Warmglas Einbruchschutz und Schallschutz. Durch die Füllung mit Krypton erreicht dieses Glas einen k-Wert von 1.0 W/m^{2}K. Der Einbruchschutz zählt zur Sicherheitsklasse A3 (nach DIN 52290 T.4). Mit einem Schalldämmwert von 38 dB erreicht iplus city *im Fenster* leicht die Schallschutzklasse 3. Die Isolierglasdicke von 30 mm ermöglicht den problemlosen Einbau in nahezu alle Fensterkonstruktionen.

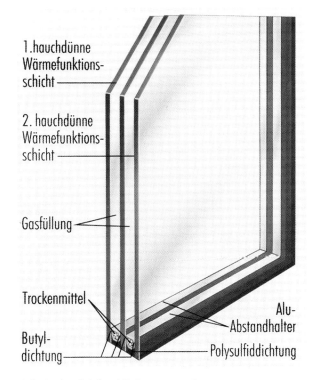

Schnitt durch iplus 3C Superwarmglas

Hochleistungsfolienlaminate

FOLIEN technik OEG

Franz Planeta-Straße 12
A-2231 Straßhof
Fon: ++43/2287/5013
Fax: ++43/2287/5093
e-mail: folientechnik@netway.at

Sputterfolien:
Mehrschichtige Folienlaminate, die je nach Einsatz und Bedarf diverse Aufgaben hervorragend erfüllen. Sie sind mit einer kratzfesten Oberfläche ausgestattet.

Sonnenschutzfolien:
Verhindern das Eindringen von IR-Strahlen bis 89% bei geringem Lichtverlust. Geeignet bei zu hoher Hitzeentwicklung im Innenraum.

Energiesparfolien:
Reflektieren IR-Stahlen nach beiden Seiten. Hervorragender Kälteschutz im Winter und bester Wärmeschutz im Sommer.

UV-Schutzfolien:
Schotten zu 100% UV-Strahlen im Frequenzbereich von 300–380 nm ab. Eine klare Durchsicht bleibt gewährleistet.

Einbruchschutzfolien:
Bieten höchsten Einbruchschutz. Geprüft nach DIN 52290 A1. Ein Schmelzpunkt von 285 °C verzögert das Brechen des Glases bei Vollbrand erheblich.

Sichtschutzfolien:
Keine Einsicht nach beiden Seiten oder keine Einsicht nach innen, jedoch Sicht nach außen, den Lichtverhältnissen entsprechend.

Hochtemperaturkollektor

MEA Maschinen- und Energieanlagen GmbH

Engerwitzdorfer Straße 40
A-4210 Gallneukirchen/Engerwitzdorf
Fon: ++43/7235/63020
Fax: ++43/7235/63020-10
Herr Plank Fon: DW-19

MEA – der österreichische Solarpionier – verfügt durch die mehr als 20jährige Erfahrung mit der Projektierung von Solaranlagen über das nötige Know-how und ist dadurch der richtige Ansprechpartner für Architekten, Projektanten und Installationsfirmen. Mit diesen und den 40 Beschäftigten wurden seit Firmengründung im Jahre 1976 mehr als 80.000 m² Kollektorfläche in rund 7.500 Solaranlagen, vorwiegend für Warmwasserbereitung, aber auch Schwimmbad- und Niedertemperatur-Raumheizung, zum Einsatz gebracht. Die neue Kollektortype K 201.0 zeichnet sich durch noch besseren Wirkungsgrad aus und entspricht auch den Anforderungen der Voll-Recyclebarkeit.

Zu den bewährten Hochtemperatur-Kupfer-Kollektoren mit Edelstahlgehäuse liefert MEA ein auf den jeweiligen Bedarf abgestimmtes Zubehör, wie Befestigungselemente, vorgefertigte Blecheinfassungen und die solartechnische Neuheit „Zentral-Entlüftungs-Solarmodul". Speziell bei der immer beliebteren teilsolaren Raumheizung bietet MEA Systemvorschläge mit besserem Energienettoertrag bei geringerem Materialaufwand.

Hochtemperaturkollektor geprüft nach Ö-Norm M 7714

Wirkungsgrade für eine Bestrahlungsstärke von 800 W/m²,
82,5% (Δ 0 °C geg. Umgebung)
59,1% (Δ 40 °C geg. Umgebung)

Kollektor Normleistung: 926 Watt
10 Jahre Funktionsgarantie

1: Extraweißes Sicherheitssolarglas; 2: Edelstahl-Außenrahmen; 3: Tragrahmen; 4: Rückwand; 5: Wärmedämmung; 6: Hochselektiv beschichteter Kupferplattenabsorber 2 m².

Fenster- und Fassadentechnik/Bauphysik

Ingenieurbüro Ertl GmbH

Oberbachham
A-4064 Oftering
Fon: ++43/7221/63418
Fax: ++43/7221/63418-83

Obere Donaustraße 21/1/2
A-1020 Wien
Fon: ++43/1/333 17 74
Fax: ++43/1/333 17 74-9

Langjährige praktische Erfahrungen und theoretische Kenntnisse des Bauingenieurwesens in den Bereichen der Bauphysik, Statik und Bauökonomie sowie des Gewerkes des Tischlermeisters und des Maschinenbaues vereinigen sich beim Ingenieurbüro Ertl zu einem fundierten Dienstleistungsangebot. In Verbindung mit einem professionellen Projektmanagement im Interesse und zum Nutzen des Bauherrn werden diese Qualifikationen eingesetzt. Die Realisierung eines in objektbezogenen Detailplanungen definierten hohen Qualitätsstandards ist hierbei ebenso Gegenstand der Bauüberwachung wie die rationelle Abwicklung aller beteiligten Facharbeiten. Aufgrund der weit vorausschauenden Organisation werden speziell gewerküberschneidende Probleme während der Ausführungsphase weitestgehend vermieden.

Im einzelnen befaßt sich das Ingenieurbüro Ertl mit folgenden Dienstleistungsbereichen:

- Erstellung von Leistungsverzeichnissen
- Detailplanungen (Isothermenplanung, Wärmebedarfsanalysen)
- Baubetreuung
- Gütesicherung
- Gutachten, Zeugnisse
- Prüf- und Versuchswesen (Labor sowie mobile Prüfeinrichtungen)

Alle diese Leistungen beziehen sich auf das hochbautechnische Teilgebiet Wand – Fenster – Fassade, sowie allgemeine Bauphysik.

Internationale Solarbauschule Vorarlberg

Energieinstitut Vorarlberg

Stadtstraße 33/CCD
A-6850 Dornbirn
Fon: ++43/5572/31202-0
Fax: ++43/5572/31202-4
Mail: energieinstitut@ccd.vol.at
Internet: http://www.vol.at/Energieinstitut

Sonnenkollektor

Sonnenkraft Vertriebsges.m.b.H.

A-9321 Kappel/Krappfeld
Fon: ++43/4262/4633
Fax: ++43/4262/4633-17

Im Mühltal
A-4655 Vorchdorf
Fon: ++43/7614/6006
Fax: ++43/7614/6006-17

Mit der Nutzung von Sonnenkraft setzt man immer auf die richtige Lösung, wenn man bedenkt, welche ungeheuren Energiemengen die Sonne kostenlos auf die Erde schickt. Heute gewinnt man die Energie für die Erwärmung des Warmwassers im Frühling, Sommer und Herbst aus Sonnenkollektoren. In der Übergangszeit kann mit dieser Energie auch die Heizung betrieben werden. Wenn diese Energie nicht ausreicht – im Winter oder bei langen Regenperioden –, dann tritt der neue Pelletszentralheizungsofen von Sonnenkraft in Aktion. Wiederum wird hier die Sonnenenergie in Form von Biomasse verwendet. Pellets sind ein heimisches Produkt aus gepreßten Sägespänen oder Sägemehl. Das Nachlegen erfolgt automatisch. Rundherum solarbesonnen heißt die Devise!

Das Tüpfchen auf dem i ist dann noch eine Regenwasseranlage. Der durchschnittliche Haushalt braucht täglich 150 l Wasser, aber nur 3% werden als Trinkwasser verwendet. Eine Regenwasseranlage bringt hier eine wertvolle Entlastung.

Alle Produkte sind beim Installateur in Österreich, Deutschland, der Schweiz und in Südtirol erhältlich.

Objektbau in Glas und Aluminium

Baumann/Glas/1886

Töpferweg 1 – Postfach 2
A-4320 Perg OÖ
Fon: ++43/7262/57511/200
Fax: ++43/7262/57511/222

Als führendes Unternehmen im Glas- und Wintergartenbau geht Baumann/Glas schon seit geraumer Zeit eigene konstruktive Wege. Entscheidender Vorteil der laufenden Produktentwicklung sind technisch einzigartige Lösungen, die eine bisher unerreichte gestalterische Freizügigkeit des Planers erlauben. Das Spezialprossensystem „Palmhaus", eine erfolgreiche Eigenentwicklung der High-Tech-Glasschmiede aus Perg/OÖ, fand bei der Generalsanierung des Palmenhauses Schönbrunn ebenso seinen Einsatz wie bei der hochwärmegedämmten Ausführung der Glasfassaden des Stadthallenbades Wien und weiteren Projekten. Im besonderen Maße profitieren auch viele private Hausbesitzer von Baumanns Glasbautechnik auf höchstem Energiespar-Niveau: In den Wintergärten von Baumann/Glas werden ausschließlich Glasdach- und Glaswandsysteme Marke „Palmhaus" verwendet. Deren weltweit unübertroffener und offiziell zertifizierter k-Wert von 0,9 W/m^{2}K wurde auf der Energiesparmesse Wels 1996 mit dem Innovationspreis ausgezeichnet.

Ein „Wintergarten" der besonderen Art: Das restaurierte Palmenhaus im Schloßgarten Wien-Schönbrunn.

Solarfassade

Energiesysteme Aschauer

Unterdörfl 49
A-4362 Bad Kreuzen
Fon: ++43/7266/6683
Fax: ++43/7266/6683

Transparente Wärmedämmung (TWD)

Capatect

Fries, Burgholzer & Comp.
Baustoffindustrie GmbH
Bahnhofstraße 32
A-4320 Perg
Fon: ++43/7262/57161-0
Fax: ++43/7262/57161-33

Synthesa Chemie, Gesellschaft m.b.H.
Dirnbergerstraße 29-31
A-4320 Perg
Fon: ++43/7262/560-0
Fax: ++43/7262/560-500

Das Geheimnis der Solarfassade liegt in der Kartonwabe. Die Kartonwabe bewirkt eine Erwärmung der Außenwand, ohne zu einer Überhitzung des Rauminneren zu führen. Im Gegensatz zum Prinzip der transparenten Wärmedämmung – mit Wärmeleitung ins Rauminnere – erzielt die Solarfassade einen Ausgleich der Temperaturdifferenz zwischen Außenwand und Innenraum.

Dadurch wird verhindert, daß ein Wärmefluß von innen nach außen stattfindet. Obwohl der k-Wert ohne Berücksichtigung von solaren Gewinnen mit 0,2 W/m^{2}K relativ hoch ist, geht der äquivalente k-Wert über das Jahr gesehen durch Einstrahlungsgewinne gegen Null!

Verschiedene positive Projekte, wie ESG-ÖKO-Park Linz/Plesching, die Häuser Fent, Haller, Aschauer, Schweitzer, zeigen eindrucksvoll, daß die Solarfassade wirklich ein Produkt mit Zukunft ist. Nicht zuletzt deswegen wurden Projekte mit der Solarfassade unter anderem mit dem Staatspreis für Energieforschung 1997 und dem Europäischen Solarpreis 1995 für Österreich ausgezeichnet.

Die Technik der transparenten Wärmedämmung (TWD) läßt sich kurz mit „hohe Transparenz für das Sonnenlicht bei guten Wärmedämmeigenschaften" umschreiben. Dabei wird die Energie der Sonnenstrahlen durch einen transparenten Wärmedämmstoff hindurch von einem schwarzen Absorber aufgenommen und in Wärme verwandelt. Der Dämmstoff ist aus quer zur Oberfläche liegenden Röhrchen aufgebaut, die wie gebündelte, durchsichtige Strohhalme aussehen. Das wabenartige Material läßt die Wärme nicht mehr nach außen. Die Wärmeabgabe an den bewohnten Raum erfolgt über die massive Wand, die als Zwischenspeicher wirkt. Um im Sommer eine Überhitzung zu vermeiden, arbeitet Capatect TWD nach dem Prinzip der Hinterlüftung. Dabei kann auf die natürliche oder bauliche Beschattung ganz verzichtet werden, denn der Absorber bleibt durch einen Hinterlüftungsspalt vom Mauerwerk getrennt. Dieser läßt sich durch Be- und Entlüftungs-Elemente zur Außenluft hin öffnen, wodurch unerwünschte Wärme abgeleitet wird.

Photovoltaikfassade

stromaufwärts

Hirschmann & Partner GmbH
Oberer Paspelweg 6-8
A-6830 Rankweil
Fon: ++43/5522/307-331
Fax: ++43/5522/307-401

Die abgebildete Fassade ist ein Beispiel für das Zusammenwirken von Architekten, stromaufwärts und den ausführenden Handwerkern. Neben der Lieferung aller notwendigen Komponenten, angefangen von den verschiedensten Hochleistungsmodulen, den dazupassenden Wechselrichtern bis hin zu montagefreundlichen Befestigungssystemen, sehen die Spezialisten der Firma stromaufwärts ihre Hauptaufgabe in der Unterstützung und Beratung der Architekten. Anlagen dieser Art haben ihre eigenen Gesetze, deren Einhaltung über eine optimale Funktion entscheidet. Ständige Tests von Materialien, Fortbildung und Auseinandersetzung mit der Materie stellen die Qualität der Anlagen und die Beratung sicher. Besonderes Augenmerk legt stromaufwärts auf Informationsveranstaltungen für Bauherren und Architekten.

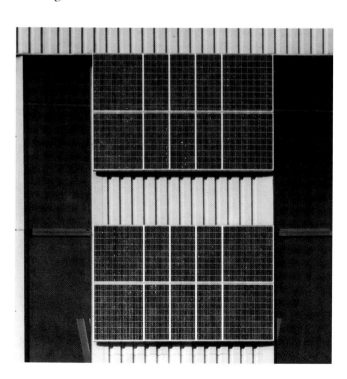

Sonnenschutz- und Lamellensysteme

Colt International Ges.m.b.H.

Winetzhammerstraße 12
A-4030 Linz
Fon: ++43/732/370770-0
Fax: ++43/732/370770-40

Ruessenstraße 5
CH-6340 Baar
Fon: ++41/41/7607070
Fax: ++41/41/7607086

Brienerstraße 186
D-47533 Kleve
Fon: ++49/2821/9900
Fax: ++49/2821/990204

Das Europay-Gebäude im Zentralraum von Wien stellt auf verschiedene Weise die Herausforderung dar, Sonnenschutzsysteme als Bestandteil moderner Gebäudearchitektur zu integrieren.

Das Hauptkonzept war die Trennung von Wärme und Licht außerhalb der Fensterverglasung. Trotz Anordnung der Lamellen an der Westfassade wurde die Wirksamkeit der Wärmeabweisung auf 85% erhöht. Dadurch konnten zur Berechnung und Auslegung der Klimaanlage die Parameter erheblich niedriger angesetzt werden.

Aufgrund der vertikalen und horizontalen Anordnung des Sonnenschutzes sowie der gelochten Lamellenausführung im Vertikalteil ist eine weitgehend ungehinderte Sicht nach außen ermöglicht worden.

In Verbindung mit einem innenliegenden Sicht- und Blendschutz stellt diese Lösung derzeit den wirtschaftlichsten und effektivsten Sonnenschutz dar.

Vertikaler Sonnenschutz mit gelochter Lamellenführung ermöglicht nahezu ungehinderte Sicht nach draußen.

TWD-Paneel und Lichtlenkprofile

Okalux Kapillarglas GmbH

>D-97828 Marktheidenfeld-Altfeld
>Fon: ++49/9391/900-0
>Fax: ++49/9391/900-100

OKASOLAR ist ein lichtlenkendes Isolierglas mit fest angeordneten Reflektorprofilen im Scheibenzwischenraum. In Abhängigkeit von den technischen Erfordernissen des Objekts werden unterschiedliche Profilstellungen gewählt. So kann entsprechend der Himmelsrichtung und Neigung der Verglasung ein jahres- und tageszeitgesteuerter Sonnenschutz geschaffen werden. Gleichzeitig wird die Raumtiefenausleuchtung durch Reflexion einfallenden Tageslichts in die Raumtiefe verbessert. Möglich ist auch ein permanenter Sonnenschutz bei Ausleuchtung des Raumes mit kühlem Zenithlicht.

KAPILUX-H ist ein hermetisch versiegeltes Glaspaneel mit KAPIPANE im Scheibenzwischenraum. Das Element weist gegenüber herkömmlichen TWD-Paneelen eine um etwa 50% reduzierte Dicke auf und besitzt einen k-Wert von 0,8 W/m^{2}K bei einem Gesamtenergietransmissionsgrad von 80%. Technische Werte, die für sich sprechen.

Optimal für das Prinzip der Transparenten Wärmedämmung ist die Kapillarstruktur KAPIPANE, weil sie außerordentlich hohe Durchlässigkeit für Solarstrahlung bei ausgezeichneter Wärmedämmung aufweist. KAPIPANE dient weltweit zur Herstellung der verschiedensten TWD-Systeme.

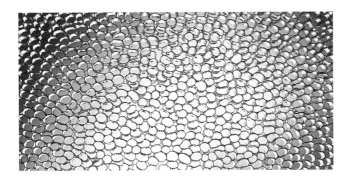

Zentrum für Bauen und Umwelt

Donau-Universität Krems

>A-3500 Krems
>Dr. Karl Dorrek-Straße 30
>Fon: ++43/2732/893-2651
>Fax: ++43/2732/893-4650
>E-Mail: zbu@donau-uni.ac.at
>http://www.donau-uni.ac.at

Das Zentrum für Bauen und Umwelt an der Donau-Universität Krems bietet praxisgerechte und effiziente Ausbildung im Fachbereich des energieoptimierten und ökologischen Bauens:

Universitätslehrgang für Solares Planen und Bauen
(Träger des Europäischen Solarpreises 1997)

- Umsetzungsorientierter Unterricht in betreuungsintensiven Kleingruppen
- Wissenvermittlung auf aktuellem Stand durch internationale Experten
- Berufsbegleitend (geblockte Unterrichtseinheiten – 6 Wochenmodule – in zwei Semestern)
- Abschluß (Akademische/r Experte/in für Solares Planen und Bauen)
- Zulassung auch ohne akademische Vorbildung (Berufserfahrung wird berücksichtigt)
- Ab 1998 kann nach zwei weiteren Semestern der internationale Titel „Master of Advanced Studies – MAS (solar Architecture)" erworben werden.

Produkte und Systeme

Glastechnik

BRÜDER ECKELT & Co
Resthofstraße 18
A-4400 Steyr

FLACHGLAS AG
Haydnstraße 19
D-45884 Gelsenkirchen

GEILINGER AG Abt. HIT
Werkstraße 20
Postfach 988
CH-8401 Winterthur

GLAS FISCHER
Gottlieb Daimler Straße 46–48
D-71711 Murr

GLAS TRÖSCH SILVERSTAR AG
Industriestraße 29
CH-4922 Bützberg

INTERPANE
Entwicklungs- und BeratungsgesmbH & Co KG
Sohnreystraße 21
D-27697 Lauenförde

LUXGUARD
Route de Luxembourg
L-4940 Grand Duché de Luxembourg

MAYER GLASTECHNIK GesmbH
Am Breiten Wasen 17
Postfach 15
A-6806 Feldkirch-Tosters

TERMOLUX SA
Corso S.Gottardo 52
CH-6830 Chiasso

THERMIX GmbH
Postfach 1107
D-88357 Altshausen

VEGLA-Climalit Partner
Viktoria Allee 3–5
D-52066 Aachen

Fensterrahmen

ERTL-FENSTERTECHNIK
A-4064 Oftering

HÄRING & Co AG
Fenstertechnik
Rheinstraße 41b
CH-4402 Frenkendorf BL

PAZEN Eurotec Fenstertechnik
Deutsch-Herrenstraße 63
D-54492 Zeltlingen-Rachtig

SI-COM GREUBEL GesmbH
Wolfsbühl 5
D-88361 Altshausen

Städtebauliche Energie-Simulation

Dr. GORETZKI Solarbüro
Zinsholzstraße 11
D-70169 Stuttgart

HOFBAUER DI Wilhelm
Penzinger Straße 58
A-1140 Wien

WORTMANN + SCHEERER Ing.-Büro
Joachimstraße 10–14
D-44789 Bochum

TWD-Material Hersteller

ENERGIE SYSTEME ASCHAUER
Unterdörfl 49
A-4362 Bad Kreuzen

OKALUX Kapillarglas GmbH
D-97828 Marktheidenfeld-Altfeld

SCHOTT Glaswerke
Postfach 2480
D-55014 Mainz

Profilbauglas und TWD

LAMBERTS GmbH
Postfach 560
D-95624 Wunsiedel

Wärmedämm-Verbund-System mit TWD-Elementen

FRIES-BURGHOLZER
BAUSTOFFINDUSTRIE (FB)
A-4320 Perg

STO AG
Ehrenbachstraße 1
D-79780 Stühlingen

Sonnenschutz/Lichtlenksysteme

ALDER SOLUX
Laxenburger Straße 216
A-1232 Wien

AGERO AG
Hauptstraße 6
CH-8255 Schlattingen/TG

COLT International GmbH
Briener Straße 186
D-47533 Kleve

GLASGARD AUSTRIA
Hermine-Berhofer-Straße 48
A-6130 Schwaz

FOLIEN-TECHNIK
Peter Platzer
Franz-Planeta-Straße 12
A-2231 Strasshof/Nordbahn

HÜPPE Form GmbH
Postfach 2523
D-26015 Oldenburg

GARTNER & CO
Gartnerstraße 20
D-89423 Gundelfingen

OKALUX Kapillarglas GmbH
D-97828 Marktheidenfeld-Altfeld

SCHENKER STOREN AG
Stauwehstraße 34
CH-5012 Schönenwerd

SHADOW AG
Birkenstraße 111
CH-9443 Widnau

SIEMENS AG
Ohnstraße 50
D-83301 Traunreut

Fassaden

ALCO Systeme GmbH
Weseler Straße 565
D-48163 Münster

BAUMANN-GLAS
Töpferweg 1
A-4320 Perg

BRÜDER ECKELT & Co
Resthofstraße 18
A-4400 Steyr

GARTNER & CO
Gartnerstraße 20
D-89423 Gundelfingen

GLASBAU SEELE GmbH
Gutenbergstraße 19
D-86368 Gersthofen

GLASTEC GmbH
Landsbergerstraße 57
D-82266 Inning/Stegen

GÖTZ GmbH
Delpstraße 4–6
D-97084 Würzburg

Walter MEUSBURGER GesmbH & Co KG
Alpstraße 17
A-6890 Lustenau

SEUFERT NIKLAUS GmbH
Lindenweg 2
D-97654 Bastheim

Ernst SCHWEIZER AG
CH-8908 Hedingen

Photovoltaik

FLAGOSOL GmbH
Mühlengasse 7
D-50667 Köln

GLASBAU HAHN GmbH & Co KG
Hafenstraße 5
D-63811 Stockstadt/Main

PHOTOTRONICS SOLARTECHNIK GmbH
Hermann-Oberth-Straße 9
D-85640 Putzbrunn

SCHÜCO International KG
Karolinenstraße 1–5
D-33609 Bielefeld

STROMAUFWÄRTS
Hirschmann & Partner GmbH
Oberer Paspelweg 6–8
A-6830 Rankweil

SIEMENS SOLAR GmbH
Frankfurter Ring 152
D-80807 München

Solarkollektoren

AGENA S.A.
Avenue Grand Pré
CH-1510 Moudon

ECON-Solarenergie GmbH
Strasse 3 M 19
A-2355 Wr. Neudorf

DORNIER-PRINZ Solartechnik GmbH
Simmerner Straße 7
D-55442 Stomberg

ECUBE S.A.
André Piller 43
CH-1720 Corminboeuf

GRAMMER KG Solar-Luft-Technik
Wernher-von-Braun-Straße 6
D-92224 Amberg

MEA Ges.m.b.H.
Engerwitzdorf 59
A-4210 Gallneukirchen

RÜESCH SOLARTECHNIK
Knonauerstraße 58
CH-6330 Cham

S.O.L.I.D GmbH
Elisabethstraße 32
A-8010 Graz

SONNENKRAFT VertriebsgesmbH
Am Viktorhof 12
A-9321 Kappel am Krappfeld

STIEBEL ELTRON GmbH & Co KG
D-37603 Holzminden

TEMEC
Luzerner Straße 15
CH-5040 Schöftland

Steuerungstechnik

SIEMENS AG
Östliche Rheinbrückenstraße 50
D-76187 Karlsruhe 21

HONEYWELL Regelsysteme GmbH
Kaiserleistraße 39
D-63067 Offenbach/Main

LANDIS & STAEFA AG
Sennweidstraße 47
CH-6312 Steinhausen ZG

Literatur

[1.1] REYNHART, A.F.A. (1959) Mankind, Civilization and Prosperity. Solar Energy 2/2: 23–29

[1.2] STEINBUCH, K. (1971) Mensch, Technik, Zukunft – Basiswissen für Probleme von morgen. Deutsche Verlagsanstalt, Stuttgart, S. 107

[1.3] DE GUZMAN, R.A. (Hrsg.) (1993) The Global Climate System in 1992. World Meteorological Organization

[1.4] GREIFF, K., WERNER, P. (Hrsg.) (1991) Ökologischer Mietwohnungsbau – Konzepte für eine umweltverträgliche Baupraxis. C. F. Müller, Karlsruhe

[1.5] ENQUETE-KOMMISSION DES 11. DEUTSCHEN BUNDESTAGES (1989) Schutz der Erdatmosphäre – Eine internationale Herausforderung, Zwischenbericht. Universitäts-Buchdruckerei, Bonn

[1.6] RAINER, R. (1991) Ökologisches Bauen. Wohnen Nr. 24, Wien

[1.7] CAPRA, F. (1985) Wendezeit – Bausteine für ein neues Weltbild. Scherz, Bern–München–Wien, S. 26

[1.8] MEADOWS, D. u. D., RANDERS, J. (1992) Die neuen Grenzen des Wachstums – Die Lage der Menschheit: Bedrohung und Zukunftschancen. Deutsche Verlagsanstalt, Stuttgart

[1.9] GORE, A. (1992) Wege zum Gleichgewicht – Ein Marshallplan für die Erde. S. Fischer, Frankfurt a. Main

[1.10] MUNRO, D.A., et al. (1991) Unsere Verantwortung für die Erde – Strategie für ein Leben im Einklang mit Natur und Umwelt. IUCN, UNEP, WWF, Gland–Schweiz

[1.11] TOBLACHER GESPRÄCHE (1991) Toblacher Thesen 1991 – Energie, Kernfrage der Zukunft. Tagungsunterlagen Toblacher Gespräche

[1.12] ENGEL, N. (1993) Deklaration über die Interdependenz für eine umweltbewußte Zukunft, Architektenweltkongreß der UIA/AIA Chicago. Konstruktiv – Zeitschrift der Bundesingenieurkammer, Wien

[1.13] GERLING, R., SCHMIDHEINY, St. (1996) Sustainable Development: Finanzmärkte im Paradigmenwechsel. Gerling Akademie Verlag, München

[1.14] OSTWALD, W. (1912) Der energetische Imperativ. Leipzig

[1.15] SCHEER, H. (1993) Sonnenstrategie. Politik ohne Alternative. Piper Verlag, München

[1.16] VON WEIZSÄCKER, E.U., LOVINS, A.B., LOVINS, L.H. (1995) Faktor Vier. Doppelter Wohlstand – halbierter Naturverbrauch. Droemer Verlag, München

[1.17] HERZOG, T. (Hrsg.) (1996) Solar Energy in Architecture and Urban Planning. Prestel-Verlag, München–New York

[1.18] MARTIN, H.-P., SCHUMANN, H. (1977) Die Globalisierungsfalle – Der Angriff auf Demokratie und Wohlstand. Rowohlt-Verlag, Hamburg

[2.1] REPLOH, H., GÄRTNER, H. (Hrsg.) (1969) Lehrbuch der Hygiene – Präventive Medizin, 2. Aufl. Gustav Fischer, Stuttgart

[2.2] HAEN, E., et al. (1988) Therapie mit Licht – Hypothese und klinische Erfolge. Münchner medizinische Wochenschrift

[2.3] ROSENTHAL, et al.: Selecta, Nr. 52

[2.4] DIETZEL, M. (1989) Die Lichttherapie der endogenen Depression. Monographien aus dem Gesamtgebiete der Psychiatrie, 54. Band. Springer-Verlag, Berlin–Heidelberg–New York

[2.5] GRANDJEAN, E. (1973) Wohnphysiologie – Grundlagen gesunden Wohnens. Artemis, Zürich

[2.6] HAIDER, E., HOFBAUER, W., REINBERG, G. W., TREBERSPURG, M. (ARGE PASSIV SOLAR) (1988) Bewohnereinfluß auf passive Solarsysteme, F 863, Wohnbauforschung

[3.1] HILLMANN, G., NAGEL, J., SCHRECK, H. (1987) Klimagerechte und energiesparende Architektur. C. F. Müller, Karlsruhe

[3.2] STERLING, R., CARMOODY, J., ELNICKY, G. (1981) Earth Sheltered Community Design – Energy Efficient Residential Development, University of Minnesota. Van Nostrand–Reinhold, New York

[3.3] AHRENS, D., ELLISON, T., STERLING, R. (1983) Erdbedeckte Häuser. Betonverlag, Düsseldorf

[3.4] AISCHYLOS (1959) Der gefesselte Prometheus. Übersetzt von Oskar Werner. Heimeran, München

[3.5] XENOPHON (1956) Memorabilien (Erinnerungen an Sokrates). Übersetzt von Ernst Bux. Körner, Stuttgart

[3.6] HOEPFNER, W., SCHWANDTNER, E.L. (1986) Haus und Stadt im klassischen Griechenland. Deutscher Kunstverlag, München

[3.7] VITRUV (1964) De Architectura, Zehn Bücher über Architektur. Übersetzt von C. Fensterbusch. Wissenschaftliche Buchgesellschaft, Darmstadt

[3.8] PLINIUS, G.C.S. (1827) (Plinius des Jüngeren Werke: 1. Bd. Briefe. Übersetzt von Schott. Metzlersche Buchhandlung, Stuttgart

[3.9] DSCHUBINASCHWILI, G.N. (1970) Fragen der Baukunst. Helownieba, Tbilisi

[3.10] SENARCLEUS DE GRANCY, R. (1980) Siedlung und Gehöft der Hakhi in Nordost-Afghanistan. Dissertation. TU Graz

[3.11] RUDOFSKY, B. (1965) Architecture Without Architects. The Museum of Modern Art, New York

[3.12] REZAI-HARIRI, M. (1980) Was du ererbt von deinen Vätern – Altpersische Bautradition als Muster einer energiebewußten Architektur. E-80 Fachzeitschrift der ÖNE/3

[3.13] RAINER, R. (1977) Anonymes Bauen im Iran. Akademische Druck- und Verlagsanstalt, Graz

[3.14] MAHDAVI, A. (1989) Traditionelle Bauweisen in wissenschaftlicher Sicht. Bauforum 132

[3.15] HÄHNEL, J. (1975) Stube. Aschendorf, Münster

[3.16] REUSCH, H. (1982) Geschichte der Nutzung der Solarenergie, Dissertation. Hannover

[3.17] FIERLINGER, B. (1985) Wohnbebauung in Steyregg, Diplomarbeit. TU Wien

[3.18] KOPPELKAMM, S. (1981) Gewächshäuser und Wintergärten im 19. Jh. Stuttgart

[3.19] TSCHIRA, A. (1939) Orangerien und Gewächshäuser. Berlin

[3.20] RAINER, J., KÜHNE, C. (1982) Filigrane Hüllen –Transparente Räume. Bauforum 93/94:8

[3.21] SUAREZ MARTINEZ, X.L., MARTINEZ, X.L. (1987) As Galerias da Marina, a Coruña 1869–1884. Colegio de Arquitectos da Galicia, Santiago de Compostela

[3.22] NEUBERT, L., MADER, G. (1974) Die Galeriehäuser vor La Coruña. Bauwelt, Heft 18

[3.23] CID, S.T. (1980) El Barrio de la Magdalena des Ferrol. Colegio de Arquitectos de Galicia, Santiago de Compostela

[3.24] HÜFFER, H.J. (Hrsg.) (1965) Von Jacobus-Kult und Pilgerfahrt im Abendland; HELL, H. u. M. (1965) Die große Wallfahrt des Mittelalters. Wasmuth, Tübingen

[3.25] SARANDESES, F.M. (1982) Arquitectura Vernacula en Pontevedra. COAG, Santiago de Compostela

[3.26] MUTHESIUS, H. (1977) Wie baue ich mein Haus. München

[3.27] LICHTENSTEIN, C. (1985) O. R. Salvisberg, die andere Moderne, Werkkatalog und Biographie. gta, Zürich

[3.28] WAGNER, M. (1932) Das wachsende Haus – Ein Beitrag zur Lösung der städtischen Wohnungsfrage. Berlin

[3.29] FRANK, J. (1932) Die internationale Werkbundsiedlung. Wien

[3.30] JOEDICKE, J. (1965) Hugo Häring, Schriften, Entwürfe, Bauten. Stuttgart

[3.31] SCHWALM-THEISS, G. (1986) Theiss und Jaksch, Architekten 1907–1961, Dissertation. TU-Wien

[3.32] Zeitschrift „Die Form", Berlin, Jg. 6, 1931

[3.33] SLAPETA, V. (1985) Die Brünner Funktionalisten, Moderne Architektur in Brünn. Innsbruck

[3.34] PANZHAUSER, E., FANTL, K. (1975) Sonnenhäuser, Nutzung der Sonnenenergie zur Raumheizung. Wien

[3.35] JACOBS, H. (1978) Building with Frank Lloyd Wright, An Illustrated Memoir. San Francisco

[3.36] REYNHART, A.F.A. (1959) Mankind, Civilization and Prosperity. Solar Energy 2/2: 23–29

[3.37] STEINBUCH, K. (1971) Mensch, Technik, Zukunft – Basiswissen für Probleme von morgen. Deutsche Verlagsanstalt, Stuttgart

[3.38] ENERGIEBERICHT (1996) Energiebericht der Österr. Bundesregierung, Anhang III – Historische Entwicklung von Energieaufbringung und Energieverbrauch. Bundesministerium für wirtschaftliche Angelegenheiten, Wien

[3.39] GERTIS, K. (1979) Die Bauphysik im Zielkonflikt zwischen menschlichen Ansprüchen, technischen Möglichkeiten und wirtschaftlichen Zwängen. Gesundheitsingenieur 100, Heft 1/2: 11–16

[3.40] HINGST, W. (1989) Kritische Bewertung von Materialien im Innenausbau, Tagungsbericht St. Wolfgang – Althaus und Wohnungssanierung. Jahrestagung des Österreichischen Instituts für Baubiologie, Wien

[3.41] FAIL, A. (1989) Ein Beitrag zur Berechnung der natürlichen Lüftung im Hochbau, Dissertation. TU Wien

[3.42] DAVID, H. (1989) Das gesunde Sonnenraumklima aus neuester medizinischer Sicht, Tagungsband St. Wolfgang – Althaus und Wohnungssanierung. Jahrestagung des Österreichischen Instituts für Baubiologie, Wien

[3.43] ERHORN, H. (1988) Schäden durch Schimmelpilzbildung im modernisierten Mietwohnungsbau – Umfang, Analyse und Abhilfemaßnahmen. Bauphysik Jg. 10, Heft 5: 125–134

[3.44] HEINDL, W., KREC, K., PANZHAUSER, E., SIGMUND, A. (1987) Wärmebrücken. Springer-Verlag, Wien

[3.45] AMSLER, N., SCHUBELER, P. (1985) Energiehaushalt und Wohnungsbau, Ausnutzung von Einstrahlungsenergie und Raumluft-Wärmerückgewinnung. Aktuelles Bauen – Der Schweizerische Bau – Architektur- und Planungsmagazin, Heft 9: 40–41

[3.46] VODICKA, O. (Redaktion) (1980) Erhöhter Wärmeschutz – Richtlinien für den staatlichen Hochbau. Bundesministerium für Bauten und Technik, Verlag d. Österr. Ing. u. Arch. Vereins

[3.47] OUD, J.D.P. (1977) Brief vom 14.1.1926 an Adolf Behne, zitiert nach Bauwelt 33: 1093

[3.48] SONNENENERGIE (1986) Windkraftwerke – ein dänischer Exportschlager. Sonnenenergie 11, Zeitschrift der Deutschen Gesellschaft Sonnenenergie e.V., Heft 3: 8–11

[3.49] POHL, R.O. (1974) Die Zukunft der Energieversorgung. Physik in unserer Zeit, 5. Jg.

[3.50] KLEINRATH, H. (1977) Solarthermische Kraftwerke. Elektrotechnik und Maschinenbau 94/1

[3.51] WEYSS, N. (1977) Solarstrom in Österreich – Fallstudie. Bundesministerium für Wissenschaft und Forschung, Sektion Forschung, Eigenverlag, Wien

[3.52] TREBERSPURG, M. (1978) Integriertes Solarbausystem – Fertigteil-Shed-Dachsystem mit eingebauten zylindrischen Solarkonzentratoren zur Gewinnung von Sonnenwärme, Studie. Wien

[3.53] TREBERSPURG, M. (1977) Sonnenenergie höherer Temperaturbereiche und ihre Anwendung in Gewerbe und Industrie, Diplomarbeit. TU Wien

[3.54] TREBERSPURG, M. (1982) Fertigteil-Shed-Dachsystem mit eingebauten zylindrischen Solarkonzentratoren zur Gewinnung von Sonnenwärme. Patent

[3.55] TREBERSPURG, M., HOFBAUER, W., FRITZE, R. (1980) Zentrale Solarwärmeversorgungssysteme für Flachbausiedlungen. Tagungsband Solarheizungssysteme, BMWF, BMBT, ASSA, Wien

[3.56] URBANEK, A. (1980) Schwedens solare Heizwerke. Sonnenenergie und Wärmepumpe, Jg. 5/Heft 6

[3.57] WIJSMAN, A.J. (1980) Saisonale Erdspeicher für Wohnhäuser in Holland. Sonnenenergie und Wärmepumpe, Jg. 5/Heft 6

[3.58] FANINGER, G., BRUCK, M. (1977) Thermische Nutzung der Sonnenenergie in Österreich. BMWF, ASSA, Wien

[3.59] PANZHAUSER, E., FANTL, K. (1975) Sonnenhäuser, Nutzung der Sonnenenergie zur Raumheizung – Bestandsaufnahme in- und ausländischer Arbeiten. BMWF, Wien

[3.60] PROMITZER, W., WEISS W. (1989) Solaranlagen – Anleitung zum Selbstbau. Edition Regionale, ÖAR, Wien

[3.61] RUSSO, P., WEISSMANN, H. (1978) Alternative Architektur aus den USA. Kulturhaus Graz

[3.62] HILLMANN, G., NAGEL, J., SCHRECK, H. (1981) Klimagerechte und energiesparende Architektur. C. F. Müller, Karlsruhe

[3.63] SCHULITZ, H.C. (1982) Glas trotz Energiegesetzgebung – Energiebewußtes Bauen in Südkalifornien. db 9: 19–30

[3.64] PHILIP, W.C., KENNETH, L.H. (1980) Passive Solar Handbook. California Energy Commission, Sacramento

[3.65] BALCOMB, J.D., et al. (1982) Passiv Solar Design Handbook. American Solar Energy Society, Boulder–New York

[3.66] RAMSEY, Ch. G., SLEEPER, H.R. (1981) Architectural Graphic Standards, Seventh Edition. John Wiley & Sons, New York

[3.67] CALIFORNIA ENERGY COMMISSION (1981) Committee Proposed Residential Building Standards

[3.68] SCHÄFER, U. (1977) Energie- und Raumklima – Ansatzpunkte für eine neue Architektur. Bauen und Wohnen 7/8: 249–307

[3.69] TROMBE, F.J.M. (1974) Solar Houses in Odeillo. Interim Report, France

[3.70] JOHNSON, T.E. (1981) Solar Architecture – The Direct Gain Approach. McGraw-Hill, New York

[3.71] KOCH, H. (1979) Passive Nutzung der Sonnenenergie im Bauwesen, Tagungsband Solar-Heizungssysteme. Jahrestagung der ASSA, Wien

[3.72] MILBORN, G. (1979) Passive Solar-Heizungs-Systeme, Tagungsband Solar-Heizungssysteme. Jahrestagung der ASSA, Wien

[3.73] HAIDER, E., HOFBAUER, W., REINBERG, G.W., TREBERSPURG, M. (1988) Bewohnereinfluß auf Passive Solarsysteme F 863. Wohnbauforschung Endbericht, Wien

[3.74] ENERGIEBERICHT (1993) Energiebericht der Österreichischen Bundesregierung. Bundesministerium für Wirtschaftliche Angelegenheiten, Wien

[3.75] KLEIN, A. (1934) Der Südtyp: Das Einfamilienhaus mit Südorientierung. Stuttgart

[3.76] FANTL, K., PANZHAUSER, E., WUNDERER, E. (1996) Wohnhabitat. Der österreichische Gebäude-Energieausweis. Wien

[3.77] FEIST, W. (1996) Grundlagen der Gestaltung von Passivhäusern. Darmstadt

[4.1] RAINER, R. (1990) Energie: Macht und Verschwendung – oder Verantwortung, in: Dekorationen ersetzen Konzepte nicht. Böhlau, Wien, Köln

[4.2] STEIGER, M. (1984) Stadt- und Energieplanung aus der Sicht des Praktikers, in: LOG 10 Symposium, Solararchitektur in der Stadt. Fricke, Frankfurt a. M.

[4.3] BEHNSEN, J. (Hrsg.) (1991) Siedlungsplanung, in: LOHR, A.: Energie- und umweltbewußtes Bauen mit der Sonne. TÜV Rheinland, Köln

[4.4] KRAWINKEL, H. (1990) Das System der dänischen Energieplanung als Modell für die Entwicklung einer regionalisierten Energieplanung auf Länderebene in der BRD, Dissertation. Oldenburg

[4.5] BLASBERG, E., RATH, U. (1984) Energiekonzept für eine Stadt, in: LOG 10 Symposium, Solararchitektur in der Stadt. Fricke, Frankfurt/Main

[4.6] HAIDER, E., HOFBAUER, W., REINBERG, G.W., TREBERSPURG, M. (ARGE Passiv Solar) (1988) Bewohnereinfluß auf Passive Solarsysteme, Forschungsarbeit F 863. Wohnbauforschung des Bundesministeriums für wirtschaftliche Angelegenheiten, Wien

[4.7] WICK, B. (1981) Sparobjekt Einfamilienhaus. Schweizerische Aktion Gemeinsam für Energiesparen, Zürich

[4.8] ERHORN, H. (1992) Der Umwelt zuliebe Heizenergiesparen. Glaswelt 9, 10, 11

[5.1] REUSCH, H. (1982) Geschichte der Nutzung der Solarenergie. Dissertation. Hannover

[5.2] LANDELS, J.G. (1979) Die Technik der antiken Welt. C. H. Beck, München

[5.3] HOEPFNER, K.A. (1928) Grundbegriffe des Städtebaues. Springer, Berlin

[5.4] MILIZIA, F. (1785) Grundsätze der bürgerlichen Baukunst. Schwickertschem, Leipzig

[5.5] FAUST, B.C. (1824) Zur Sonne nach Mittag sollten alle Häuser der Menschen gerichtet seyn. Bückeburg

[5.6] PLESSNER, H. (1933) Die Sonnenbaulehre des Dr. Bernhardt Christoph Faust, Dissertation. Berlin

[5.7] KRUSCHE, P., ALTHAUS, P., GABRIEL, I., WEIG-KRUSCHE, M. (1982) Ökologisches Bauen. Bauverlag, Wiesbaden, Berlin

[5.8] RANFT, F. (1991) Rationelle Energieversorgung als volks- und betriebswirtschaftliches Ziel – Forderungen für die städtebauliche Planung, in: WEIK, H.: Sonnenenergie in der Baupraxis. Expert-Verlag, Ehmigen bei Böllingen

[5.9] BEHNSEN, J. (Hrsg.) (1991) Siedlungsplanung, in: LOHR, A.: Energie- und umweltbewußtes Bauen mit der Sonne. TÜV Rheinland, Köln

[5.10] PLANUNGSATLAS FÜR WIEN (1990) Institut für Stadtforschung, 3. Lieferung. Magistrat der Stadt Wien, Blatt Lufttemperatur

[5.11] GORETZKI, P. (1992) Optimale Nutzung der Sonnenenergie in der Stadtplanung durch Bauleitplanung mit einem Computerprogramm (GOSOL) in LOGID. Solares Bauen. Rudolf Müller-Verlag, Köln

[6.1] BMWF (1979) Energiekonsum und Energiesparen in privaten Haushalten. Wien

[6.2] GRUBER, E., MEYER, T. (Hrsg.) (1983) Energiesparende Innovationen im Eigenheim. BMFT, Bonn

[6.3] PANZHAUSER, E., KNÖTIG, G. (1991) Bedeutung von Pufferräumen. Endbericht Wohnbauforschung F 1061, Wien

[6.4] BAKER, N., BEHNSON, J., ROSEMANN, J. (1989) Low Energy Ecological Settlements (LEES). Tagungsband der Second European Conference on Architecture, Paris

[6.5] TREBERSPURG, M. (1991) Neues Bauen mit der Sonne. Club Niederösterreich Nr. 7, Wien

[6.6] WAGNER, P. (1991) Unsere künftige Architektur – Solarik – ein Ausweg aus dem Treibhausdilemma. a3 Bau 8/9, Wien

[6.7] KÜSGEN, H. (1983) Minimalenergiehäuser. ARCUS, Zeitschrift für Architektur und Naturwissenschaft 3/1983

[6.8] POKORNY, W. (1982) Die Entwurfsgütezahl von Solarhäusern. Energie 80, Jg. 3/Heft 3

[7.1] WACHBERGER, M. (1983) Passive Sonnenenergienutzung. Handbuch für die Anwendung passiver Sonnenheizsysteme im Wohnhausbau, Planungskomponenten, Entwurfsprinzipien, Entwurfshilfen. Eigenverlag der Verfasser, Wohnbauforschung F 786

[7.2] BALCOMB, J., KOSIEWICZ, L., FARLAND, M.C. (1983) Passive Solar Design Handbook 3. American Solar Energy Society

[7.3] ÖNORM B 8110 (1989) Teil 3, Wärmeschutz im Hochbau – Wärmespeicherung und Sonneneinflüsse, Vornorm 1.3.1989. Österr. Normungsinstitut

[7.4] EUROVER (1992) Werksangabe aufgrund diverser Gutachten

[7.5] GERTIS, K., HAUSER, G. (1979) Energieeinsparung infolge Sonneneinstrahlung durch Fenster. Klima- und Kälteingenieur: 107–111

[7.6] HAUSER, G. (1983) Passive Sonnenenergienutzung durch Fenster, Außenwände und temporäre Wärmeschutzmaßnahmen. HLH 34: 261

[7.7] ZIMMERMANN, M. (1986) Handbuch der passiven Sonnenenergienutzung, SIA D 010. Schweizer Ingenieur- und Architektenverein und Bundesamt für Energiewirtschaft, Zürich, S. 95–104

[7.8] HAIDER, E., HOFBAUER, W., REINBERG, G.W., TREBERSPURG, M. (1988) Bewohnereinfluß auf passive Solarsysteme. Forschungsbericht, gefördert mit den Mitteln der Wohnbauforschung des österr. Bundesministeriums für Bauten und Technik, F 863, Wien

[7.9] HOFBAUER, W., TREBERSPURG, M. (1993) Optimierung von passiven Solarsystemen in der Praxis, F 1259. Österr. Wohnbauforschung, BMWA, Wien

[7.10] SCHUPP, G., KOCH, S., SCHNEIDER, W., ERTEL, H. (1988) Verbesserung des Schallschutzes von Fassaden durch Balkonverglasungen, Mitteilung 188/16. Fraunhofer Institut für Bauphysik, Stuttgart

[7.11] TREBERSPURG, M., REINBERG, G.W. (1987) Wintergärten, Holzinformation. Bundesholzwirtschaftsrat, Wien

[7.12] HEMPEL, H. (1983) Trombé-Wände. Bauforum 83, Wien

[7.13] LANG, H., BOY, E., BERTSCH K. (1985) Heizenergieeinsparung durch Wände mit transparenten Wärmedämmschichten – Meßergebnisse unter idealisierten Randbedingungen. IBP-Bericht SA 1985, Stuttgart

[7.14] SCHREIBER, E. (1985) Heizenergieeinsparung durch Wände mit transparenten Wärmedämmschichten. Rechenergebnisse unter idealisierten Innenwandbedingungen, Bericht SA 4/1985. Fraunhofer Institut für Bauphysik, Stuttgart

[7.15] SCHRAMM, W., HECKMANN, M., LENDENFELD, T., REICHENAUER, T. (1993) Technikbewertung von Aerogelen. Bundesministerium für Umwelt, Jugend und Familie, Wien

[7.16] LOHR, A., ALEXA, C., WEIDLICH, B., KERSCHBERGER, A. (1989) Systemstudie Lichtdurchlässige Wärmedämmung, Praktische Umsetzungsmöglichkeiten, Kriterien und Auswirkungen der Anwendung von transparenten Dämmsystemen in Gebäuden. Fraunhofer Institut für Solare Energiesysteme ISE, Berlin, Köln

[7.17] GROCHAL, P. (1992) Fugenlose Wärmedämmung – transparent für Fassaden. 1. Internationaler Kongreß zur Bauwerkserhaltung

[7.18] SALONVAARA, M. (1991) Transparent Insulations and Phase Change Materials in Building Walls. Proceedings Fourth International Workshop on Transparent Insulation Technology, Birmingham

[7.19] ZUPAN, M., SMON, B. (1991) Planning a House with TIM on the Basis of Comparative Measurements on Test Cells. Proceedings Fourth International Workshop on Transparent Insulation Technology, Birmingham

[7.20] TWIDELL, J.W., JOHNSTONE, C., ZUHDY, B. (1992) Interim Report of Monitoring. The University of Strathclyde Solar Residences

[7.21] VAHLDIEK, J., BOLLIN, E. (1991) Monitoring of a Residential Building Retrofitted with TIM at Sonnenäckerweg/Freiburg. Proceedings Fourth International Workshop on Transparent Insulation Technology, Birmingham

[7.22] BMUJF (1997) Ökobilanz von Systemen zur Transparenten Wärmedämmung. Wien

[7.23] KERSCHBERGER, A., PLATZER, W., WEIDLICH, B. (1998) Transparente Wärmedämmung, Produkte, Projekte, Planungshinweise. Bauverlag GmbH, Wiesbaden und Berlin

[7.24] EICKE-HENNING, W., JÄKEL, M. (1997) Mehr Gebäudequalität mit weniger Energie – Ein Vergleich zweier Bürogebäude. Bundesbaublatt, Heft 11/97, S. 788–791

[7.24a] DANIELS, K. (1995) Technologie des ökologischen Bauens. Grundlagen, Beispiele und Ideen. Birkhäuser-Verlag, Basel

[7.25] DAVIES, C. (1997) Commerzbank Frankfurt – Modell eines ökologischen Hochhauses. Birkhäuser-Verlag, Basel; Watermark, Haselmere

[7.26] HEUSLER, W. (1997) RWE-Hochhaus, Essen – Zweite-Haut-Fassade, ARCH+ 136, April 1997, S. 98, 99. Aachen

[7.27] COMPAGNO, A. (1995) Intelligente Glasfassaden. Birkhäuser-Verlag, Basel

[7.28] SCHWEGER, P. (1997) Doppelfassade – ein Muß für Hochhäuser? ARCH+ 136, April 1997, S. 109–113. Aachen

[8.1] PANZHAUSER, E. (1985) Die Luftwechselzahlen in österreichischen Wohnungen, Forschungsbericht F 827. Wohnbauforschung BMBT, Wien

[8.2] HILLMANN, G. (1991) Passive und hybride Sonnenenergienutzung im innerstädtischen mehrgeschossigen Wohnhausbau – Solarhaus Lützowstraße, Tagungsband. 1. Österr. Symposium für Solararchitektur. Österr. Naturschutzbund, Salzburg

[8.3] GAMERITH, H., KAUTSCH, P. (1991) Garantierte Grundlüftung im österreichischen Wohnbau, Forschungsbericht F 1113. Wohnbauforschung BMWA, Wien

[8.4] GERTIS, K. (1984) Bauphysikalische Grundlagen der Wohnungslüftung

[8.5] PATTIE, D.R. (1966) Heat Transmission of Porous Materials in Ventilation. Reprint from Transactions of ASAE, St. Joseph, Michigan, Vol. 9.3

[8.6] BARTUSSEK, H. (1981) Porenlüftung – Luftdurchlässige Wand- und Deckenkonstruktionen. Ein Beitrag zur Hygiene und Wärmeökonomie im Wohnbau. Österreichisches Kuratorium für Landtechnik, Wohnbauforschung BMBT, Wien

[8.7] DOERK, H., NEY, A. (1985) Wärme aus Abwasser, Elektro, Wärme, Technischer Ausbau. Vulkanverlag Essen, Heft 4

[9.1] SCHWÄRZLE, G. (1993) Solaranlage in Holzbauweise. Pro-Holz-Information, Wien

[9.2] SCHWEIZER, E. (1993) Sommer und Winter warmes Wasser aus der Metallfassade. Energiereport, Schweizer Energiefachbuch, S. 50

[9.3] TREBERSPURG, M. (1983) Bewegliche, vor dem Fenster angeordnete Wärmedämmung, die als Flachkollektor ausgebildet ist. Österreichische Patentschrift Nr. 370506, Wien

[9.4] HUMM, O., TOGGWEILER, P. (1993) Photovoltaik und Architektur. Birkhäuser, Basel

[9.5] SCHWARZ, B. (1987) Wärme aus Beton – Systeme zur Nutzung der Sonnenenergie. Beton-Verlag, Düsseldorf

[9.6] PEICKERT, U. (1997) Revolution im solaren Bauen – Von der Technik neuartiger, kostenneutraler Solarhäuser. das bauzentrum, Heft 1/97. Verlag Das Beispiel, Darmstadt

[9.7] KAISER-BAUTECHNIK (1993) Projektdokumentation. Bürozentrum am Airport, Düsseldorf

[9.8] STROBL, H. (1993) Wärme, Kälte, Strom. Der Österreichische Installateur: 7/8

[9.9] MURPHY, I. (1990) Intelligent Buildings. Arch+ Nr. 104

[9.10] MÜLLER, P. (1991) Das Haus der Zukunft. CHIP Nr. 7

[10.1] BUNDESAMT FÜR ENERGIEWIRTSCHAFT (1994) P+D Infohandbuch

[10.2] BUNDESAMT FÜR ENERGIEWIRTSCHAFT (1997) Förderbeiträge des Bundes an Solaranlagen. Pressemitteilung

[10.3] BUNDESAMT FÜR ENERGIEWIRTSCHAFT (1997) Investitionsprogramm Energie 2000. Pressemitteilung

[10.4] GREENPEACE (1997) „Cyrus" Solarsysteme

[10.5] Diverses von Energiefachstellen Kanton Zürich, Baselland und St. Gallen: Aktionsprogramm Energie 2000

[10.6] ZUGER UND ZÜRCHER KANTONALBANK (1997) Ökokredite

[10.7] ÖFFENTLICHE ENERGIEBERATUNGSSTELLEN EBS (1997) Infoenergie

[10.8] RICE, S. (1997) Ratgeber zur Finanzierung von Energiegerechten Bauten, Diplomwahlfacharbeit. ETH Zürich

[11.1] REMMEKE, H., JÄGER, B. (1989) Energiebedarf für Einfamilienhaus deutlich reduziert – Minimalenergiehaus durch optimalen Wärmeschutz und integrierte Heiz- und Lüftungstechnik mit Wärmerückgewinnung, HLH 12. VDI-Verlag, Düsseldorf

[11.2] KOLB, B. (1990) Sonnenklar solar! – Die neue Generation von Sonnenhäusern. Block-Verlag, München

[11.3] FEIST, W. (1997) Ökonomie des energiesparenden Bauens – vom Niedrigenergiehaus zum Passivhaus, kostengünstige Passivhäuser. Protokollband 11, Dezember 1997. Passivhaus-Institut, Darmstadt

[11.4] SCHWEIZERISCHER INGENIEUR- UND ARCHITEKTEN-VEREIN (1988) Energie im Hochbau, SIA 380/1, Heft 9. Zürich

[11.5] VORARLBERGER LANDESREGIERUNG (1989) Richtlinien über die Gewährung von Förderungen für Neubauten (Neubauförderungsrichtlinien 1990). Bregenz

[11.6] ERHORN, E., OSWALD, D., REISZ, J. (1989) Solarhäuser auf dem Prüfstand. Mitteilung des Fraunhofer Institutes für Bauphysik 176. Stuttgart

[11.7] REISZ, J., ERHORN, H., OSWALD, D. (1989) Passive Solarenergienutzung in bewohnten Eigenheimen – Meßergebnisse und energetische Analyse für das Solarhaus in Landstuhl. Gesundheits-Ingenieur-gi 110, Heft 4: 166–169

[11.8] ERHORN, H. (1991) Demonstrationsprojekt Niedrigenergiehäuser Heidenheim. Hrsg: Fraunhofer Institut für Bauphysik IBP, Stuttgart

[11.9] FEIST, W. (Hrsg.) (1998) Das Niedrigenergiehaus – Neuer Standard für energiebewußtes Bauen. C. F. Müller, Heidelberg

[11.10] ADAMSON, B. (1987) Passive Climatization of Residential Houses in People's Republic of China. Report BKL 1987, S. 2. Lund University

[11.11] FEIST, W. (1988) Forschungsprojekt Passive Häuser. Institut Wohnen und Umwelt, Darmstadt

[11.12] FEIST, W. (1996) Grundlagen der Gestaltung von Passivhäusern, Passivhausbericht Nr. 18. Institut Wohnen und Umwelt, Darmstadt

[11.13] KNISSEL, J., LOGA, T. (1997) Einfluß des Nutzerverhaltens auf den Energieverbrauch von Passivhäusern, Protokollband 9. Darmstadt

[11.14] WERNER, J. (1997) Luftqualität und Lüftungstechnik, Protokollband 8. Passivhaus Institut, Darmstadt

[11.15] FEIST, W. (1997) Materialwahl, Ökologie und Raumlufthygiene, Protokollband Nr. 8. Passivhaus Institut, Darmstadt

[11.16] ESBENSEN, T.V., KORSGAARD, V. (1977) Solar Energy – Dimensioning of the Solar Heating System in the Zero Energy House in Denmark, 19: 195–199. Great Britain: Pergamon Press, Oxford

[11.17] PANZHAUSER, E. (1975) Sonnenhäuser – Nutzung der Sonnenenergie zur Raumheizung – Nullenergiehäuser. BMWF, Wien

[11.18] BESANT, R.W., DUMONT, R.S. (1979) Technical Note – Comparison of 100 Per Cent Solar Heated Residences Using Active Solar Collection Systems. Solar Energy 22: 451–453. Pergamon Press, Oxford

[11.19] STAHL, W., GOETZBERGER, A. (1990) Das energieautarke Solarhaus. Fraunhofer Institut für Solare Energiesysteme, Freiburg

[11.20] STAHL, W. (1997) Das energieautarke Solarhaus – Mit der Sonne wohnen. C. F. Müller, Heidelberg

[11.21] BROPHY, V., GOULDING, J., LEWIS, J.O. (1996) Living in the City. European Commission Directorate General XII for Science Research and Development. Energy Research Group, University College Dublin

[11.22] CHRISTE, R., HUBER, H., SECCI, C., WIDMER, J., WITTWER, H.J. (1994) Siedlungsentwicklung durch Erneuerung. IP Bau Bundesamt f. Konjunkturfragen, Bern

[11.23] LADENER, H. (Hrsg.) (1997) Vom Altbau zum Niedrigenergiehaus. Ökobuch, Staufen bei Freiburg

[11.24] NICHE, W. (1988) Glashäuser im Geschoßwohnungsbau – Benutzerfreundliche Planung bei Neu- und Altbauten. Bauverlag, Berlin

[11.25] CASE, P., GÜTERMANN, A. (1995) Sanierungsmaßnahme „Verglaste Balkone?", Vorteile, Konsequenzen, Kosten. Bundesamt für Energiewirtschaft, Zürich

[11.26] LOHR, A., ALEXA, C., WEIDLICH, B., KERSCHBERGER, A. (1989) Systemstudie: Lichtdurchlässige Wärmedämmung, Praktische Umsetzungsmöglichkeiten, Kriterien und Auswirkungen der Anwendung von transparenten Dämmsystemen in Gebäuden. Fraunhofer Institut für Solare Energiesysteme ISE, Berlin, Köln

[11.27] WUPPERTAL INSTITUT FÜR KLIMA–UMWELT–ENERGIE, PLANUNGSBÜRO SCHMITZ, AACHEN (1996) Energiegerechtes Bauen und Modernisieren, Grundlagen und Beispiele für Architekten, Bauherren und Bewohner. Bundesarchitektenkammer (Hrsg.). Birkhäuser-Verlag, Basel

Bildnachweis

Kapitel 1

(Abb. 1.1) – siehe [1.9]

(Abb. 1.2) DRACK, A. (1991) Klimabedürfnis – Ein Beitrag zur Rettung des Weltklimas. OÖ Unweltakademie, Linz

(Abb. 1.3, Abb. 1.4) – siehe [1.8]

Kapitel 2

(Abb. 2.1, 2.2) – siehe [3.53]

Kapitel 3

(Abb. 3.1) – eigenes Foto

(Abb. 3.2) HEBGEN, H. (1982) Bauen mit der Sonne – Vorschläge und Anregungen. Energie-Verlag, Heidelberg

(Abb. 3.3, 3.4) – siehe [3.6]

(Abb. 3.5) – siehe [3.9]

(Abb. 3.6) – siehe [3.13]

(Abb. 3.7) – siehe [3.12]

(Abb. 3.8) – siehe [3.1]

(Abb. 3.9) – eigenes Foto

(Abb. 3.10, 3.12) – siehe [7.11]

(Abb. 3.11) – eigenes Foto

(Abb. 3.13) – eigenes Foto

(Abb. 3.14, 3.15) – eigenes Foto

(Abb. 3.16) – siehe [3.21]

(Abb. 3.17–3.20) – eigene Fotos

(Abb. 3.21, 3.22) – siehe [3.28]

(Abb. 3.23, 3.24) – siehe [3.29]

(Abb. 3.25, 3.26) – Archiv Schwalm-Theiss

(Abb. 3.27) – siehe [3.32]

(Abb. 3.28) – Archiv Slapeta

(Abb. 3.29, 3.30) – siehe [3.35]

(Abb. 3.32, 3.33) – siehe [3.38]

(Abb. 3.34) – eigene Zeichnung, diverse Quellen

(Abb. 3.35) EBERT, W. M. (1981) Home – Sweet Dome. Verlag Dieter Fricke, Frankfurt/Main

(Abb. 3.36) – 1977, Bauen und Wohnen, München

(Abb. 3.37) – Archiv Hagmüller

Kapitel 4

(Abb. 4.1) – siehe [4.8]

Tabelle 4.1 – siehe [4.7]

Kapitel 5

(Abb. 5.1) – siehe [3.6]

(Abb. 5.2) HÜNSTER, G. (1957) Idealstädte. Heuschelverlag, Berlin

(Abb. 5.3) – siehe [5.5]

(Abb. 5.4, 5.5) FASKEL, B. (Hrsg.) (1980) Energiebewußte Architektur. Wanderausstellung der Bundesarchitekturkammer, in: In dubio pro vita, Energiebewußte Architektur. Bundesarchitektenkammer, Bonn

(Abb. 5.6) – eigene Zeichnung

(Abb. 5.7) – siehe [3.1]

(Abb. 5.8) – siehe [5.10]

(Abb. 5.9) STEINHAUSER F., ECKEL O., LAUSCHER F. (1958) Klimatographie von Österreich. Denkschriften der Gesamtakademie, Band 3. Springer-Verlag, Wien

(Abb. 5.10) HEBGEN, H. (1982) Bauen mit der Sonne – Vorschläge und Anregungen. Energie Verlag GmbH, Heidelberg

(Abb. 5.11) – Archiv Treberspurg

Tabelle 5.1 – siehe [5.7]

Kapitel 6

(Abb. 6.1) – eigene Zeichnung

(Abb. 6.2) – ÖNorm M 7703

(Abb. 6.3) – Zentralanstalt für Meteorologie und Geodynamik, Wien

(Abb. 6.4, 6.5) BUNDESMINISTERIUM FÜR RAUMORDNUNG, BAUWESEN UND STÄDTEBAU (Hrsg.) Bau- und Wohnforschung, Schriftenreihe Nr. 04/097, Handbuch passive Nutzung der Sonnenenergie

(Abb. 6.6) – siehe [6.7]

(Abb. 6.7) – eigene Zeichnung

(Abb. 6.8) – eigene Zeichnung

(Abb. 6.9) GÖDERITZ, L., RAINER, R., HOFFMANN, H. (1957) Die gegliederte und aufgelockerte Stadt. Verlag Ernst Wasmuth, Tübingen

Tabelle 6.1 – siehe [6.2]

Tabelle 6.2 – siehe [6.2]

Tabelle 6.3 – siehe [5.8]

Kapitel 7

(Abb. 7.1, 7.2, 7.3, 7.4) WACHBERGER, M. u. H. (1983) Mit der Sonne bauen – Anwendung passiver Solarenergie. Callwey-Verlag, München

(Abb. 7.5) RUSKE, W. (1983) Holz-Glas-Architektur, Weka-Fachverlag

(Abb. 7.6) – siehe [7.5]

(Abb. 7.7) INSTALLA-TOPTHERM, Firmenunterlagen Installa-Energietechnik, D-Issum

(Abb. 7.8) GEILINGER METALLBAU (1984) Hochisolationstechnik Projektierungsunterlagen. CH-Winterthur

(Abb. 7.9, 7.24) OKALUX, Firmenunterlagen

(Abb. 7.10, 7.12, 7.18, 7.19) CONTINI KNOBLER, R., et al. (1992) Sonne und Architektur – Leitfaden für die Projektierung. Pager, Bundesamt für Konjunkturfragen, Bern

(Abb. 7.11) – eigene Zeichnung

(Abb. 7.13) – eigene Zeichnung

(Abb. 7.14) – siehe [7.9]

(Abb. 7.15) – eigene Zeichnung

(Abb. 7.16) – eigene Zeichnung

(Abb. 7.17) – eigene Zeichnung

(Abb. 7.20–7.22) GERTIS K. (1987) Außenwände mit transparenten Wärmedämmstoffen, Bauphysik Nr. 5, Jg. 9. Wilhelm Ernst & Sohn, Berlin

(Abb. 7.23) GERTIS K., GOETZBERGER A. (1988) Transparente Wärmedämmung, Projekt Legis, Stuttgart

(Abb. 7.25) – siehe [7.16]

(Abb. 7.26) – siehe [7.18]

(Abb. 7.27) – Foto

(Abb. 7.28) – eigene Zeichnung

(Abb. 7.29) – Energiesysteme Aschauer

(Abb. 7.30) KAISER BAUTECHNIK, Mikroelektronikpark, Duisburg

(Abb. 7.31) HAGMÜLLER, R. (1983) Versuche zur Baukunst, Wien

Tabelle 7.1 – siehe [7.4]

Tabelle 7.2, 7.3 – HUNTEBRINGER, K. (1992) Berechnung des k-Wertes von Verglasungen. Glas-Technik, Nr.12/45

Tabelle 7.4 – TREBERSPURG, M.: Wärmeschutzgläser – Kosten-Nutzen-Vergleich

Tabelle 7.5 – PLATZER, W. (1993) Transparente Wärmedämmung im privaten Wohnungsbau, Erneuerbare Energie Nr. 2/93: 3–7, Graz

Kapitel 8

(Abb. 8.1) – OÖ UMWELTAKADEMIE (1992) Energiesparen

(Abb. 8.2) – siehe [8.6]

(Abb. 8.3, 8.4) PANZHAUSER E. (1979) Energiesparende Technologie im Hochbau, in: Neue Technologien und Produkte für Österreichs Wirtschaft. Perspektiven, Wien

(Abb. 8.5) – siehe [8.7]

Tabelle 8.1 – HUMM, O. (1990) Niedrigenergiehäuser – Theorie und Praxis. Freiburg

Kapitel 9

(Abb. 9.1) eigene Zeichnung

(Abb. 9.2) eigene Zeichnung

(Abb. 9.3) – siehe [9.3]

(Abb. 9.4) – ISE, Freiburg

(Abb. 9.5, 9.6) – Flagosol Firmenprospekt

Kapitel 11

(Abb. 11.1) – siehe [10.1]

(Abb. 11.2) – siehe [3.77]

(Abb. 11.3) – siehe [11.3]

(Abb. 11.4) TREBERSPURG, M., HOFBAUER, W., FRITZE, E. (Hrsg.: BMWF, BMBT), Zentrale Solarwärmeversorgungssysteme für Flachbausiedlungen. ASSA.

(Abb. 11.5) – siehe [10.12]

(Abb. 11.6, 11.7) STAHL, W., GOETZBERGER, A. (1990) Das Energieautarke Solarhaus, Fraunhofer-Institut für Solare Energiesysteme, Freiburg

Tabelle 11.1 – siehe [10.1]

Tabelle 11.2 – siehe [10.12]

Kapitel 11.5. Beispieldokumentation

S. 164–165 Atelier Myrzik + Jarisch
S. 166–167 Archiv Martin Treberspurg
S. 168–169 Archiv George W. Reinberg
S. 170–171 Archiv Martin Treberspurg, Lucia Ellert
S. 172–173 Archiv Martin Wagner, Rainer Blunck
S. 174–175 Archiv Reinhold Tobey
S. 176–177 Archiv Martin Treberspurg, Christoph Reinhold
S. 178–179 Archiv Martin Treberspurg, Christoph Reinhold
S. 180–181 Archiv Raupach u. Schurk
S. 182–183 Münchner Gesellschaft für Stadterneuerung
S. 184–185 IBUS-Institut für Bau-, Umwelt u. Solarforschung
S. 186–187 Archiv Jürgen Sawade
S. 188–189 Archiv Zanoni; Eduard Hueber Arch Photo N.Y.
S. 190–191 Archiv Geiger Architekten
S. 192–193 Archiv Arch. Marzotto
S. 194–195 Archiv Martin Treberspurg, Rupert Steiner
S. 196–197 Archiv Martin Treberspurg
S. 198–199 Zonnestraal Archief, Hilversum
S. 200–201 Archiv Markus Pernthaler
S. 202–203 Archiv Hermann Hertzberger, Martin Charles
S. 204–205 Institut f. Tragwerksplanung, TU Braunschweig
S. 206–207 Archiv Heinrich Eissler, Ralf Bötting
S. 208–209 Archiv Thomas Herzog, Bonfig, KS-Bildarchiv/Kinold
S. 210–211 Fondatione Giuseppe Terragni
S. 212–213 Archiv Bela Bambek
S. 214–215 Archiv Sture Larsen
S. 216–217 BAK, P. et al. (1982) J. Duiker Bouwkundig Ingenieur. Bouw-Verlag
S. 218–219 Metropolitan Borrogh of Wirral, Wallassey
S. 220–221 LOG ID Grüne Solararchitektur
S. 222–223 Archiv Gilles Perraudin, Georges Fessy
S. 224–225 Kaiser Bautechnik, Duisburg
S. 226–227 Archiv Joachim Eble, Dieter Leistner
S. 228–229 Arch. Sutter, Landis & Gyr Business Support AG Zug
S. 230–231 Archiv Norman Foster, Studio Klaus Ravenstein
S. 232–233 Archiv Behnish + Partner, Bildarchiv architekturphoto dortmund
S. 234–235 Archiv Rolf Lüthi
S. 236–237 Archiv Norman Foster, Ian Lambot Studio
S. 238–239 Archiv ASU Planungsbüro
S. 240–241 Archiv Heinz Neumann
S. 242–243 Archiv Niels A. Torp
S. 244–245 Archiv Arch. Treberspurg, Margherita Krischanitz

Springer-Verlag und Umwelt

ALS INTERNATIONALER WISSENSCHAFTLICHER VERLAG sind wir uns unserer besonderen Verpflichtung der Umwelt gegenüber bewußt und beziehen umweltorientierte Grundsätze in Unternehmensentscheidungen mit ein.

VON UNSEREN GESCHÄFTSPARTNERN (DRUCKEREIEN, Papierfabriken, Verpackungsherstellern usw.) verlangen wir, daß sie sowohl beim Herstellungsprozeß selbst als auch beim Einsatz der zur Verwendung kommenden Materialien ökologische Gesichtspunkte berücksichtigen.

DAS FÜR DIESES BUCH VERWENDETE PAPIER IST AUS chlorfrei hergestelltem Zellstoff gefertigt und im pH-Wert neutral.